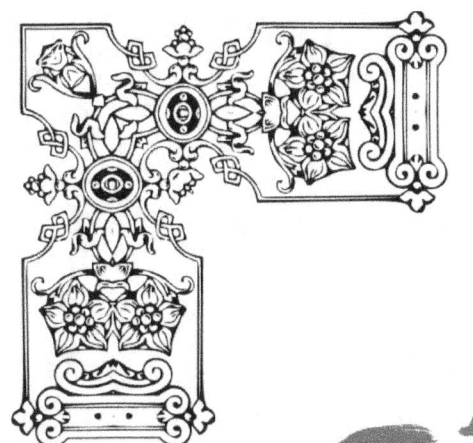

TÉCNICAS DE SOMBREADO Y DIBUJO

by Jasmina Susak

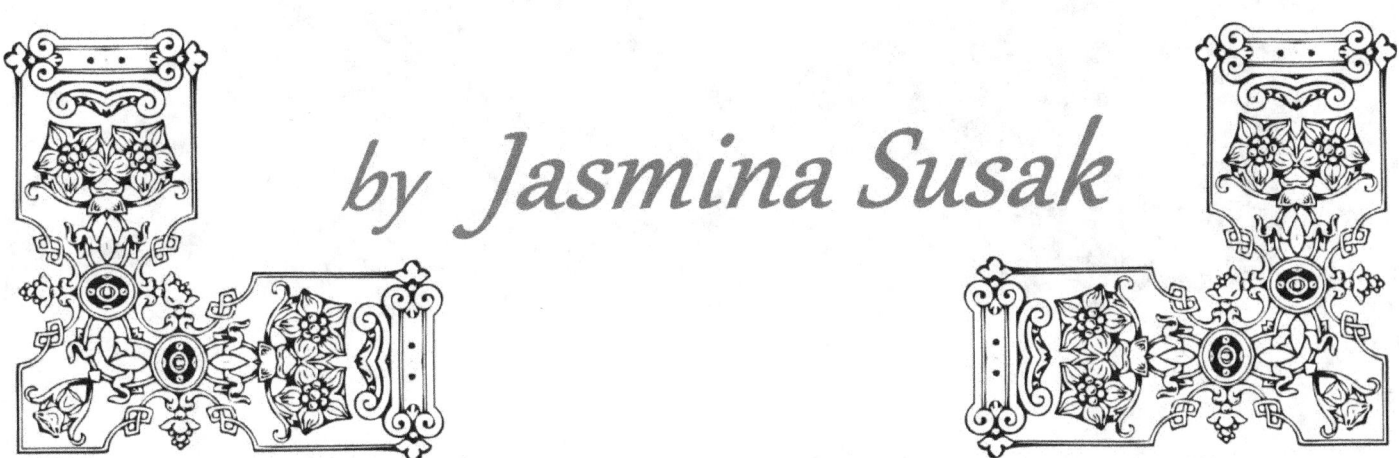

Copyright © 2019 por Jasmina Susak
www.jasminasusak.com

Texto e ilustraciones © Jasmina Susak.
Diseño de página y diseño de portada por Jasmina Susak

Todos los derechos reservados. Ninguna parte de esta publicación puede reproducirse, distribuirse o transmitirse de ninguna forma ni por ningún medio, incluyendo el fotocopiado, grabación u otros métodos electrónicos o mecánicos, sin el permiso previo por escrito de la autora. Para solicitudes de permiso, contacte a la autora por correo electrónico: jasminasusak00@gmail.com

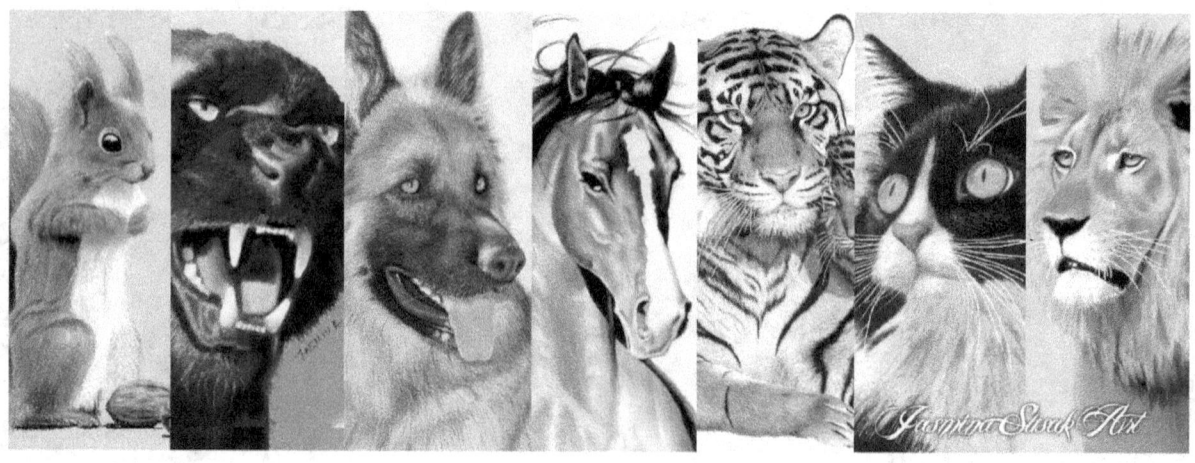

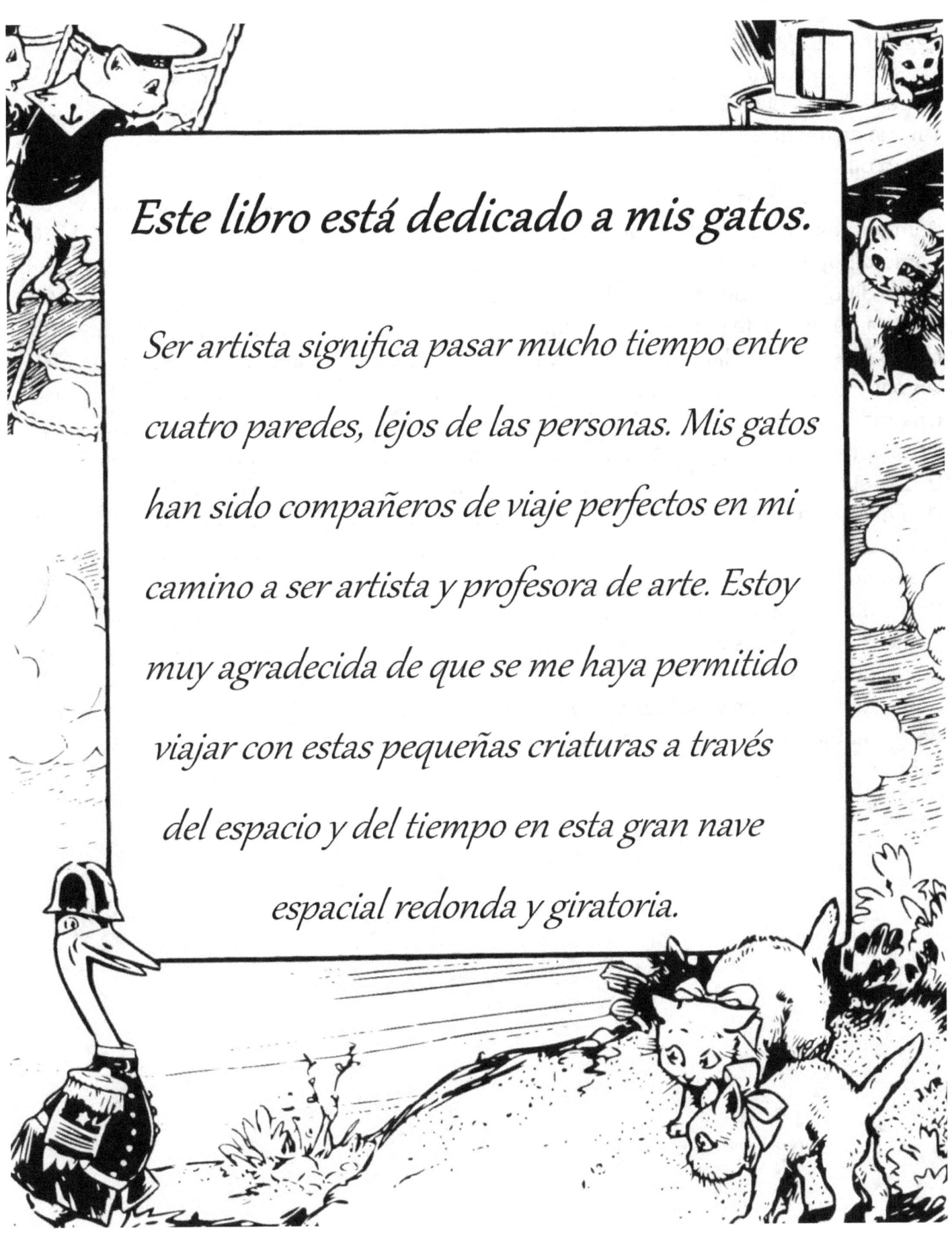

Este libro está dedicado a mis gatos.

Ser artista significa pasar mucho tiempo entre cuatro paredes, lejos de las personas. Mis gatos han sido compañeros de viaje perfectos en mi camino a ser artista y profesora de arte. Estoy muy agradecida de que se me haya permitido viajar con estas pequeñas criaturas a través del espacio y del tiempo en esta gran nave espacial redonda y giratoria.

Tabla de contenido:

Prefacio 5
Materiale artísticos 10
Tutoriales de dibujo:
Cómo dibujar una mariposa 24
Cómo dibujar gotas de agua 34
Cómo dibujar un cubo de Rubik 40
Cómo dibujar un vaso de vidrio 58
Cómo dibujar una pelota de fútbol 69
Textura de tejido de punto 80
Una palmera en la playa 86
Un paraguas 107
Una manzana 117
Una cuchara 132
Una oreja 139
Una naranja a medio cortar 149
Cómo dibujar ojos realistas 157
Cómo dibujar cabello negro 178
Cómo dibujar cabello castaño 183
Cómo dibujar labios hiperrealistas 186
Cómo dibujar labios besando 200
Cómo dibujar labios y dientes con purpurina 213
Cómo dibujar un ojo con sombra de ojos oscura y con brillantina 224
Sobre el Autor 250

PREFACIO

He creado este libro para dar algunos consejos sobre las cosas que he aprendido de mi experiencia con el dibujo. Creo muchos dibujos realistas, que es el estilo de trabajo que resalta entre todos los demás. Pero esta no es la única forma de trabajar, hay una gran variedad de estilos diferentes. Cualquiera que sea el estilo de dibujo que te interese trabajar, espero que los consejos que te doy en este libro puedan ser de alguna utilidad.

Para comenzar, no necesitas ninguna experiencia previa, solo debes prestar atención, hacer un trabajo minucioso con paciencia y practicar para mejorar cada vez más. Con la práctica desarrollas la capacidad de ver las cosas que solo los artistas pueden ver, además de que ganas experiencia a través de la repetición y los errores. Con tiempo y práctica, te sentirás más seguro de ti mismo, dispuesto a probar cosas nuevas y a desarrollar tu propio estilo. Obtendrás inspiración y pasión, de donde vendrá tu creatividad. Lo más importante para ser artista es saber cómo es la calidad real, luego puedes ver tu propio trabajo y decidir qué tan lejos tiene que ir, y más importante aún, qué debe hacer para llegar allí. Recuerda que lo único que te impedirá convertirte en un buen artista es dejar de intentarlo, porque la única forma de fallar en algo es renunciar a ello. No te compares con otros que son más avanzados que tú, ellos han estado trabajando durante años o incluso décadas. Da cada paso, lee, aprende de aquellos que tienen más experiencia y práctica. Si crees primero en ti mismo, entonces tu arte emergerá más rápido.

Dibujar es una habilidad compleja que es imposible de aprender de la noche a la mañana, pero a veces quieres hacerlo sin esperar el tiempo necesario para obtener resultados decentes. No debes desanimarse y frustrarse cuando las cosas salen mal, tienes que disfrutar el proceso, sentarte y estar contigo mismo en el presente, en tu entorno. Lo primordial es que comprendas y experimentes la esencia del dibujo realista, incluso si no puedes llevarlo al nivel profesional en unas pocas semanas, porque puedes llegar a través de la práctica regular. El tiempo depende de cada individuo. Estos sencillos tutoriales paso a paso te ayudarán, se garantizan buenos resultados si sigues las instrucciones cuidadosamente.

¿Cómo usar este libro?

Prepara todas las herramientas, relájate y trabaja sin expectativas y con paciencia. No pases al siguiente paso hasta que termines, no te apresures, avanzarás de todos modos. Si omites los pasos, podrías perderte y sentirte frustrado. No te preocupes por los resultados, solo dibuja e intenta divertirte en el proceso.

No tienes que trabajar por horas, entre 30 minutos y una hora al día es tiempo suficiente. También recomiendo que dejes tu dibujo a un lado y le eches un vistazo al día siguiente, porque esto te permitirá ver las cosas con "ojos frescos". Cuando regreses a tu dibujo después del descanso, inmediatamente reconocerás los errores. Puede haber momentos en que te sientas atrapado, que no te estás llevando bien con esa sección, que de ninguna manera puedes encontrar el truco, que no te gusta algo al respecto o no es lo que quieres que sea. ¡No te esfuerces más! Es hora de descansar un poco.

Echa un vistazo a tu dibujo desde una distancia mayor. ¿La forma es lo suficientemente proporcional? ¿Su gradiente suave es perfecto? ¿Tu objeto es reconocible cuando te alejas de él? Obsérvalo también en el espejo o al revés para verificar la simetría y verlo desde un punto de vista diferente. Te sorprenderán las cosas nuevas que puedes notar de esa manera.
Estudia las imágenes de los objetos antes de comenzar a dibujarlos.

A través de estos tutoriales, te enseñaré a:

Dibujar rasgos faciales.

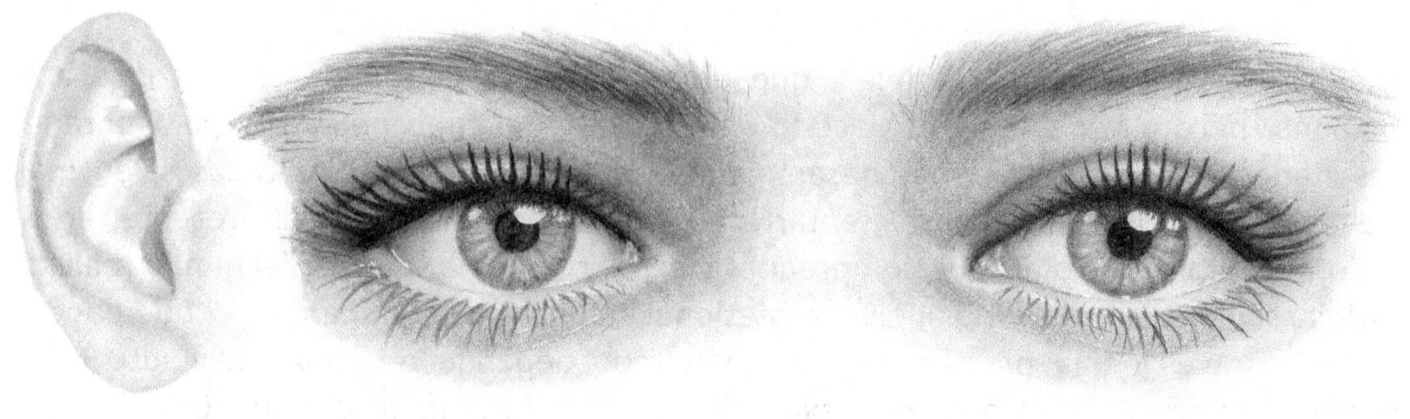

Sombrear tres pares diferentes de labios.

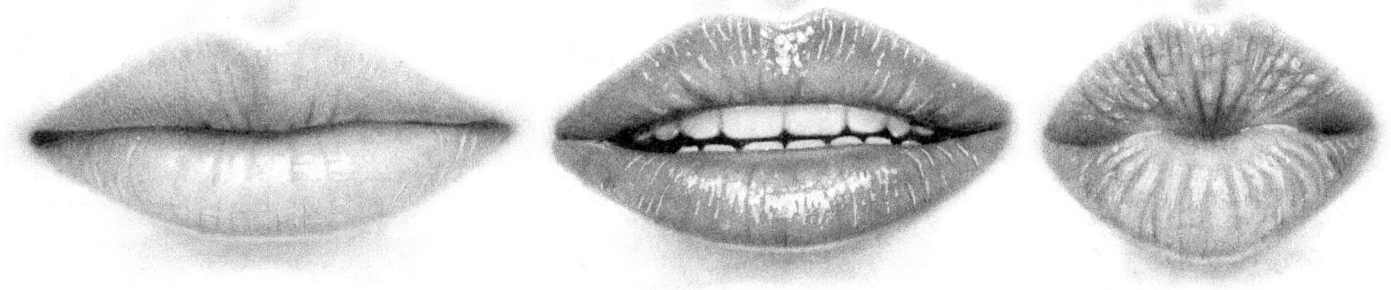

Dibujar frutas realistas.

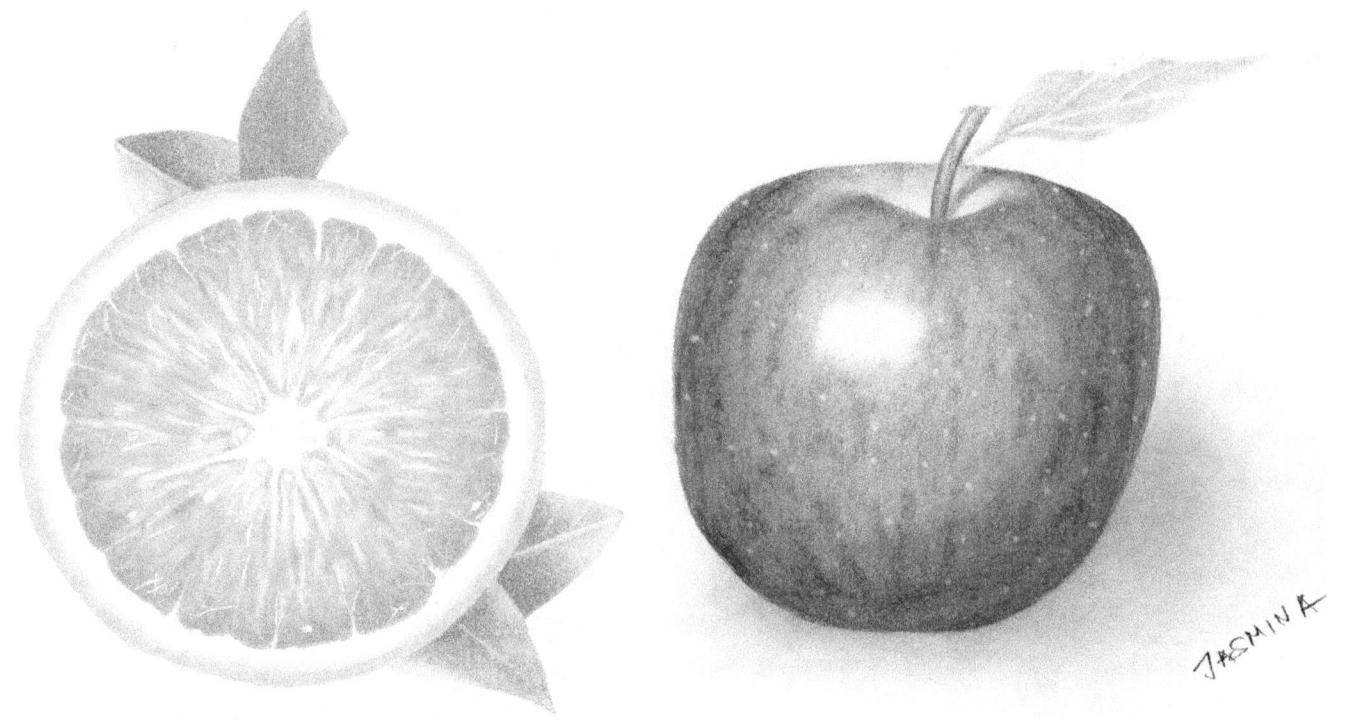

Dibujar cabello humano.

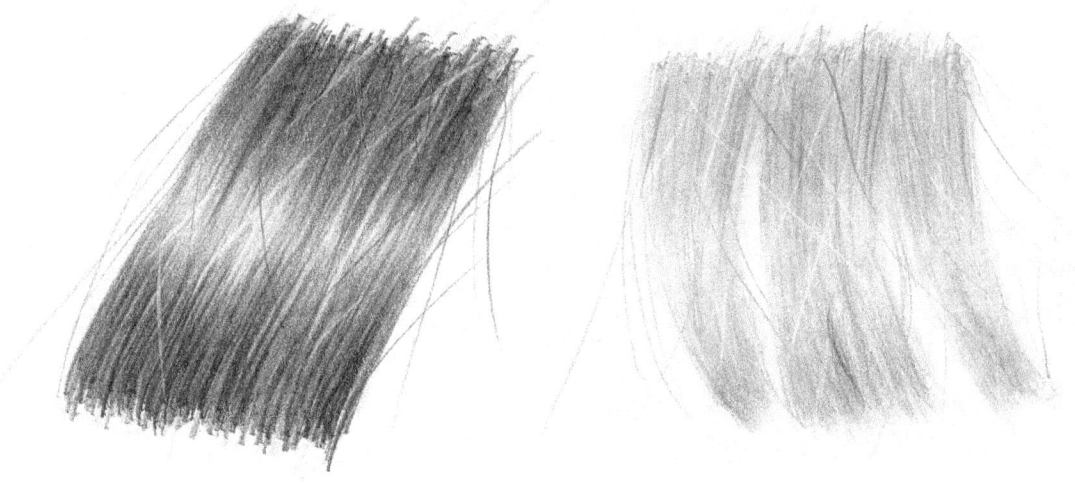

Hacer que tus dibujos se vean en 3D.

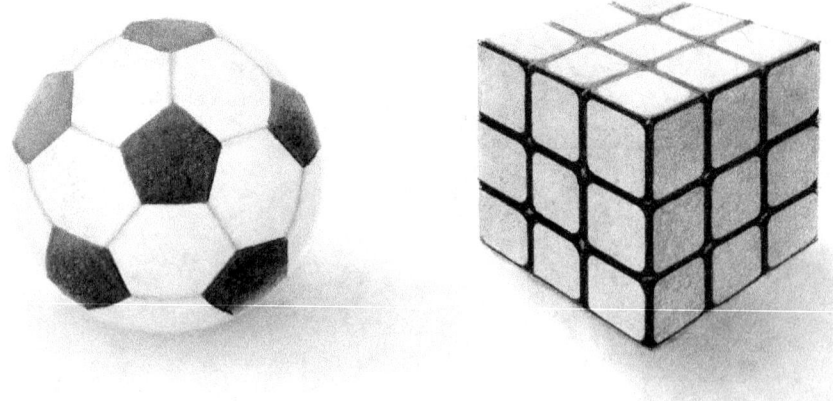

Hacer que los objetos brillen.

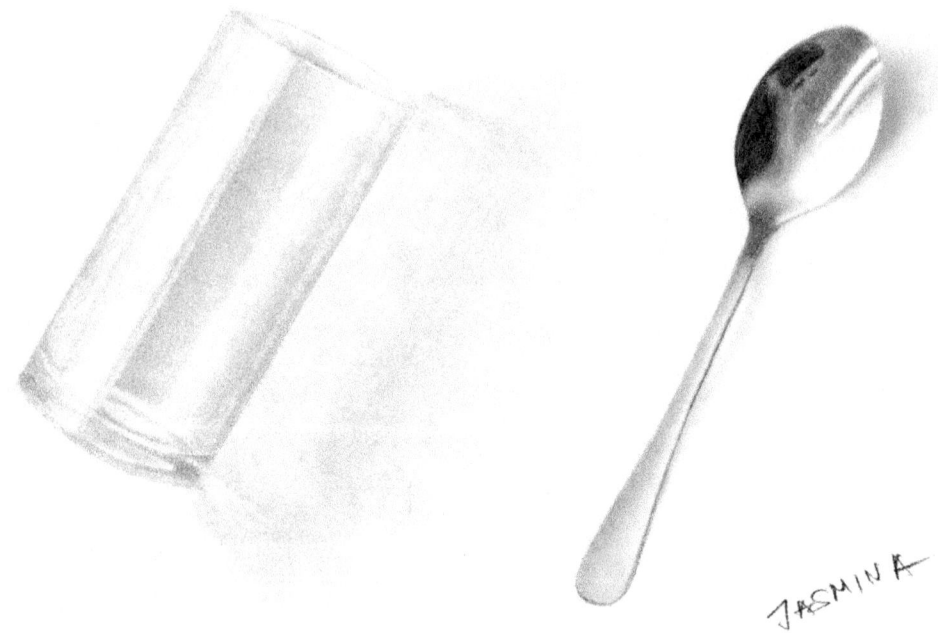

Hacer que tu dibujo aparezca en la página.

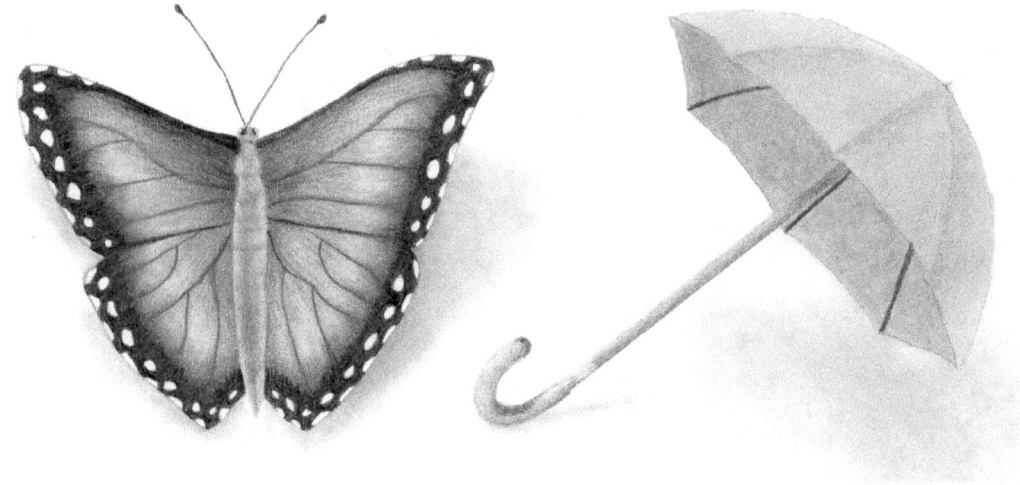

Dibujar paisajes.

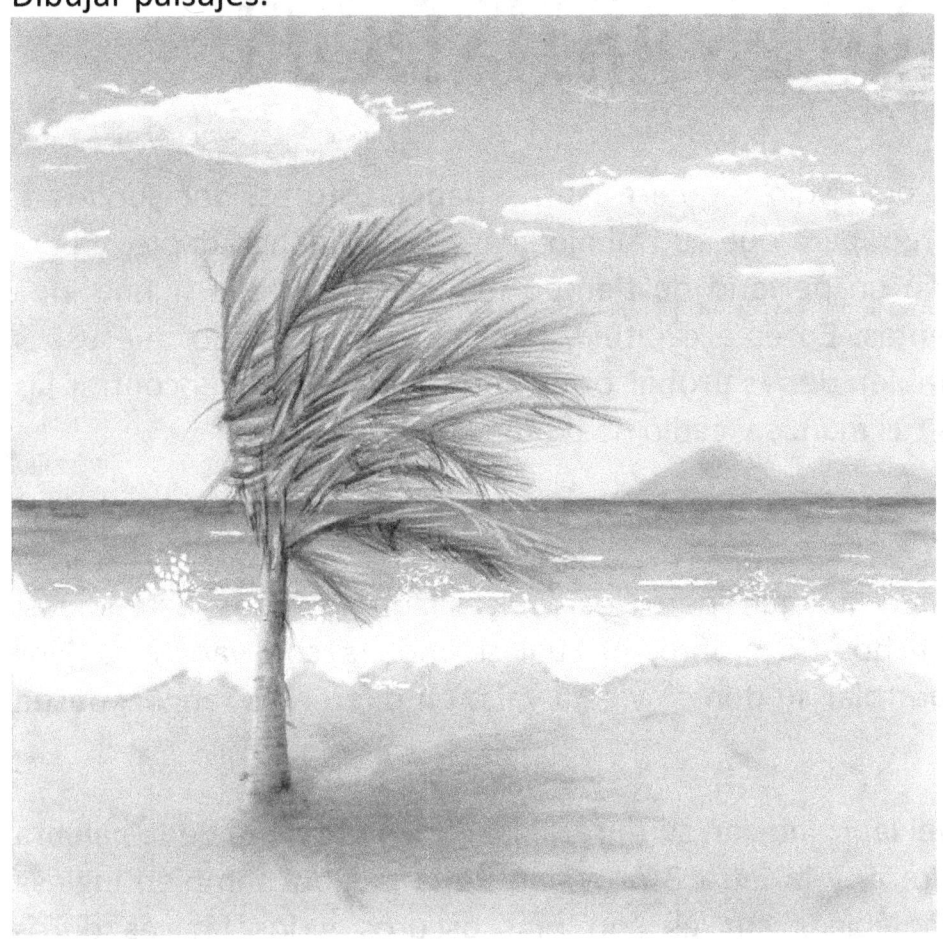

Dibujar en papel gris.

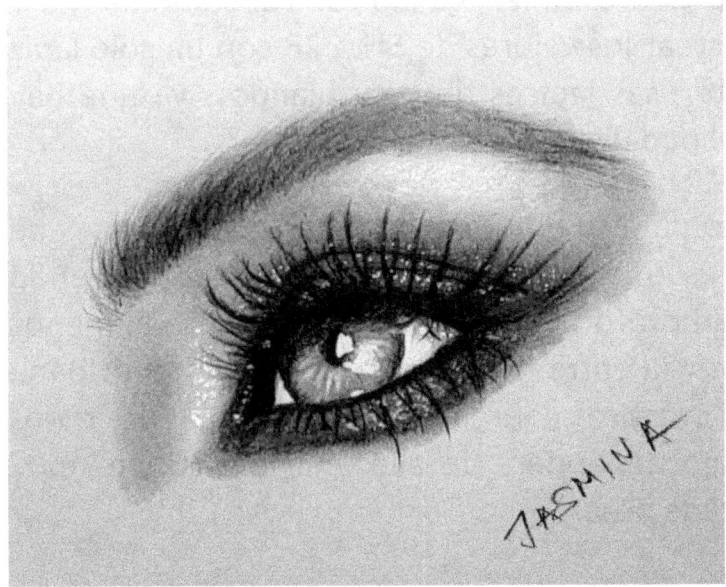

Si estás listo para esto, ¡comencemos!

MATERIALES ARTÍSTICOS

Mucha gente piensa que el dibujo solo requiere lápiz y papel. Esto es, por supuesto, básicamente cierto. Sin embargo, para que tu trabajo sea más fácil y agradable, y para obtener mejores resultados en un período de tiempo más corto, es una buena idea expandir tu caja de herramientas. En este capítulo, hablaré sobre todo lo que uso y explicaré por qué, aunque también debes probar otras herramientas para encontrar las que sean más adecuadas para tus manos y estilo de dibujo.

Lápices

Hay muchas herramientas para dibujar, pero los lápices son los más extendidos, populares y baratos. Están hechos de grafito, el cual se mezcla con varios aditivos durante la producción para controlar su dureza y esta varía en diferentes rangos, desde 9B suave hasta 9H duro.

Los números y letras al final del lápiz indican su dureza: la letra H proviene de la palabra inglesa *hard*, que significa dureza, y la letra B proviene de la palabra también inglesa *black* (negro), por tanto, los lápices suaves son más oscuros y los lápices duros producirán valores más claros. También hay un lápiz F (fino) que tiene una dureza media y un HB, que está, como su nombre lo indica, entre los lápices blandos y duros, yo lo uso con mucha frecuencia porque así no tengo que cambiar los lápices constantemente y solo cambio la presión, lo que me permite crear los valores de 5H a 2B con un solo lápiz HB. A pesar de esta ventaja, es importante usar lápices duros y blandos, ya que hay muchos tonos que deben reproducirse en el papel.

Para asegurarte de obtener el tono correcto para tu dibujo, recomiendo usar lápices de diferentes durezas, cuantos más valores crees en tu dibujo, más realista será, incluyendo los tonos más oscuros porque estos le darán profundidad y vida. Siempre usa al menos tres o cuatro lápices para aprender la diferencia entre los valores, ya que aunque suena simple y elemental, se necesita mucha práctica para hacer una escala de tonos realmente agradable, la belleza de tu dibujo dependerá de ello. Por lo tanto, es muy importante considerar qué lápiz usas para cada área.

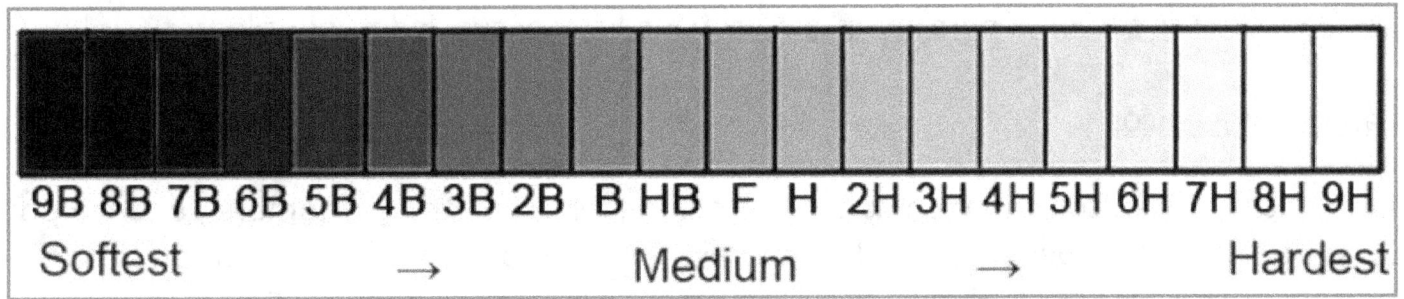

Los lápices suaves (oscuros) son excelentes para sombrear y dibujar las áreas más oscuras, puesto que dan profundidad y vida. Si bien los lápices blandos se agotan más rápido, los más duros pueden durar mucho tiempo, si no para siempre, especialmente si tienes la escala completa, desde un H hasta un 9H, porque no tienes que afilarlos con frecuencia. De hecho, yo no recuerdo la última vez que afilé mis lápices duros.

Hay muchas marcas de lápices de grafito de alta calidad, yo utilizo Castell 9000 de Faber-Castell, pero puedes elegir cualquier otra marca, como Staedtler Mars Lumograph, Kohl-I-Noor o lápices de Prismacolor, Caran D'Ache, Derwent, entre otras.

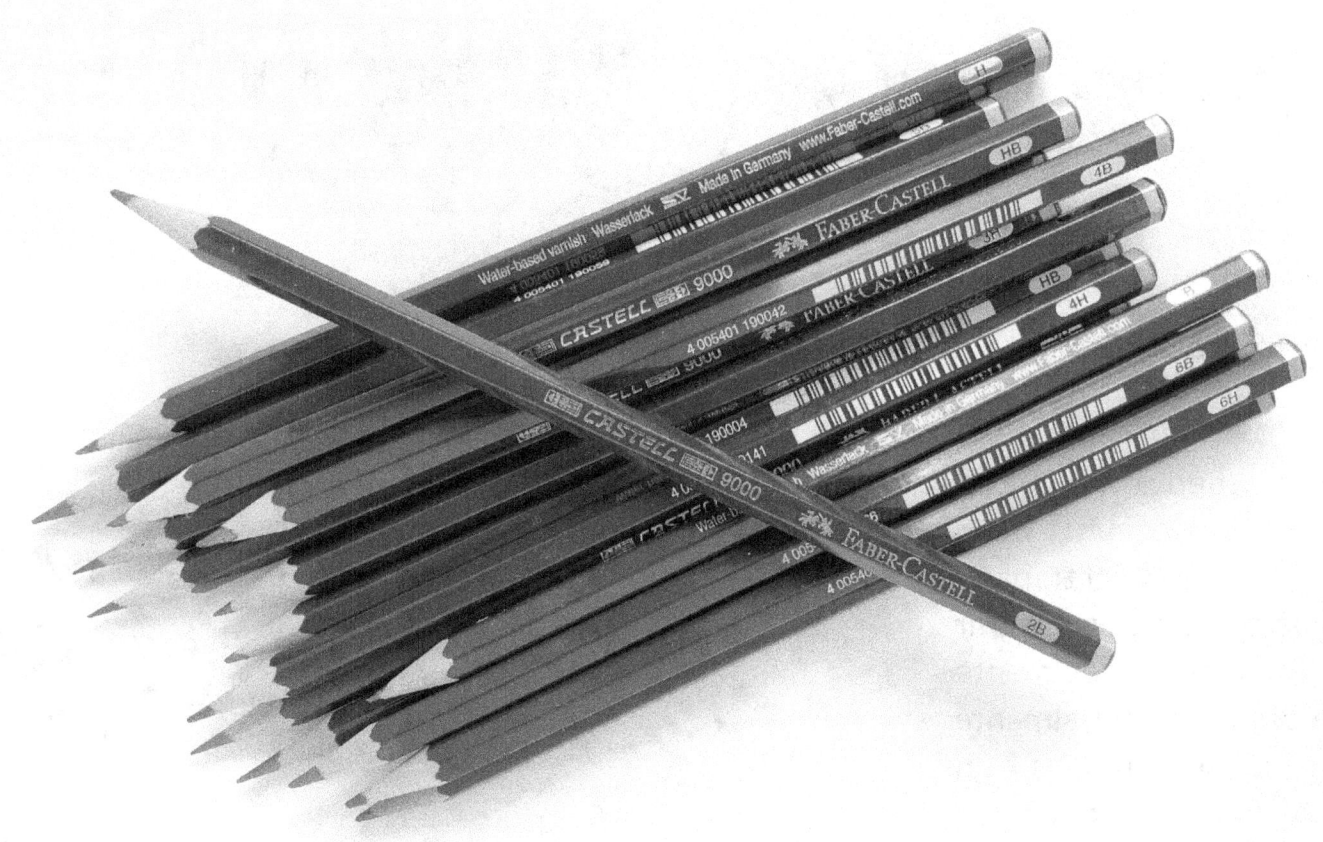

Es recomendable que antes de comenzar a dibujar, pruebes tus lápices, haciendo una escala de tonos con ellos para ver qué niveles de luz u oscuridad puedes lograr.

Lápices mecánicos

Los lápices mecánicos, también conocidos como lápices "Rotring" (nombre genérico por la marca Rotring), pueden ser útiles; por ejemplo, yo los uso cuando dibujo el cabello porque puedo crear las hebras del mismo grosor sin afilar los lápices. Con estos puedes crear pequeños detalles que pueden facilitar el trabajo. A algunas personas les gustan muchos, a otras no tanto, por eso todas tienen que experimentarlo por sí mismas.

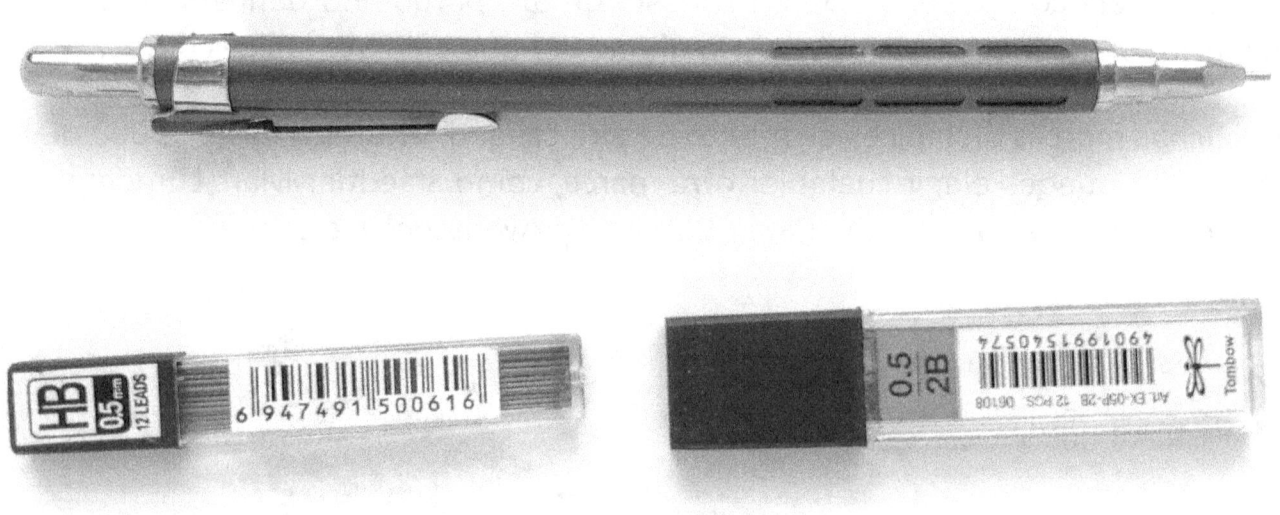

Lápices de carbón

Como mencioné antes, para lograr un buen dibujo es esencial trabajar las partes oscuras y lograr un color negro realmente profundo. Generalmente con el grafito es un problema porque cuanto más capas se apliquen, más brillo tendrá el área, y aunque no es visible

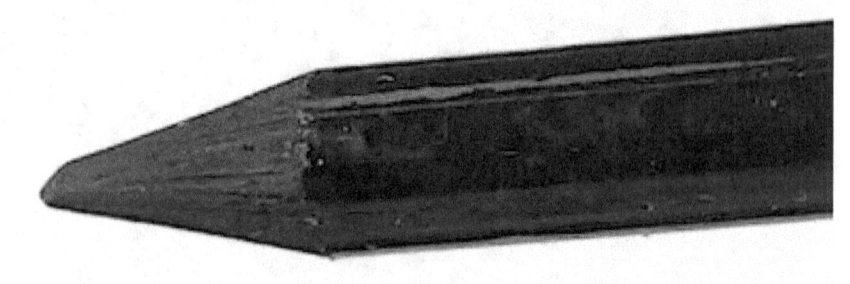

desde cierto ángulo y con la iluminación adecuada, este puede llegar a ser un poco molesto.

Ante este problema, un lápiz de carbón puede ser una buena solución, porque con él puedes lograr un negro profundo increíble, con la ventaja de que no brilla. Si te resulta difícil trabajar con carbón, para el resto de los valores en tu dibujo puedes usar grafito. De todos modos, cada tutorial de este libro se puede hacer también con carbón, por lo que debes probar ambos elementos para ver cuál te gusta más.

Papel

¿Crees que todos los papeles son iguales y que no importa cuál uses para tus dibujos? Realmente no es así. Si has dibujado en un papel de impresión simple (computadora), es posible que hayas experimentado lo frustrante y desmotivador que puede ser trabajar en papel delgado de baja calidad. Existen diferentes tipos de hojas de dibujo para diferentes tipos de herramientas y pinturas, por eso en este capítulo quiero ayudarte a navegar fácilmente por el amplio mundo del papel, para que elijas el más adecuado.

Tamaño de papel

Hoy en día, los tamaños de papel estándar se utilizan en casi todos los países, excepto en los Estados Unidos y algunos otros.

Distinguimos los cinco tamaños más utilizados:

A1 - 594 x 841 mm - 23,4 x 33,1 pulgadas
A2 - 420 x 594 mm - 16,5 x 23,4 pulgadas
A3 - 297 x 420 mm - 11.7 x 16.5 pulgadas
A4 - 210 x 297 mm - 8.3 x 11.7 pulgadas
A5 - 148 x 210 mm - 5.8 x 8.3 pulgadas

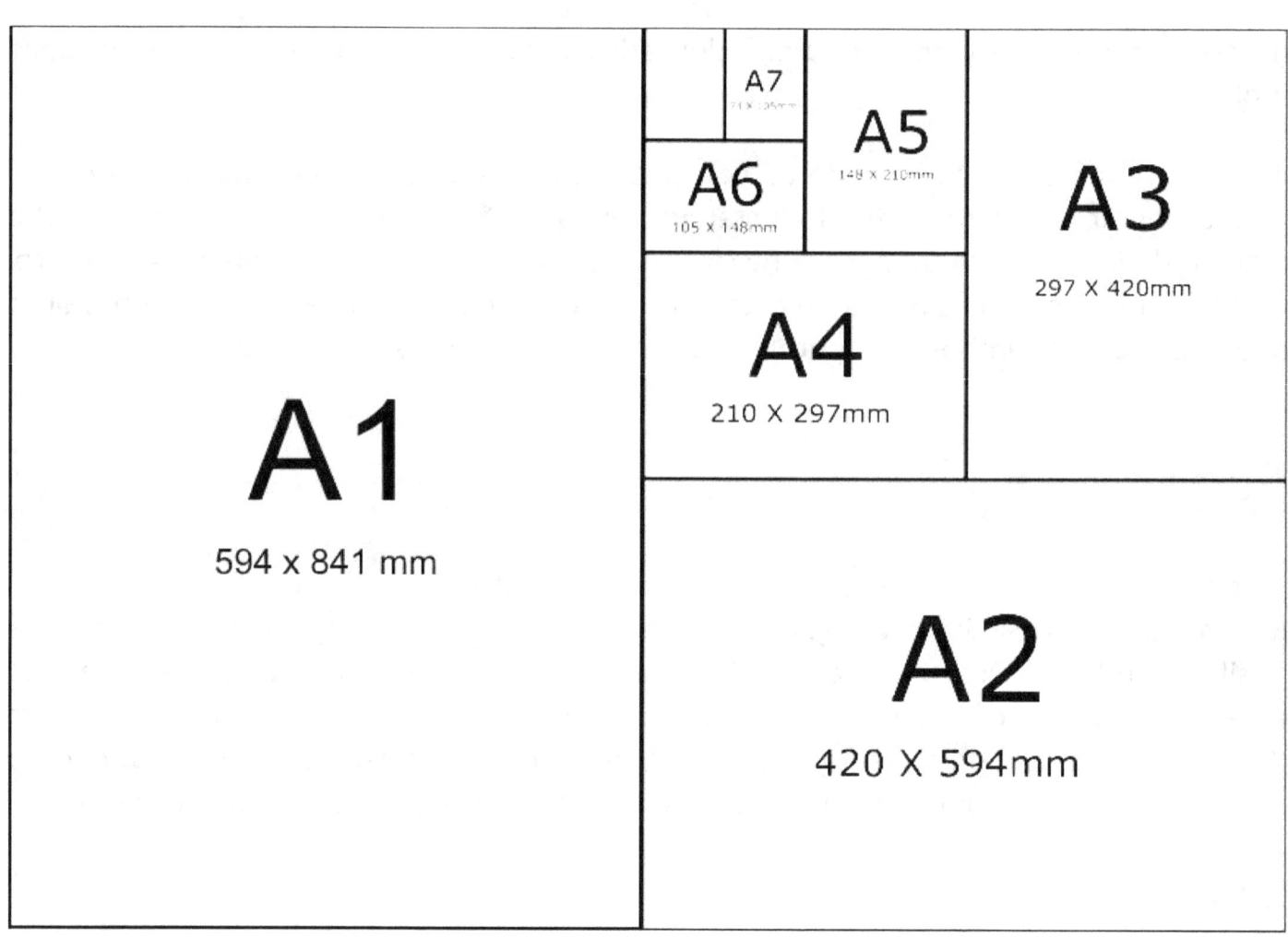

Por lo general, todo el mundo comienza a dibujar en tamaño A4, pero si deseas un dibujo realmente detallado, también puedes probar las hojas de dibujo más grandes.

El peso del papel

El peso del papel es una de las cosas más importantes a tener en cuenta. El grosor del papel está determinado por su peso por metro cuadrado, por ejemplo, un papel de impresión común pesa 80 g / m2 y es bastante delgado, por lo que se arrugará con la presión de los lápices y del borrador; es por eso que vale la pena elegir el papel más pesado para dibujar. Una hoja con un peso de aproximadamente 180-250 g / m2 tiene muchas menos posibilidades de rasgarse o arrugarse.

La textura del papel

Teniendo en cuenta el medio en el que trabajaremos, además del peso del papel, debemos prestar atención a su textura, que varía de acuerdo con la técnica empleada en su fabricación:

- Papeles prensados en caliente: hojas de alta presión que tienen una superficie mucho más lisa y menos o ninguna textura.
- Papeles prensados en frío: prensados a baja presión y sin calor, lo que les da una superficie mucho más rugosa y texturizada.
- Áspero: el papel con la superficie más texturizada.

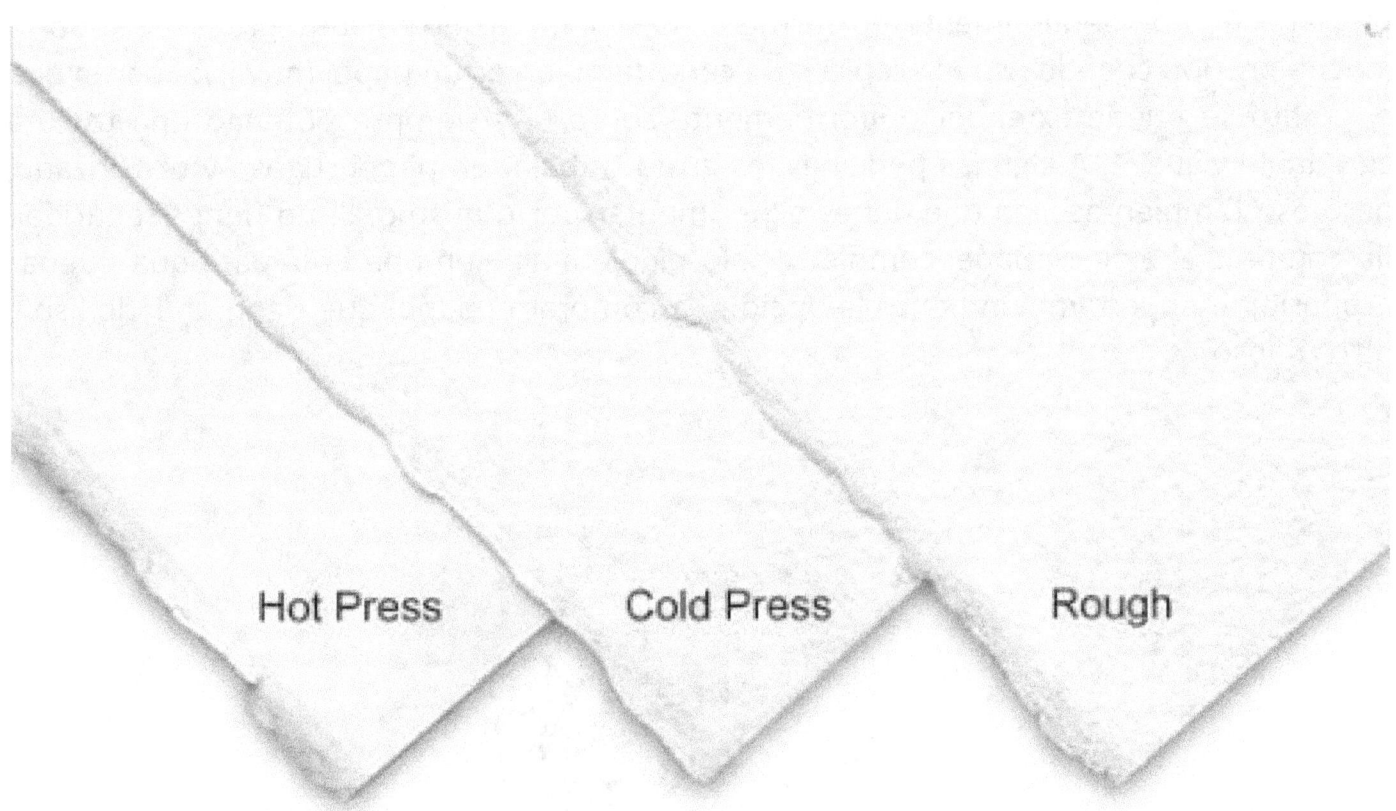

¿Qué papel usar?

Para bocetos: son adecuados papeles más delgados y ligeros (aprox. 80 g/m2). Estos no son suficientes para dibujos más elaborados, ya que se dañan fácilmente, pero si todavía estás practicando, puedes usar grafito de manera muy efectiva en un papel de impresora tradicional. Cuando comiences una obra de arte más seria, debe obtener una hoja de dibujo de calidad, ya que no solo facilitará el trabajo, sino que además la obra será más bella y duradera.

Papel de acuarela: estos generalmente tienen una textura áspera y granulada y son los más pesados (200-300 g/m2) porque tienen que soportar el uso de agua. Los papeles de acuarela más suaves y prensados en caliente también pueden ser ideales para dibujar.

Papel de dibujo de grafito, carbón o lápiz de color: no necesita la misma durabilidad que el papel de acuarela, pero debe ser una hoja más gruesa que la utilizada para los bocetos. Suelen pesar entre 180 y 220 g / m2 y el peso del papel que elijas debe depender de tu estilo de dibujo. Por ejemplo, si usas lápices de cera con la técnica de bruñido, debes elegir un papel que pese al menos 220 g / m2.

Mi favorito y el único que utilizo para dibujar con lápices de grafito y de color es Fabriano Bristol, generalmente en formato A3 o A4, porque es muy grueso y soporta mucha presión cuando uso mis lápices de cera. También es un papel muy liso, por lo que el grafito se puede extender uniformemente sobre él y siempre obtengo una textura agradable y suave. A algunas personas les gusta trabajar en papel rugoso y texturizado, pero eso también es algo que debes experimentar por ti mismo. Si no tienes seguridad de comprar el bloc de papel completo, solo pídele a alguien una hoja para que puedas probarlo; aunque también tienes la opción de comprar el papel que tiene un lado liso y otro rugoso.

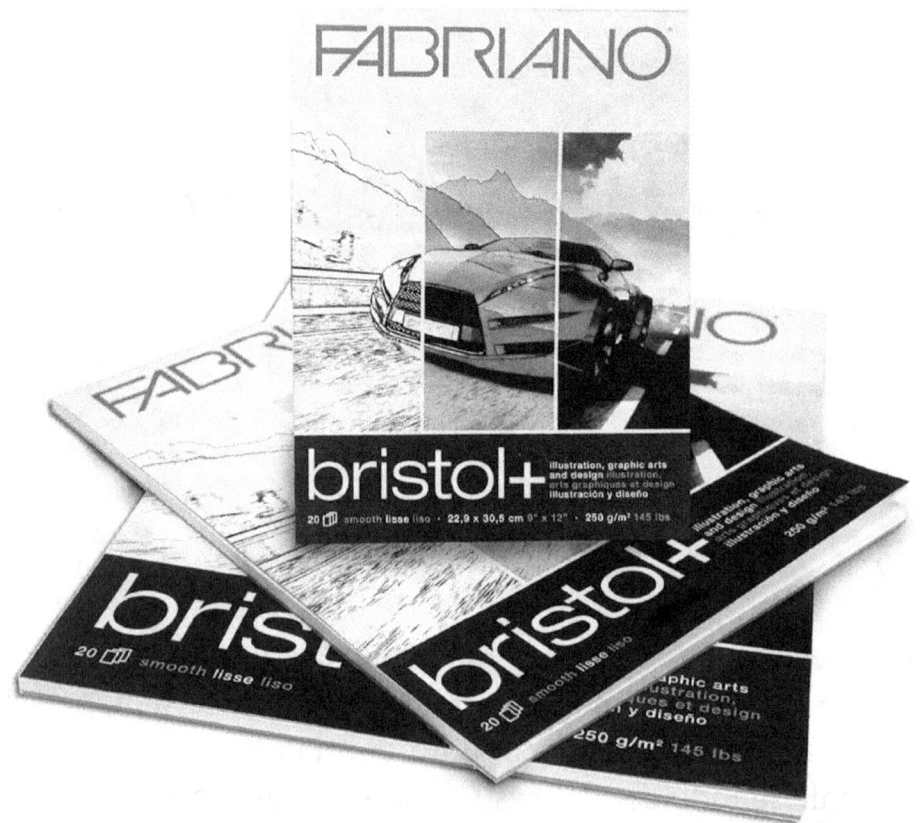

Las marcas de papel de dibujo más conocidas, y probablemente las mejores, son Strathmore, Stonehenge, Fabriano y Canson.

Borradores

Se necesitan borradores, no solo para eliminar líneas innecesarias o para corregir errores, sino para crear los resaltados sobre el área dibujada, así que es muy importante qué borrador usamos para un trabajo en particular. Sugiero obtener varios tipos de borradores porque todos son buenos para diferentes cosas y son materiales muy baratos, lo que facilita adquirir uno bueno, porque hay que tener en cuenta que un borrador de baja calidad puede dañar el papel.

Estos son los cinco tipos principales que puedes considerar obtener:

1. Gomas de borrar tradicionales (de plástico)
Es posible que necesites un borrador estándar para superficies grandes, incluso puedes cortarlo con un cuchillo para poder crear pequeños reflejos; yo lo uso para el fondo o las partes que no sombrearía. Cuando el borrador se ensucie, simplemente frótalo con algunas alfombras o con papel de lija, y debes usarlo con mucho cuidado porque cuando lo frotas con fuerza sobre la superficie daña la estructura del papel y no puedes restaurarla.

2. Borrador amasado
Este tipo de borrador es suave, se amasa fácilmente, tiene una alta capacidad de unión (después de amasarlo, absorbe el grafito y vuelve a estar limpio), no deja manchas de grasa en la lámina y no la daña. Podemos usarlo cuando queremos eliminar solo un poco del grafito sobre el área sombreada, tocando el papel o presionándolo con movimientos rápidos, para que el grafito se adhiera a este. También puedes romperlo en pedazos pequeños o darle la forma que más te convenga, dependiendo de si necesitas puntos pequeños o si deseas borrar una superficie más grande.

3. Borrador mecánico
Este es un práctico borrador de precisión con el que puedes proteger tu dibujo y realmente eliminar solo las partes que necesitas. Se trata del Tombow Mono Zero, que es único en su clase y a menudo lo uso para crear los reflejos, particularmente los pelos que quiero resaltar en mis dibujos, puesto que el diseño en forma de bolígrafo lo hace muy fácil de usar. El relleno del borrador aparece presionando el extremo superior de la pluma, es decir, se usa y se carga de la misma manera que los lápices mecánicos.

4. Borrador en lápiz
Si tienes que trabajar con el borrador en áreas pequeñas, te beneficiará enormemente uno que puedas afilar como un lápiz normal, con un sacapuntas. Este tipo de borrador

es útil porque podemos sostenerlo y trabajar con él tal como lo hacemos con los lápices de grafito.

5. Borrador eléctrico

Es bueno para la precisión y el borrado rápido, y puedes usarlo para líneas de lápices de grafito, colores y carbón. Lo mejor de esta herramienta es que puedes borrar fácilmente varias capas y áreas pequeñas sin tocar el área circundante, pero se debe tener cuidado de no arruinar el papel. Es posible que desees "afilar" la punta del relleno con una cuchilla o papel de lija para que puedas hacer reflejos o detalles pequeños.

En la siguiente imagen puedes ver todos los borradores que tengo y que usaré en los tutoriales de este libro.

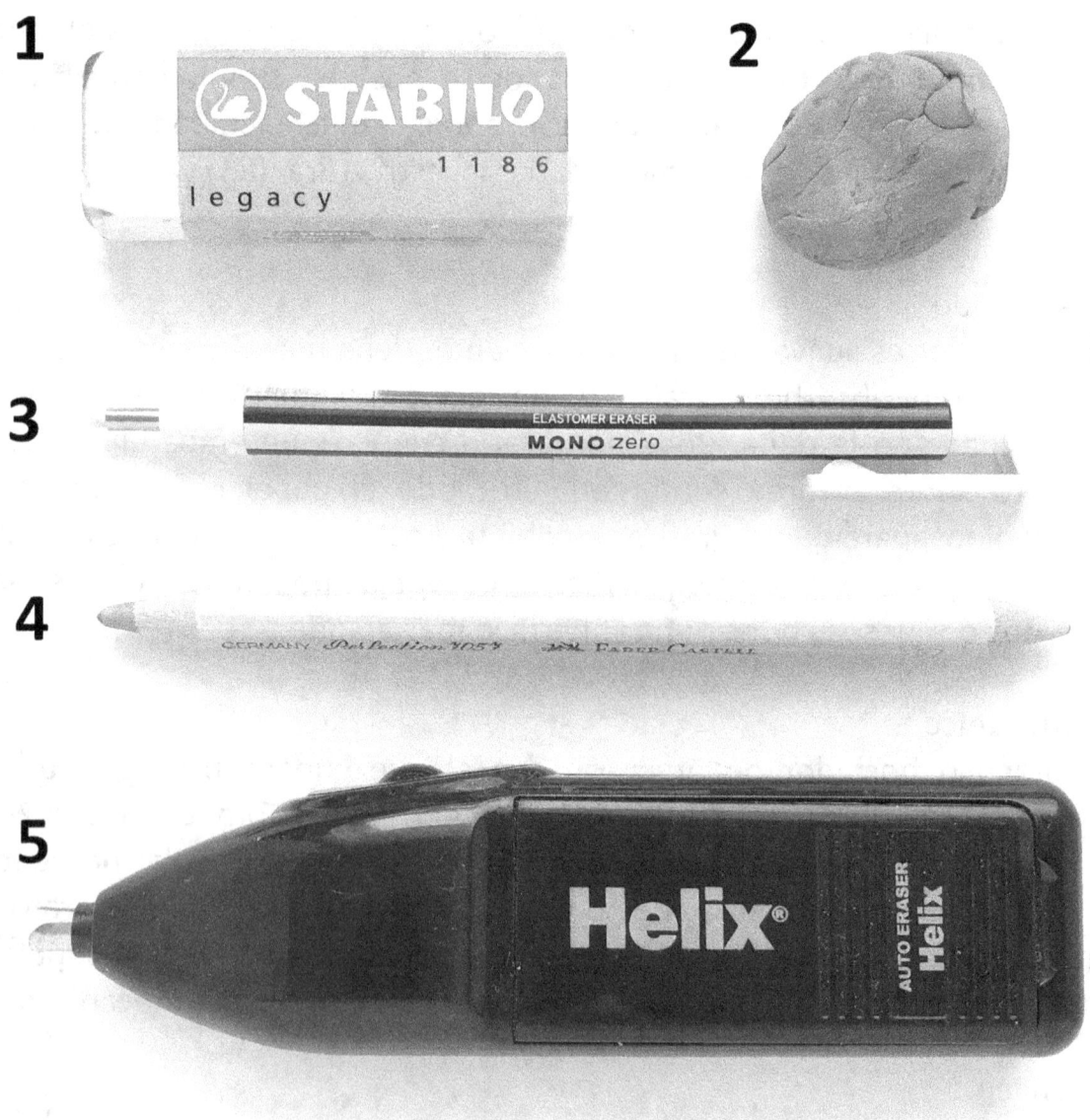

Pluma de gel de tinta blanca

A menudo, queremos crear resaltados sobre las áreas dibujadas, pero no importa cuánto presionemos, incluso con un borrador eléctrico, simplemente no podemos recuperar el color blanco del papel porque el grafito ha coloreado tanto su fibra que no se puede eliminar por completo, solo se aligera. Para eso, una pluma de gel de tinta blanca es una gran solución. También utilizo marcadores blancos de Uni Posca, que son de alta calidad, y lo más importante, son opacos y se pueden aplicar fácilmente sobre el grafito y en dibujos a lápiz de color.

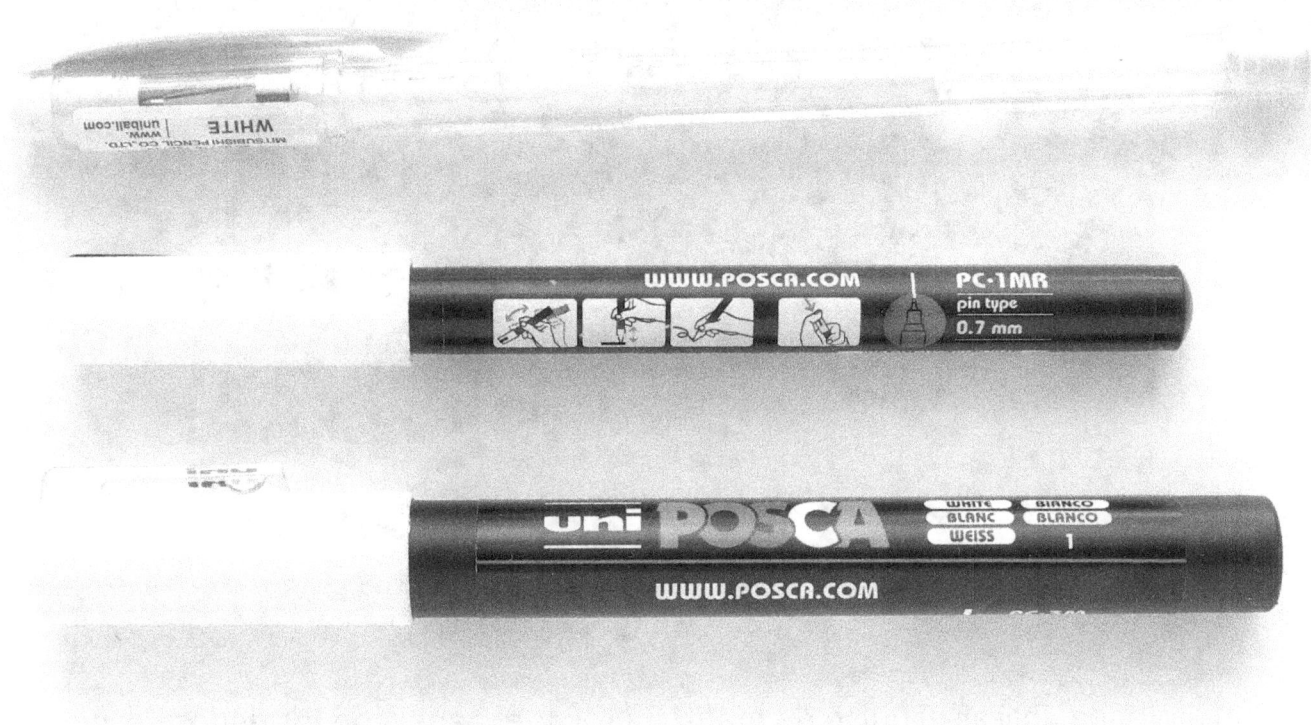

Polvo de grafito

El polvo de grafito es ideal para texturas finas y uniformes, grandes áreas o fondos. Es el mismo material del que está hecho el lápiz de grafito, pero este se tritura hasta lograr un polvo fino. Podemos usarlo de muchas maneras diferentes, una de ellas es la técnica del pincel, que consiste en colocar un poco de este polvo en una hoja separada, se sumerge el pincel y se desempolva el exceso en la hoja de borrador, para luego aplicarlo al dibujo. Es aconsejable aplicarlo en la superficie varias veces, hasta lograr el color deseado. Siempre es más fácil aplicar más capas que borrar. Es posible que necesites varios pinceles de diferentes tamaños que puedas usar según la extensión del área en la que estés dibujando. Personalmente, no uso mucho esta técnica, pero es solo una cuestión de costumbre, prefiero aplicar el grafito con mi dedo envuelto en un pañuelo de papel o con hisopos en caso de que quiera sombrear.

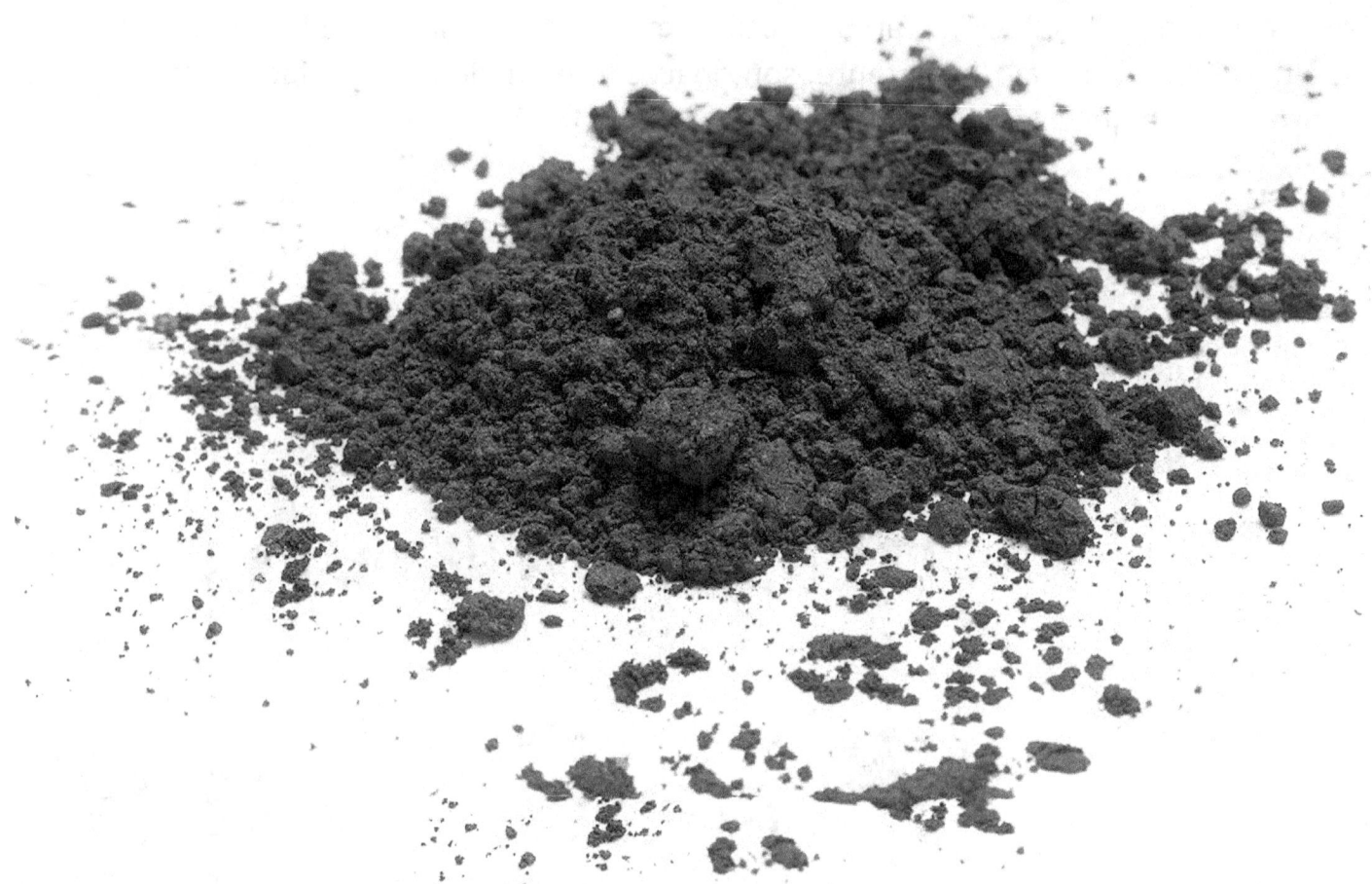

No se recomienda aplicar el polvo de grafito ni tocar el papel con los dedos desnudos, ni siquiera cuando sacamos una hoja de la libreta o cuaderno de bocetos, ya que las manchas suelen revelarse después de que se extiende el polvo, tal como lo hacen los investigadores de una escena del crimen con las huellas digitales. Por esta razón, es necesario lavarnos bien las manos antes de dibujar para evitar que la grasa y la suciedad en nuestros dedos dejen marcas en nuestro dibujo. Esto puede ser realmente molesto, por lo que la precaución es clave, de hecho, es una buena idea poner una hoja protectora debajo de la mano para evitar que la hoja de dibujo se moje o se engrase, especialmente en verano, cuando nuestras manos sudan más. A menudo uso una pieza transparente de nylon cuando grabo los procesos de mis dibujos, para que los espectadores puedan ver todo el dibujo permanentemente, mientras que lo protejo de las manchas.

Herramientas para mezclar

Pañuelo de papel

Puedes usar un pañuelo de papel para extender la hoja, pero debes tener cuidado de elegir uno que no tenga olor y que no sea humectante. De hecho, puedes usar una toalla de papel de cocina, o incluso papel higiénico, es lo que hago cuando me quedo sin pañuelos, porque cumplen la misma función. Si la superficie que deseas dibujar es demasiado pequeña para un tejido, intenta usar la herramienta que menciono a continuación.

Un muñón de mezcla

Estas barras de papel prensadas y puntiagudas se usan para mezclar el grafito y crear un tono agradable y uniforme. Hay dos tipos: el tortillion, que tiene solo un extremo puntiagudo, y el muñón de mezcla, con una punta en cada extremo. Anteriormente, había diferencias en su suavidad, pero ahora tienen más o menos la misma calidad y solo difieren en la forma, por lo que no importa cuál elijas. Obviamente, el muñón de mezcla durará más tiempo porque puedes usar ambos extremos. Por lo general, dejo uno como limpiador final, cuando quiero mezclar áreas más claras, y el extremo cuya punta ha acumulado una gran cantidad de grafito lo uso para mezclar áreas más oscuras. Cuando tenga demasiado grafito, frótalo un poco sobre el papel de lija y volverá a estar limpio.
Si no puedes obtener uno de inmediato, puedes envolver un lápiz mecánico con un trozo de pañuelo y usarlo temporalmente.

Hisopos

Los hisopos también se pueden usar para mezclar, pero debido a que sus puntas son un poco más grandes que los tocones de fusión, podemos usarlos para áreas más amplias. También son muy buenos para la mezcla fina cuando no queremos aplicar demasiado grafito. Cuando están totalmente limpios pueden eliminar una gran cantidad de grafito dibujado, así que primero practica su uso en una hoja de papel separada.

Almohadillas de algodón

Si no tiene ningún pañuelo a mano, puedes usar almohadillas de algodón. Harán exactamente el mismo trabajo.

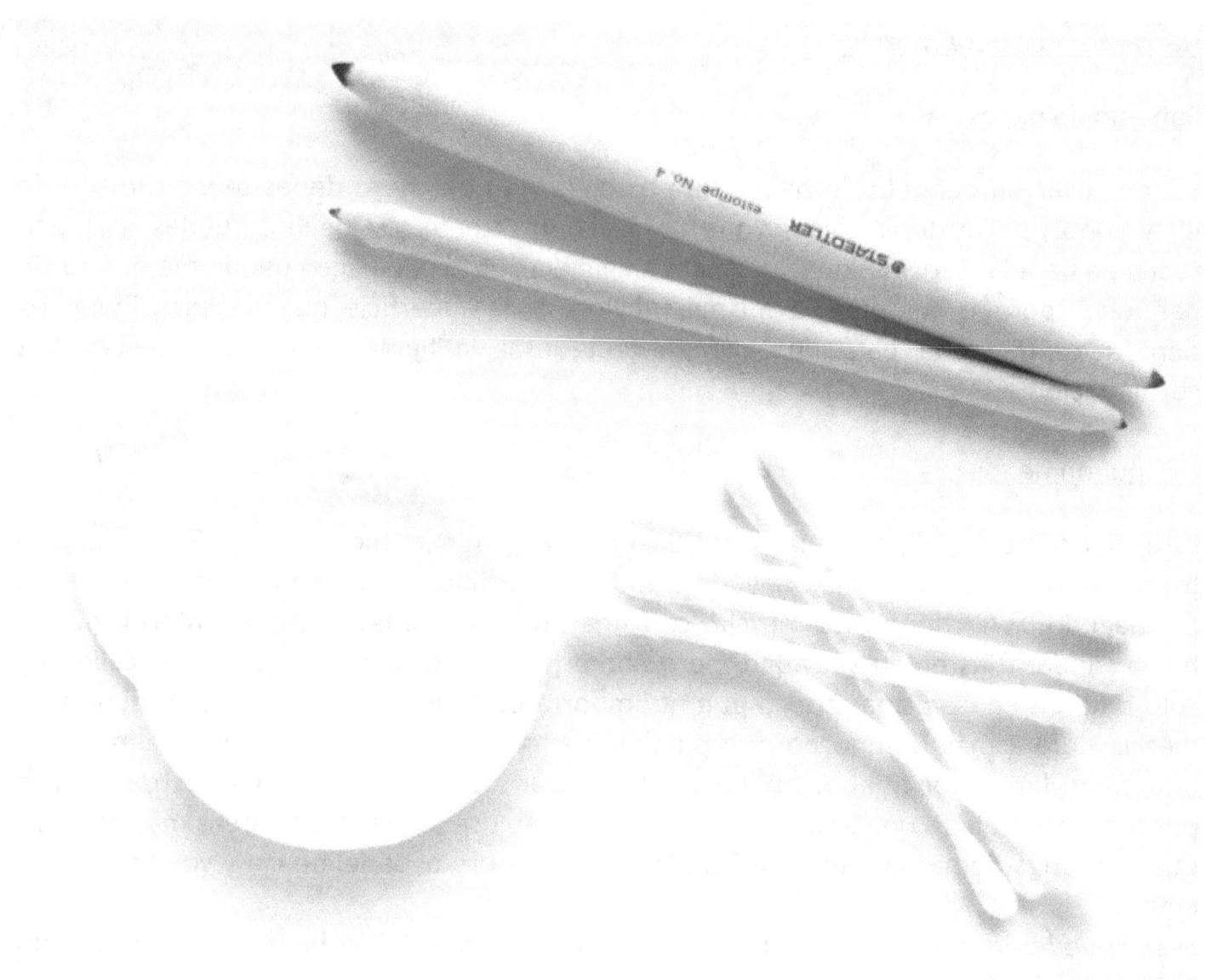

Herramientas adicionales

Fijador

Es posible que necesites rociar tu dibujo con un fijador para protegerlo de las manchas. Hay dos tipos de fijadores:
1. Fijador viable, que se utiliza en el medio del proceso y sobre el cual puedes continuar trabajando.
2. Fijador no viable, que se usa al final del proceso, puesto que no puedes agregar nada al papel después de rociarlo.

Sacapuntas

Si no estás usando solamente un lápiz mecánico, necesitarás un sacapuntas de alta calidad. Los más caros tienden a mantenerse afilados por más tiempo, mientras que los más baratos deben reemplazarse con frecuencia, cada vez que notes que no es capaz de afilar el lápiz o que rompe su punta. Utilizo los simples, los manuales, pero también puedes elegir los eléctricos.

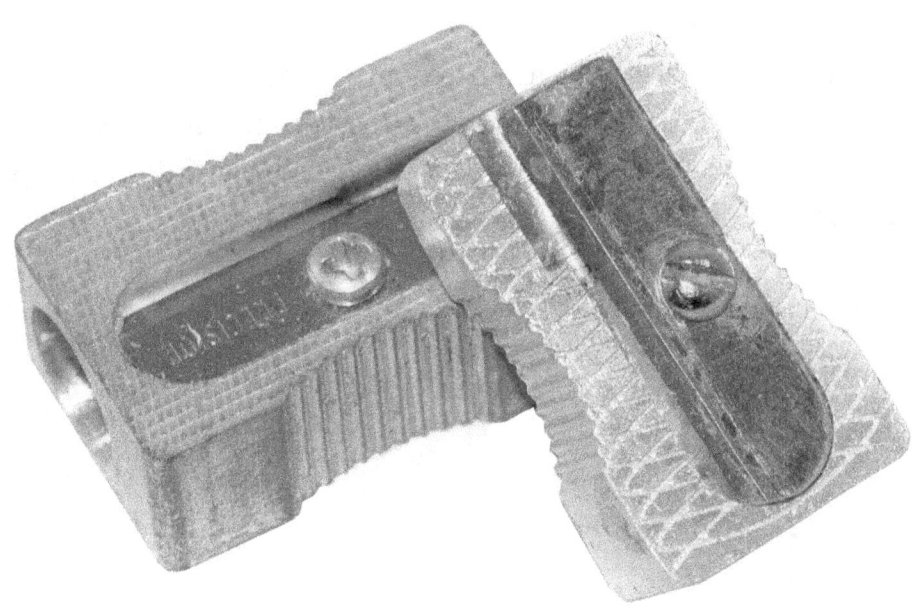

Gobernante

Una regla es una buena herramienta para hacer una línea recta cuando no puedes hacerla a mano alzada. A lo largo de estos tutoriales, usaré una regla para medir. Es de suponer que todos tienen una regla en casa, ya que es una herramienta muy común y barata.

Compás de dibujo

Necesitarás una brújula de dibujo simple para algunos bocetos de estos tutoriales.

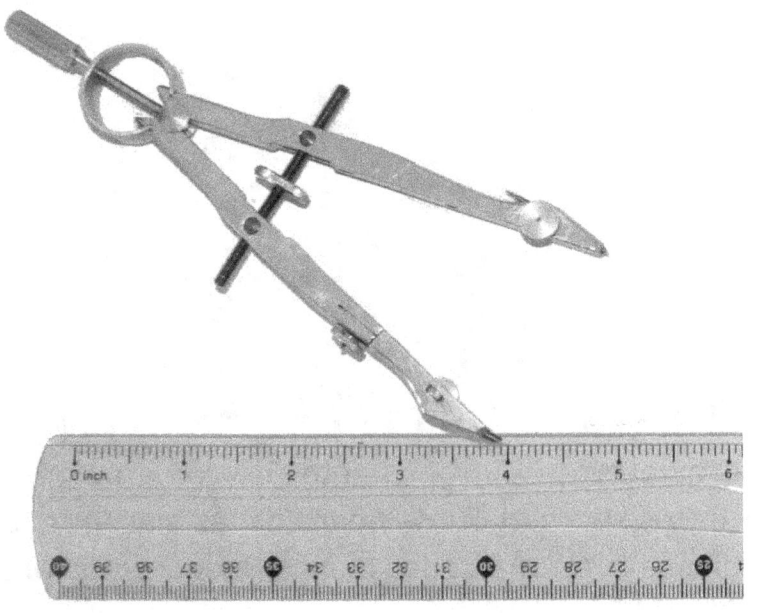

CÓMO DIBUJAR UNA MARIPOSA

Comencemos con una mariposa.
Primero, dibuja su cuerpo, o el llamado tórax, en el medio de la hoja para tener los puntos de partida. Luego puedes dibujar los contornos de las alas, las formas pueden ser irregulares, pero intenta hacerlas simétricas. En la siguiente imagen, puedes ver cómo empecé. Los contornos no tienen que ser perfectos.

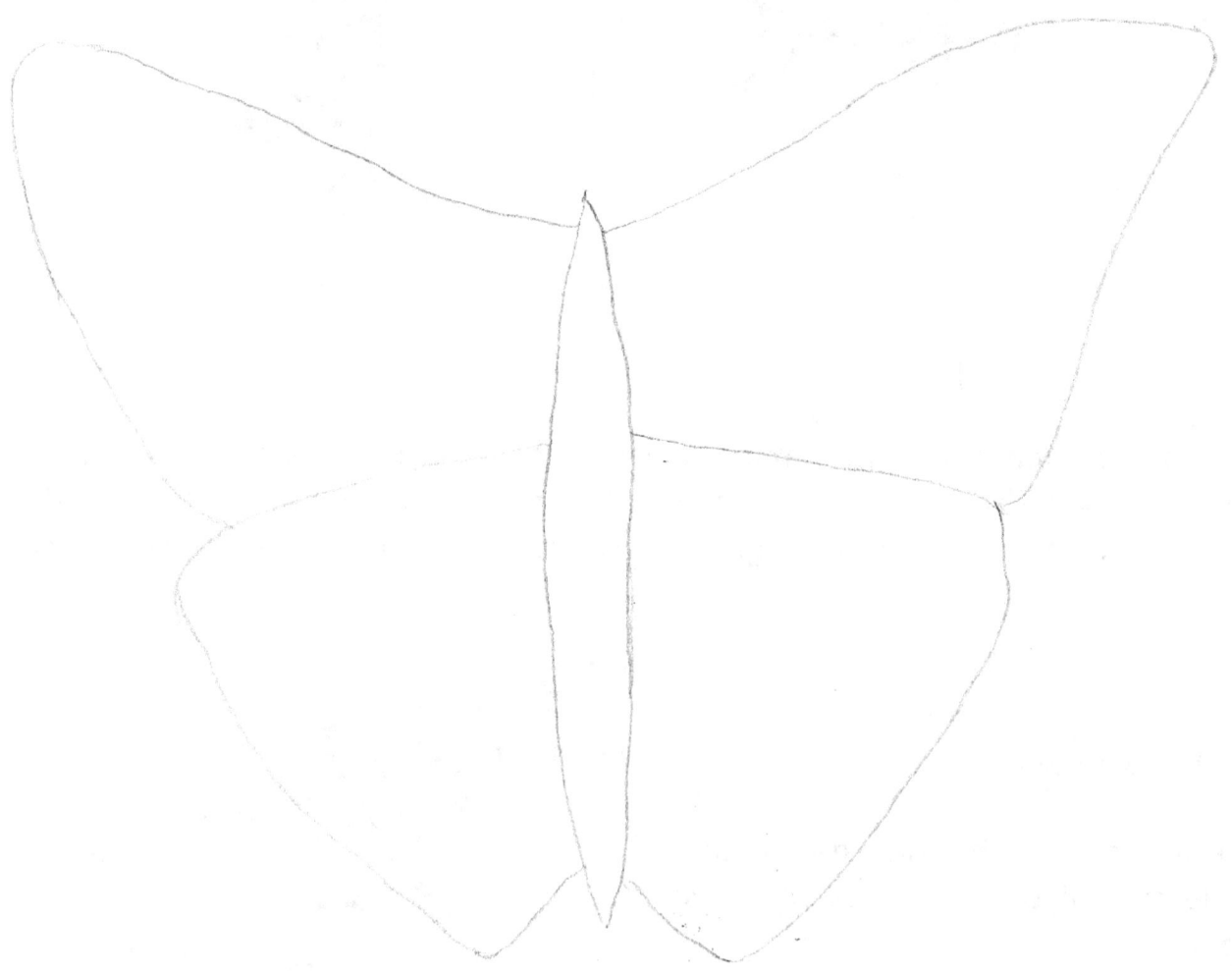

Crea algunos patrones antes de comenzar a sombrear. Para crear esos puntos blancos típicos sobre el borde negro de las alas, puedes hacerlos con una pluma de gel de tinta blanca o un marcador blanco, luego de colorear toda el área con un lápiz negro. Pero para aquellos que no tienen estas herramientas, solo tienen que dibujar estos puntos que deben mantenerse blancos.

Crea los puntos al lado del borde, como se muestra en la siguiente imagen, haz lo mismo alrededor de las alas. Los puntos no tienen que ser iguales, puedes hacer unos más pequeños que otros. El patrón no tiene que ser el mismo que en las mariposas reales, podemos crearlo como queramos, pero intenta hacer el mismo patrón en ambas alas, para que sean lo más simétricos posible. Luego, dibuja dos antenas en la parte superior de su cuerpo.

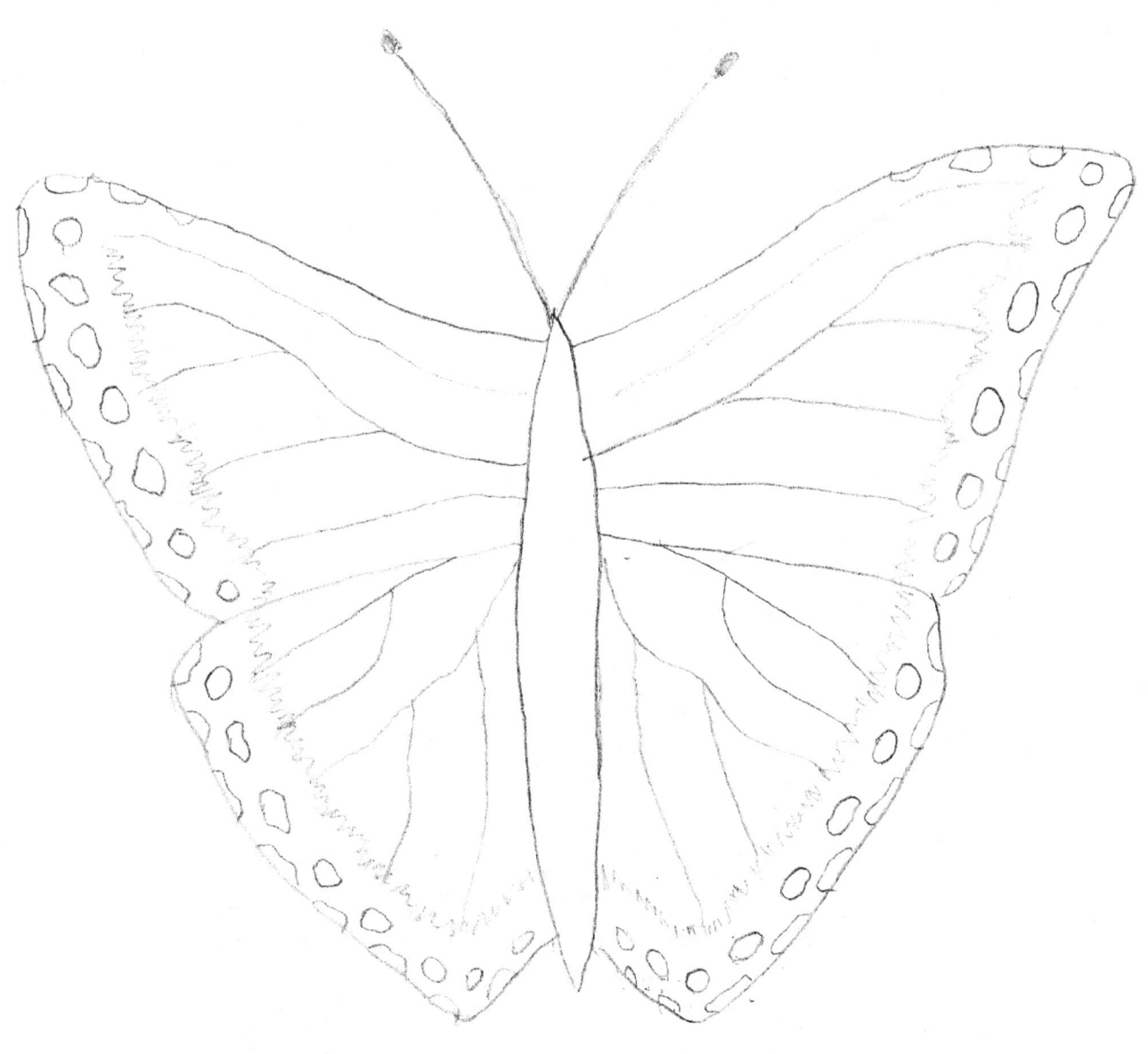

Comencemos a sombrear.

Primero, sombrea el cuerpo en el medio, usando un lápiz H. En esta parte, crea un área un poco más oscura presionando más fuerte y luego presiona cada vez menos a medida que sombreas hacia los bordes o hacia las alas, para que su cuerpo se vea un poco redondo. En este proceso, puedes presionar cada vez menos con el mismo lápiz o cambias a un lápiz más ligero.

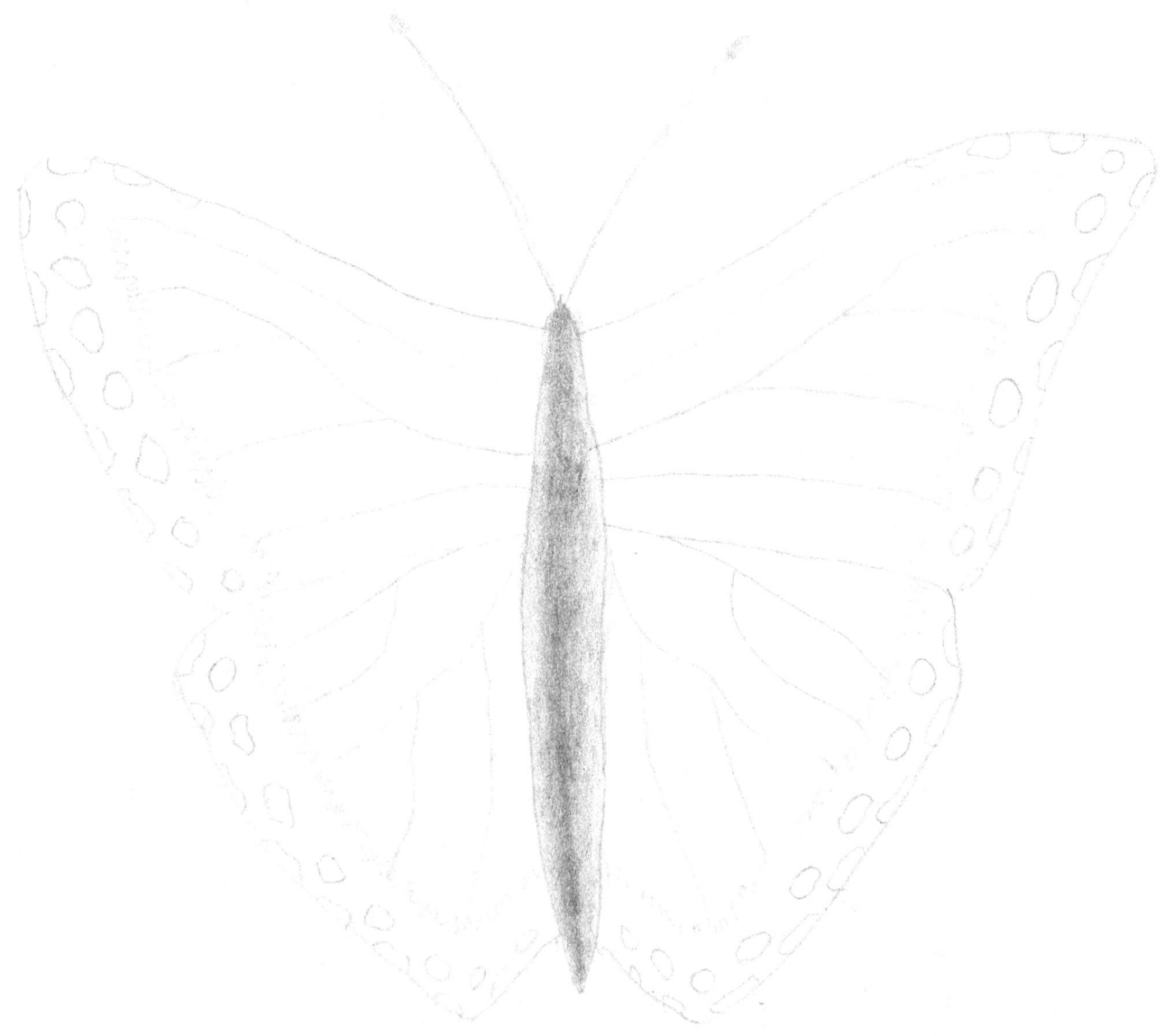

Mezcla un poco con un hisopo para que se vea suave y luego crea algunos patrones con un lápiz HB, algo así como pequeñas líneas horizontales al azar. También dibuja la cabeza y los ojos. Es importante que evites que se vea plano y monótono, agrega algo de aleatoriedad. Algunos patrones se pueden mezclar con un muñón de mezcla.

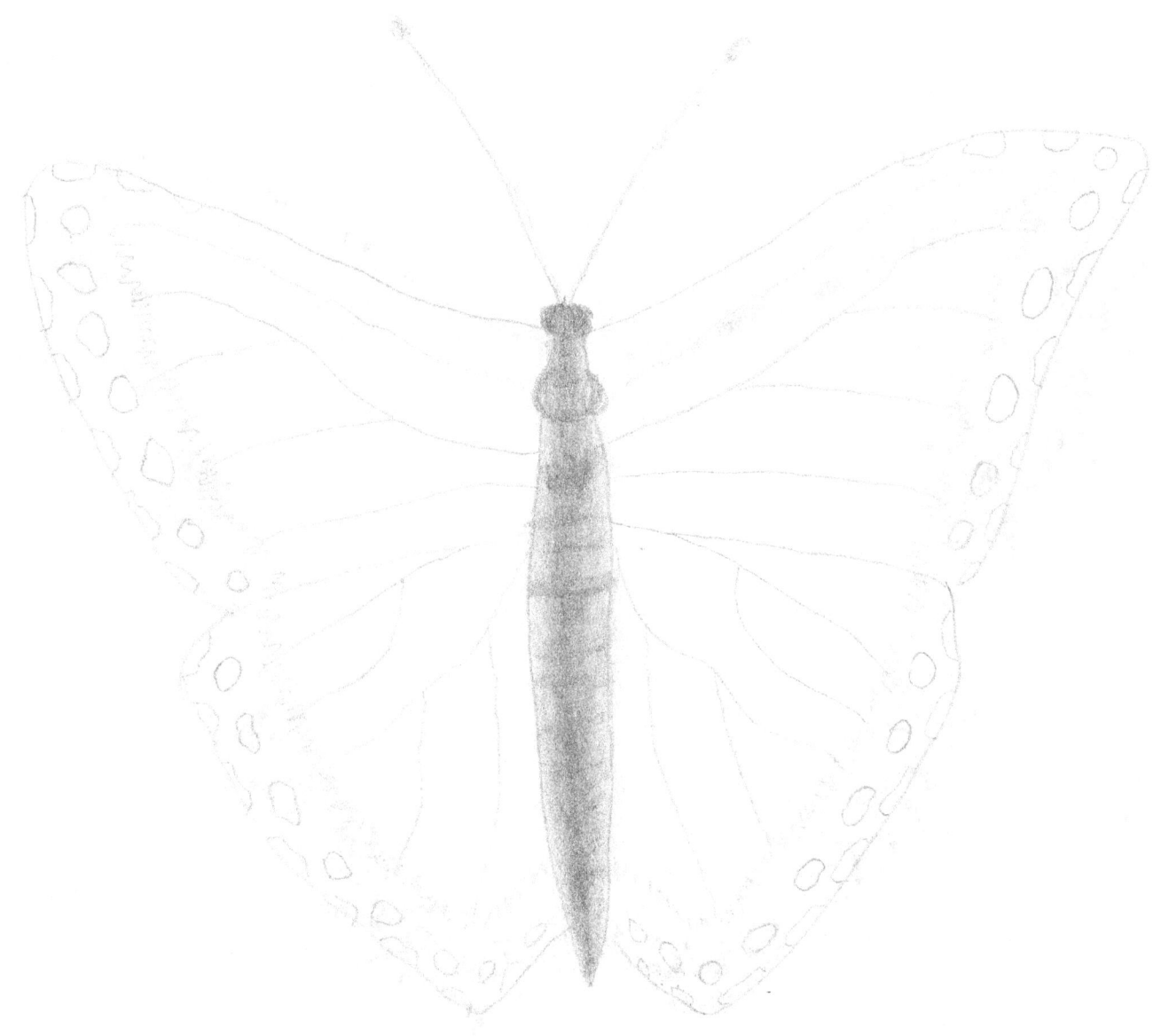

Después, colorea los bordes con un lápiz 6B o uno más oscuro. Yo uso un 8B para todo el paso.

Como mencioné antes, tenemos que dejar de lado los puntos blancos y simplemente colorearlos a su alrededor. Por supuesto, tenemos que trabajar con mucho cuidado al lado de los bordes y de los puntos blancos para que el borde entre las áreas en blanco y negro sea limpio y nítido. Presiona muy fuerte porque aquí es necesario crear un color absolutamente negro. Aquí tienes que cubrir todo pacientemente, te llevará mucho tiempo.

En este paso, puedes recrear las formas de los puntos cuando dibujes alrededor de ellos.

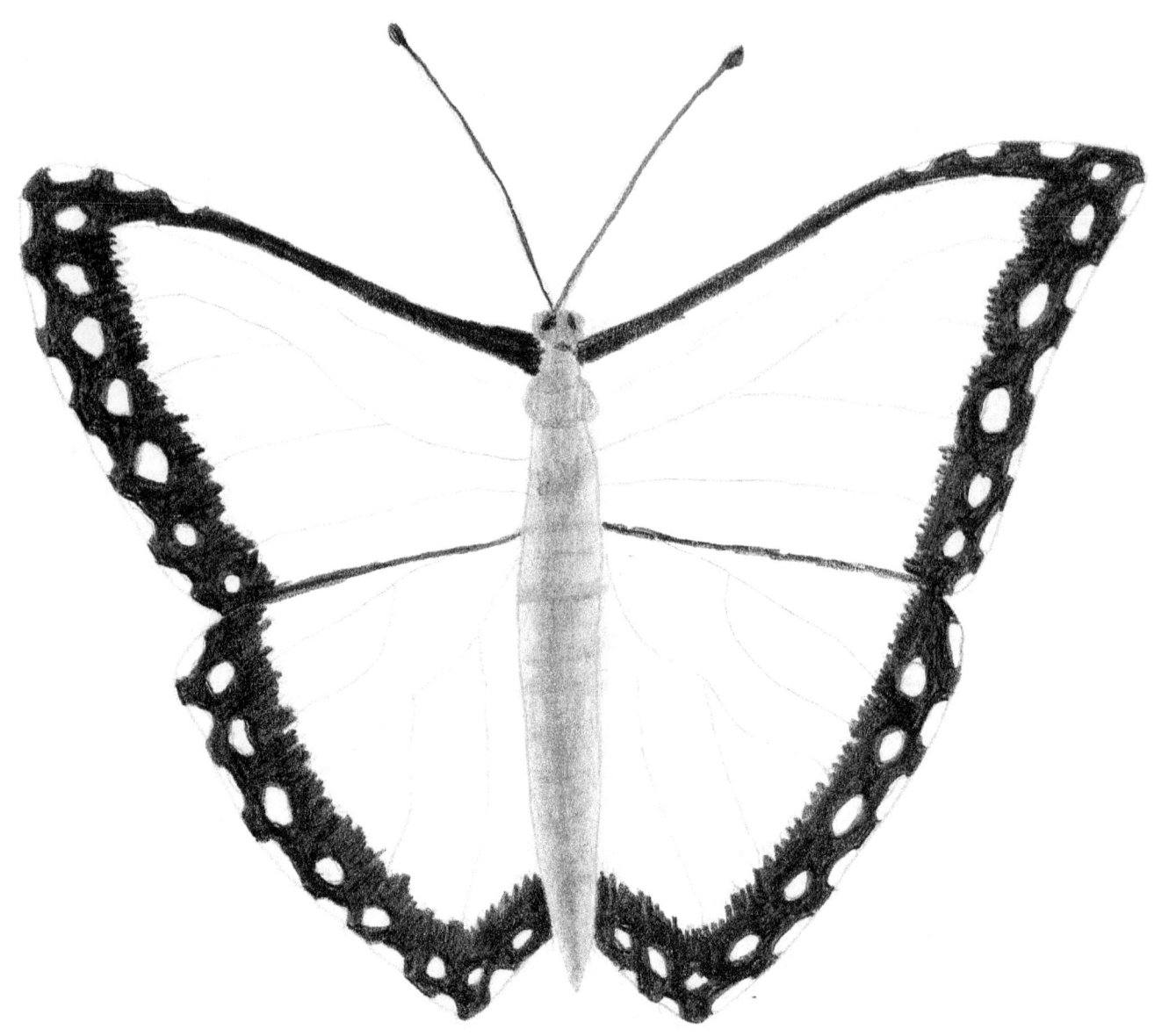

Ahora podemos fortalecer los patrones sobre las alas con un 2B; solo repásalos presionando más fuerte. Luego, sombrea las áreas internas de las alas. Comienza al lado del área 8B usando un 2B para hacer una transición degradada. Dibuja los trazos sobre el área 8B, presionando con más fuerza al lado de su cuerpo, y luego levanta ligeramente el lápiz a medida que terminas cada trazo, un poco más lejos de su cuerpo. Estudia la siguiente imagen para ver lo que trato de explicar. Queremos crear un degradado suave pasando de un lápiz oscuro a uno más claro, además, tenemos que crear trazos un poco más largos en la parte superior y luego crear líneas cada vez más cortas a medida que avanzamos hacia abajo.

Ahora puedes ver que el cuerpo es demasiado brillante en comparación con el área circundante, pero siempre podemos retroceder y oscurecerlo si es necesario. Haz lo mismo al lado de las áreas negras externas que contienen puntos blancos, pero ahí debes dibujar trazos muy cortos y hacerlos un poco más largos sobre las líneas del patrón.

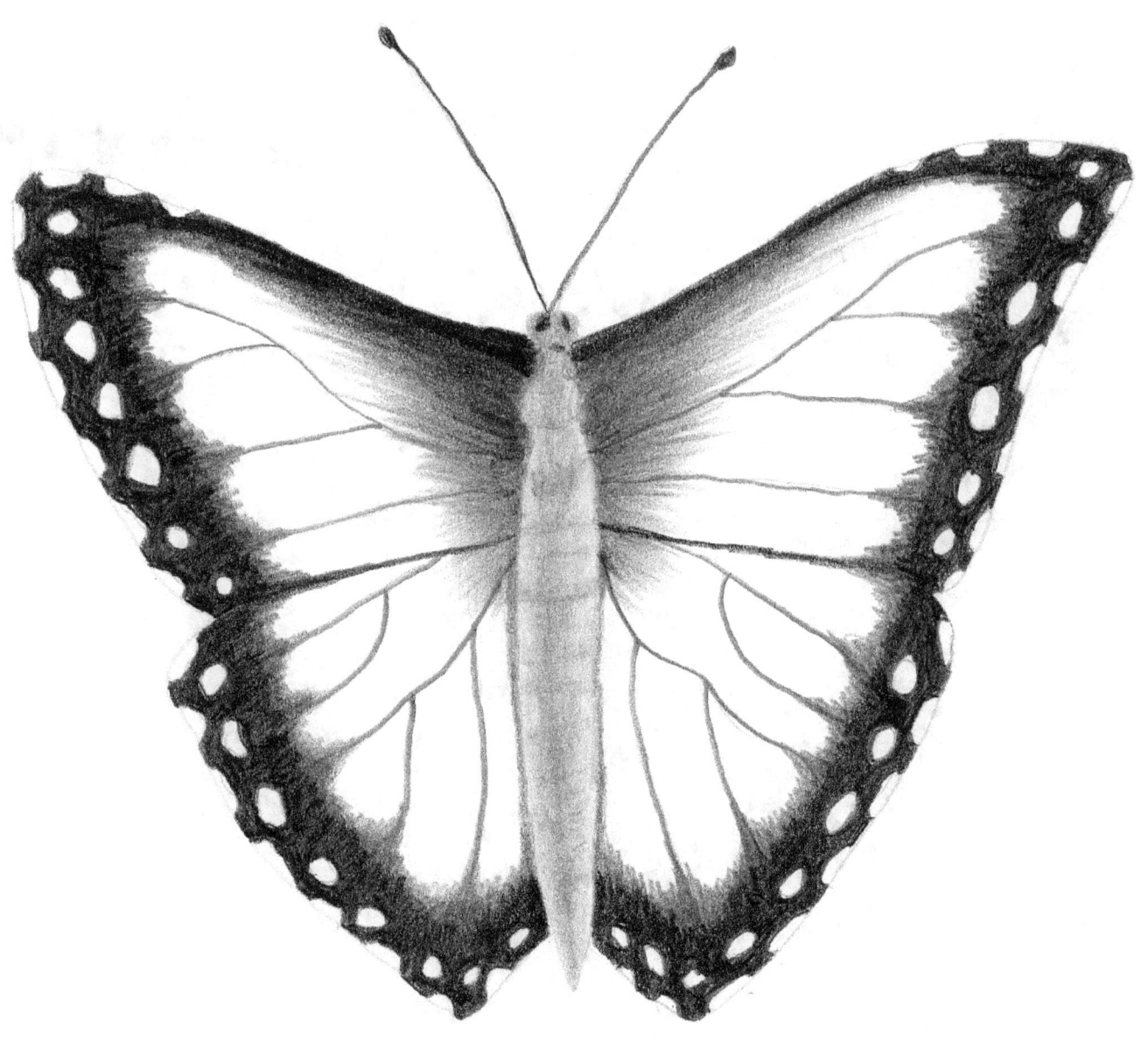

Continúa con un HB, repasa los trazos que acabas de dibujar con un 2B presionando con fuerza y levanta el lápiz cuando termines cada trazo. Haz lo mismo desde la dirección opuesta, desde el borde que también sombreamos con un 8B y luego con el 2B. Este paso realmente lleva mucho tiempo y no tienes que hacerlo de una sola vez porque te puede doler la mano.

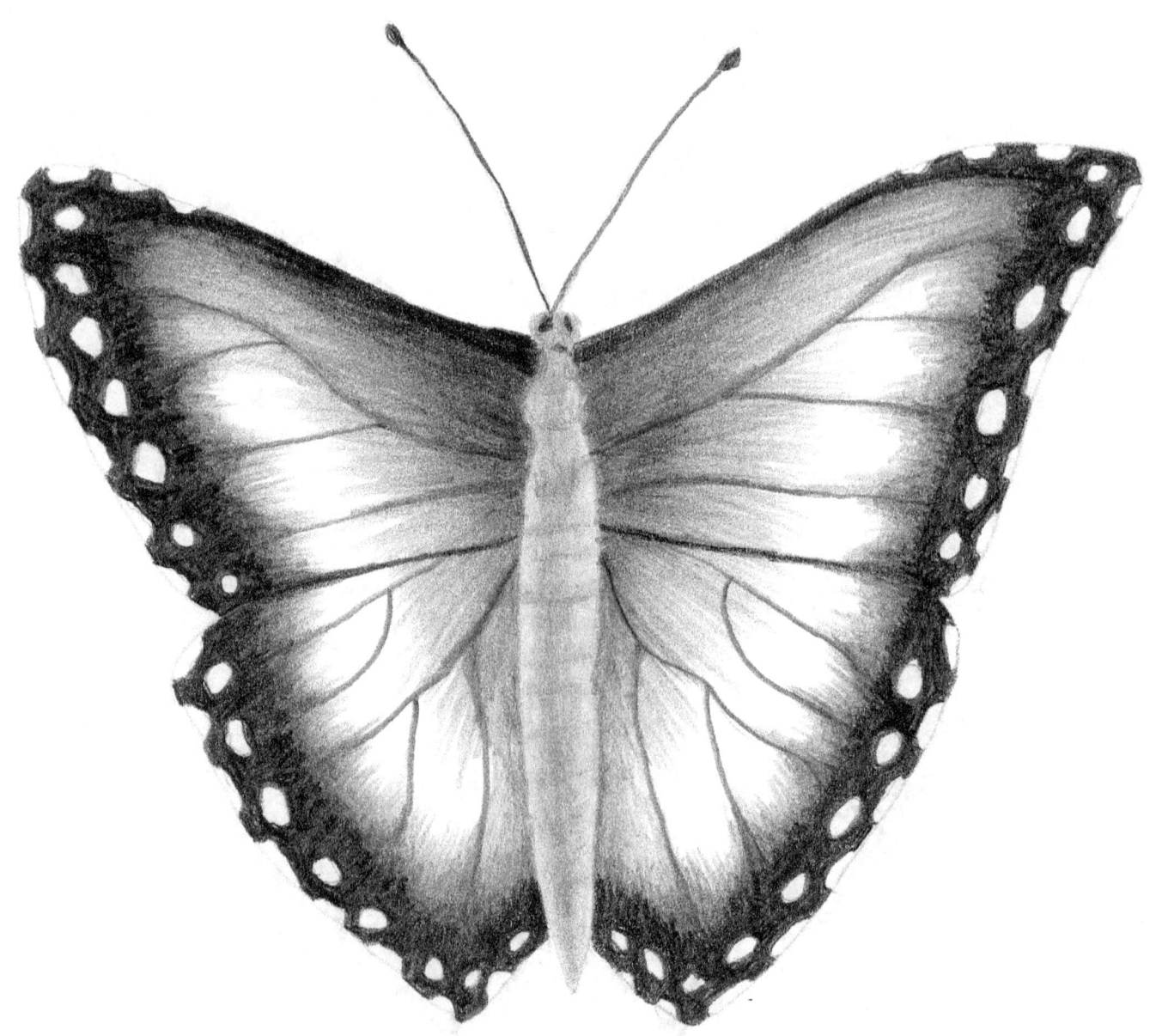

A continuación, usa un 2H para las partes resaltadas, que hemos dejado descubiertas. Repasa las áreas sombreadas previamente de la misma manera y en la misma dirección que antes, pero con un 2H. Ahora puedes ver que estas áreas están bastante resaltadas, por lo que son las partes más brillantes de las alas, excepto los puntos blancos.

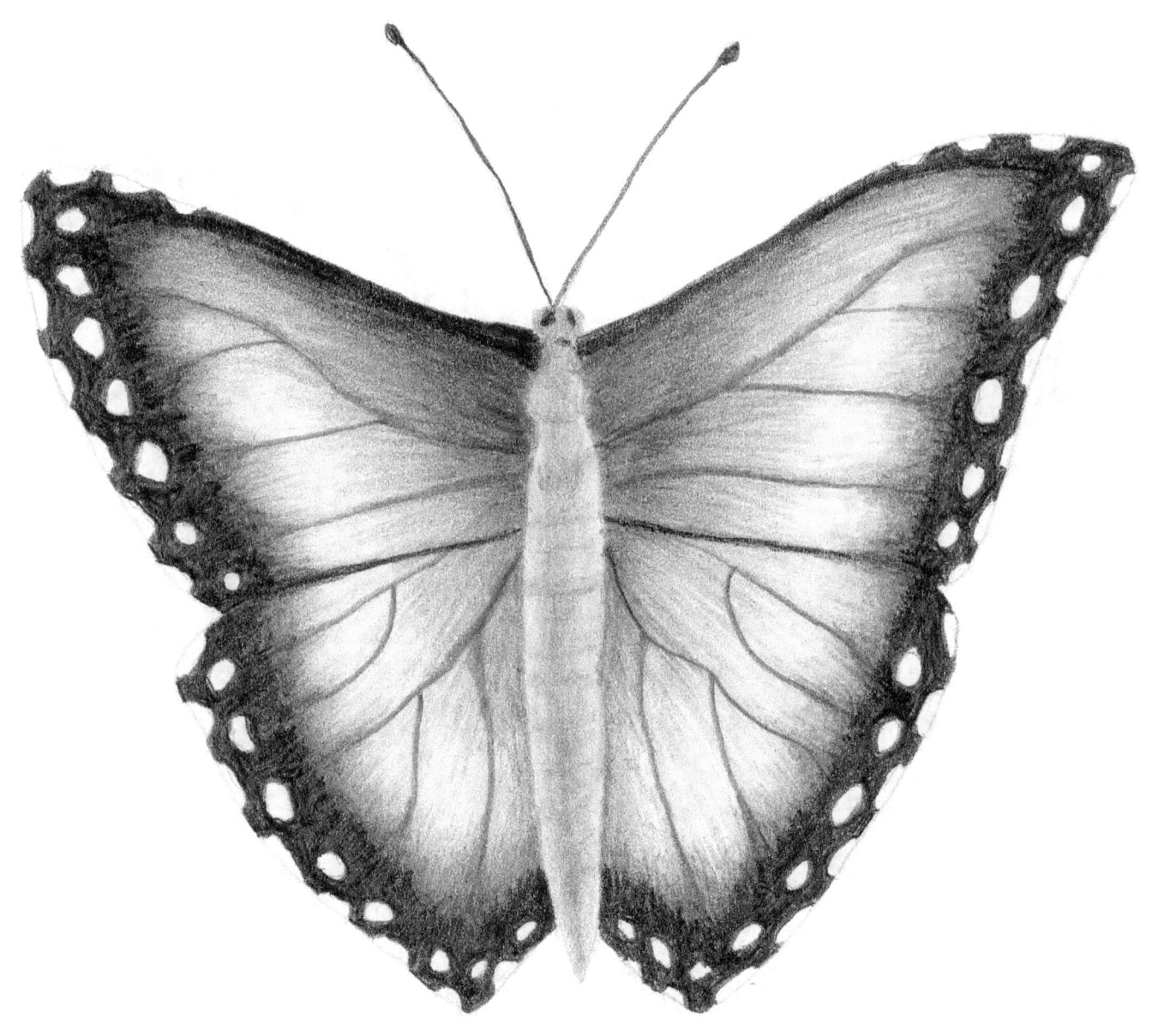

Ahora podemos mezclarlo todo cuidadosamente con un hisopo y comenzar sobre áreas más claras para luego ir hacia las más oscuras. Para esto, usa un hisopo limpia sobre las áreas claras y cuando tengas algo de grafito en su punta, puedes aplicarlo sobre las áreas más oscuras, y no en el orden opuesto. Esta mezcla hará que la mariposa se vea suave, después verás si necesitas agregar más sombra.

Además, delinea las alas para que los puntos blancos marginales puedan expresarse porque hasta ahora no eran muy visibles, parecían pertenecer al fondo. Solo sepáralos del fondo delineando como se muestra en la siguiente imagen. Si accidentalmente pasas sobre estos puntos blancos, puedes aplicar un marcador blanco sobre ellos.

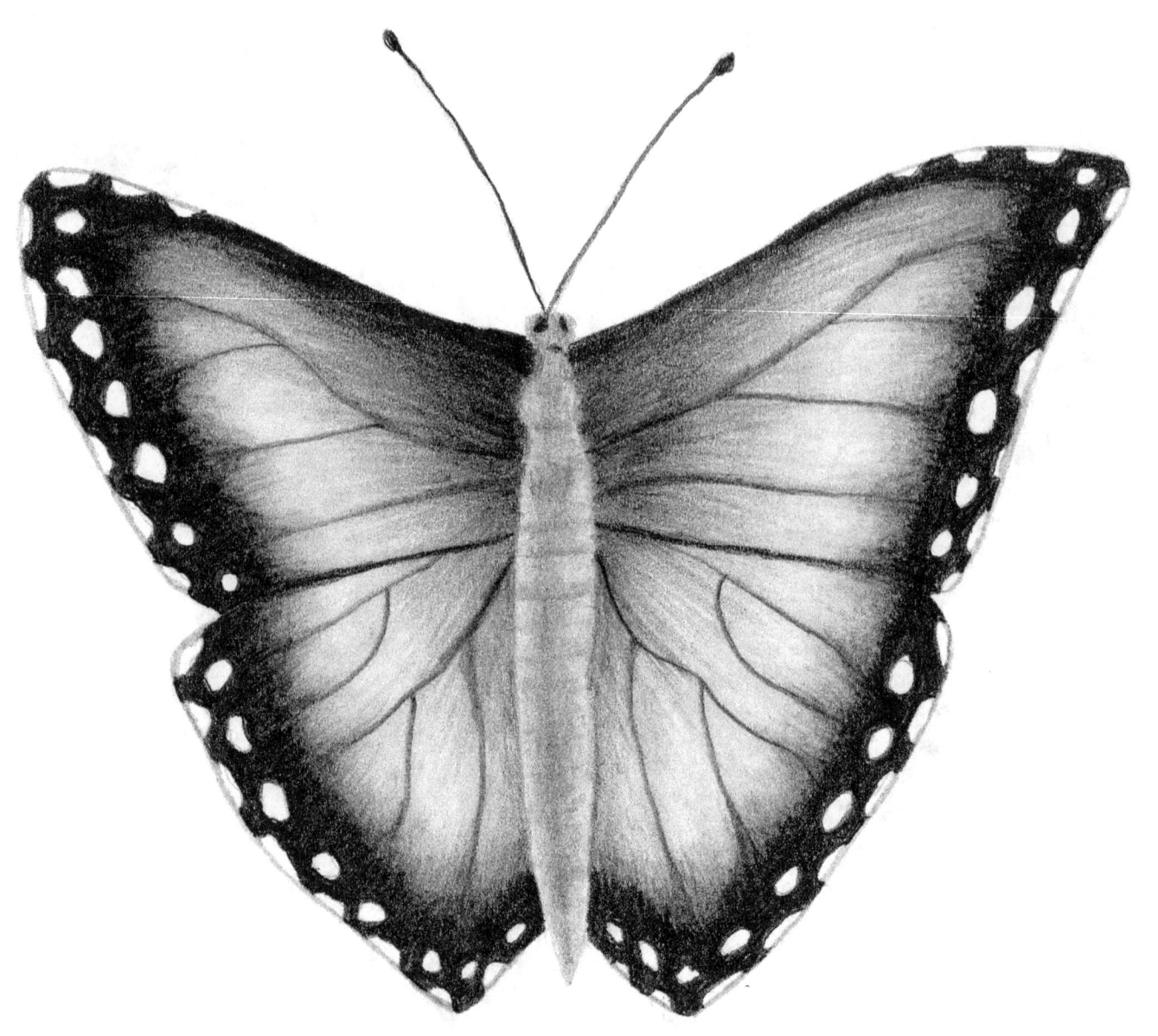

Por último, crea la sombra que hará que nuestra mariposa se vea más tridimensional. Esta será proyectada por las alas sobre la superficie donde se encuentra la mariposa. Utilicé polvo y tejido de grafito y creé un forma similar al ala derecha, como se muestra en la siguiente imagen. La parte superior puede estar más lejos de la mariposa y la parte inferior más cerca. Hago la sombra proyectada por el ala izquierda mucho más pequeña para que esa ala pueda verse más cerca de la superficie. Evidentemente, todo esto depende de la fuente de luz. Como puedes observar, la sombra proyectada hará más visible los puntos blancos de las alas, pero no podemos crear esta sombra alrededor de la mariposa, solo en algunas áreas, y es suficiente sugerir que todos los puntos blancos son parte de la mariposa y no el fondo.

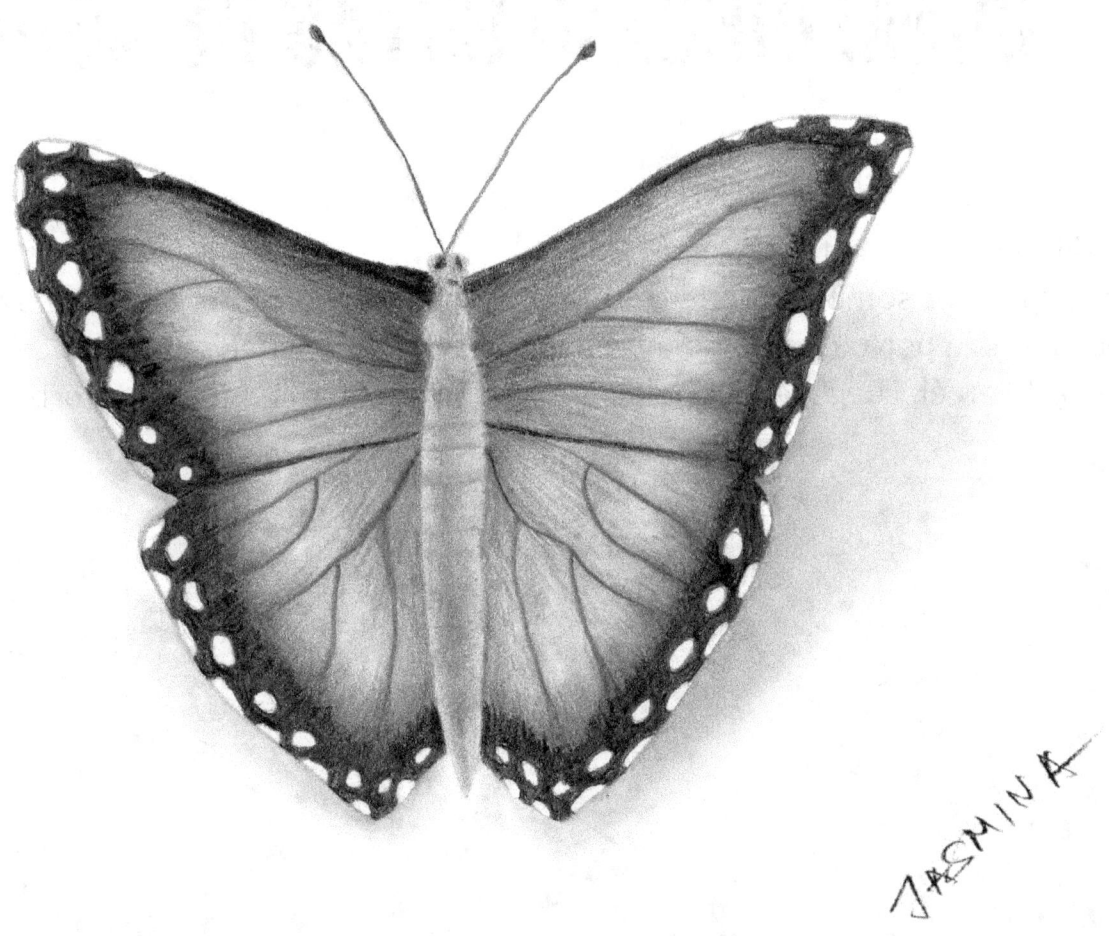

Ahora puedes dibujar más mariposas como esta, pero prueba con diferentes patrones, diferentes formas y diferentes sombras proyectadas.

Consejo

Si quieres aprender y mejorar a un ritmo rápido, es esencial dibujar todos los días. Puede parecer una tarea difícil disponer tiempo para dibujar cada día, pero no tiene que ser un dibujo completo. Podría ser tan simple como crear un pequeño boceto o solo un área pequeña del dibujo. Cuanto más lo hagas, más natural y fácil será.

CÓMO DIBUJAR GOTAS DE AGUA

Ahora dibujemos las gotas de agua.
El primer paso es sombrear toda la hoja de papel con polvo de grafito. Para esto, vierte un poco de este polvo en una hoja de papel separada, envuelve tu dedo con un pañuelo y sumérgelo en él. Luego, extiéndelo sobre el papel con movimientos horizontales.

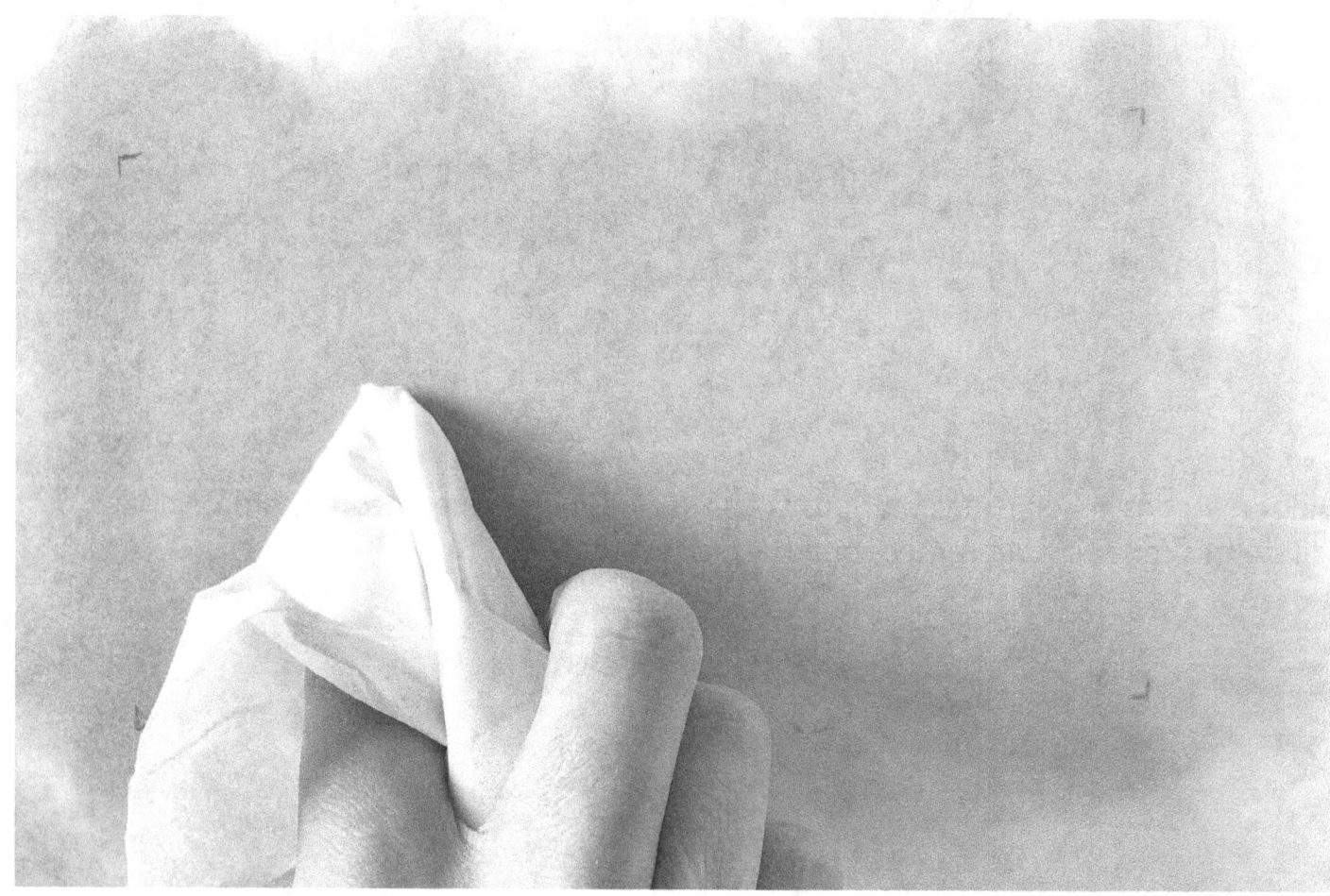

Después de eso, también puedes usar movimientos verticales o incluso circulares, presionando con fuerza e intentando crear una textura uniforme en todo el fondo. En la siguiente imagen, puedes ver mi hoja de papel con el grafito extendido sobre ella.

Ahora determina la posición de las gotitas y dibújalas al azar donde quieras: pequeñas y grandes, luego dos juntas o dos conectadas. No tienen que estar todas en forma circular, puedes hacerlas también en forma elíptica. Observa en la siguiente imagen la variedad de gotas que he dibujado.

Luego, crea las áreas sombreadas sobre la superficie donde se encuentran las gotas. Si la fuente de luz proviene del lado izquierdo, sombrearemos la parte izquierda de las gotas. Tenemos que sombrear menos a medida que avanzamos hacia el lado derecho de las gotas y nos detenemos en algún lugar en el medio. Después debemos hacer una transición degradada entre las partes más oscuras y el tono básico del fondo que creamos en el paso anterior, con movimientos circulares para lograr una textura suave. Para este paso estoy usando un lápiz B, pero puedes usar un HB o F, solo debes tener cuidado de no usar uno más oscuro que un lápiz B, porque no es bueno para esto.

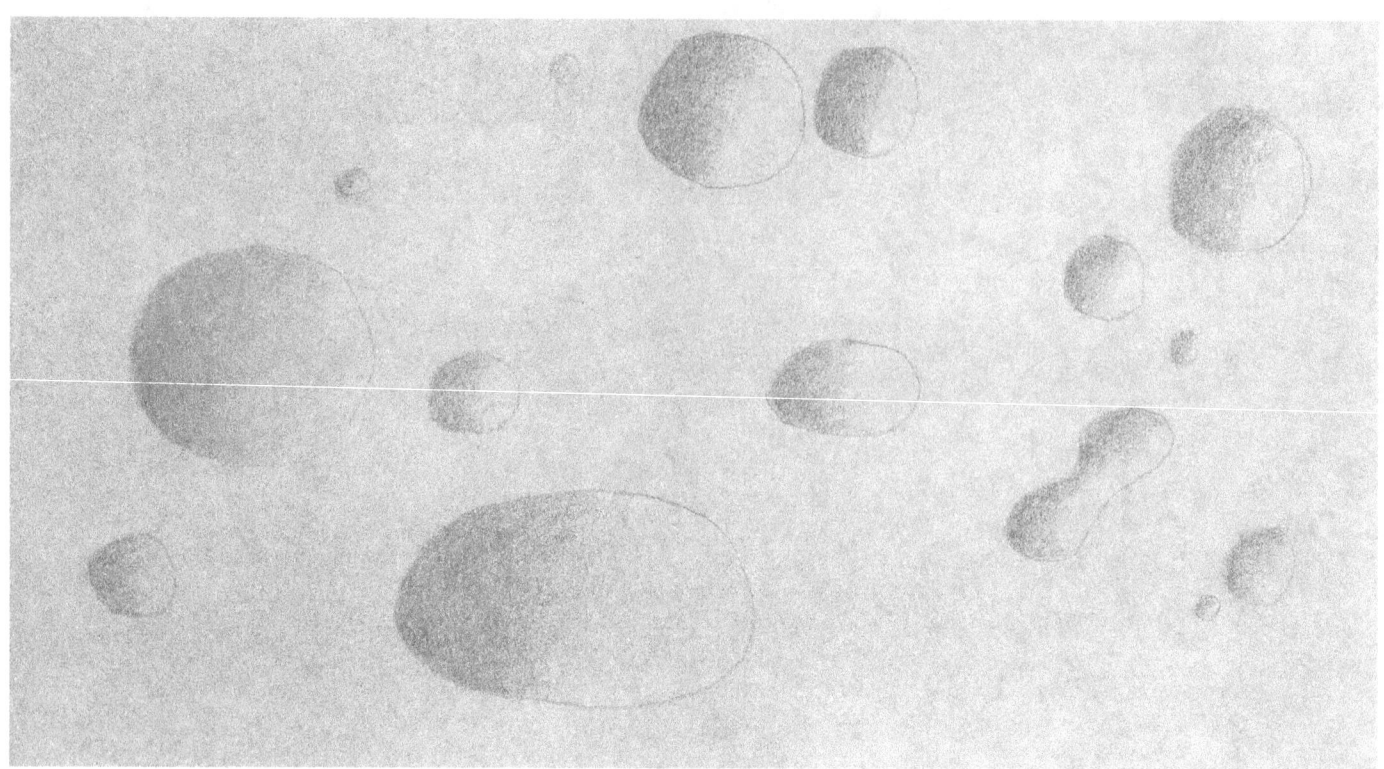

Ahora mezclamos todo con un muñón de mezcla. Podemos usar un muñón para mezclar las más pequeñas y un hisopo para las más grandes. Estas áreas deben ser lo más lisas posible, así que sigue mezclando hasta crear una textura suave.

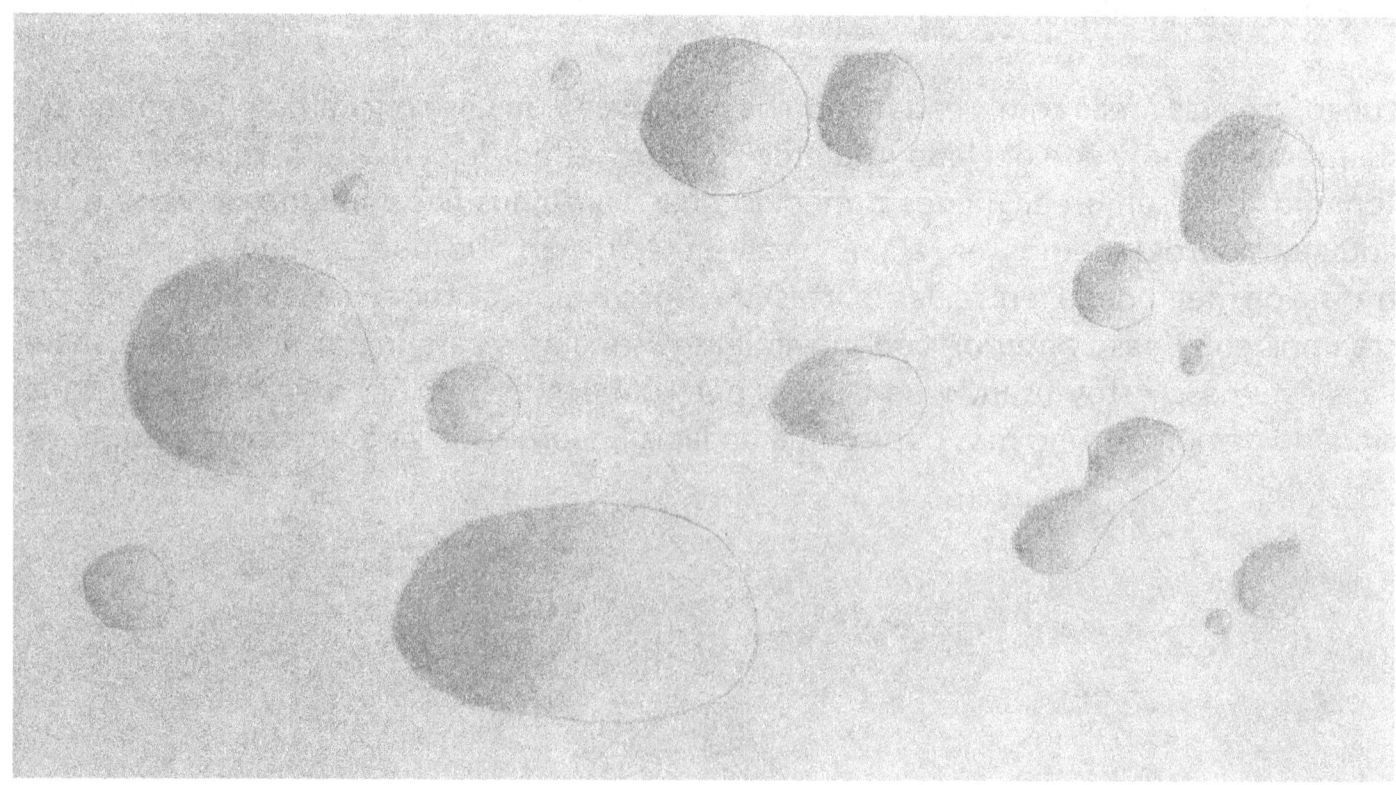

Lo siguiente es crear reflejos en el otro lado de las gotas, con la ayuda de un borrador para eliminar el grafito.

Comienza sobre el borde del resaltado, en el lado derecho de las gotas, que debería ser el más brillante, y borra el grafito hacia el centro. Disminuye la presión para borrar cada vez menos, de manera que el resaltado también desaparezca gradualmente en el tono básico y no se vea ningún borde limpio entre las sombras y los reflejos.

Como puedes observar, las gotas ahora se ven más reales debido a estos aspectos destacados. Pero aún no hemos terminado.

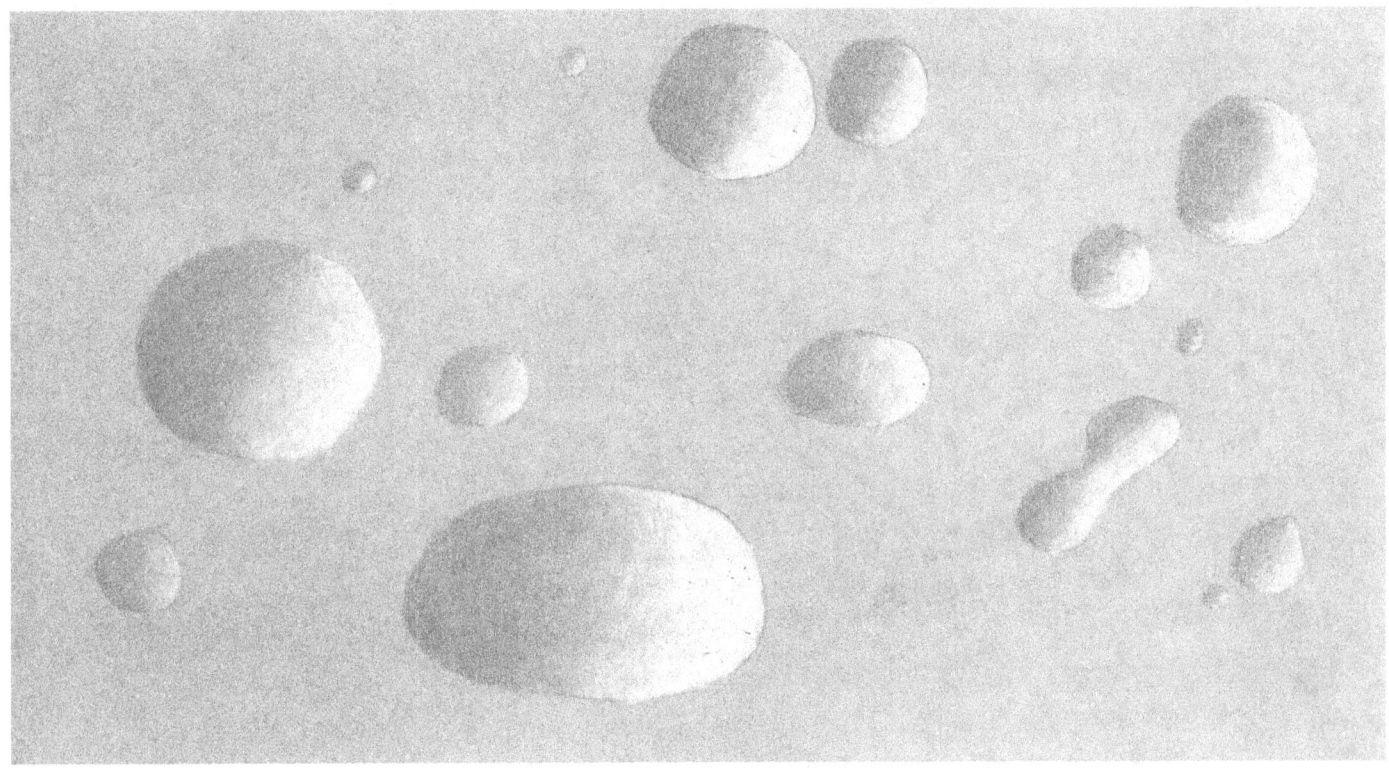

A continuación, crea la sombra proyectada por las gotas sobre la superficie.

Si nuestra fuente de luz va desde el lado izquierdo, la sombra se proyectará sobre el lado derecho de las gotas, junto a los reflejos que acabamos de crear. Estoy usando un lápiz B para esto y dibujo cuidadosamente junto a las áreas resaltadas como se muestra en la siguiente imagen. Queremos crear un borde oscuro junto al resaltado y sombrearlo cada vez menos a medida que nos alejamos de las gotas. Aquí también es importante lograr esa transición degradada desde el centro de la sombra, es decir, desde la parte más oscura, hasta el tono del fondo, disminuyendo la presión. Las sombras proyectadas harán que las gotas se vean como si saltaran sobre el papel.

Cuando hayas terminado con todas ellas, mézclalas con cuidado con un muñón de mezcla, haciendo que el borde entre el resaltado de la gota y la sombra proyectada quede limpio, mientras que la sombra debe quedar en un tono más oscuro. Uso un lápiz

B todo el tiempo, pero puedes emplear un B al lado de la gota y un HB más lejos, mientras que en los bordes exteriores de la sombra puedes usar un 2H. También puedes aprender a cambiar la presión sobre tu lápiz y lograr una gradación suave que contenga muchos valores con un solo lápiz.

Como se ve en la siguiente imagen, las gotas parecen tridimensionales después de agregar las sombras proyectadas y los reflejos, parecen ser más brillantes porque el valor oscuro de la sombra mejora el resaltado. No olvides la regla general de que las gotas más grandes proyectarán una sombra más grande y se extenderán más que las sombras proyectadas por las gotas pequeñas.

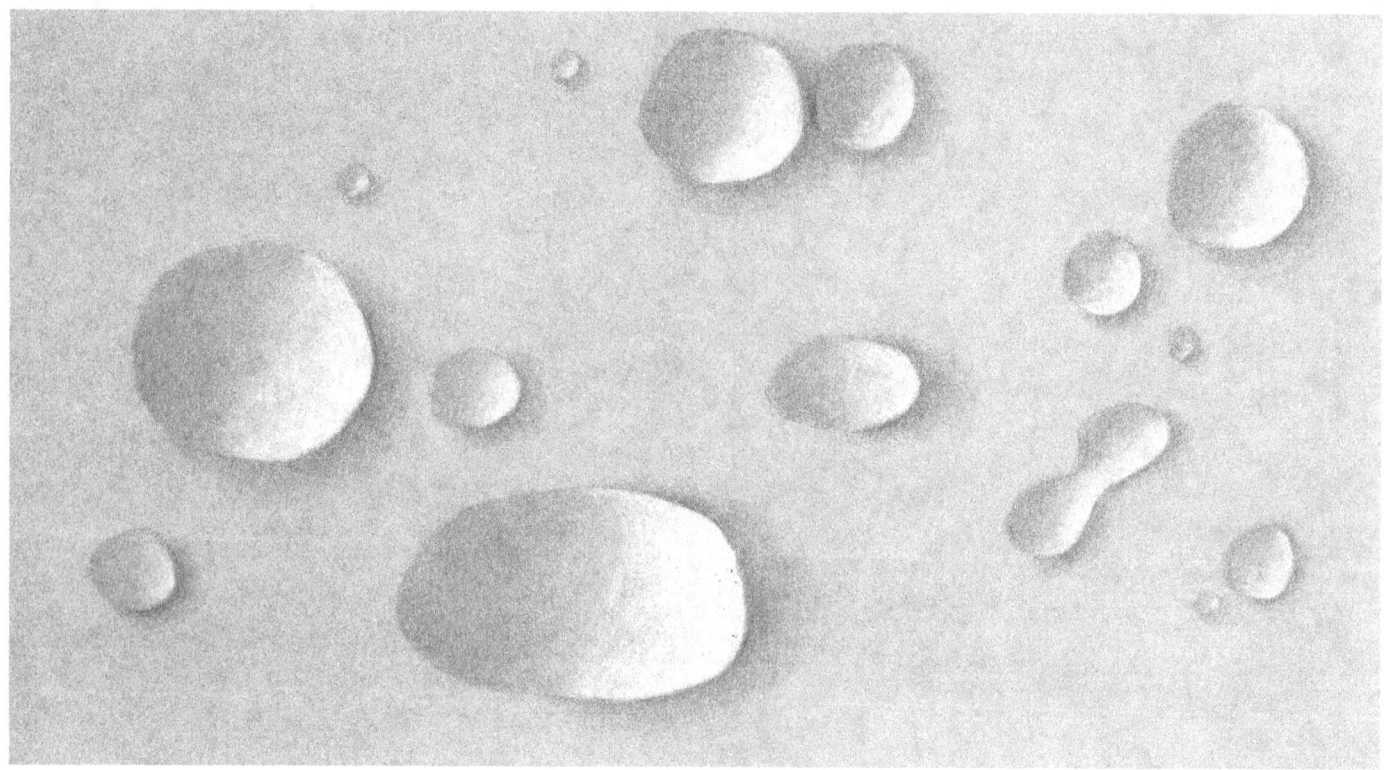

Ahora podemos crear el segundo tipo de efectos, que indicará algunas fuentes de luz que se reflejan sobre las gotas. Si hemos creado las gotas y las sombras proyectadas como si nuestra fuente de luz viniera del lado izquierdo, tenemos que crear las luces reflejadas sobre los lados izquierdos de las gotas, es decir, las áreas que sombreamos justo después de determinar la posición de las gotitas.

Podemos hacer estas luces eliminando el grafito con un borrador o podemos dibujarlas con una pluma de gel de tinta blanca o un marcador. Si intentas hacerlas con un borrador, particularmente un borrador amasado, te darás cuenta de que no puedes crear un área brillante, pero aquí necesitamos un tono absolutamente blanco. De hecho, puedes probar con un borrador eléctrico, con el que puedes borrar mucho más y de manera más fácil, sin embargo, no volverá a blanquear las áreas, por lo que que es preferible usar un medio blanco opaco. Utilicé un marcador blanco de Uni Posca, 0.9-1.3 para gotas más grandes, y un Pin tipo 0.7 mm para las pequeñas, aplicando 2 o 3 puntos sobre cada gota. Analiza la siguiente imagen antes de comenzar a hacerlo y observa cómo las gotas se ven brillantes y húmedas ahora.

Por último, agrega algunos efectos brillantes usando una regla y un borrador mecánico. Coloca la regla con su borde sobre una de las luces reflejadas (un punto blanco) y crea una línea desde el centro hacia afuera con el borrador, con un movimiento rápido y seguro. Luego coloca la regla en forma transversal y haz lo mismo. En la siguiente imagen puedes observar dónde he creado estas líneas.

El borrador amasado no es el más adecuado para esto, no borrará lo suficiente porque es demasiado suave. Es por eso que mencioné que vale la pena obtener varios tipos de borradores.

Ahora puedes practicar con diferentes formas, imaginando una fuente de luz diferente y sombreando en consecuencia.

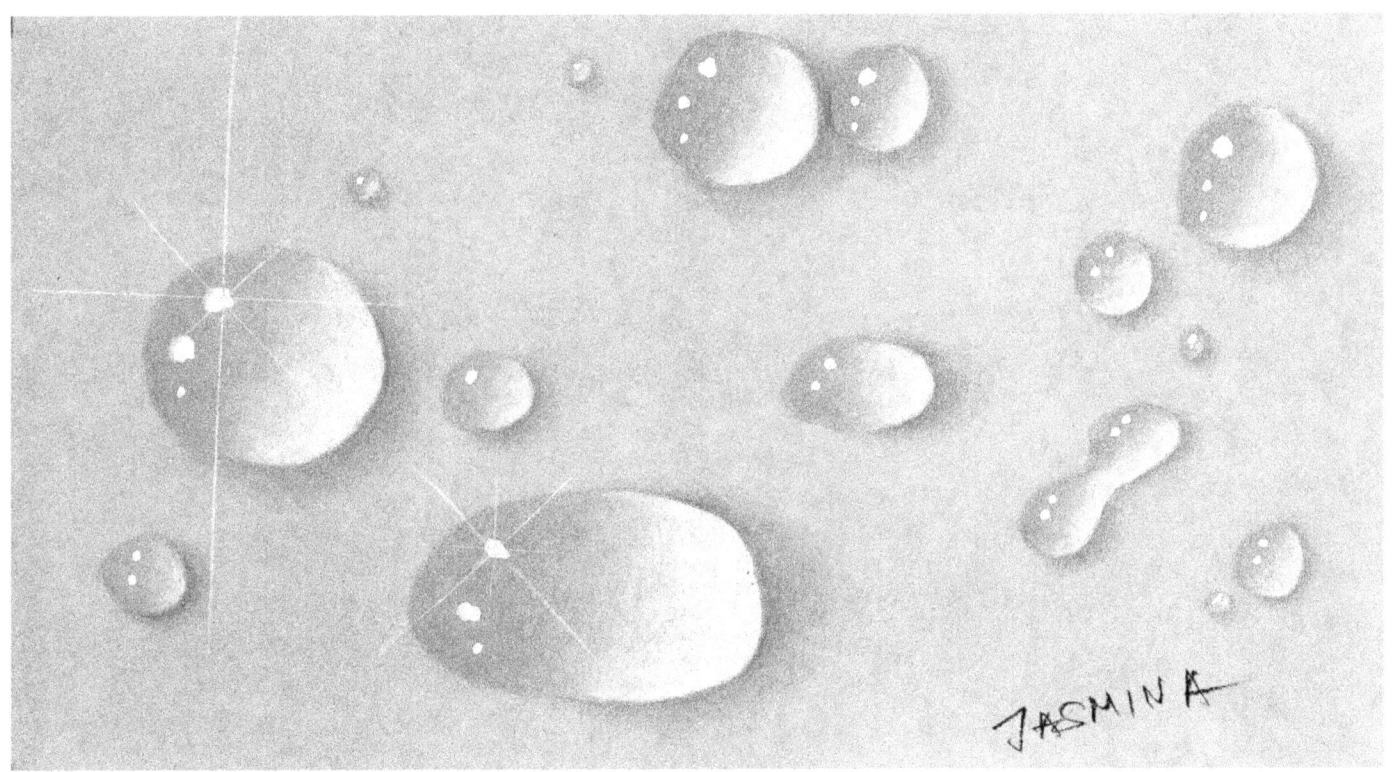

CÓMO DIBUJAR UN CUBO DE RUBIK

A continuación, dibujaremos un cubo de Rubik. Para ellos, tendremos que hacer algunas matemáticas y geometría.

Comienza con una línea vertical en el medio del papel para crear el borde entre ambos lados, las llamadas caras. Dibujo en formato de papel A4 (210 x 297 mm) y mi línea central tiene 6.5 cm de largo. Luego tenemos que dibujar dos líneas más en ambos lados para determinar los bordes del cubo y colocarlos mucho más arriba en la línea media. Dado que esta línea tiene 6.5 cm de largo, estas dos pueden tener 5.5 cm. Estoy usando un lápiz B para esto, pero puedes usar un HB o cualquier otro lápiz.

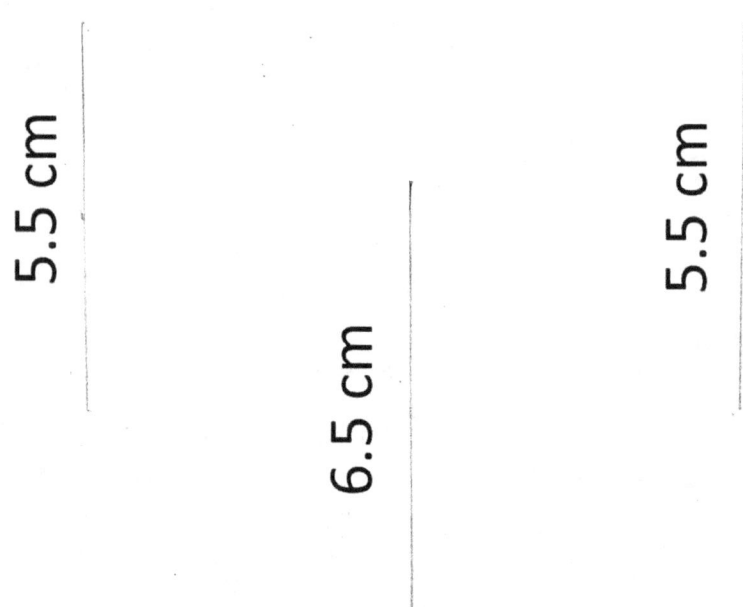

Conectemos los extremos de estas líneas como se muestra en la siguiente imagen para obtener dos lados del cubo de Rubik.

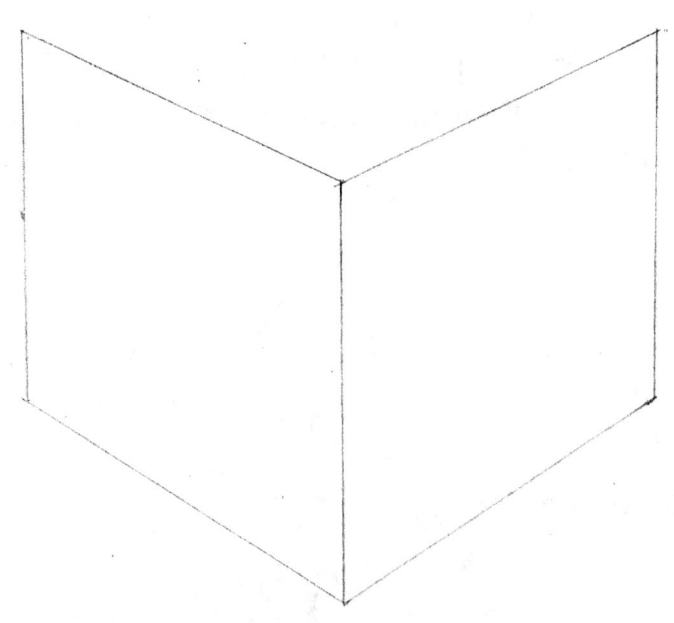

Consejo

Un dibujo en el que solo usas tonos similares (cercanos en la escala de dureza) se verá plano, sin vida y no llamará la atención de nadie. Incluye tantos valores como sea posible en tus dibujos. Todos los tonos se deben encontrar en tu obra de arte: desde el negro más profundo hasta el blanco puro.

Ahora tenemos que determinar la posición de la cara superior. Para establecer la esquina superior, donde los dos bordes superiores se encontrarán proporcionalmente, tenemos que colocar nuestra regla sobre la línea del medio y marcar una línea sobre el plano superior; no dibujes sobre esta área porque vamos a usar un lápiz muy ligero y sería visible incluso si lo borramos porque dañaría el papel. En la siguiente imagen, he colocado una línea punteada digitalmente que no debe dibujarse, solo la pequeña línea vertical sobre ella (en un círculo).

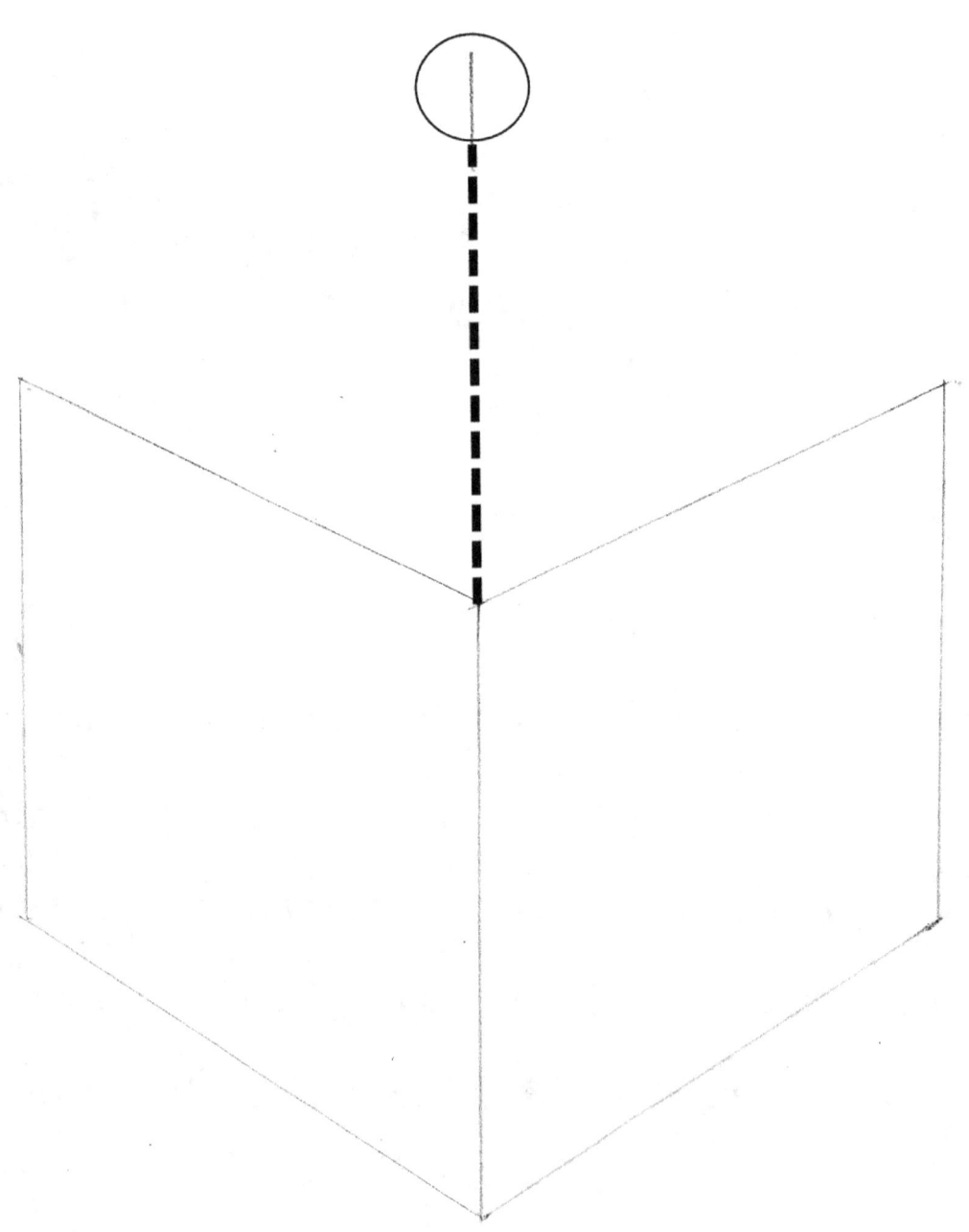

Lo siguiente es determinar el punto donde las dos líneas superiores de la cara superior se encontrarán. La línea entre las caras laterales y las caras superiores en mi caso es de 5.2 cm, debemos crear líneas un poco más cortas para que los bordes puedan estar más cerca del ojo del espectador. Debes tomar la medida con la brújula de dibujo como se muestra en el siguiente diagrama y, manteniendo la aguja en el mismo lugar, reduce la distancia entre esta y la punta del lápiz a 5 cm, luego marca sobre la pequeña línea que creamos en el paso anterior, sin dibujar la línea punteada. Haz lo mismo en el lado izquierdo y obtendrás el punto de cruce de estas dos líneas.

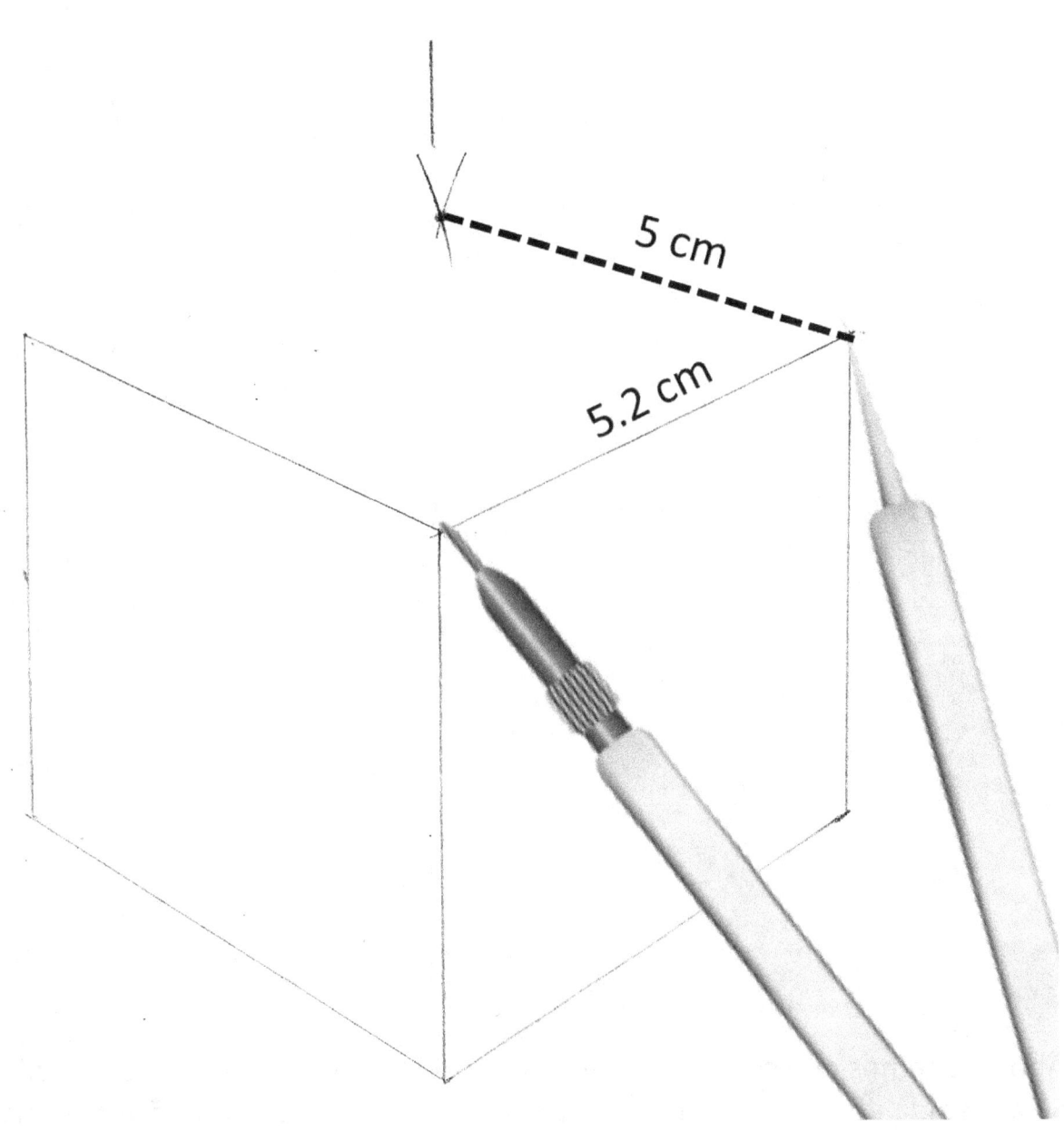

Como ya tenemos el punto donde todas esas líneas pequeñas y marcadas se encuentran, podemos crear las dos líneas superiores. Simplemente conecta las esquinas izquierda y derecha y borra todas las pequeñas líneas que no forman parte del cubo de Rubik.

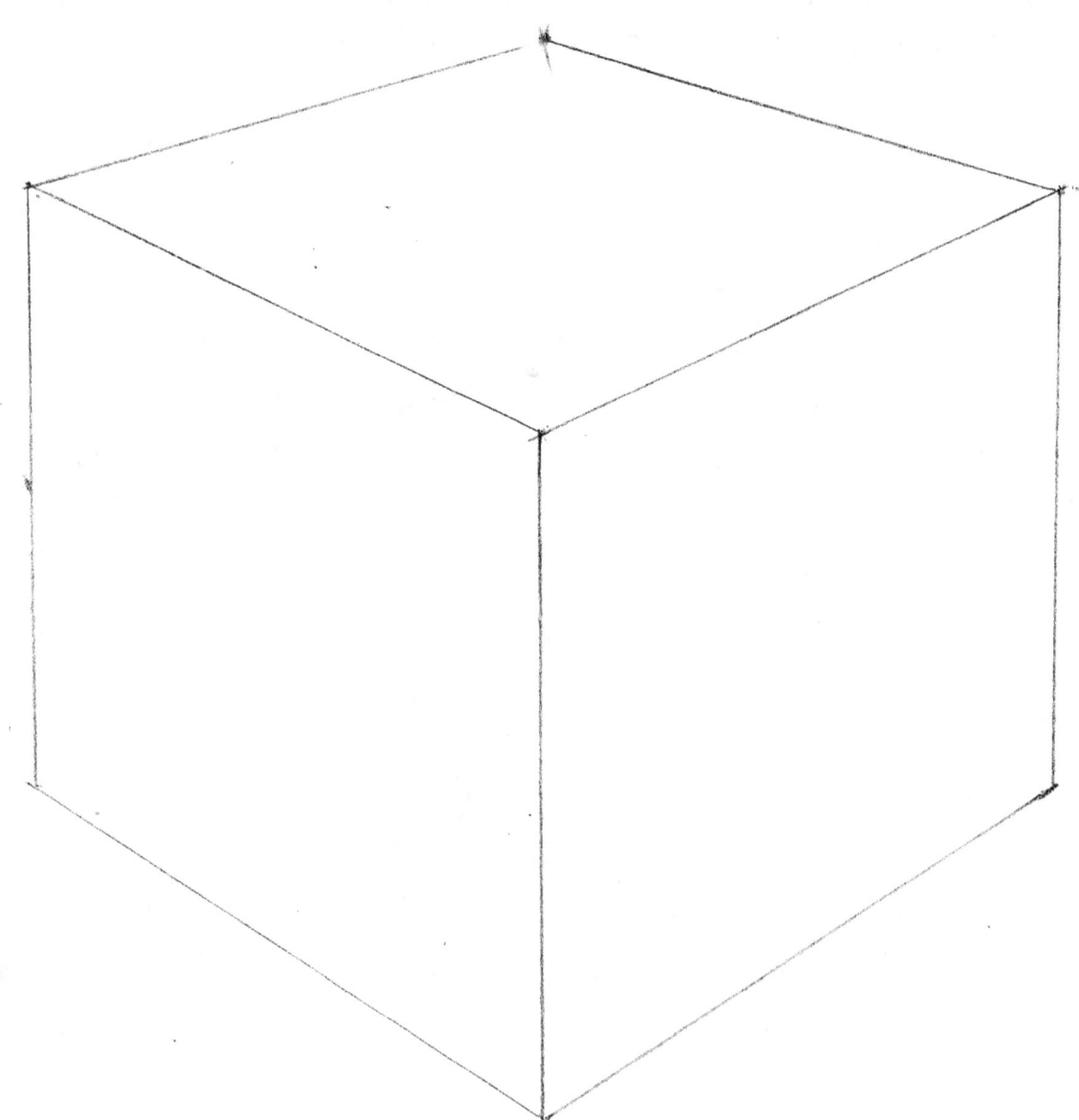

Ahora tenemos que crear las nueve partes de cada cara del Cubo de Rubik.
Si la medida de la línea vertical central es de 6.5 cm, los cuadrados superiores deben ser los más largos, así que marca 2.4 cm, y para la siguiente línea 2.1 cm, de modo que sea menor. Para la fila más baja marcaremos 1.9 cm.

A continuación, marca los puntos en las líneas verticales izquierda y derecha. La altura de estas es de 5.5 cm, por lo que tenemos que marcar el cuadrado superior de 2.1 cm, el intermedio de 1.9 cm, y el inferior quedará de 1.6 cm. Por último, tenemos que marcar la posición de las líneas verticales dentro de los cuadrados. Los más anchos deben ser los que están junto a la línea vertical central y serán cada vez más pequeños hacia los bordes del cubo. Para lograrlo, marcamos a 2.1 cm en ambos lados, luego a 1.9 cm y la columna marginal debe quedar de 1.7 cm de ancho. No tienes que marcar el borde superior de las caras laterales, solo inclina la parte inferior de tu regla hacia otra regla y muévela para dibujar líneas paralelas a la central, como lo haremos en el siguiente paso. Estudia estas imágenes y medidas y marca las mismas áreas para conectar las líneas.

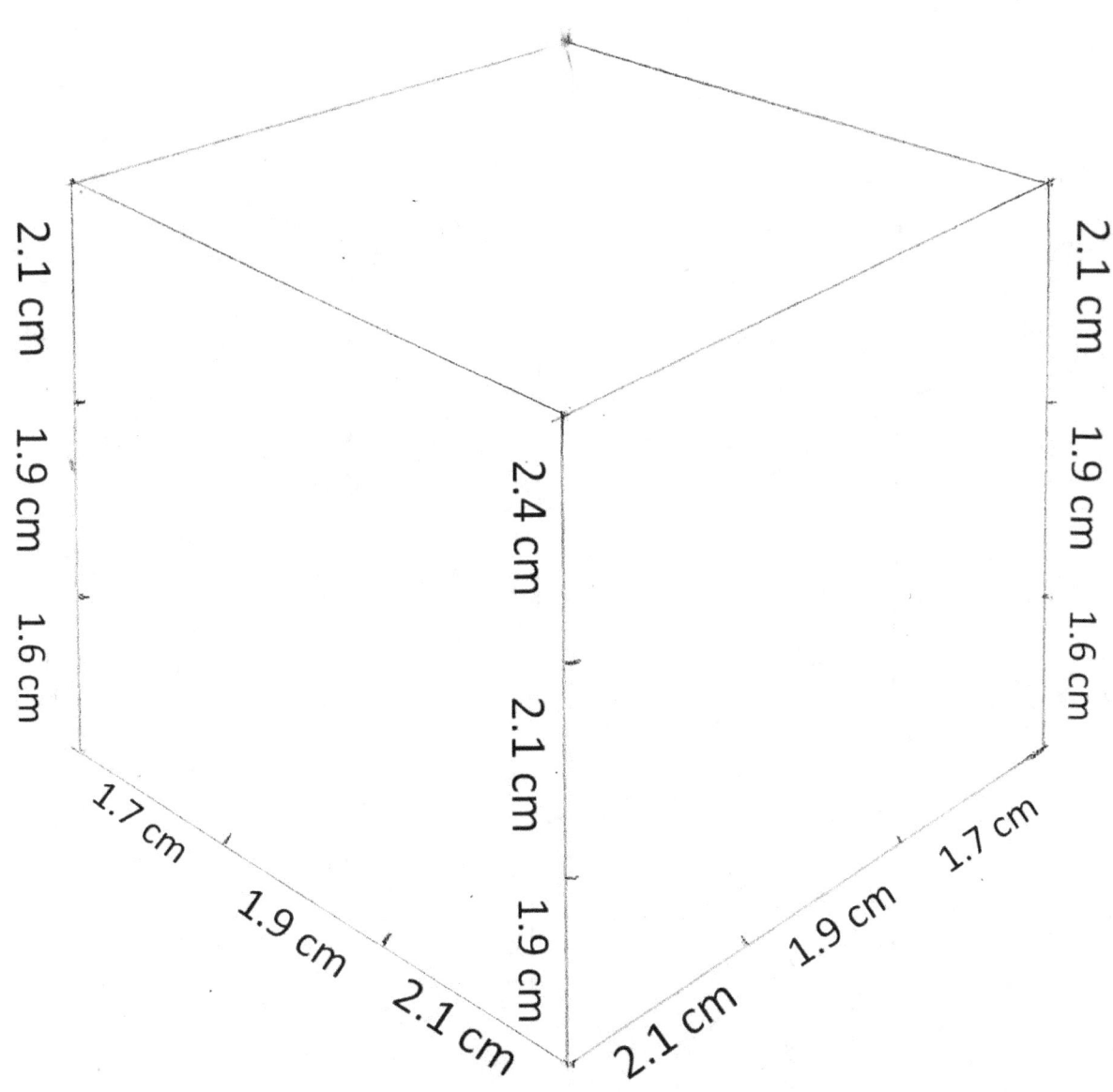

Conecta los puntos marcados para separar ambas caras en nueve cuadrados. Podrás notar que estos en realidad no son cuadrados desde este punto de vista, sino que son romboides. Después de haber sombreado todas las secciones, haremos las líneas de estos romboides bastante gruesas.

Utilicé un 2B para crear estas líneas y presioné con fuerza para que sean visibles debajo de las capas de grafito porque vamos a sombrearlas. Pero aún no hemos terminado, pues tenemos que dividir la cara superior en nueve secciones, para lo cual ya tenemos los puntos de partida en las líneas superiores.

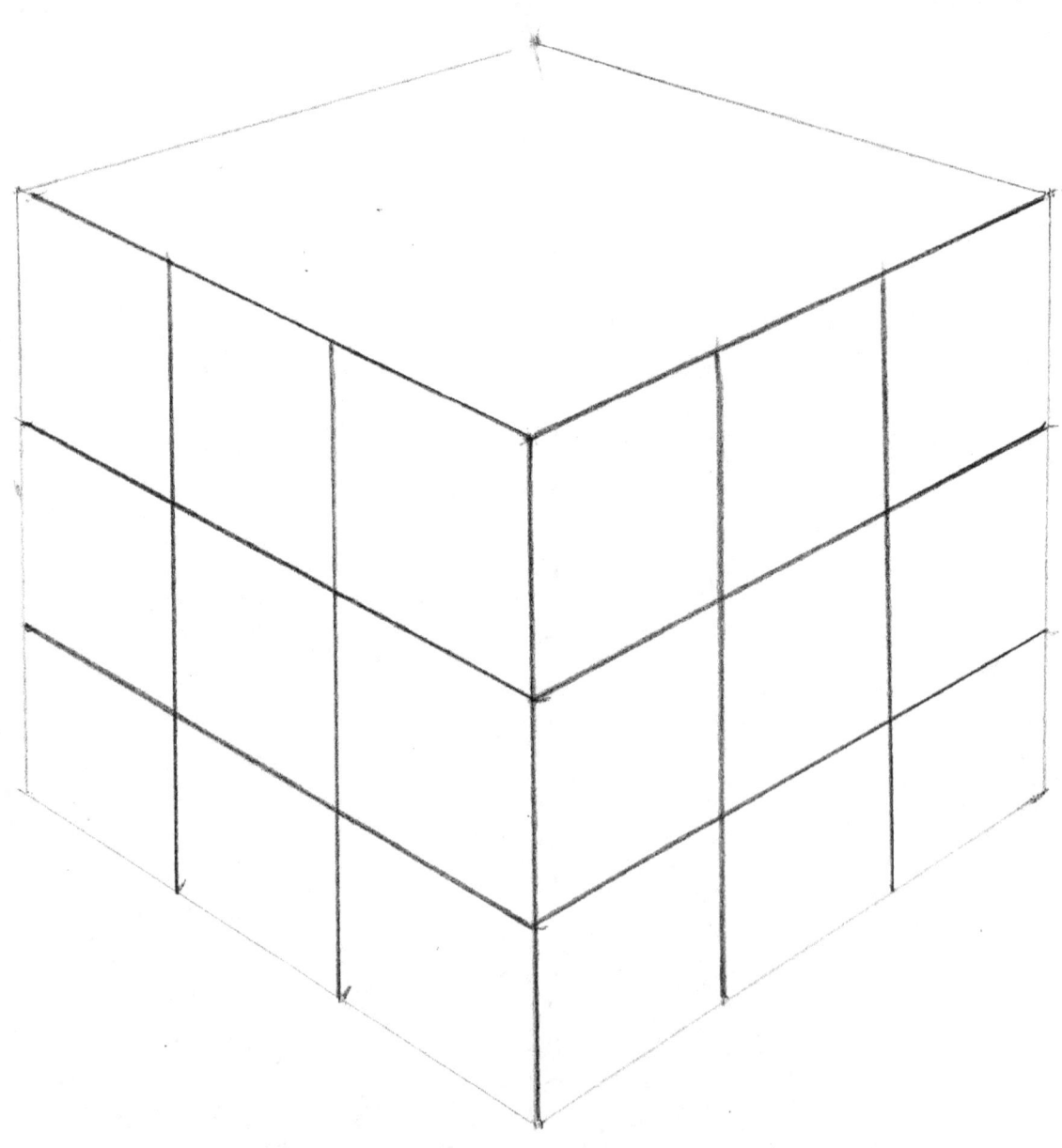

Dado que el borde superior tiene 5.0 cm de largo, tenemos que dividirlo en 3 partes que irán disminuyendo su tamaño hacia el vértice superior: las medidas serán 1.9 cm, 1.6 cm y 1.1 cm, de manera que el cuadrado central superior quede más pequeño.

Finalmente, conecta estos puntos marcados para obtener nueve secciones sobre el lado superior del cubo de Rubik, como se muestra en la siguiente imagen.

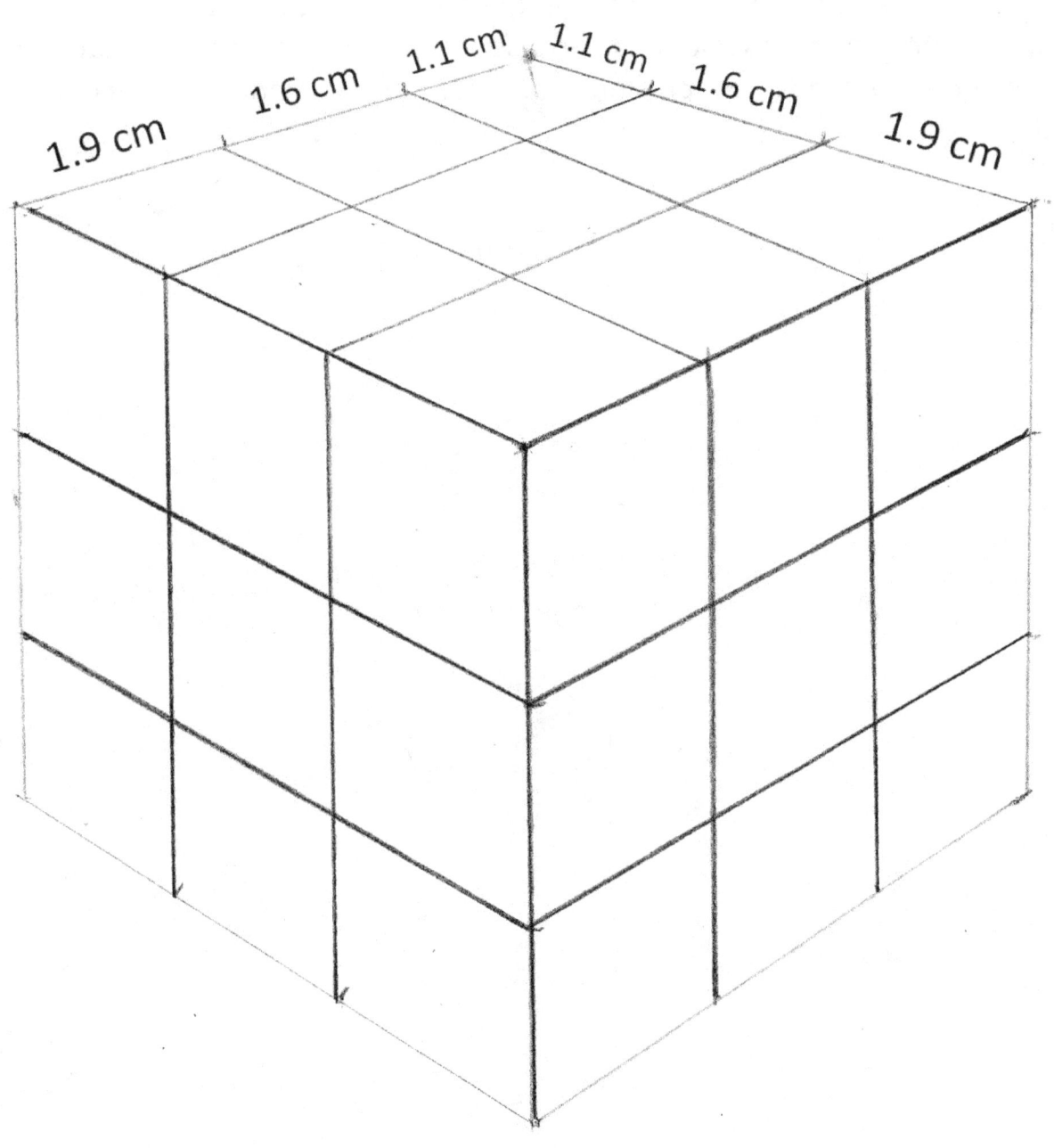

Y ahora que hemos terminado con las matemáticas, procedemos a sombrear.
Comencemos sombreando la cara superior con un lápiz 6H o cualquier otro H, porque esta cara siempre recibe la mayor cantidad de luz, y supondremos que esos cuadrados son amarillos. Asegúrate de poner otro pedazo de papel o pañuelo debajo de la mano para evitar tocar la hoja directamente, porque tendrás que sombrear todas las áreas. Aquí tenemos que aplicar el método de circulismo para crear círculos pequeños y superpuestos, no es necesario mezclar este lápiz con un pañuelo, será suficiente repitiendo una y otra vez hasta lograr una textura muy suave. Aún verás las líneas entre los cuadrados, que vamos a fortalecer más adelante haciéndolas más gruesas. Tómate tu tiempo y sombrea cuidadosamente al lado de los bordes exteriores y al lado una de las caras del cubo, aplicando una presión moderada todo el tiempo para crear la textura deseada.

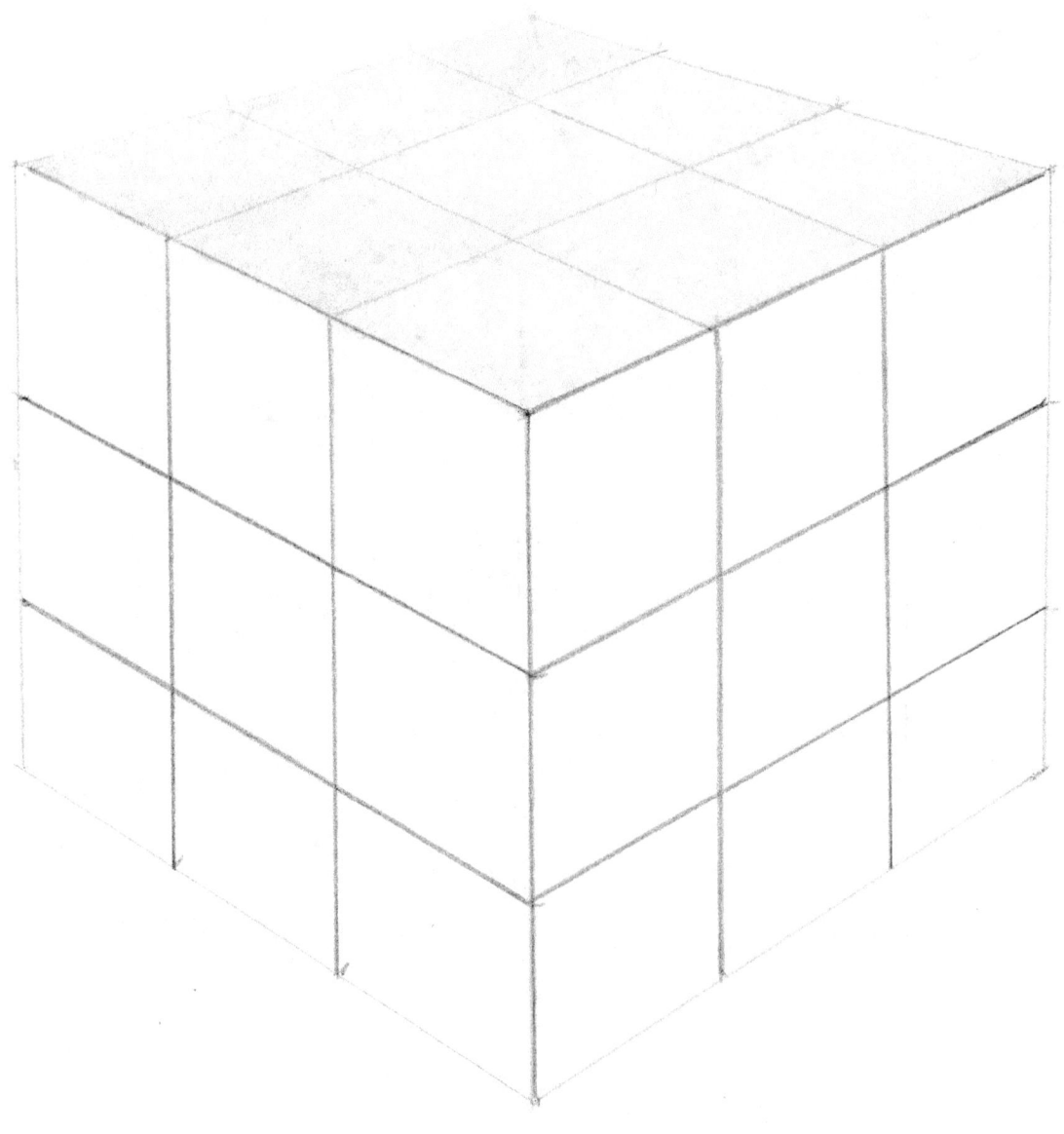

Ahora podemos sombrear las dos caras inferiores con dos valores diferentes, para recrear cuadrados rojos y azules, que son mucho más oscuros que el área superior. Usaremos un lápiz H para el lado izquierdo y los mismos movimientos circulares todo el tiempo, intentando cubrir las áreas de manera uniforme. Intenta usar la punta redonda del lápiz, ya que así se acelerará el proceso y el área quedará más lisa, aunque también el lado plano de la punta del lápiz con forma de cincel es bueno para esto. Para ambos casos, puedes darle forma a la punta del lápiz frotándola en el papel de lija. Una punta afilada, aunque es buena para los detalles, no sirve para sombrear, porque crea muchos tonos diferentes y toma mucho tiempo cubrir las áreas. Luego mezcla todo con cuidado usando un pañuelo.

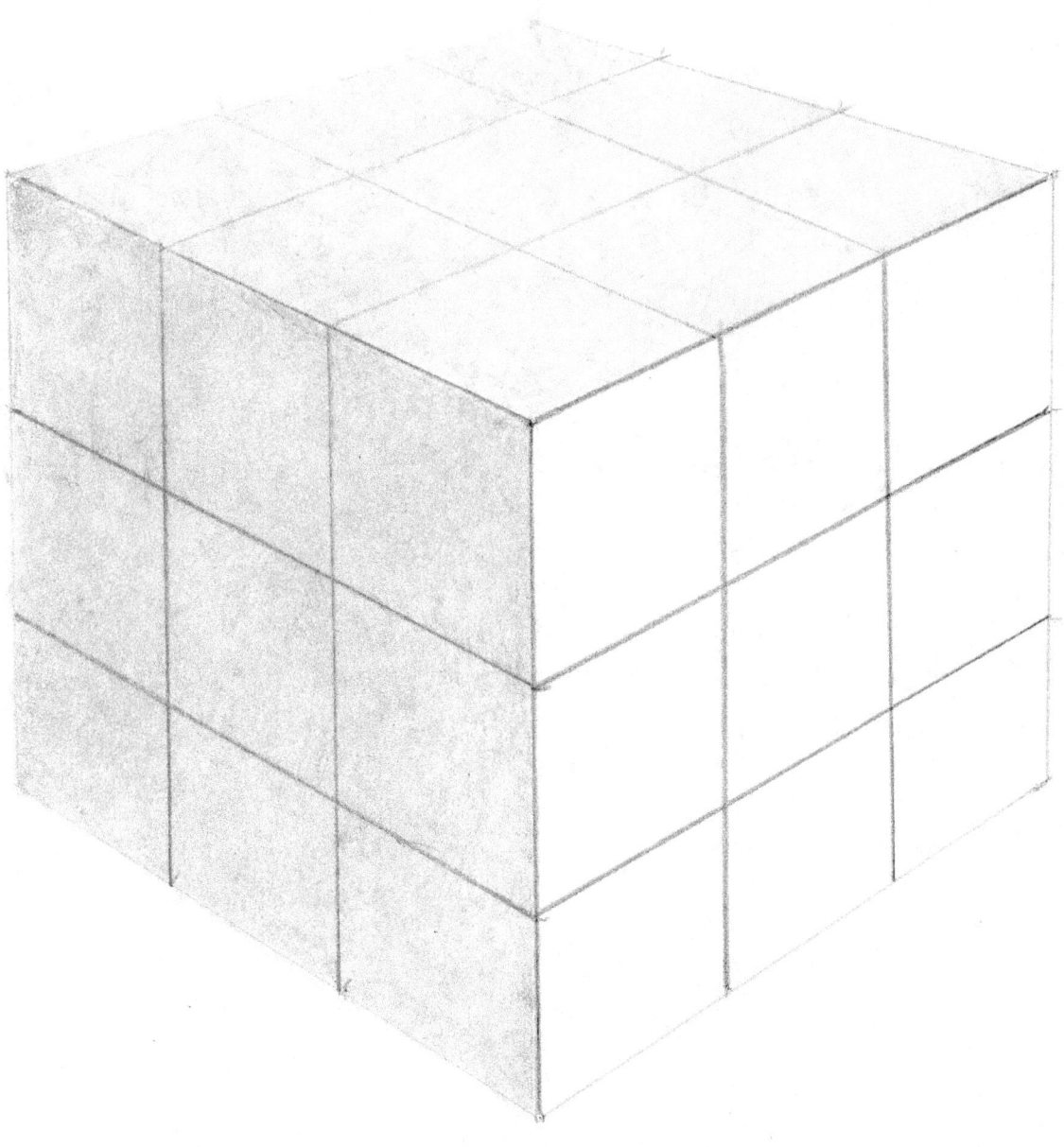

Sombrea los nueve cuadrados del lado derecho con un valor más oscuro. De igual forma, intenta crear una textura suave presionando el lápiz de manera uniforme. Yo uso un lápiz 2B para esto.

Mezcla un poco con un pañuelo y si aplicas algo de grafito alrededor del cubo, simplemente elimínalo con un borrador para obtener un borde recto y limpio entre el fondo y el cubo de Rubik.

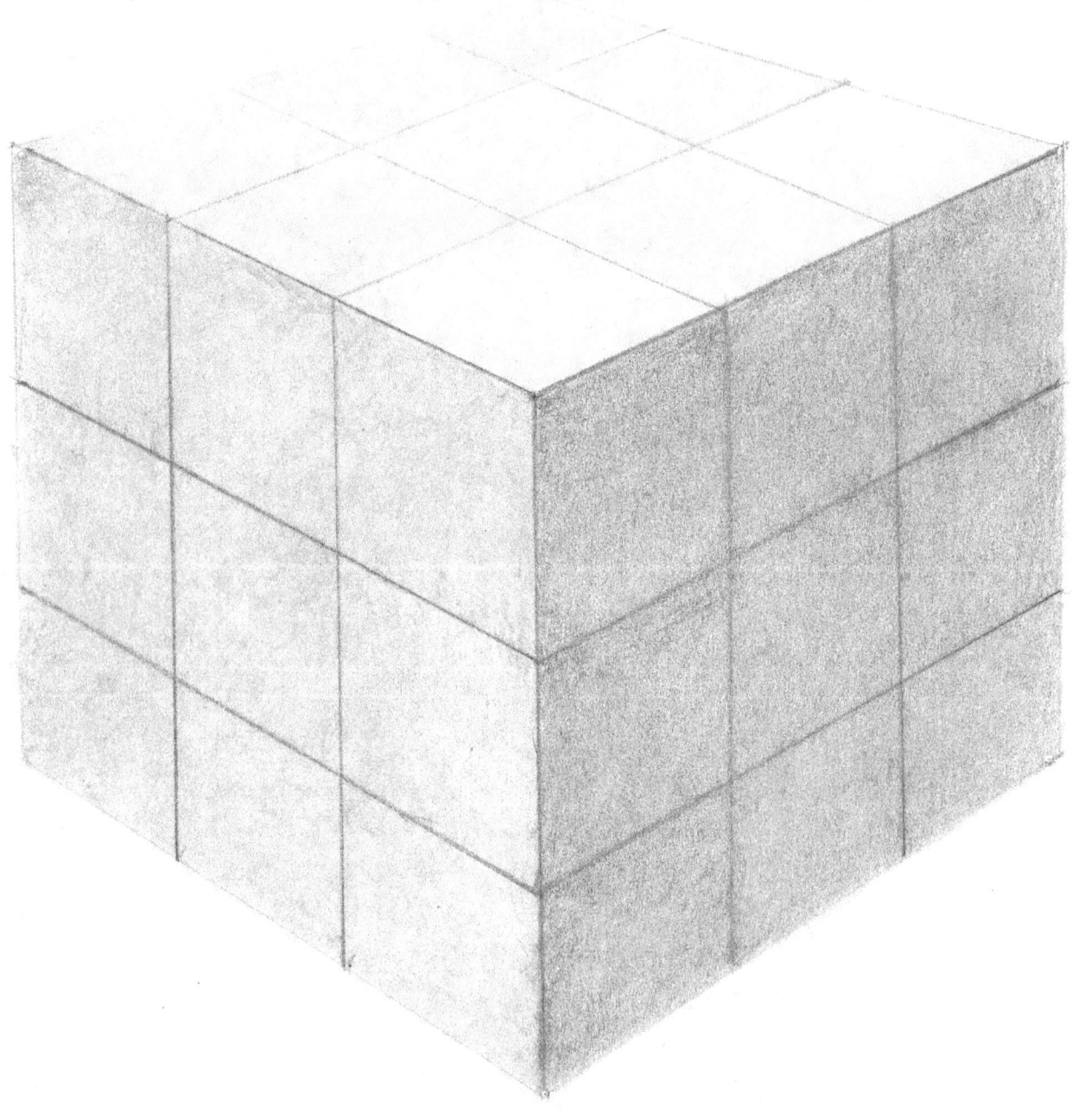

Como paso final, podemos crear los bordes entre los pequeños cuadrados. Sugiero usar una regla para fortalecer las líneas hasta que se vean muy gruesas, como se muestra en la siguiente imagen.

Las áreas que en realidad son negras también estarán más iluminadas en la cara superior, por lo que sugiero usar un lápiz H para repasar estas líneas. Puedes crear dos líneas paralelas al lado de las líneas iniciales y llenar el espacio entre ellas, solo asegúrate de hacerlas rectas, no onduladas.

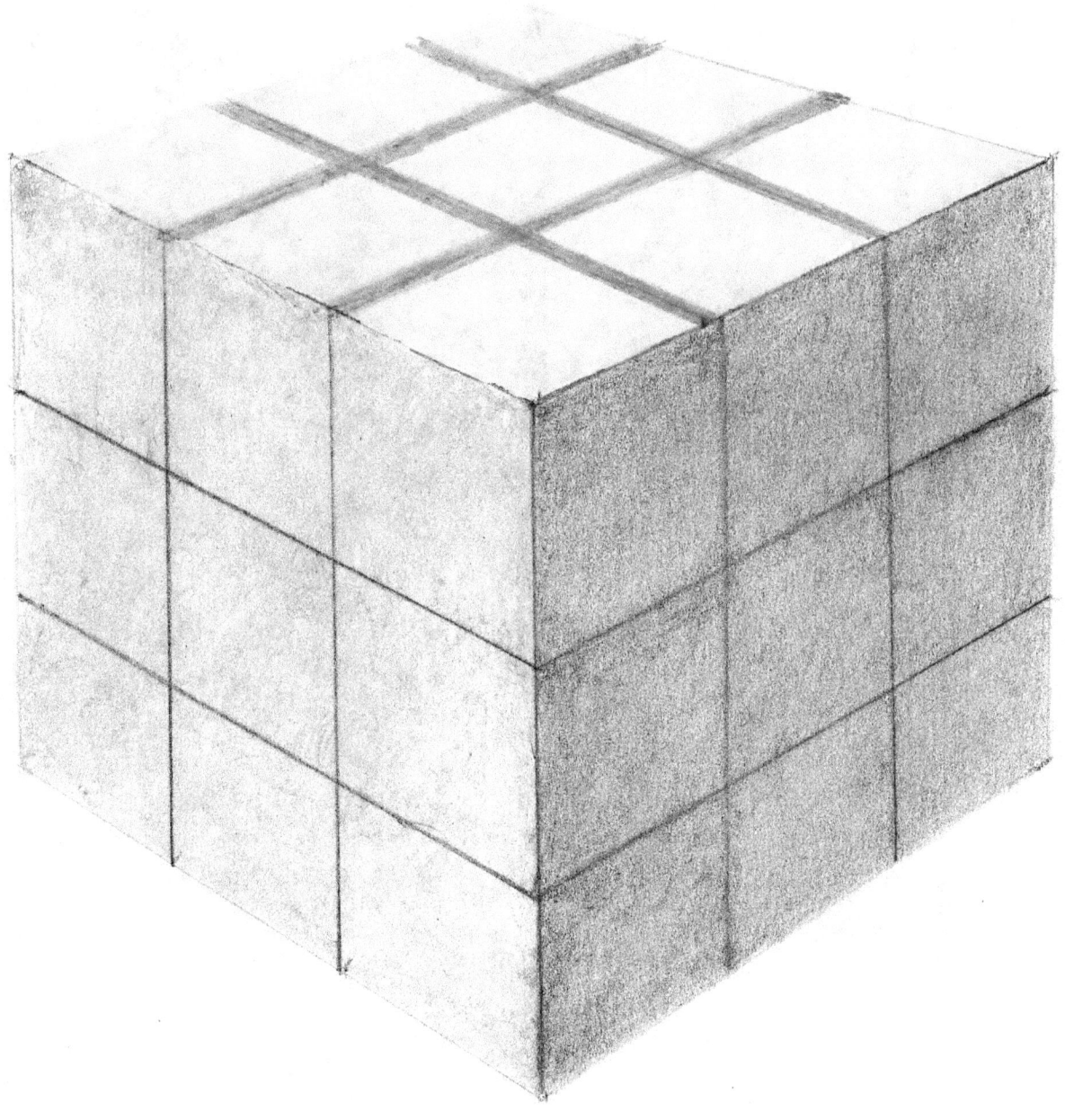

Haz lo mismo con el resto de las líneas, pero usando un lápiz 4B o uno más oscuro. Yo utilizo un 8B en este paso porque estas líneas tienen que ser absolutamente negras.

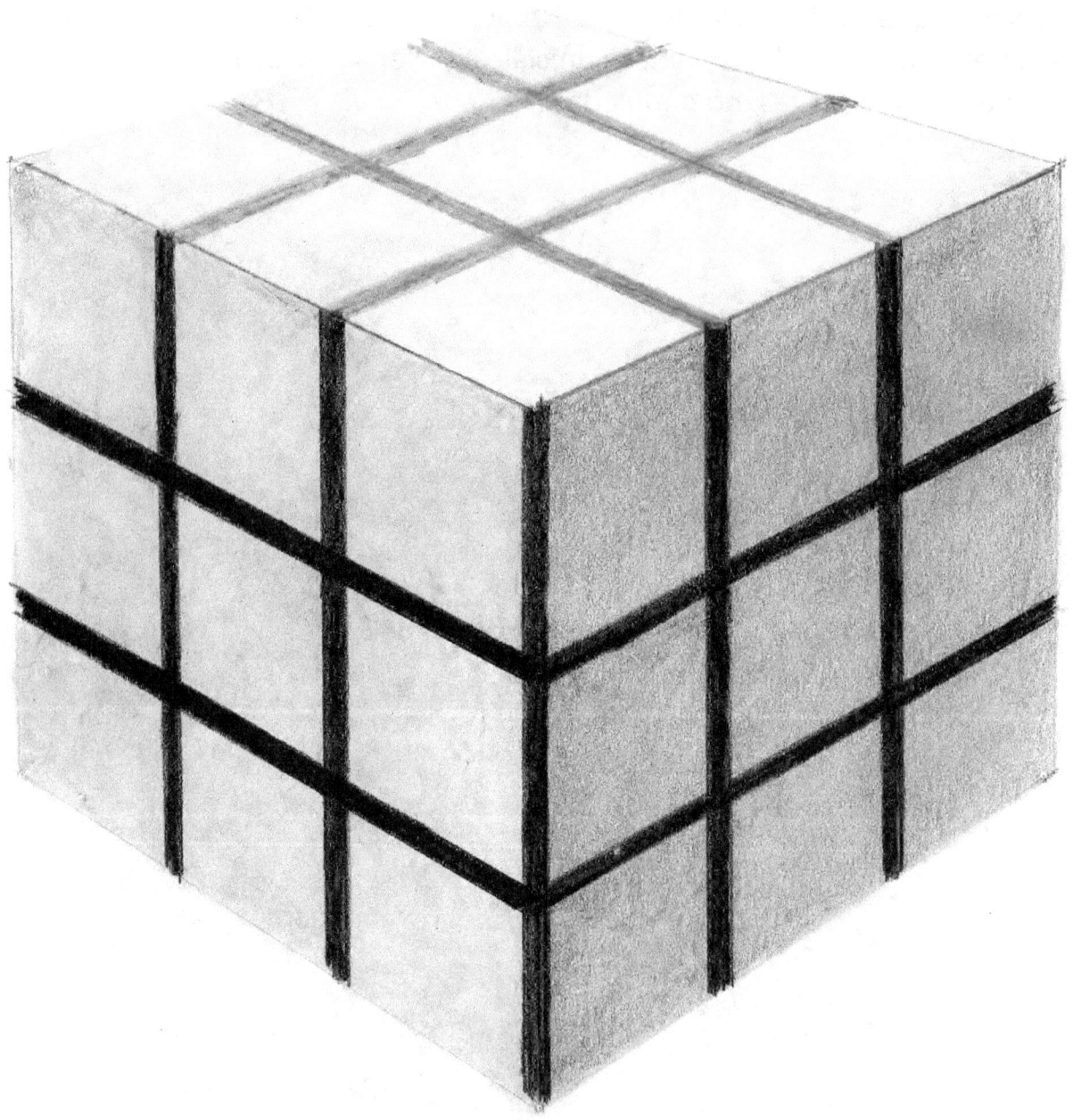

Realiza el mismo procedimiento con las líneas que unen la parte superior y las partes laterales. La parte inferior de estas líneas debe dibujarse con un 8B y la parte superior con un lápiz H. Usa un 2H en el medio para hacer que estos dos valores fluyan entre sí de manera que el borde pueda verse redondeado.

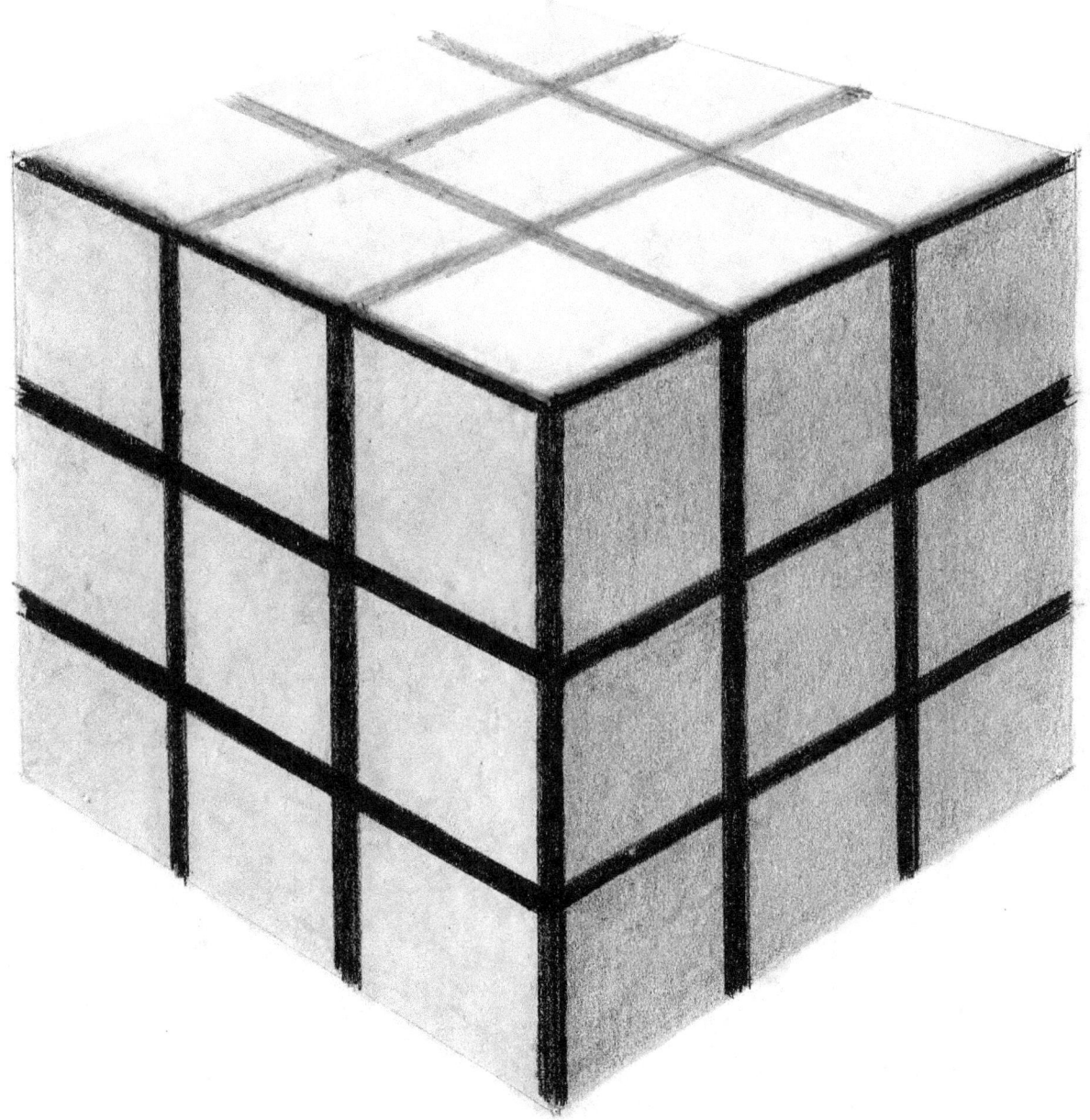

Ahora podemos crear algunos detalles, por ejemplo, redondear las esquinas de los pequeños cuadrados, empleando un lápiz H para el área superior y un 4B o más oscuro para el resto.

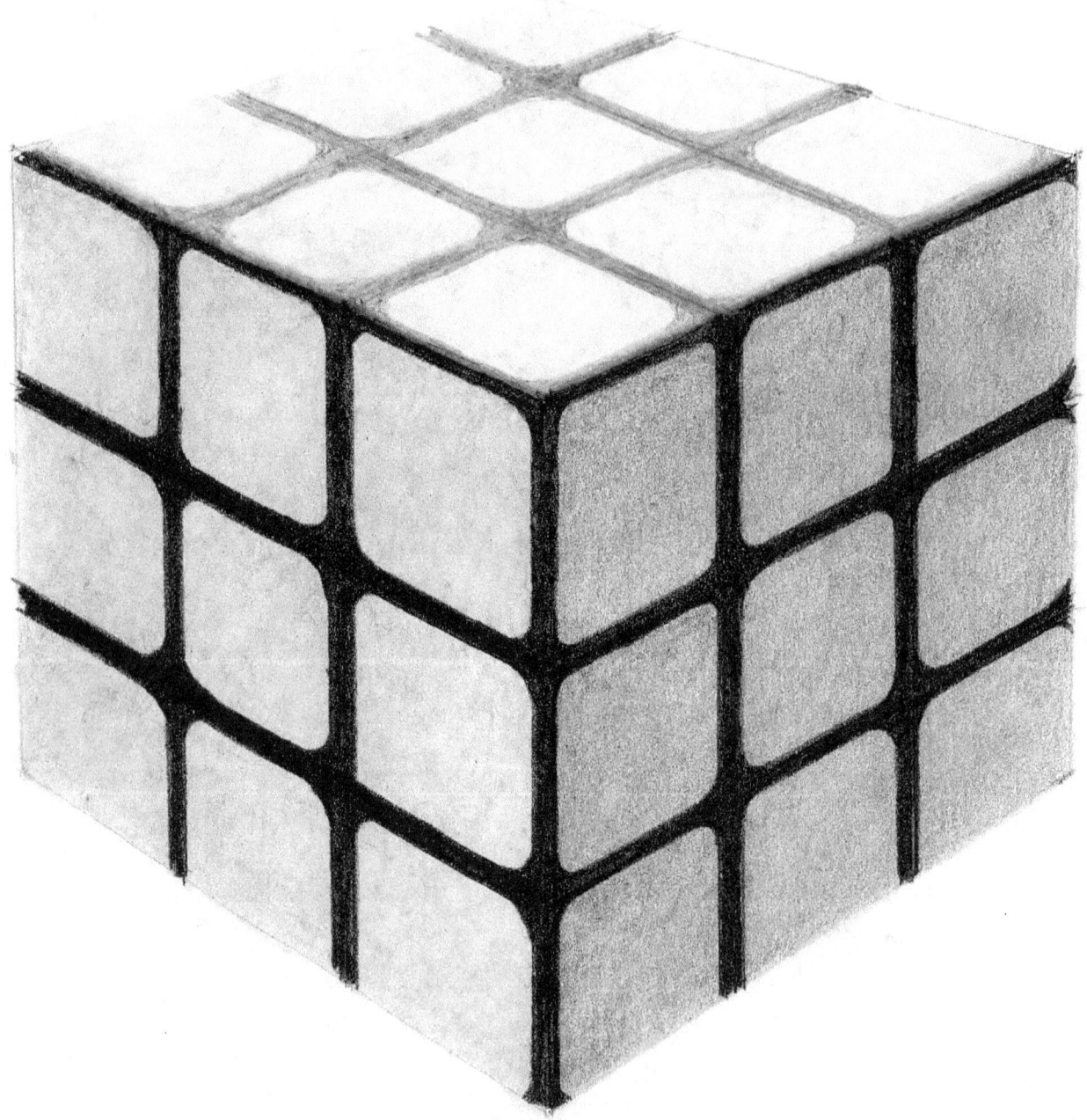

Crea la sombra proyectada, o en realidad el borde inferior de las caras laterales, usando un 2B. Aquí también debes hacer las esquinas redondeadas y dibujar con mucho cuidado para preservar el borde afilado y recto. Usa una regla si es necesario.

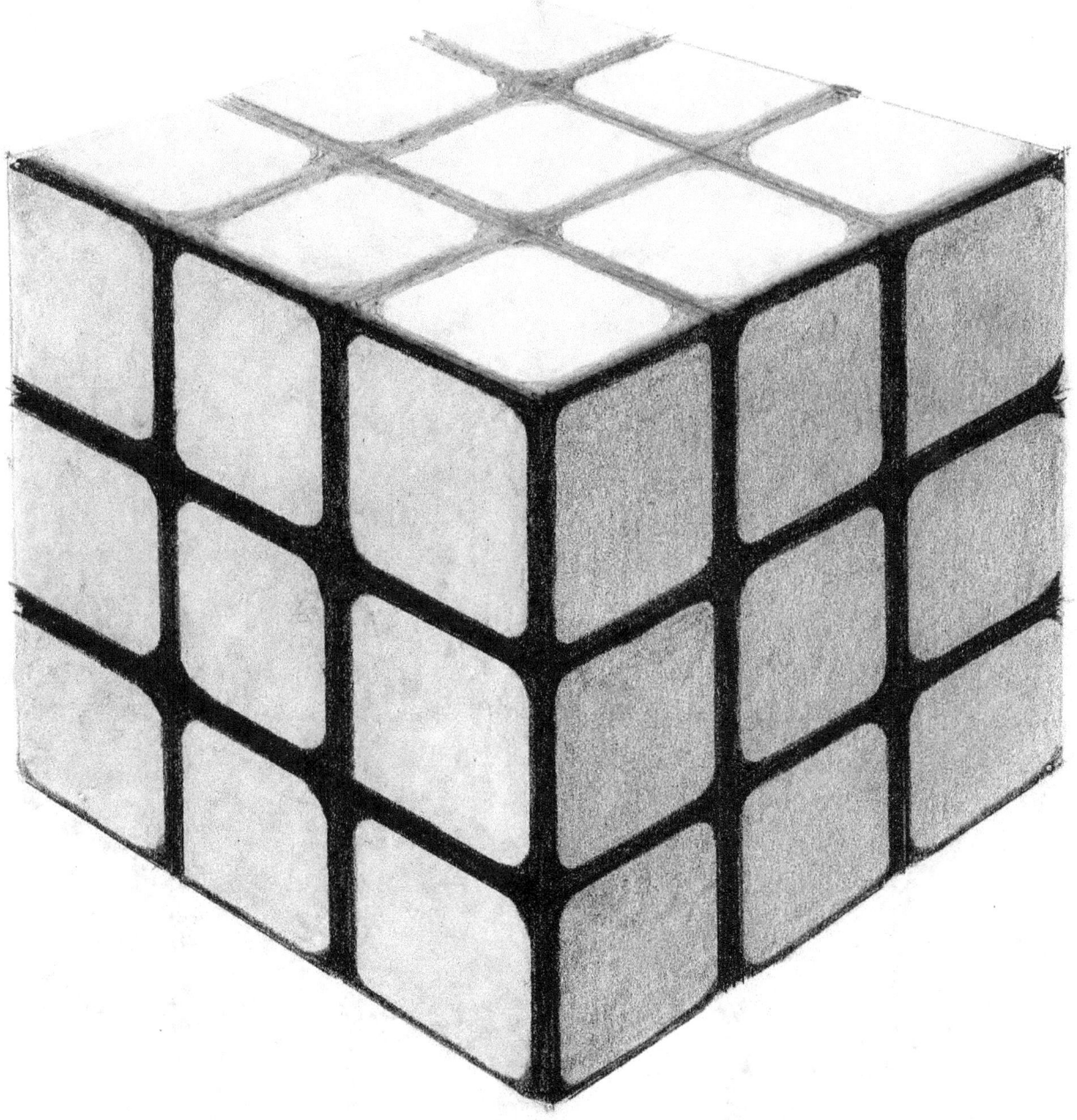

A continuación, crea los resaltados sobre las áreas sobresalientes entre las partes pequeñas, borrando las líneas gruesas y oscuras sobre los puntos de cruce de los cuadrados. No debes eliminar el grafito por completo, solo aligerarlo un poco. No podrás hacerlo con un borrador amasado, especialmente si usaste un 8B, como yo; puedes utilizar un borrador eléctrico para esto, porque elimina el grafito de manera efectiva sobre las áreas pequeñas. Si borras demasiado, repásalo con un lápiz nuevamente.

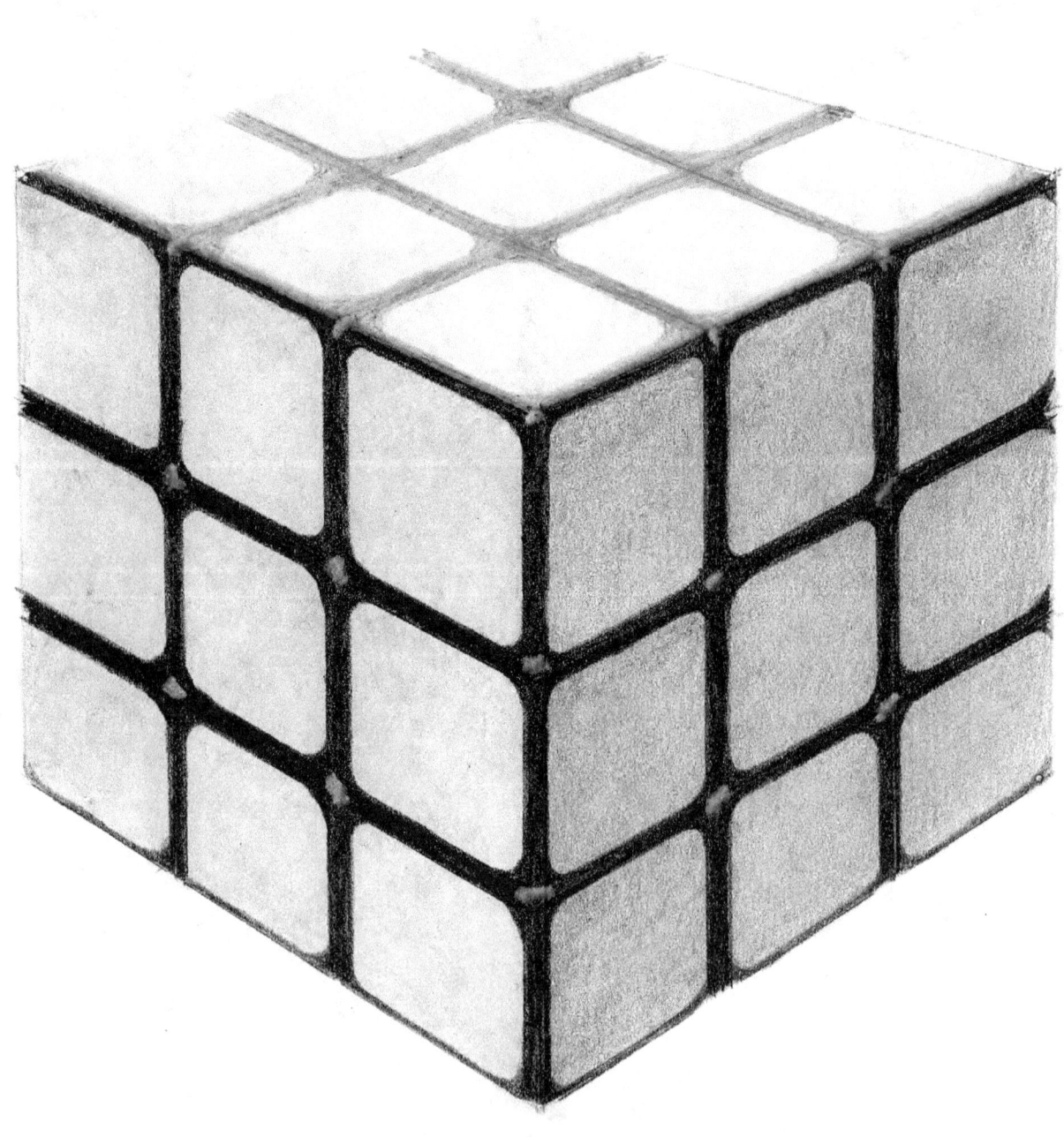

Por último, crea la sombra proyectada, suponiendo que nuestra fuente de luz proviene de la esquina superior izquierda. Coloca dos trozos de papel sobre el cubo de Rubik, sumerge un pañuelo de papel o algodón en el polvo de grafito y extiéndelo sobre el área inferior derecha al lado del cubo.

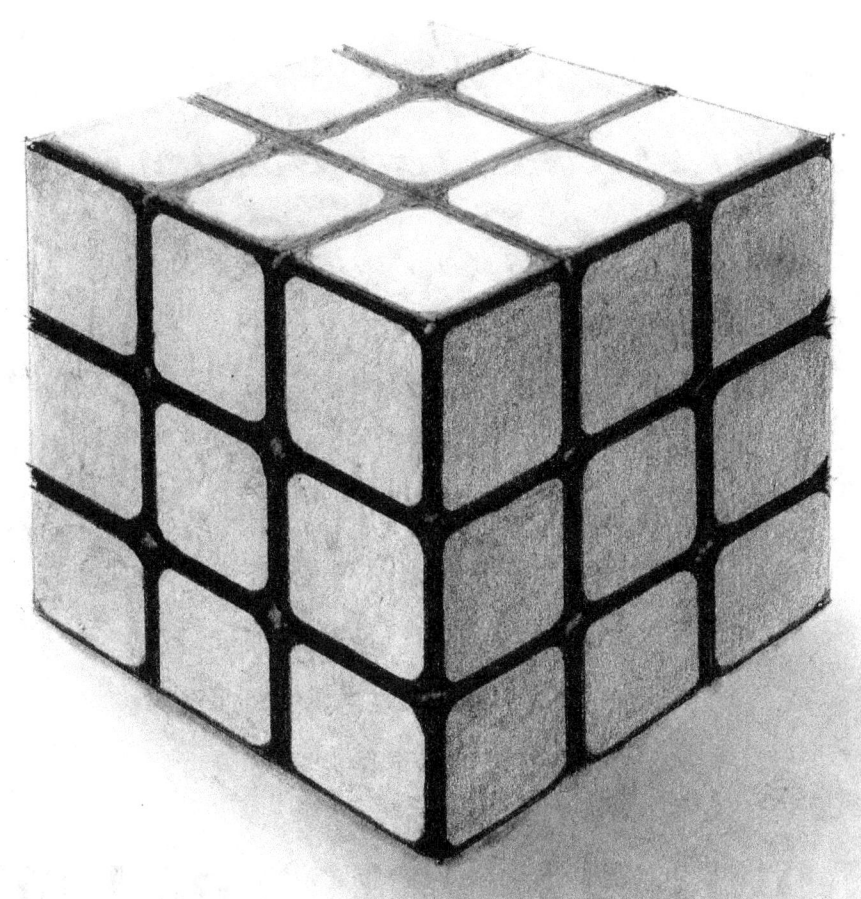

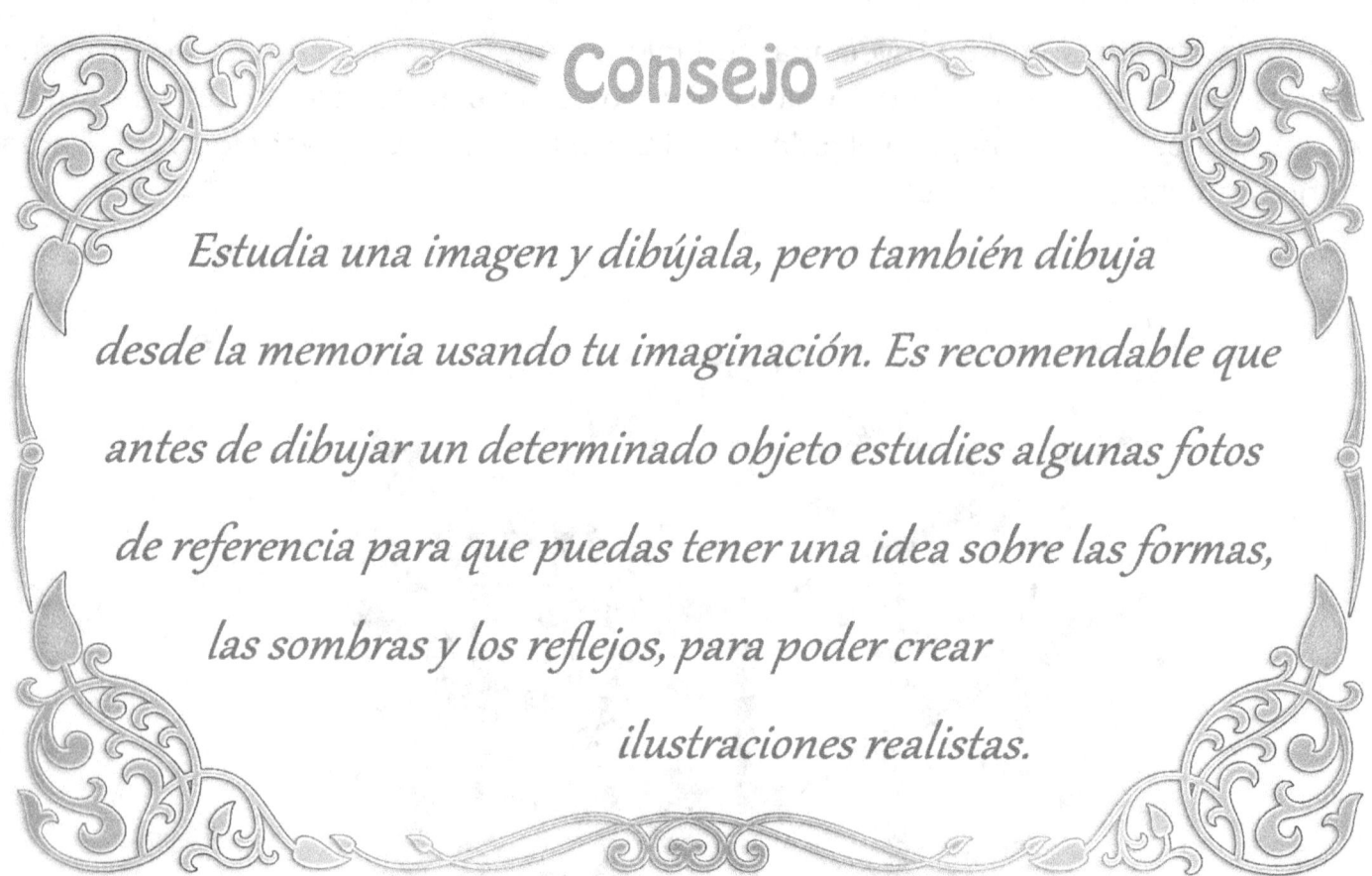

Consejo

Estudia una imagen y dibújala, pero también dibuja desde la memoria usando tu imaginación. Es recomendable que antes de dibujar un determinado objeto estudies algunas fotos de referencia para que puedas tener una idea sobre las formas, las sombras y los reflejos, para poder crear ilustraciones realistas.

CÓMO DIBUJAR UN VASO DE VIDRIO

Dibujemos un vaso de vidrio usando la foto de referencia que tomé. Puedes tomar tu propia fotografía con el vaso en una posición diferente, solo asegúrate de colocarlo bajo una luz intensa para obtener los reflejos y una buena sombra proyectada.

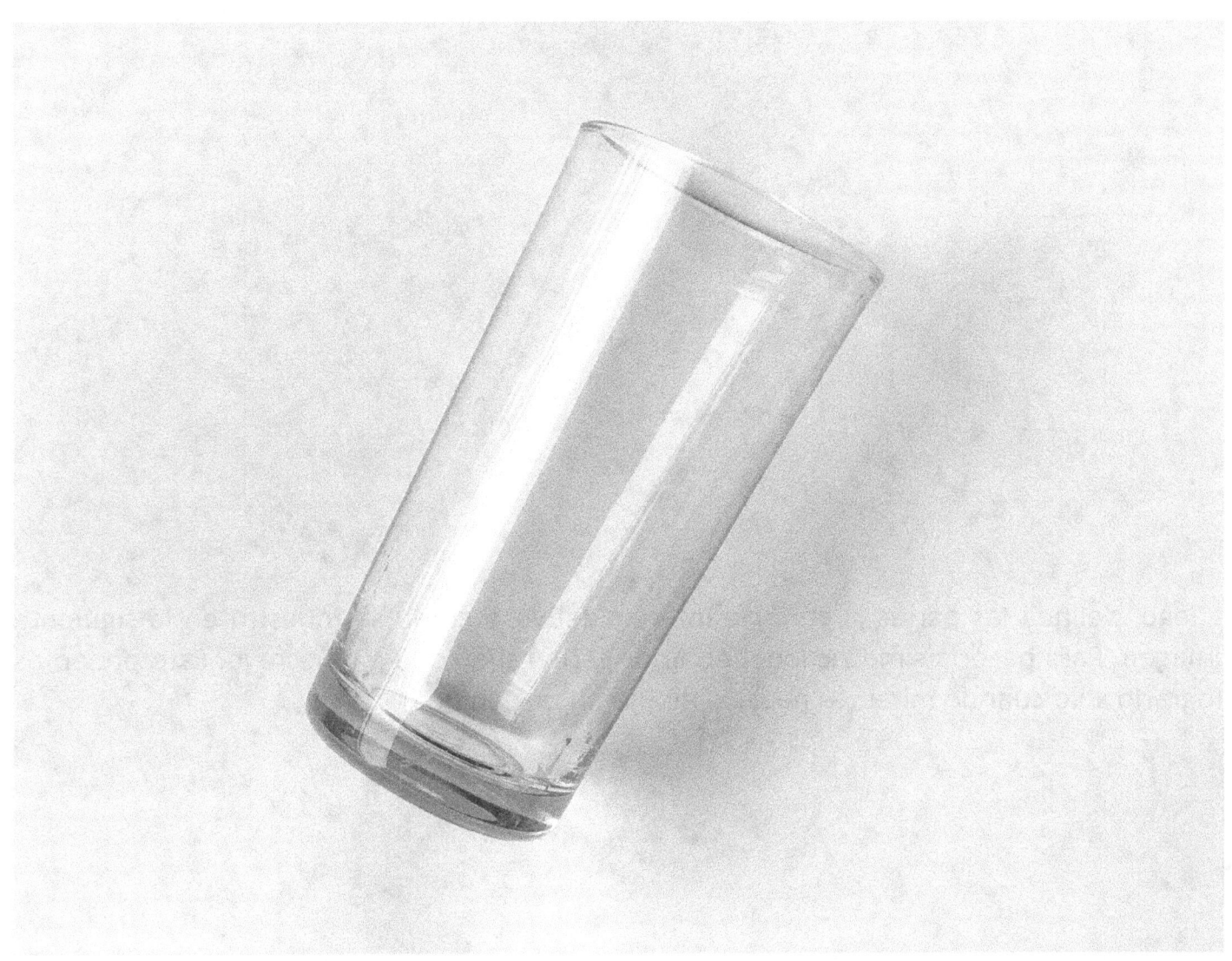

En primer lugar, tenemos que dibujar dos líneas paralelas. El largo y el ancho no tienen que ser los mismos que en la foto de referencia, ya que solo la necesitamos para ver los reflejos, las sombras y la sombra proyectada. Usa una regla y un HB o un lápiz más ligero para dibujarlas. Mis líneas tienen aproximadamente 8.0 cm de largo, si quieres que tu dibujo sea del mismo tamaño que el mío.

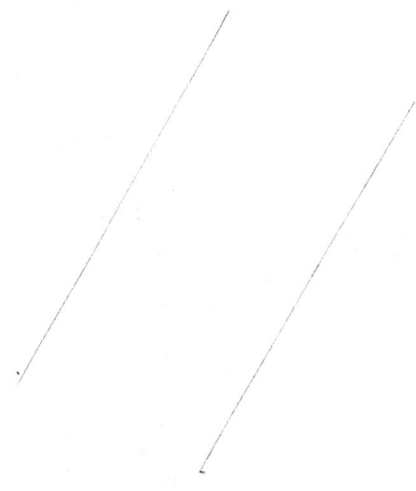

Luego, delinea las partes superior e inferior del vaso como se muestra en la siguiente imagen. Para hacerlo simétrico, deberíamos verlo reflejado en un espejo. Esto podemos lograrlo solo cuando miramos nuestro dibujo en un espejo.

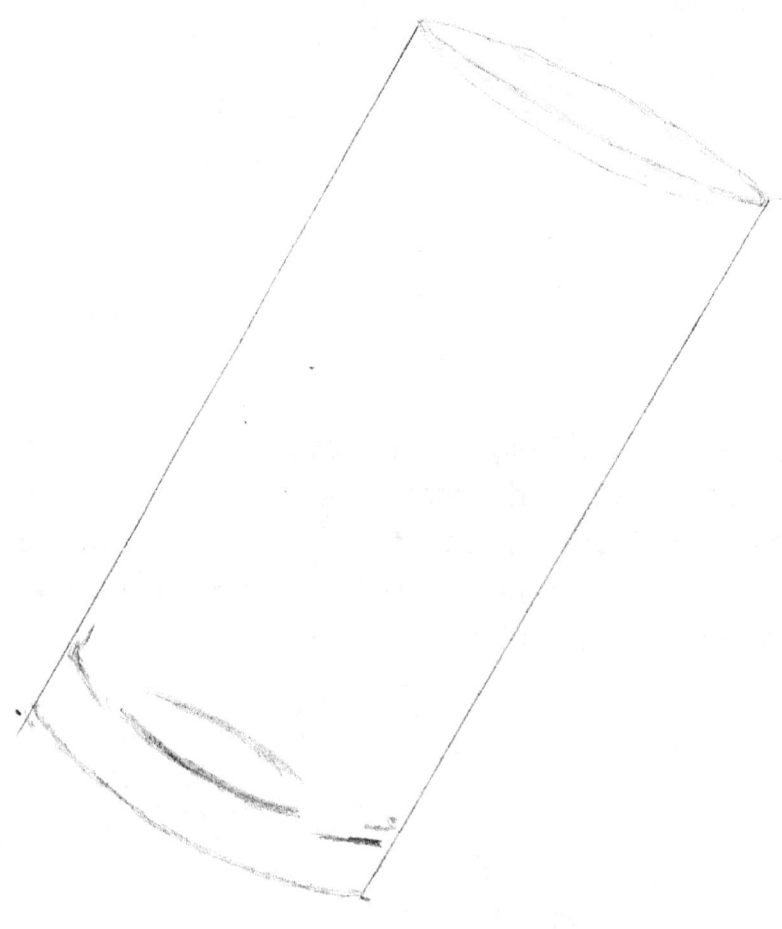

Sugiero sombrearlo todo con polvo de grafito porque así podemos crear una textura mucho más suave que si la dibujamos con un lápiz. Para esto, envuelve tu dedo con un pañuelo, sumérgelo en el polvo de grafito, coloca un trozo de papel sobre la parte que deseas resaltar y sombrea sobre el borde de ese papel y, por supuesto, sobre el vaso. Puedes ver cómo lo hago en la siguiente imagen. Si también has aplicado el grafito sobre el fondo, como yo, no te preocupes, lo borraremos. Tenemos que ir incluso sobre los bordes para aplicar el grafito en toda la longitud del vaso de manera uniforme.

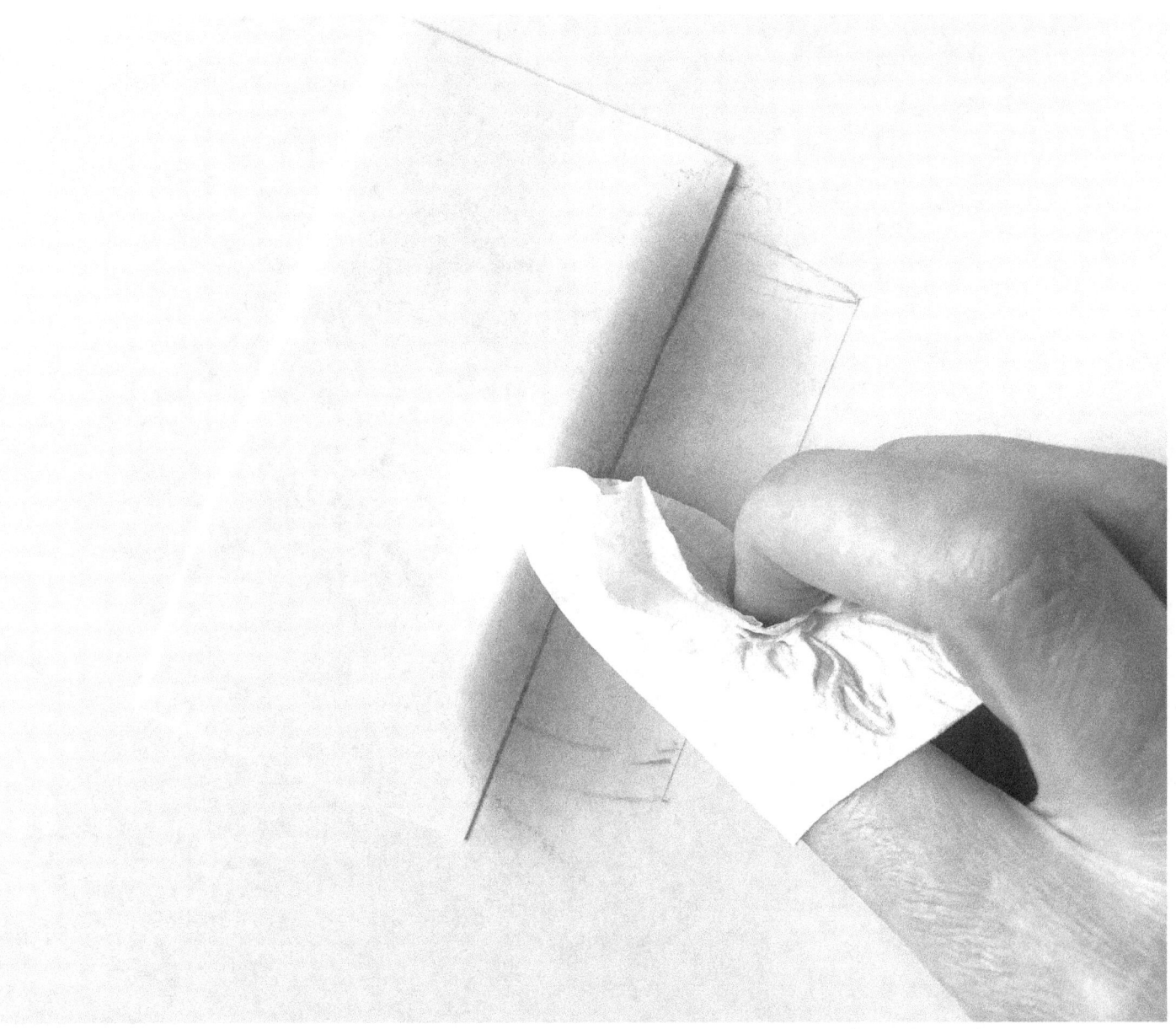

Haz lo mismo en el lado derecho del cristal, coloca un trozo de papel sobre el fondo, donde se encuentra la sombra proyectada, y sombrea sobre el papel. Presiona cada vez menos a medida que te alejas del borde para crear un degradado suave.

Cuando levantes la hoja de papel que usaste para aislar el fondo, obtendrás algo como esto:

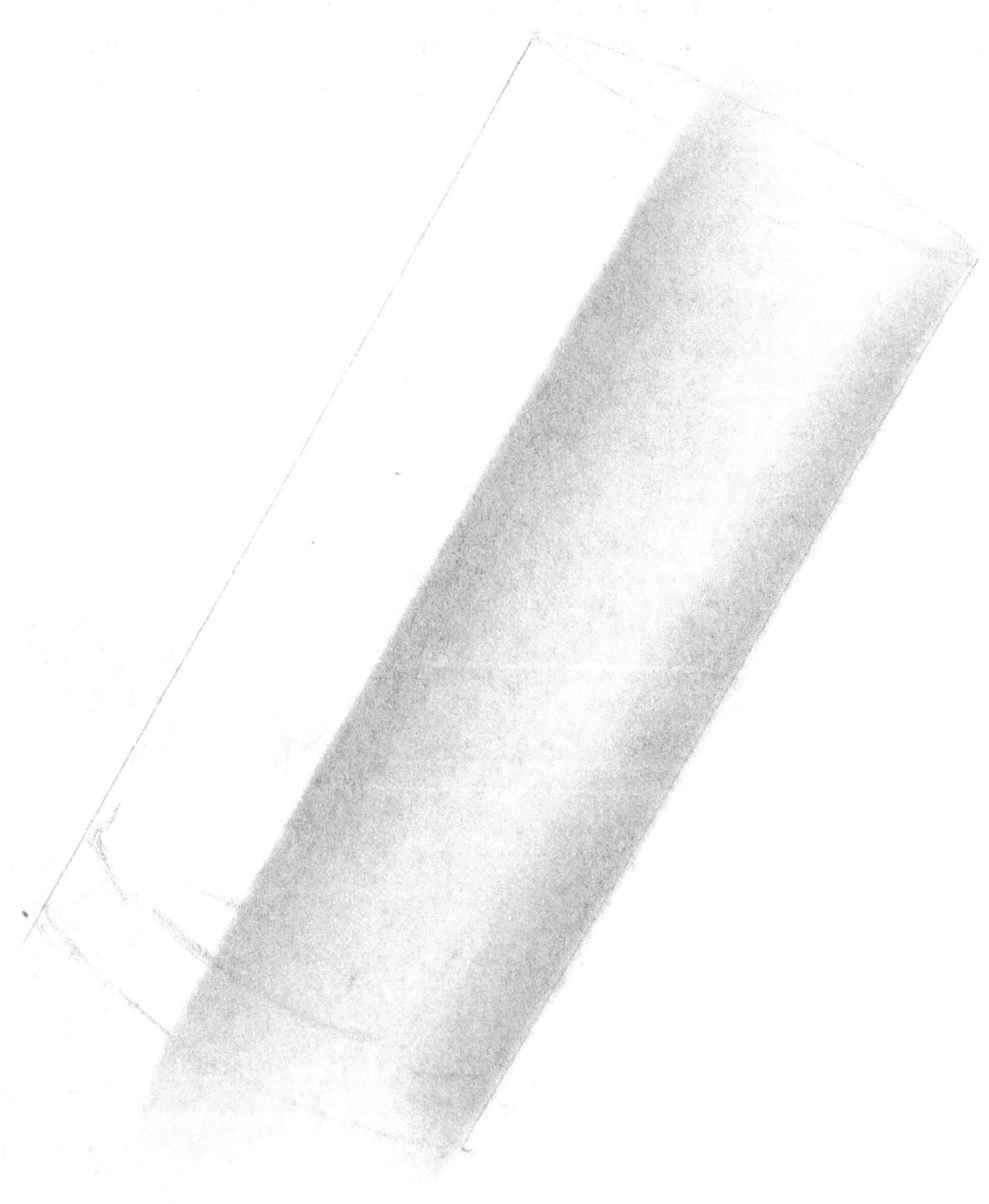

Ahora coloca un trozo de papel separado sobre el fondo, en el lado izquierdo, y sombrea el borde del vaso, que debería ser mucho más claro, así que no sumerjas el pañuelo en el polvo de grafito nuevamente, usa el que ya tiene y sombrea la hoja de papel por separado.

Creemos también una sombra proyectada para terminar con el polvo de grafito. Coloca otro trozo de papel sobre el dibujo para aislarlo de manera que solo el fondo quede accesible y crea la sombra proyectada por la copa. Como puedes ver en la foto de referencia, esta sombra debe ser un poco más clara al lado del cristal y más oscura a medida que se aleja de él. Puedes usar un hisopo para sombrear las áreas más pequeñas.

Ya que tenemos los sombreados básicos, podemos crear los detalles. Borra el grafito que aplicaste sobre el fondo, excepto en la sombra proyectada y comienza a crear reflejos borrando las áreas sombreadas donde sea necesario. No tiene que crear exactamente los mismos reflejos de la foto de referencia.

Compara mi imagen anterior con la siguiente para ver dónde he borrado el grafito para crear los resaltados.

Ahora podemos crear pequeños reflejos en la parte inferior del cristal. Puedes usar un borrador mecánico para hacer estos detalles, como se ven en la foto de referencia. Si no puedes crea reflejos lo suficientemente brillantes, usa una pluma de gel de tinta blanca o un marcador blanco.

Haz lo mismo en el área superior al lado del borde, que todavía no es del todo visible, pero vamos a sombrear para mejorar los reflejos. Para hacerlo más simple, da un paso y usa una herramienta a la vez.

Utilizo un lápiz B para crear oscuridad en las partes superior e inferior del vaso. También tenemos que crear áreas oscuras, dar profundidad a la imagen y hacer que los reflejos a su lado se vean más brillantes. Por lo tanto, toda el área inferior debe ser mucho más oscura que el resto del vaso, las demás áreas oscuras se pueden sombrear con un HB, por ejemplo, alrededor del borde.

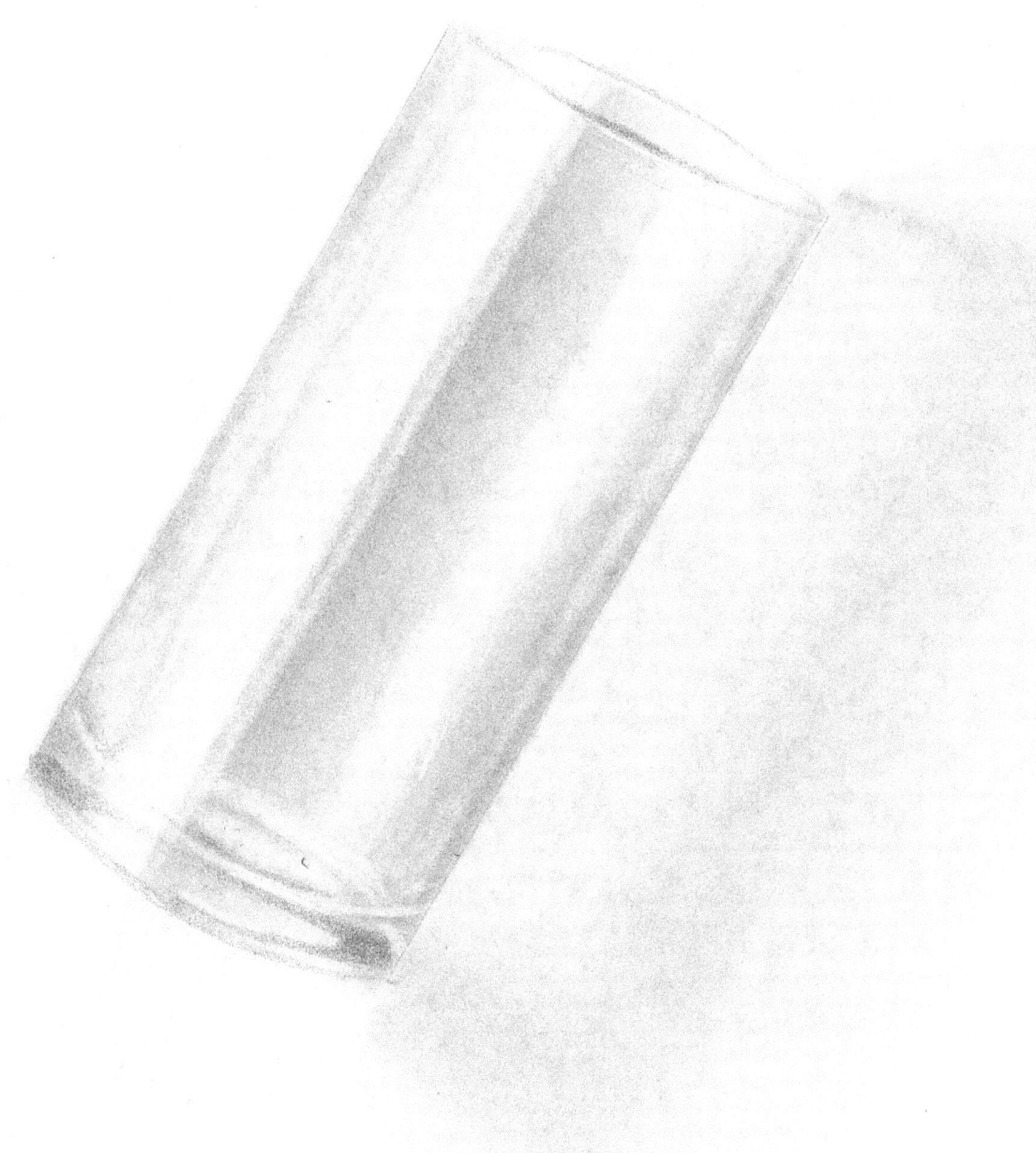

Mezcla con un muñón de mezcla y sombrea más cuando sea necesario. Puedes hacer más detalles si lo deseas y, como mencioné antes, toma tus propias fotos para que practiques cómo sombrear y dibujar diferentes vasos siguiendo los pasos de este tutorial.

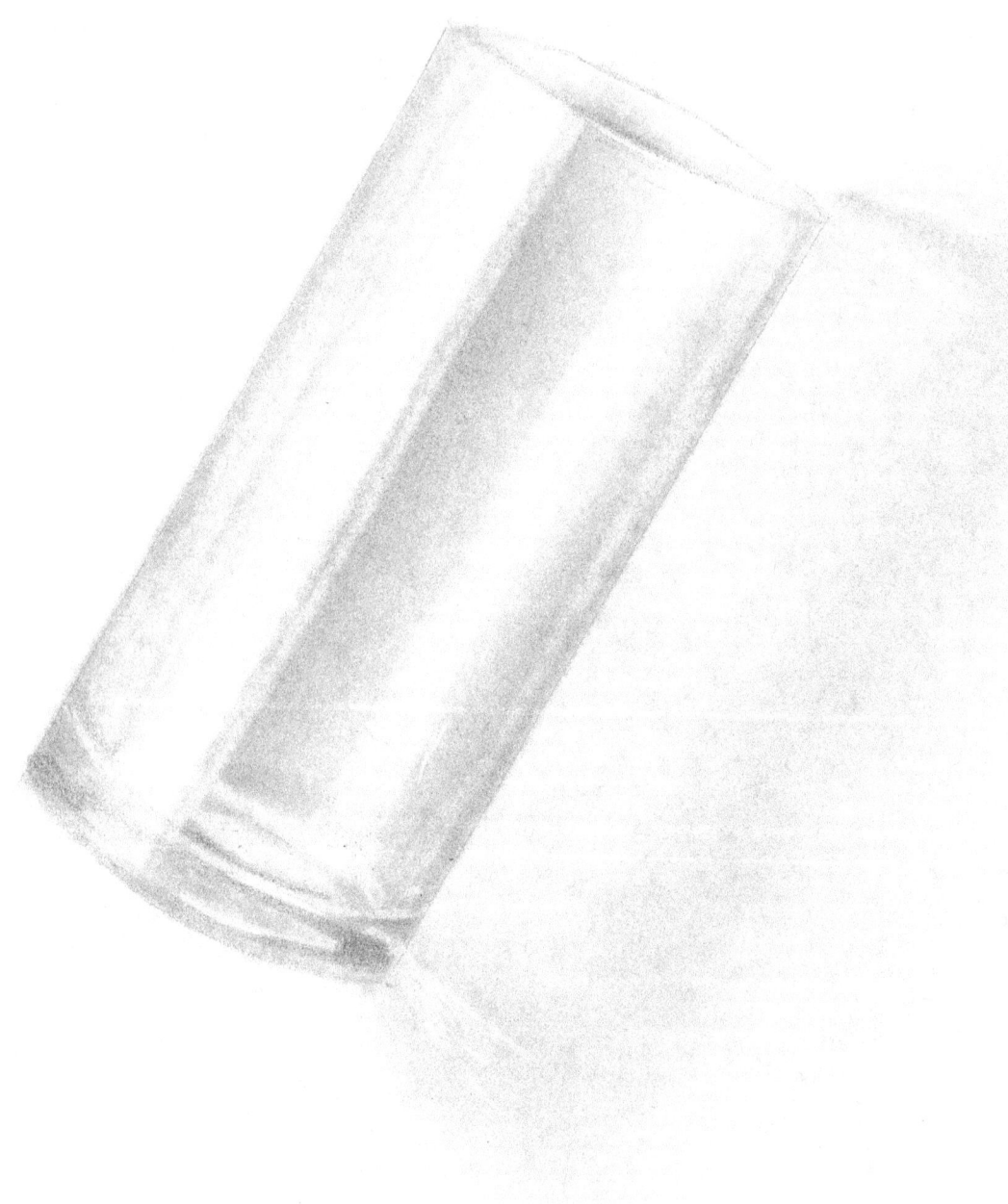

CÓMO DIBUJAR UNA PELOTA DE FÚTBOL

Ahora dibujemos una pelota de fútbol. Evidentemente, debemos comenzar con un círculo, usando una brújula de dibujo, pero debemos hacerlo en una hoja de papel aparte, no en nuestra hoja de dibujo. El diámetro de mi círculo es de aproximadamente 8 cm. Crea un círculo en una hoja de papel separada y recórtala con las tijeras, con mucho cuidado porque necesitamos un círculo perfectamente redondo. No tires ese círculo de papel porque lo necesitarás más tarde.

Coloca el papel con el orificio sobre el centro de tu hoja de dibujo, sostenlo firmemente con la mano izquierda todo el tiempo, no dejes que se mueva, y usa el polvo de grafito para sombrear. Envuelve tu dedo con un pañuelo y sumérgelo en el polvo, sacude el exceso para no oscurecerlo demasiado y aplica el grafito sobre el borde entre el orificio y la hoja de dibujo, como se muestra en la siguiente imagen. Tenemos que imaginar la posición de la fuente de luz que cae sobre la pelota y sombrear en consecuencia. Quiero que mi fuente de luz esté en la esquina superior izquierda, lo que significa que tengo que sombrear mucho más el lado inferior derecho de la pelota, es decir, crear la sombra propia. Por eso empiezo por el área inferior derecha, porque tiene que ser la más oscura. Cuando nos estemos quedando sin grafito en nuestro tejido, podemos comenzar a sombrear hacia la esquina superior izquierda, presionando cada vez menos. Así es como crearemos un degradado suave y le daremos a la pelota una forma redonda.

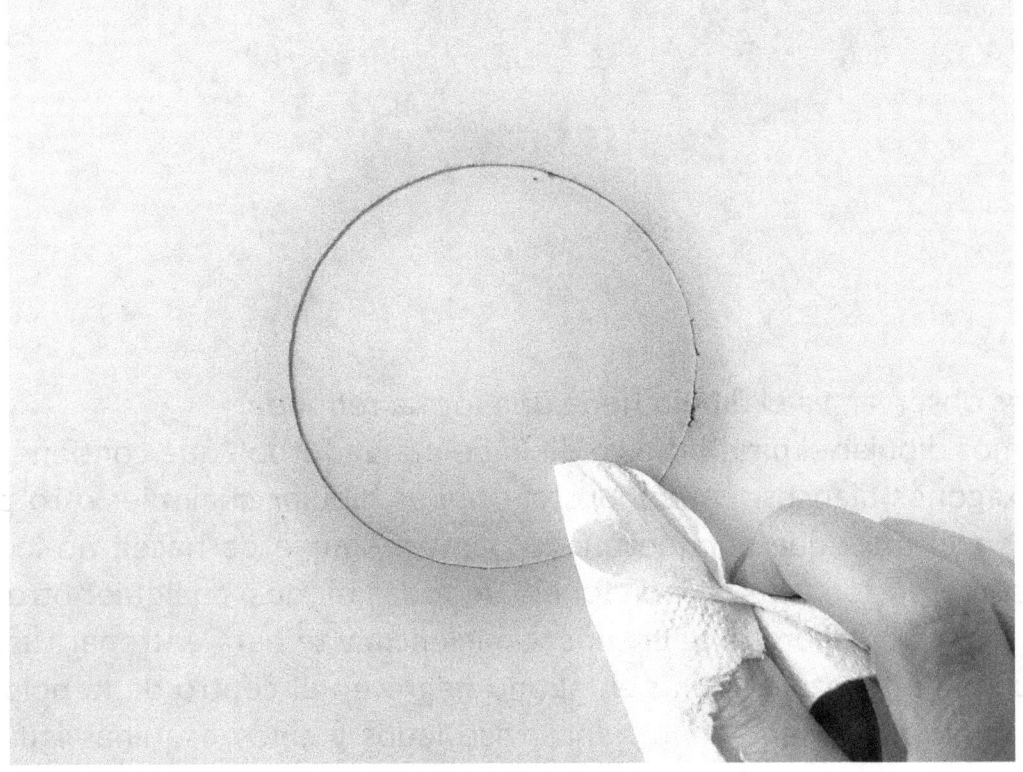

Cuando retiramos la hoja de papel con el orificio, obtenemos algo como esto:

Como puedes observar, ya el dibujo tiene una forma redonda.
Ahora podemos dibujar el patrón típico de la pelota de fútbol, que contiene pentágonos negros y hexágonos blancos. Por supuesto, puedes dibujar cualquier otro patrón, pero comencemos con este, que aunque puede parecer simple de hacer, no lo es, hay que medir y prestar atención a las proporciones. De todos modos, cualquier otro patrón será muy útil para practicar, porque te enseñará paciencia y te hará entrenar tus habilidades de observación. Comienza con un pentágono negro en el centro de la pelota para que sea simple al inicio. Un pentágono tiene cinco lados y cinco esquinas iguales, así que

comienza con una línea pequeña y dibuja cuatro más, puedes medir los lados para ver si son de la misma longitud. No tienes que hacerlo perfecto en el primer intento, solo trata de hacerlo más o menos proporcional.

En la siguiente imagen, puedes ver mis intentos de dibujar un pentágono, desde el primero hasta el último, y dado que colorearé el área interna del pentágono con lápices oscuros, no me importó tener todas esas líneas visibles. Es difícil dibujarlo perfecto al principio sin tener más líneas aplicadas para encontrar sus posiciones correctas, así que puedes practicar primero en otra hoja si lo deseas.

Cada pentágono negro debe estar rodeado solo por hexágonos blancos, lo que significa que tenemos que dibujar las líneas desde las esquinas exteriores del pentágono, que representarán los bordes de los hexágonos, como se muestra en la siguiente imagen. Ten en cuenta que el dibujo es redondo, por lo que ni los pentágonos y ni los hexágonos tendrán su forma correcta al lado del borde, desde este punto de vista.

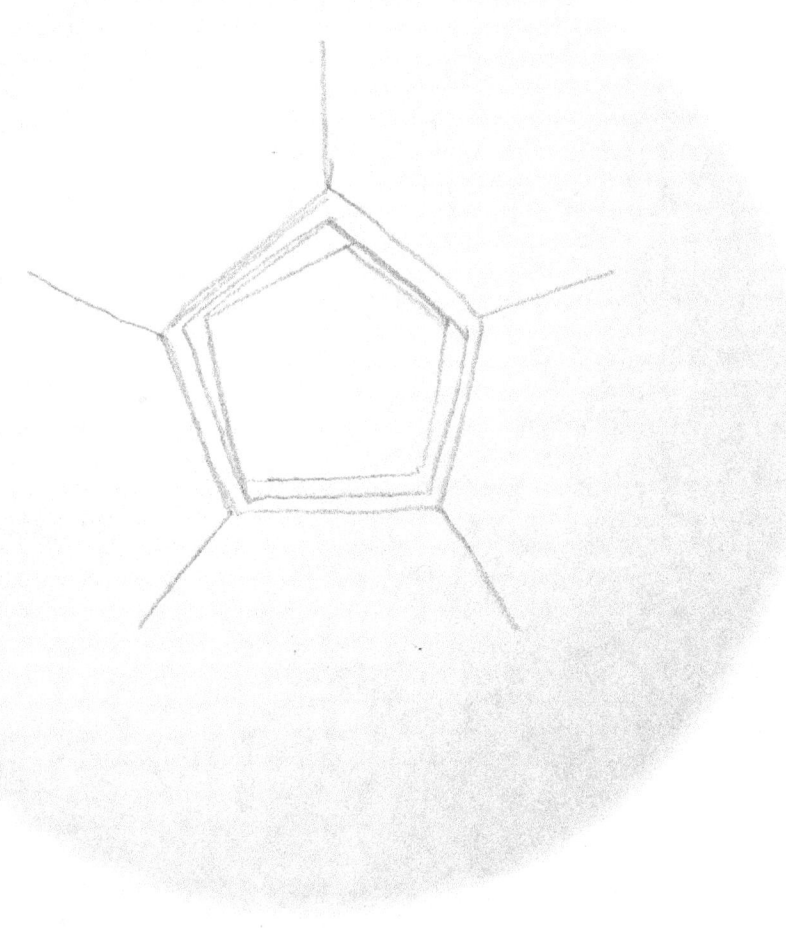

En el otro lado de estas líneas, tenemos que dibujar pentágonos cuyos dos lados comenzarán al final de las líneas dibujadas previamente. Luego, dibuja dos líneas más curvas, y la quinta línea no tiene que ser visible. Asegúrate de que todo esté en el lugar correcto antes de comenzar a sombrear, o en realidad colorear los pentágonos, porque los lápices oscuros no se pueden borrar por completo.

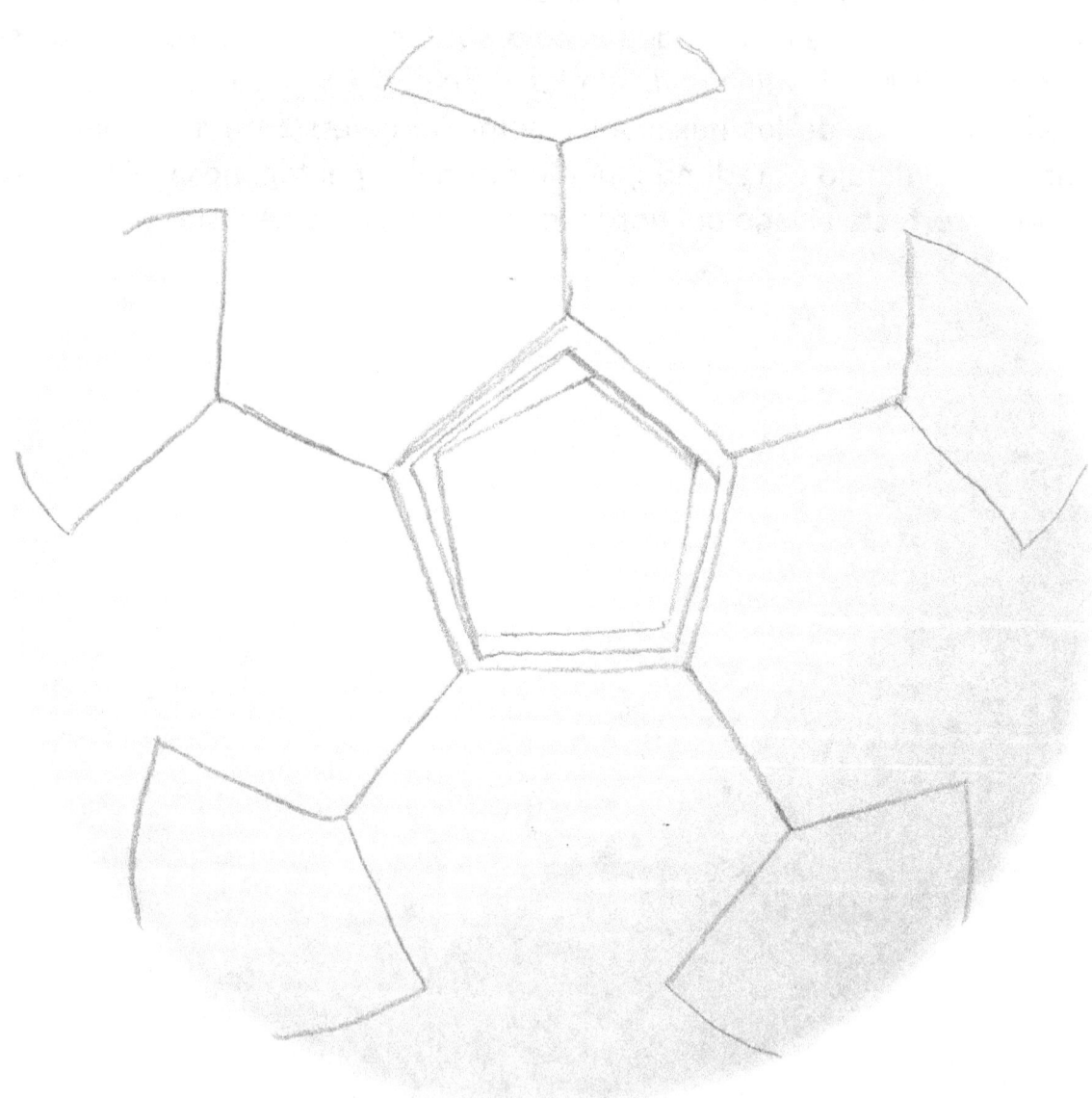

Aquí puedes ver que los hexágonos se están formando después de haber dibujado todos los pentágonos. Sencillamente, dibuja la sexta línea de los hexágonos visibles y ya terminaste de dibujar el patrón. Por último, marca cada pentágono con una X, o con el signo que desees, para asegurarte de que estas son las áreas que vas a colorear.

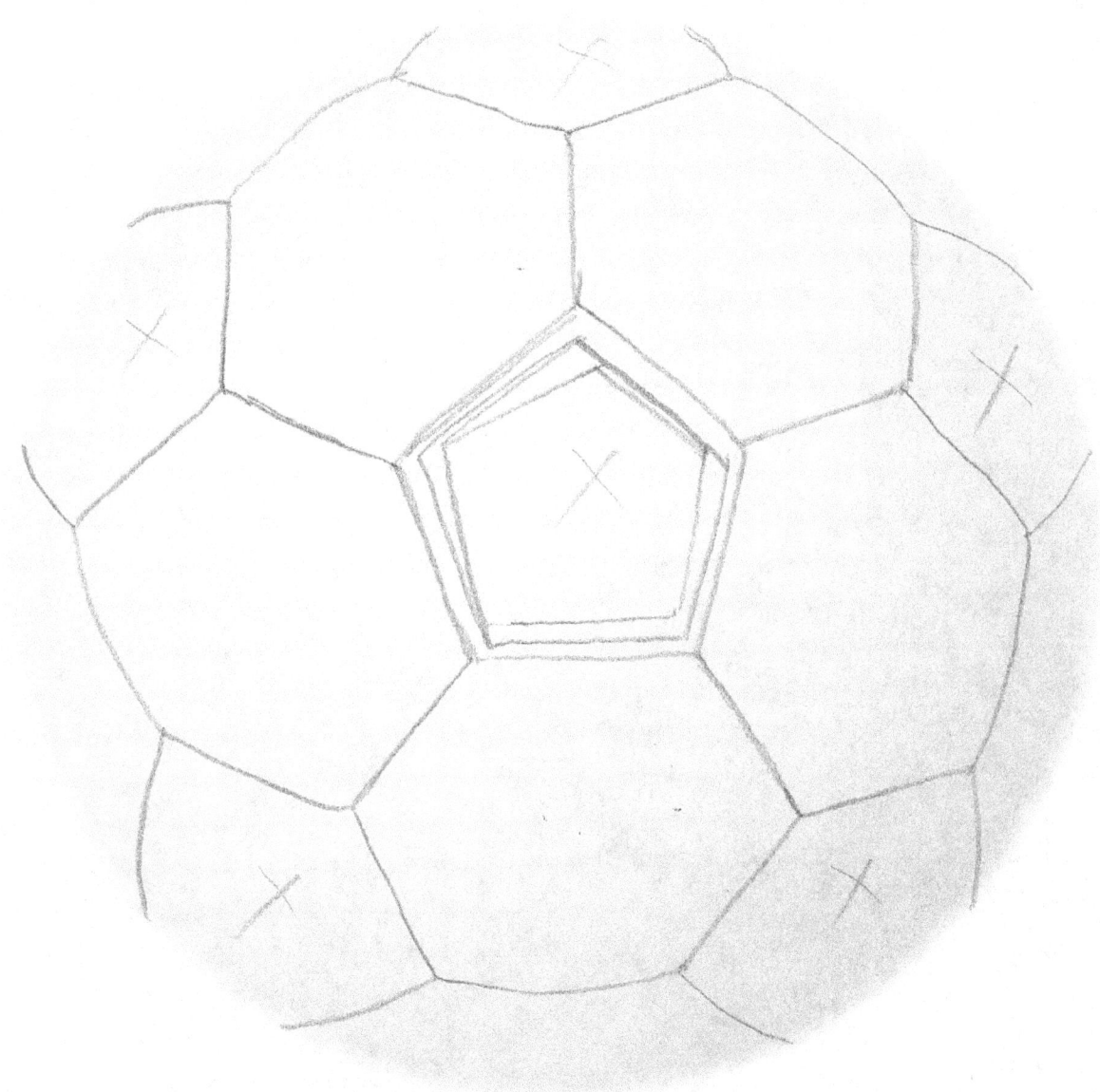

Ahora podemos crear los valores de los pentágonos. Como sabemos, estas partes son absolutamente negras, pero el color negro también cambiará el valor cuando esté iluminado, por eso es importante usar diferentes valores, de acuerdo con la posición de estos pentágonos. Si nuestra fuente de luz proviene de la esquina superior izquierda, los pentágonos sobre el área superior izquierda de la pelota serían los más brillantes. Utiliza un lápiz H y movimientos circulares para crear una textura suave sobre estos y sombrea cuidadosamente al lado de los bordes.

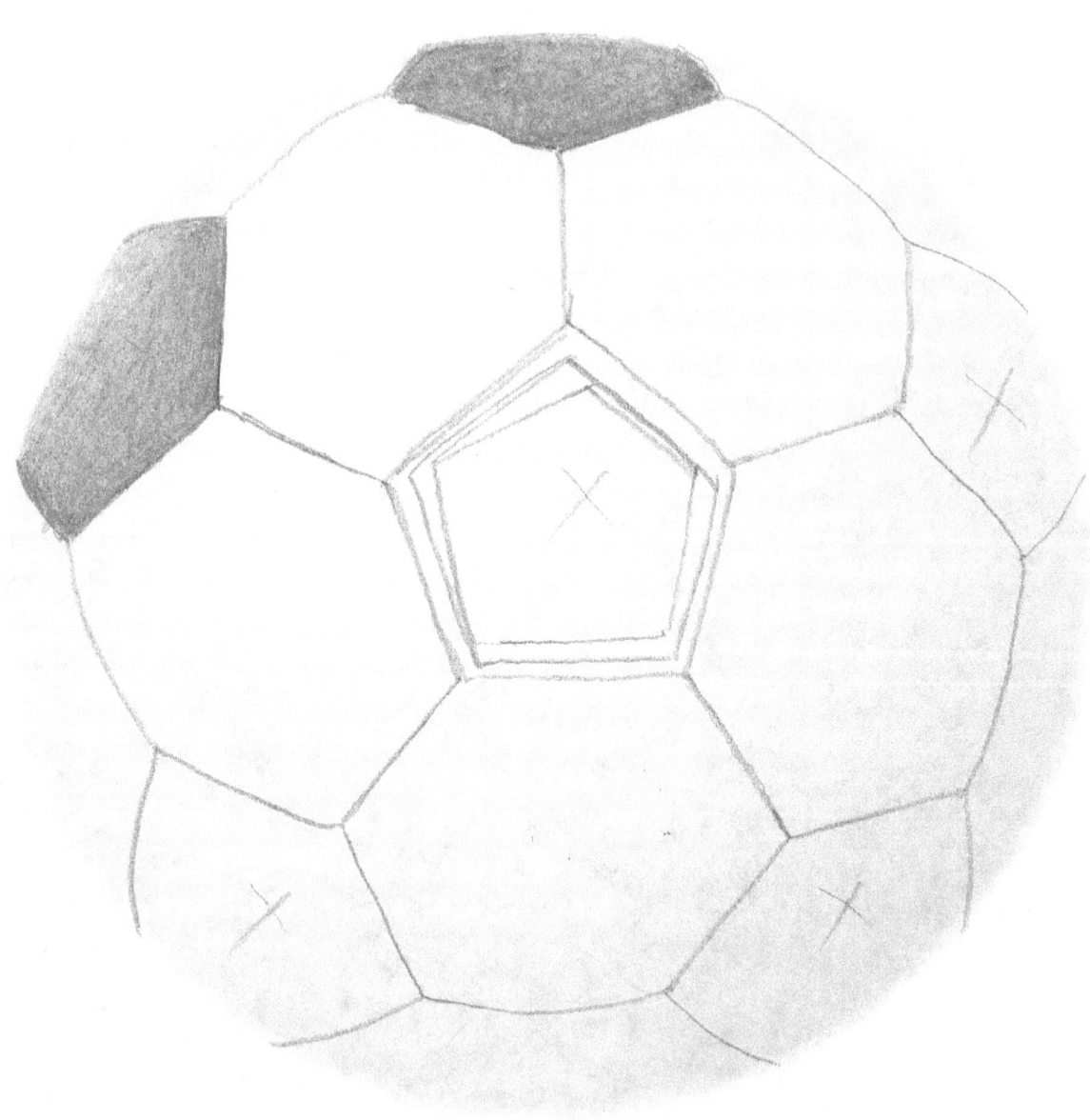

Continúa con un HB para cubrir la parte superior izquierda del pentágono en el medio, porque esta parte debe estar más iluminada, y luego continúa con el lápiz más oscuro. Aquí también debes aplicar la misma presión todo el tiempo haciendo movimientos circulares. Además, sombrea las partes de los pentágonos marginales que obtendrían más luz y el borde del pentágono que se encuentra en el área sombreada, utilizando un HB. El borde de una pelota siempre está más iluminado, esto se llama luz reflejada.

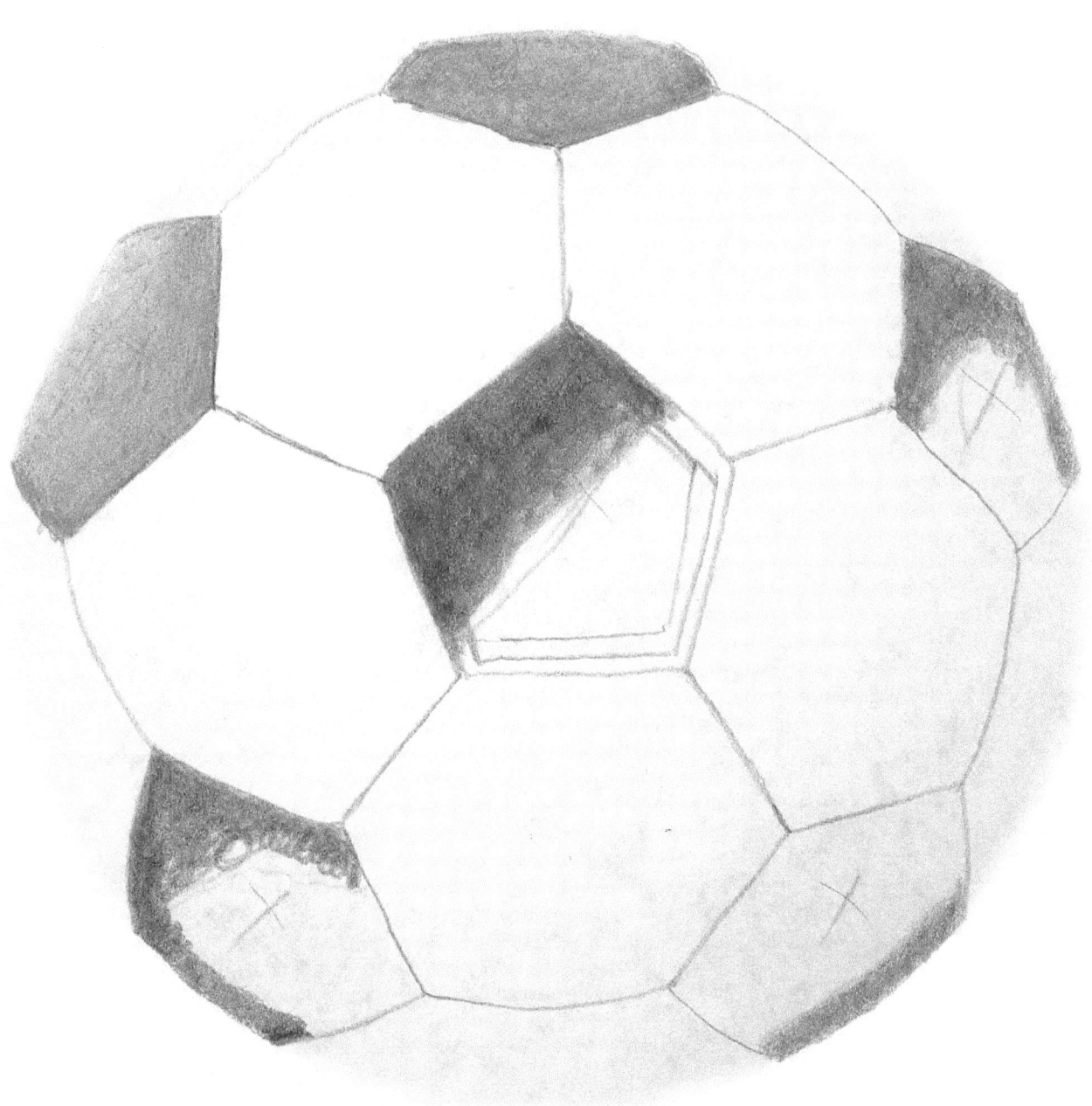

Usa un 6B o un lápiz más oscuro para colorear el resto de los pentágonos. Como puedes ver, el área más clara que creamos sobre el borde exterior del pentágono en sombra, con un HB, representa la luz que se refleja desde la superficie donde se coloca la pelota. También indicará la redondez de esta y se expresará después de aplicar el lápiz más oscuro.

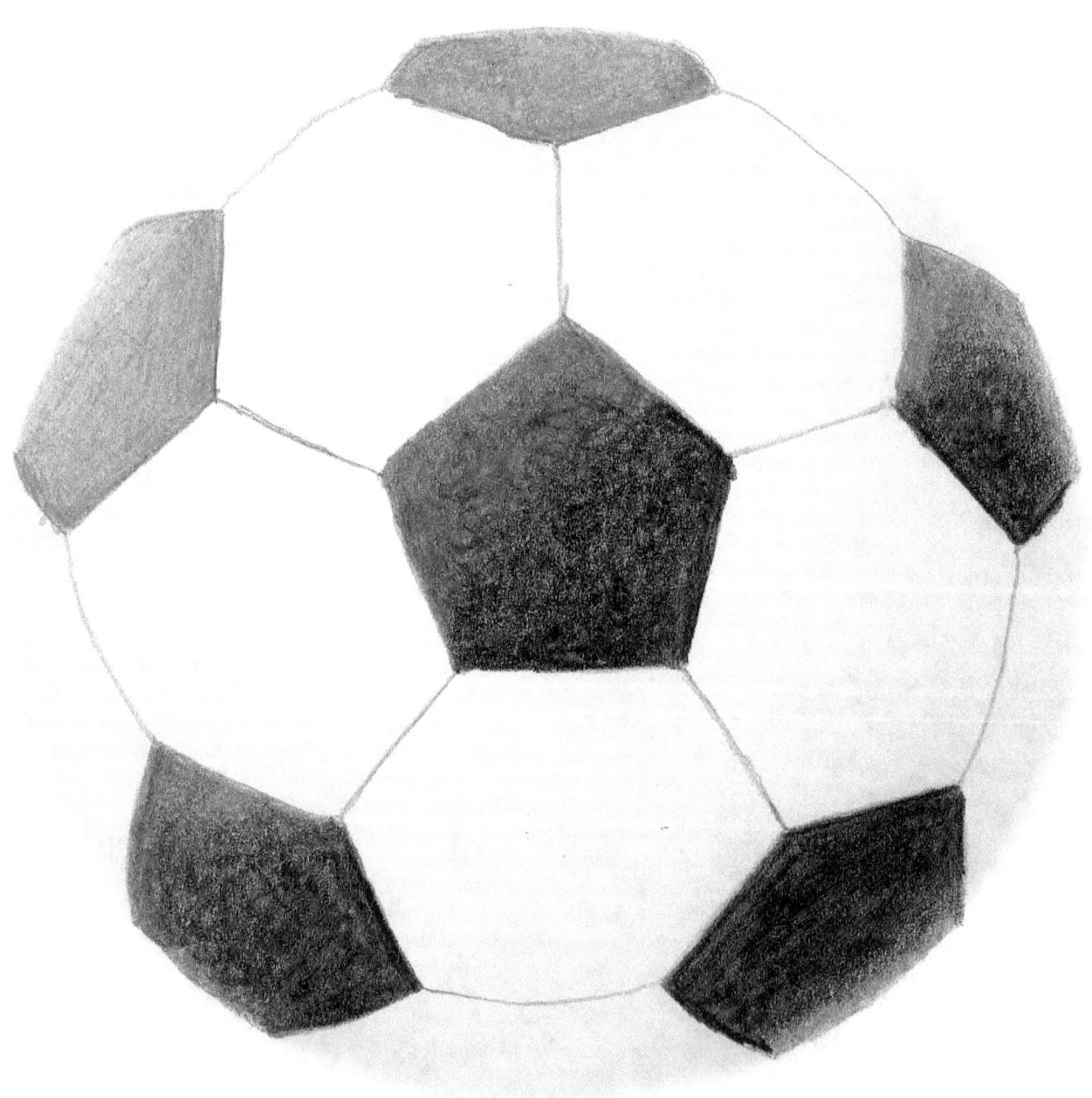

Luego, mezcla los bordes entre los hexágonos blancos con un muñón de mezcla para que se vean un poco doblados hacia adentro. Trata de no oscurecerlos demasiado, de modo que no tengas que sumergir la inmersión del muñón en el polvo de grafito, pero aplica tanto como te haya quedado de la mezcla anterior.

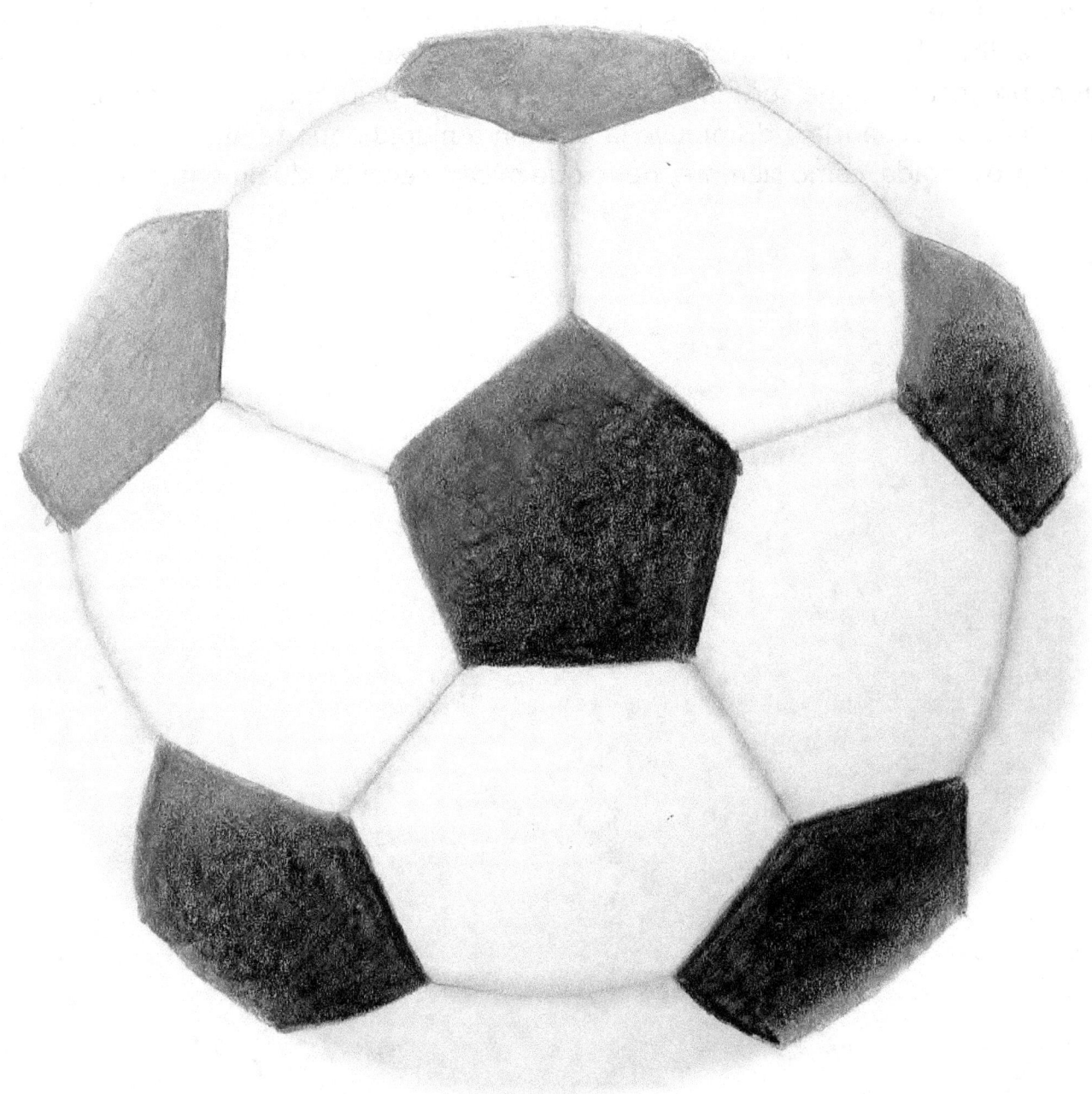

Por último, crea la sombra proyectada con polvo de grafito.

Toma esa hoja circular de papel que te dije que no tiraras y colócala sobre la pelota dibujada, ya que la cubre por completo. Si nuestra fuente de luz proviene de la esquina superior izquierda, la sombra proyectada caerá sobre la superficie, al lado del borde inferior derecho de la pelota.

Envuelve tu dedo con un pañuelo y sumérgelo en el polvo de grafito para crear la sombra aplicando movimientos horizontales, también sobre la hoja circular de papel. La sombra proyectada debe ser más oscura al lado de la pelota, por lo tanto, recorre esta área con más frecuencia y disminuye la presión a medida que te alejas de la pelota. La sombra proyectada, como siempre, tiene que desaparecer gradualmente en el fondo.

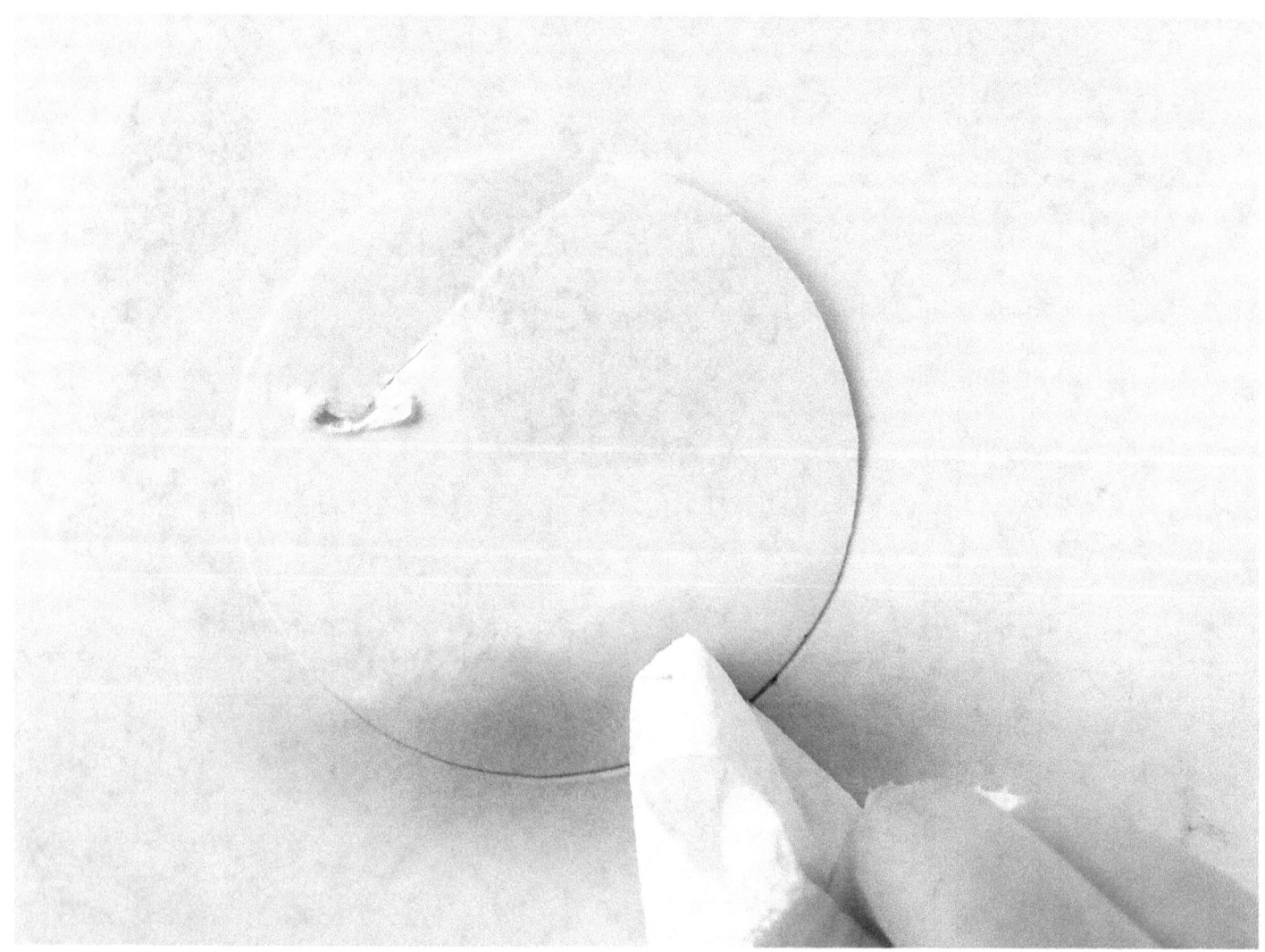

Cuando levantamos el trozo de papel circular, tenemos nuestra sombra proyectada.

Luego, intenta dibujar una pelota con diferentes patrones, incluso pelotas de baloncesto, de tenis o bolas de billar, siguiendo los pasos de sombreado de este tutorial.

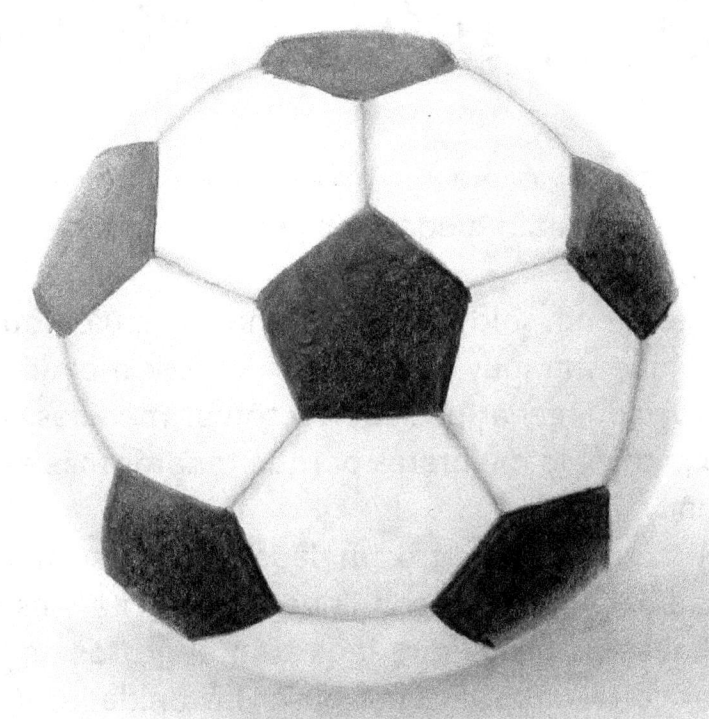

JASMINA

Consejo

No te preocupes por no estar contento con un dibujo; el resultado no importa, porque se trata de un proceso. Simplemente sigue dibujando y con el tiempo mejorarás. Por otro lado, tampoco es bueno si estás satisfecho con tus dibujos, porque eso significa que no tienes motivos para mejorar y practicar.

Sé realista y sigue trabajando duro.

TEXTURA DE TEJIDO DE PUNTO

Dibujemos una textura de tela, algo así como un hilo de lana que se entrelaza, el material del que está hecha la ropa de lana. Puedes ver este patrón cuando acercas la tela.

Sugiero dibujar patrones como este, no solo de telas, sino cualquier otro que sea repetitivo, como los mandalas, porque son muy buenos para practicar el dibujo, puedes ejercitar tus habilidades de observación, ganar paciencia y tomar medidas con los ojos. Cuando vuelvas a crear el mismo patrón, lo mejorarás porque tendrás más experiencia y sabrás mejor dónde y cómo dibujar.

Comienza por crear las filas que contienen cuatro unidades, como se muestra en la siguiente imagen. Una sola unidad está marcada con líneas en negrita y es similar a la letra "V", pero debe tener dos líneas paralelas que indicarán el grosor de la lana. Las líneas de fondo no deberían estar conectadas. Intenta hacer las unidades y la distancia entre ellas sean iguales, tanto como sea posible. Luego dibuja tres columnas más, de modo que puedas tener al menos cuatro filas y cuatro columnas, ya que dos o tres no son suficientes para que la textura sea reconocible y tampoco lo es para practicar. Si lo miras al revés, deberías ver el mismo patrón, de este modo sabrás que quedó bien, así que gira tu papel a menudo para verificarlo. Sin embargo, no podemos hacer que sea exactamente igual, pero puedes hacer tu mejor esfuerzo para aproximarte, quizás no tengas éxito en el primer intento, pero si lo practicas una y otra vez lo mejorarás. En la siguiente imagen, puedes ver que mi patrón tampoco es perfecto, pero aun así está bien.

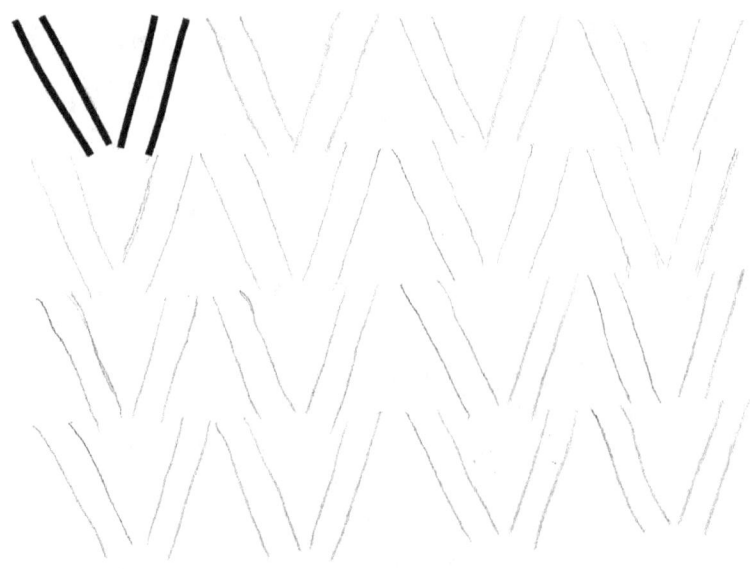

Ahora podemos conectar estos hilos con líneas curvas. He marcado lo que hago en este paso con líneas en negrita, que puedes ver en la siguiente imagen. Dibuja líneas dobles e intenta hacer la misma distancia entre ellas todo el tiempo, es decir, que el hilo se vea del mismo grosor. En la primera fila, estos son completamente visibles, pero en la segunda, tercera y cuarta fila deben dibujarse detrás de las áreas superiores de las unidades, como se muestra en el siguiente diagrama.

Cuando crees una unidad, echa un vistazo a la superior para que sea igual, y haz lo mismo de izquierda a derecha, cuanto más puedas.

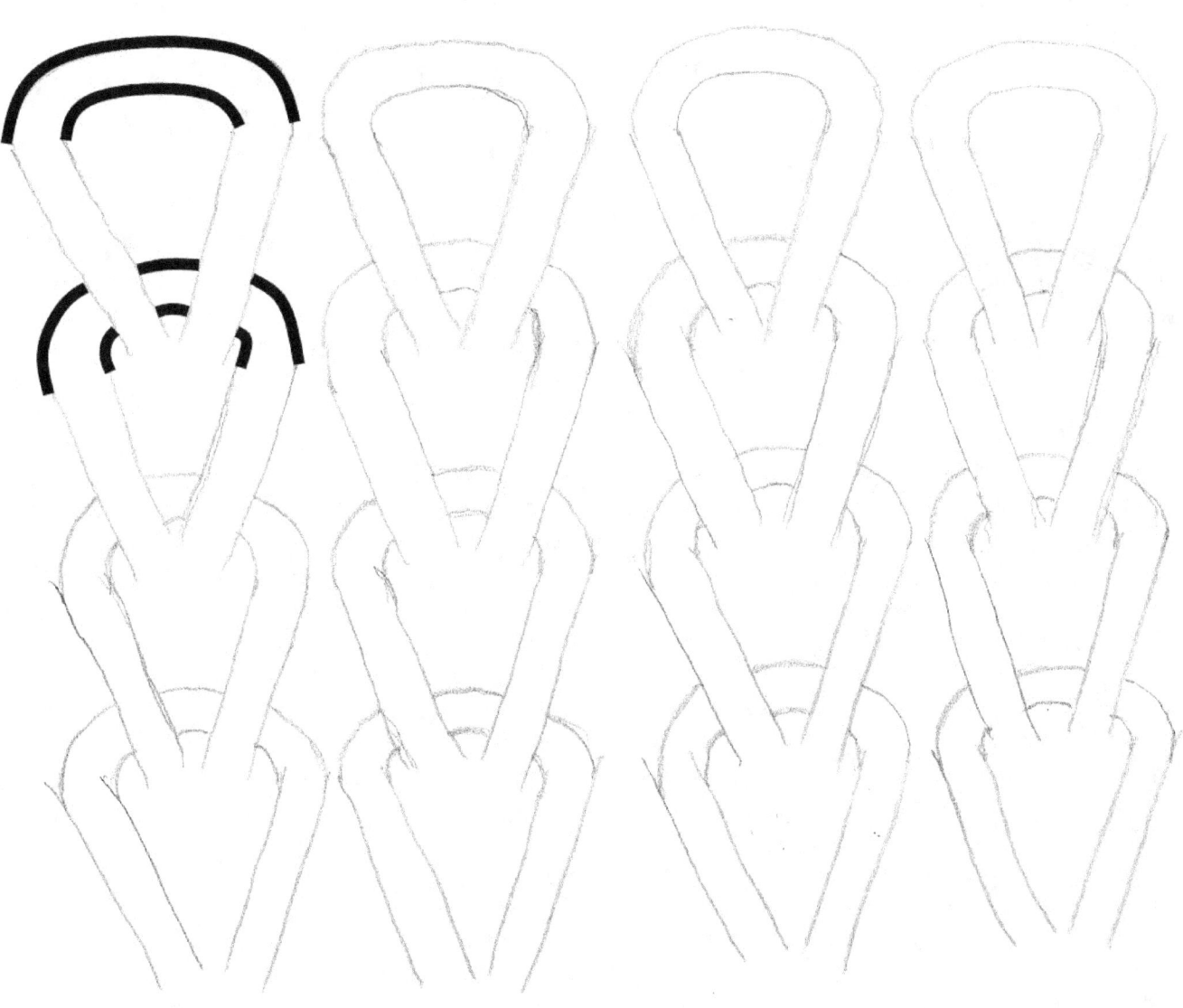

A continuación, hacemos lo mismo pero con el papel al revés. No tienes que rotarlo, más bien practica diferentes trazos y movimientos esta vez. Dibuja las líneas curvas para conectar las partes inferiores de las unidades y también debes ir detrás de las áreas superiores de estas. He colocado las líneas en negrita sobre las conexiones que estoy creando en este paso. Analiza la imagen antes de comenzar a dibujar para que observes cómo están entretejidas las unidades. Las marginales deben tener sus conexiones cortadas, así que déjalas como yo lo hice o dibuja más unidades junto a ellas.

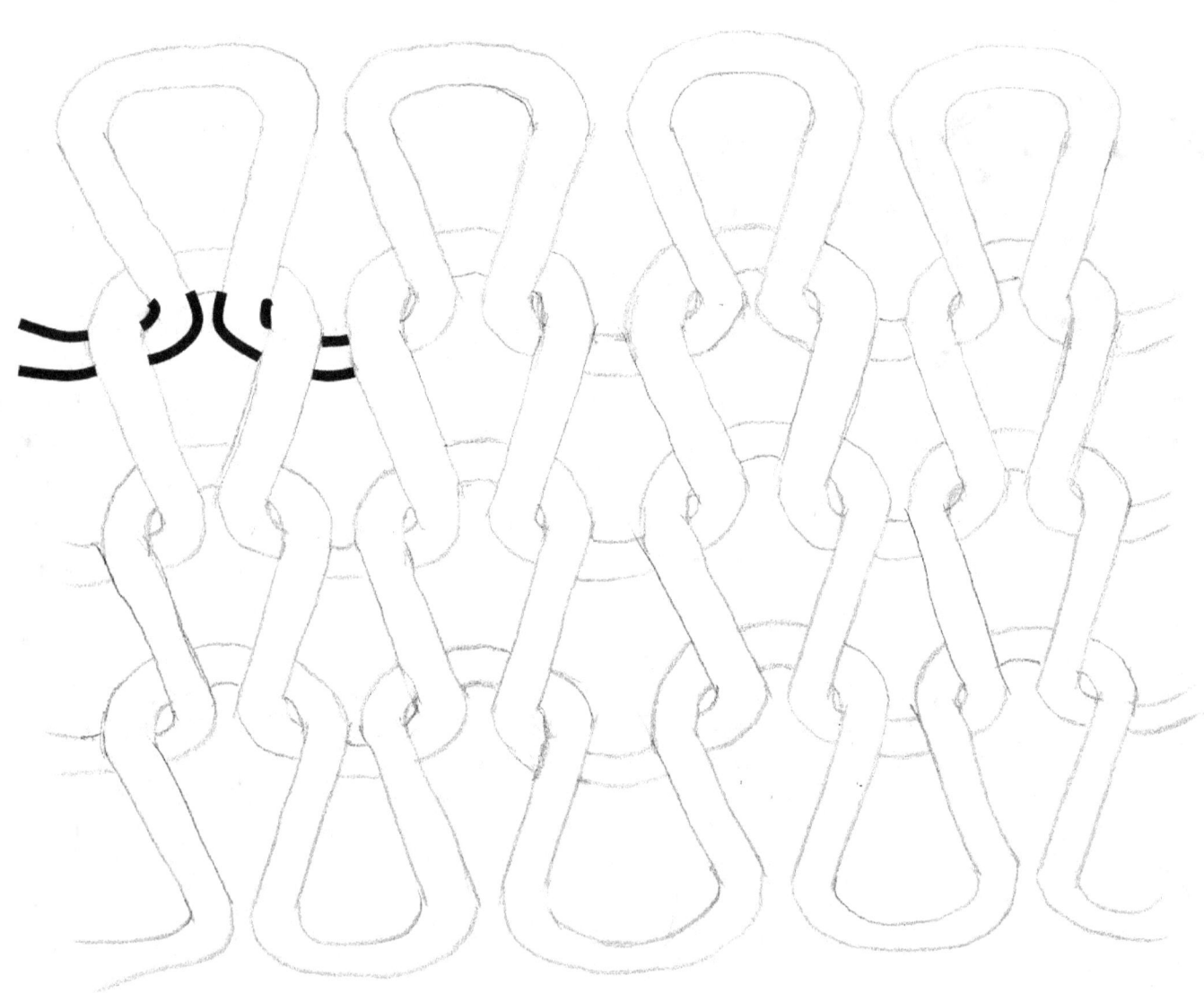

Borra las líneas innecesarias, si las tienes dibujadas alrededor de las principales.

Ya podemos comenzar a sombrear. Usaré un muñón de mezcla para sombrear al lado del borde y dentro del hilo, esto hará que se vea redondo y menos plano. Puedes hacerlo incluso con un lápiz y luego mezclarlo con el muñón. Para simplificar el sombreado, haz esto solo con las áreas rectas, por ahora.

Borra el grafito que has aplicado sobre el fondo, junto al hilo, para que los bordes estén limpios y nítidos.

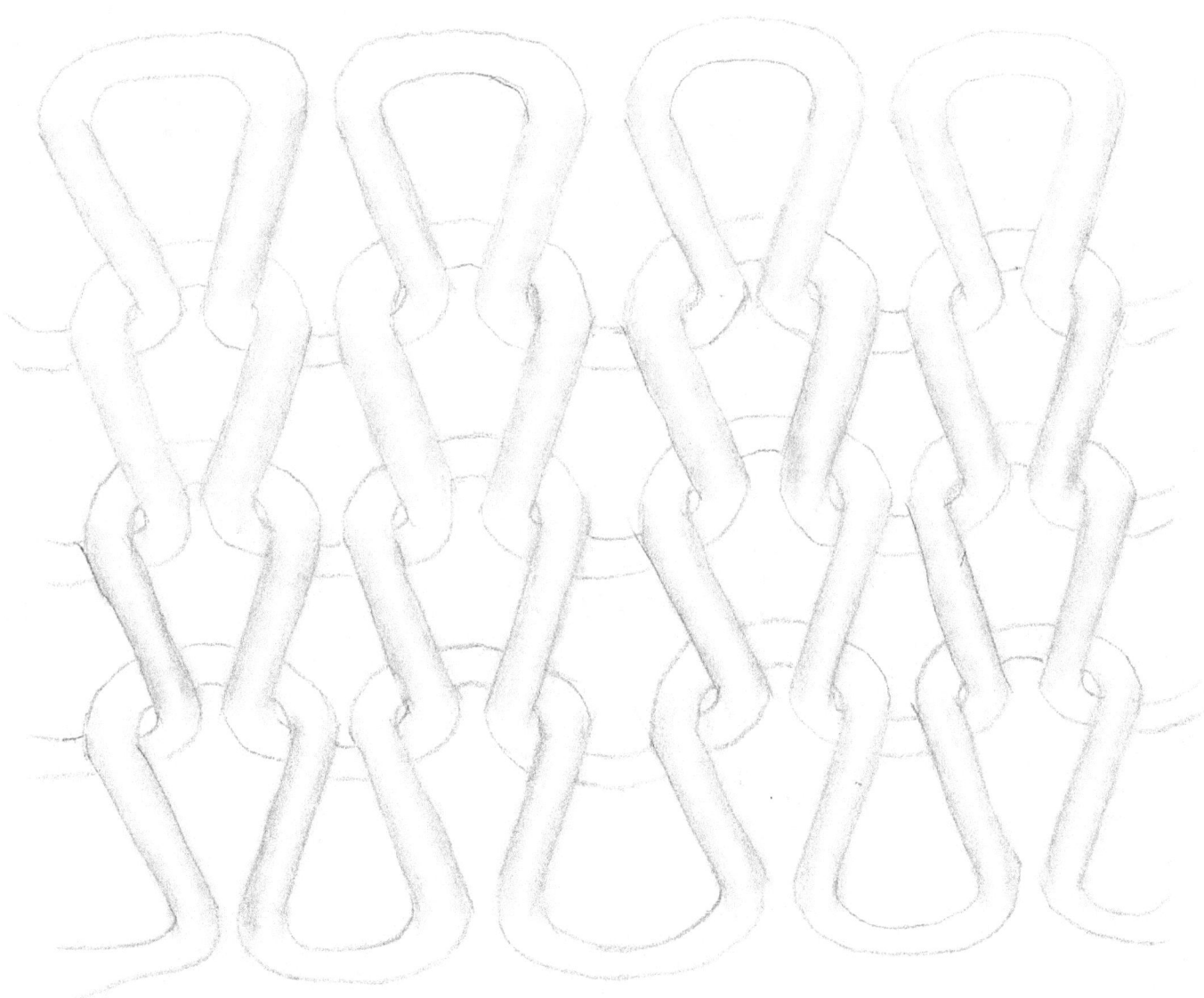

Luego, sombrea las partes del hilo que reciben menos luz, es decir, las partes que van detrás. De hecho, podemos sombrearlos enteros, usando un HB, un H o un 2H.
Estudia la siguiente imagen y compárala con la anterior para ver la diferencia y las áreas que he sombreado.

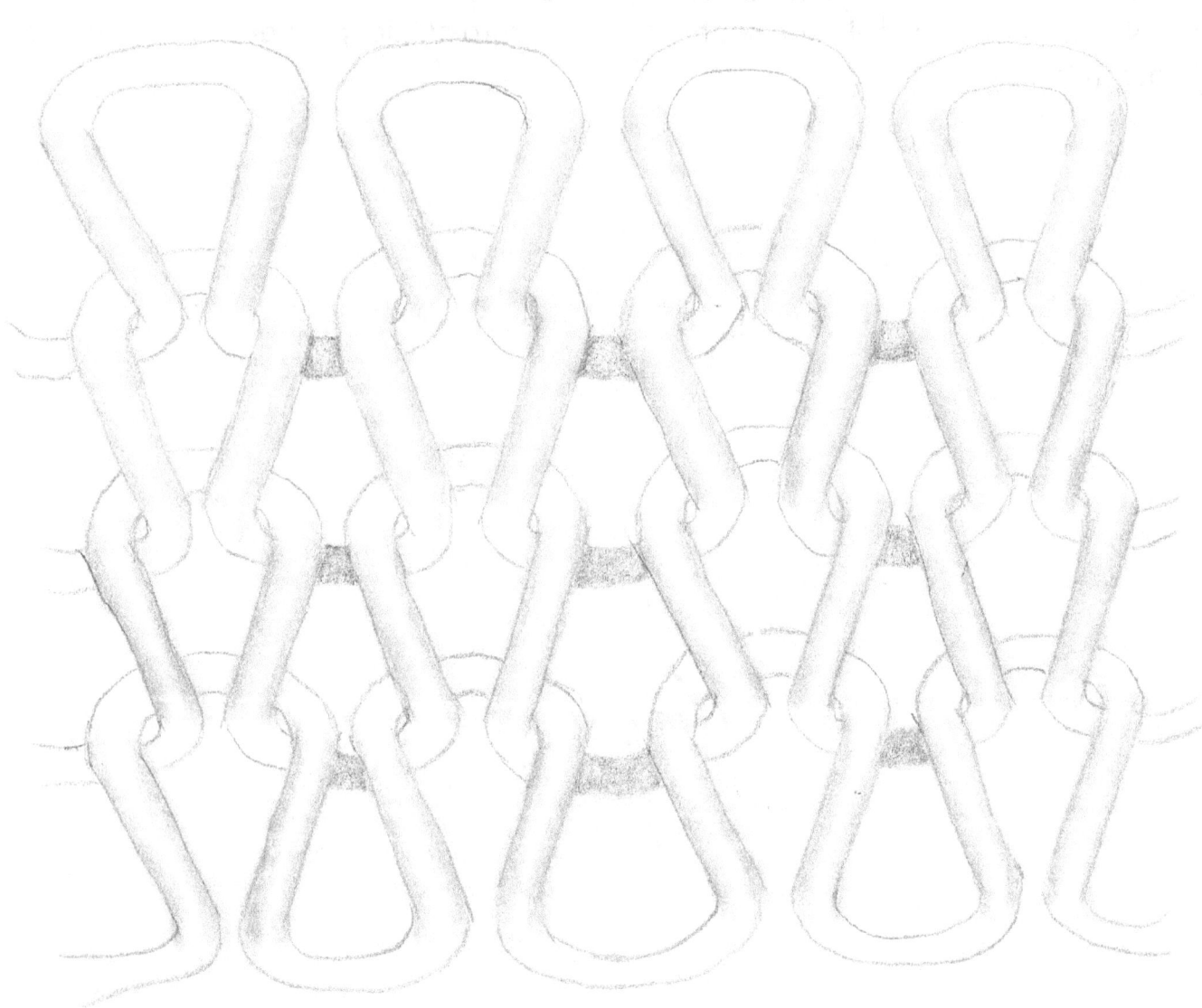

A continuación, sombreamos también las partes superiores de las unidades que se encuentran detrás de las inferiores, para esto puedes usar un muñón de mezcla o incluso un lápiz más ligero. Particularmente en el área inferior puedes sombrear más e ir disminuyendo un poco en el área superior, así harás que el hilo se vea redondo. Estoy usando una 2H para esto. Rellena las áreas superiores de las unidades por completo y luego presiona con más fuerza en el área inferior, puedes usar dos lápices diferentes para esto.

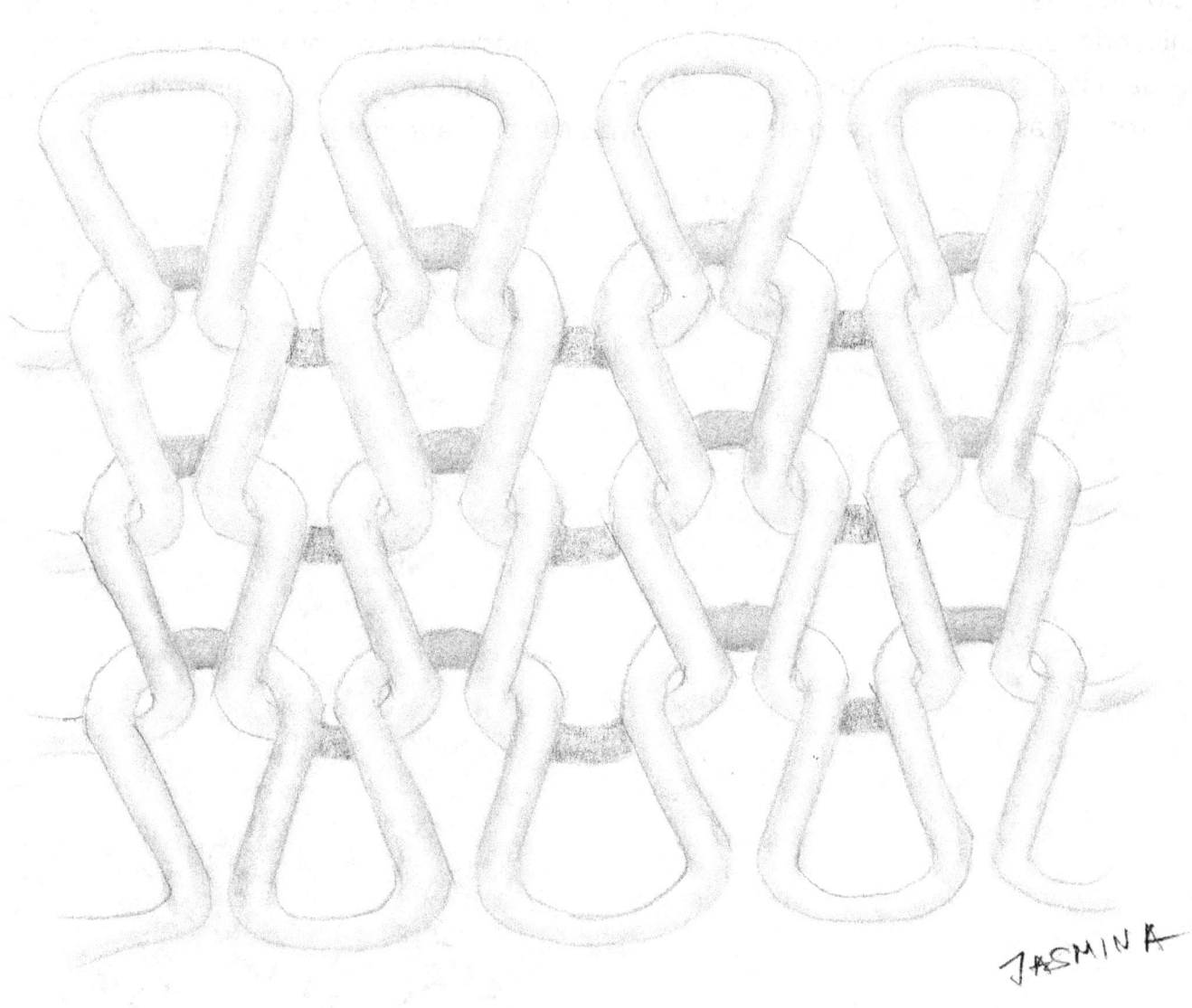

UNA PALMERA EN LA PLAYA

Vamos a dibujar un paisaje, específicamente una palma en la playa, usando una orientación cuadrada de 21 cm x 21 cm. Marca el horizonte, el borde entre el cielo y el mar u océano, con una línea recta y horizontal con la ayuda de una regla. Luego aplica el polvo de grafito con un pañuelo para sombrear la mitad superior del papel para hacer el cielo. Comienza en la parte superior porque el cielo debe estar más oscuro allí, aplicando solo movimientos horizontales. A medida que sombrees hacia abajo, te quedarás sin grafito, lo que te permitirá crear un degradado suave entre los tonos más oscuros y más claros. El cielo siempre es más claro al lado del horizonte.

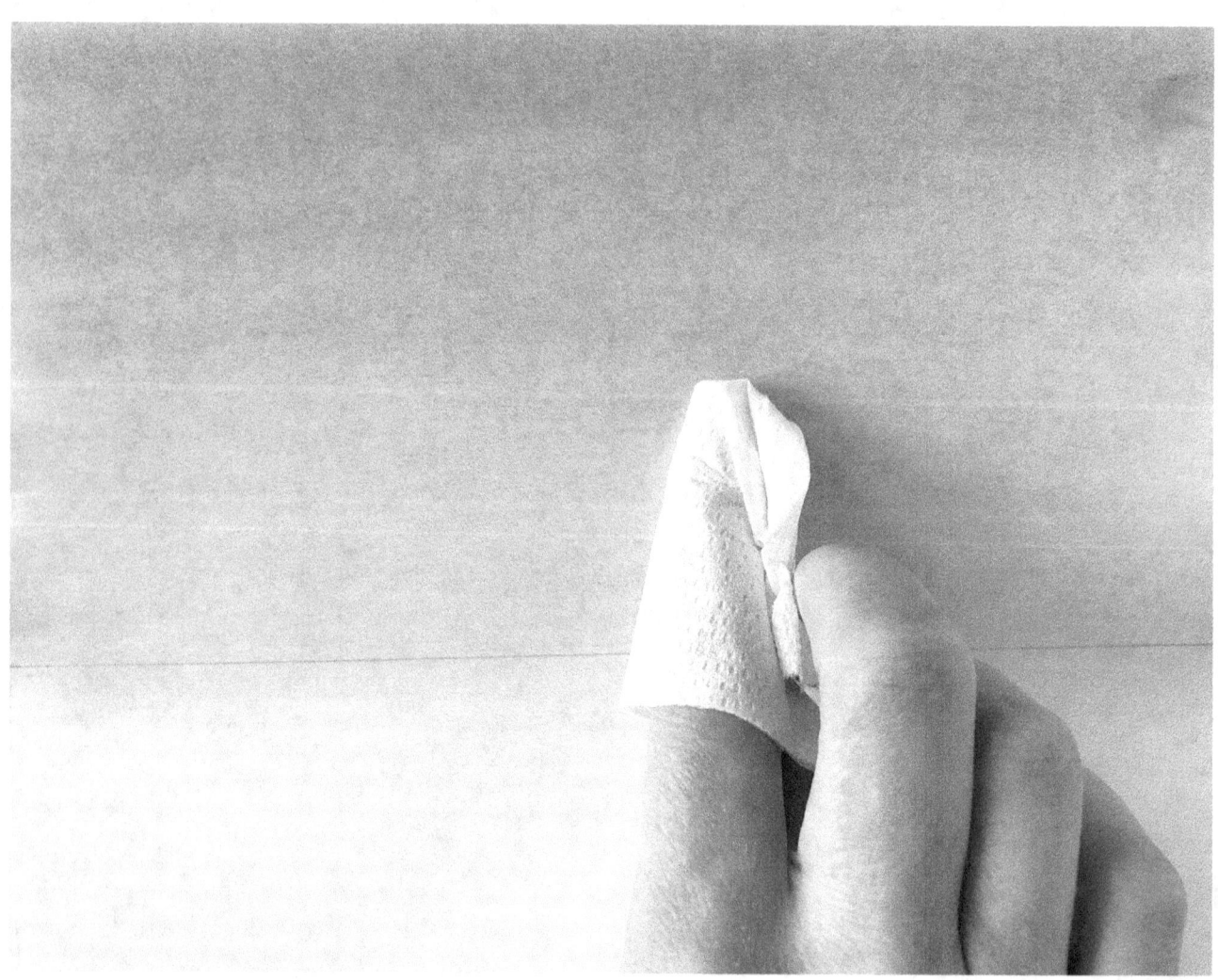

Lo siguiente es crear nubes sobre el cielo. Puedes omitir este paso, pero creo que es una buena idea practicar la creación de las nubes, además es bastante interesante hacerlo, sin mencionar que el cielo se verá encantador y menos aburrido con algunas nubes alrededor.

Usaré un borrador eléctrico porque esta herramienta me permite eliminar la mayor parte del grafito y no mancharé nada para que los bordes de las nubes puedan mantenerse limpios, pero puedes usar cualquier otro borrador, excepto uno amasado porque no es lo suficientemente fuerte como para eliminar una gran cantidad de grafito. Crea tus nubes donde quieras; en la siguiente imagen, puedes ver dónde he colocado las mías. Pueden ser más gruesas o más delgadas, más largas o más cortas y, por supuesto, no te olvides de las más pequeñas, que siempre están a una mayor distancia y más cerca del horizonte. La parte superior de las nubes es siempre la más brillante, de hecho, es absolutamente blanca, mientras que el área inferior siempre está en sombra. Como no podemos volverla completamente blanca después del sombreado, podemos aplicar un poco de marcador blanco opaco en la parte superior.

Ahora podemos crear los bordes inferiores de estas nubes que también deben estar bastante iluminados, por lo que hay que hacerlos más claros que la sombra. Crea una pequeña línea debajo de las nubes con la punta afilada de un borrador.

También podemos aligerar la sombra en sí misma con un borrador amasado, porque no queremos aclararlo demasiado, tan solo toca suavemente esta área con este borrador para tener casi el mismo valor que el cielo en el medio. Puedes ver que todos estos borradores son buenos para diferentes cosas, no puedes eliminar suficiente grafito con uno amasado, mientras que uno eléctrico eliminaría demasiado. Por eso es una buena idea invertir en diferentes tipos de borradores para que su trabajo sea más fácil y agradable.

Lo siguiente es dibujar el mar u océano. Ya hemos determinado la posición del horizonte en el medio del papel, ahora podemos sombrear justo debajo de él. Tenemos que sombrear la parte superior del mar mucho más oscura, sugiero usar una regla sobre el cielo y sombrear más fácilmente. Usa un lápiz HB para esta área y cambia la presión para crear algunas áreas más oscuras y otras más claras.

Para el siguiente valor, puedes usar un 2H y sombrear justo después del área HB, hacia abajo, haciendo solo movimientos horizontales con el lápiz. Presiona más fuerte al lado del área de HB y luego disminuye la presión a medida que avanzas hacia abajo.

Ahora podemos sombrear la arena con polvo de grafito de la misma manera que lo hicimos con el cielo, pero esta vez no tenemos que crear un degradado suave, sino que haremos que sea igual en todas partes. Para ello, sumerge un pañuelo en el polvo de grafito y aplícalo sobre la parte inferior de tu papel de manera uniforme, como se muestra en la siguiente imagen.

Usando un tocón de mezcla, sombrea algunas colinas sobre el horizonte y dado que estas se encontrarían a una distancia mayor, deben ser más claras y sus bordes deben quedar borrosos. Puedes dibujarlas con un lápiz H presionando ligeramente y luego mezclarlo todo.

Crea algunas áreas horizontales más oscuras sobre el mar que representen las olas, usando un HB y mezclándolo.

Ahora podemos crear la espuma entre el mar y la arena, usando un borrador eléctrico para eliminar un poco del grafito sobre la parte superior de la arena y la parte inferior del mar. Intenta hacer la espuma de diferentes formas, al azar, simplemente no la hagas recta como el horizonte.

Creemos la sombra proyectada por la espuma sobre la arena, con la ayuda de un muñón de mezcla. De esta manera, haremos que la espuma sea más prominente y realista.

A continuación, haremos algunos detalles de la espuma con un marcador blanco o con una pluma de gel de tinta blanca. En la siguiente imagen, puedes ver que he agregado muchas gotas voladoras que se crean cuando las olas salpican algo. Si no deseas que estas partes sean demasiado brillantes, solo toca el marcador blanco con el dedo mientras está mojado. Además, dibuja algunas líneas verticales y gruesas en todo el mar para indicar la espuma sobre las olas que están más lejos de la playa.

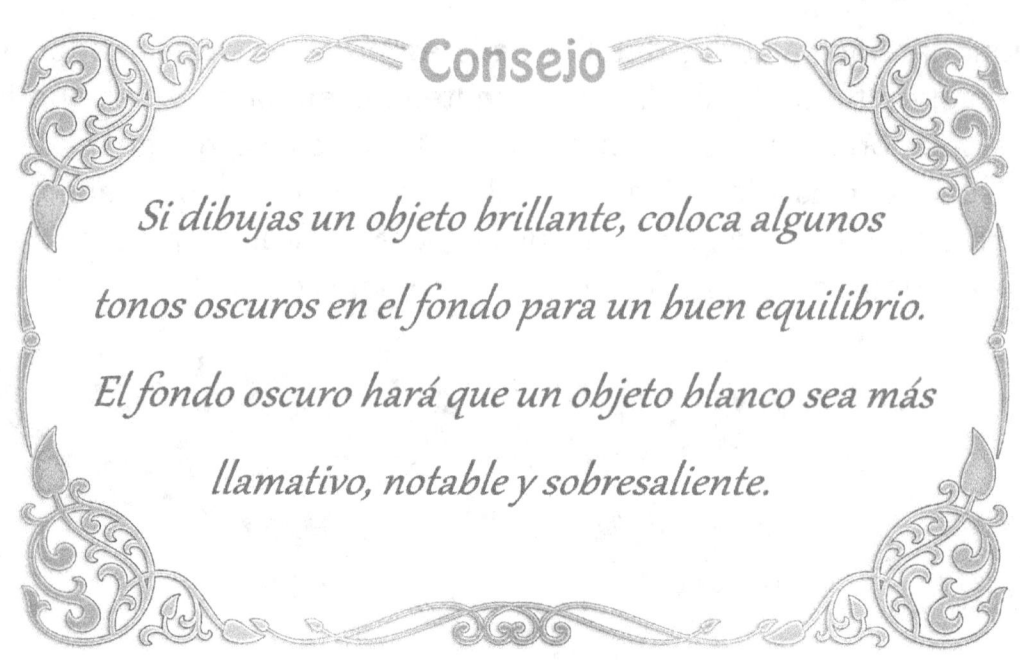

Consejo

Si dibujas un objeto brillante, coloca algunos tonos oscuros en el fondo para un buen equilibrio. El fondo oscuro hará que un objeto blanco sea más llamativo, notable y sobresaliente.

Finalmente, dibujemos una palmera.

Comencemos con el tronco, que quiero colocarlo sobre la arena, la espuma y el mar, como se muestra en la siguiente imagen. Como tenemos que crear la redondez del tronco, tenemos que usar lápices oscuros y claros para sombrearlo. Estoy usando un lápiz B para cubrir el lado derecho. Como siempre, tenemos que imaginar de dónde proviene nuestra fuente de luz, en este caso la luz solar directa. Quiero que la fuente de luz provenga de la esquina superior izquierda, por lo que el lado derecho del tronco debe ser más oscuro. Por eso lo sombreo con un lápiz B. He agregado algunas ramas en la parte superior del tronco, lo que indica su altura.

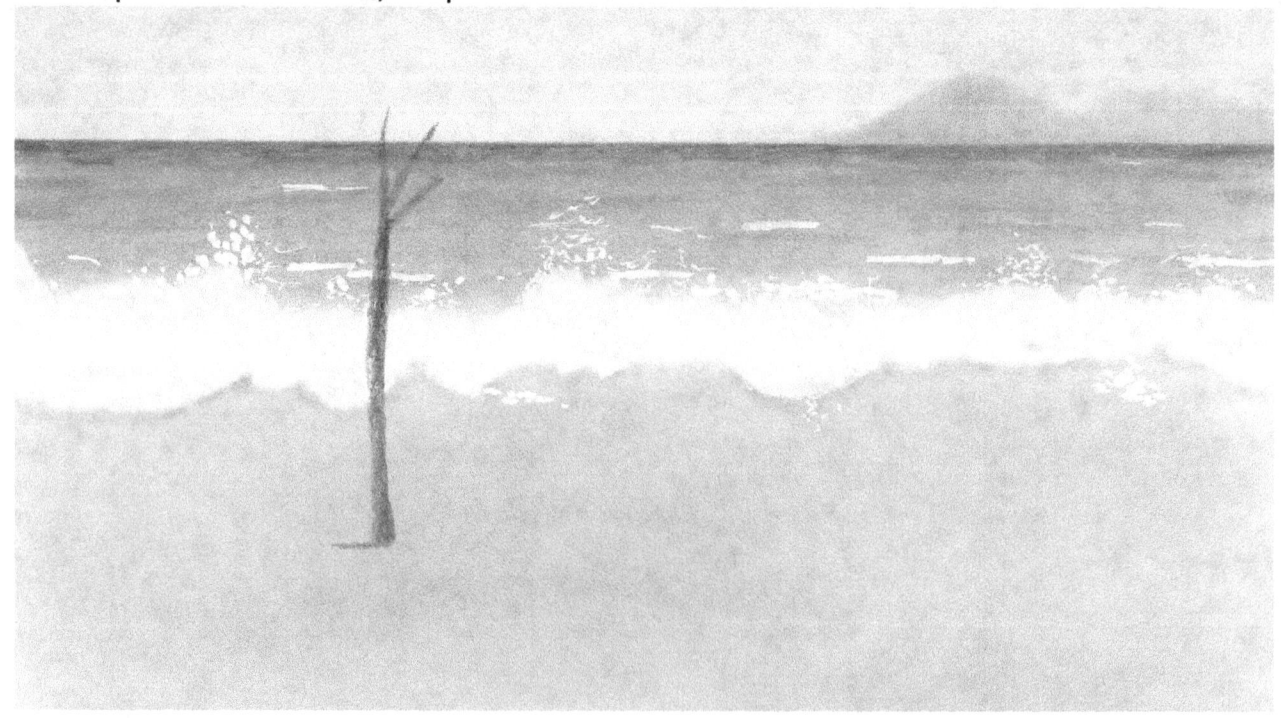

Usa un 2H para cubrir el resto del tronco. Presiona un poco más fuerte al lado del borde y luego disminuye la presión a medida que avanzas hacia el lado izquierdo, de esta manera se verá redondo.

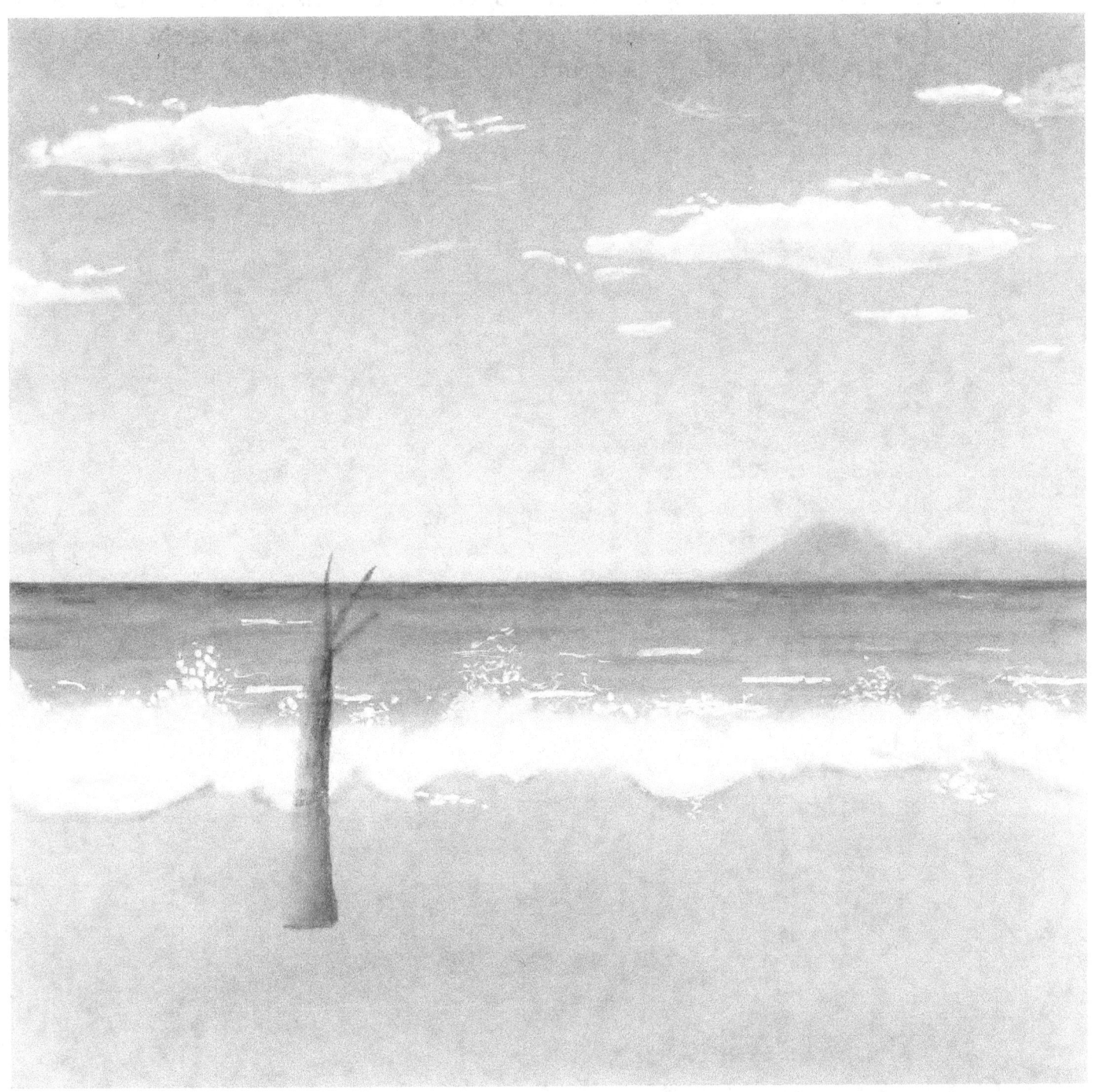

Como puedes observar, el lado izquierdo del tronco tiene el mismo valor que la arena, para separarlos tenemos que borrar un poco del grafito sobre el lado izquierdo del tronco con la punta aguda de un borrador.

Además, crea algunos patrones sobre el tronco, como pequeñas líneas horizontales al azar, con un lápiz B. Estos patrones deben ser más oscuros en el lado derecho del tronco y más claros en el lado izquierdo. Crea algunas ramas para hacerlo más realista.

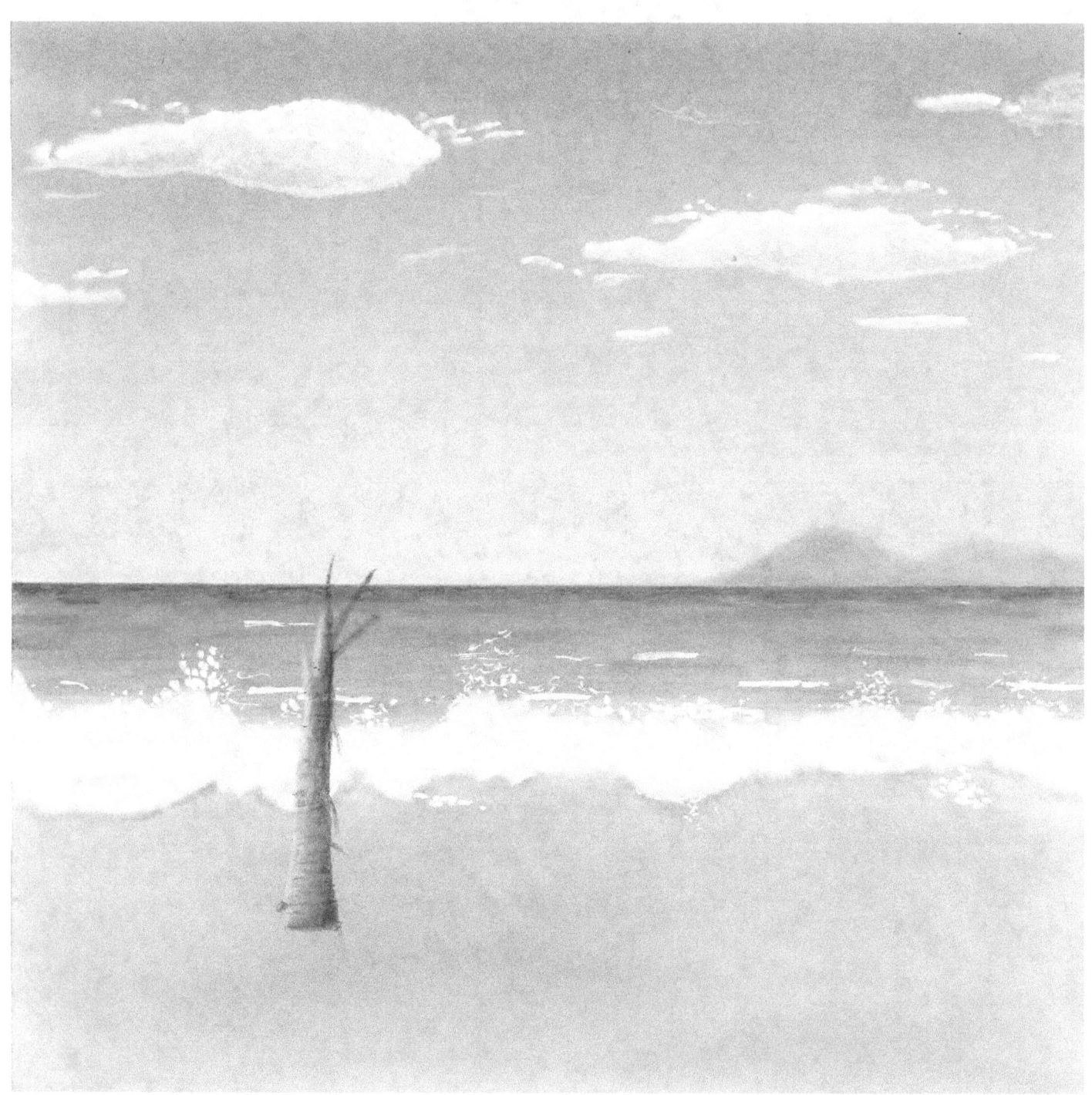

Quiero hacer las ramas como si fueran arrastradas por el viento, por eso las dibujo todas dirección a la derecha. Por supuesto, no tienes que hacerlo exactamente así, pero sugiero que siempre intentes dibujar algo diferente, que no hayas visto en ningún otro lugar antes o que no sea habitual, para que puedas tener obras de arte únicas.

Coloca un trozo de papel sobre la arena para no manchar esa área.

En la siguiente imagen, puedes ver la línea inicial de mis ramas y cómo he bosquejado sus posiciones.

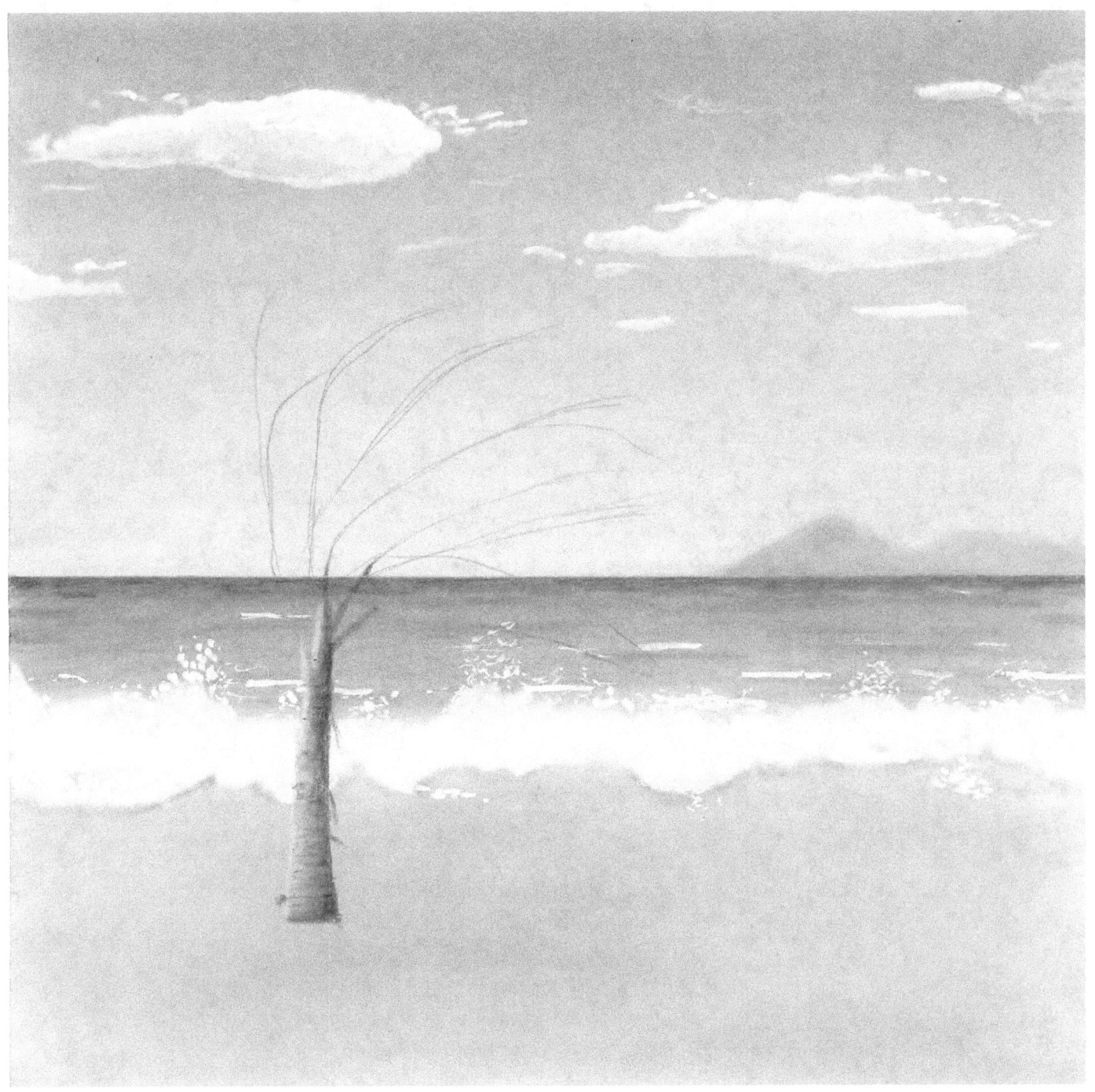

Ahora podemos dibujar los detalles: ramas y hojas. Quiero comenzar con el tono medio y usaré un HB para ello. Crearemos hojas oscuras y hojas resaltadas. Puedes dibujar más o menos ramas, tal como lo desees, no tienen que ser las mismas que las mías. También puedes cambiar la presión con un lápiz HB para crear diferentes valores y enfocarte en una rama a la vez.

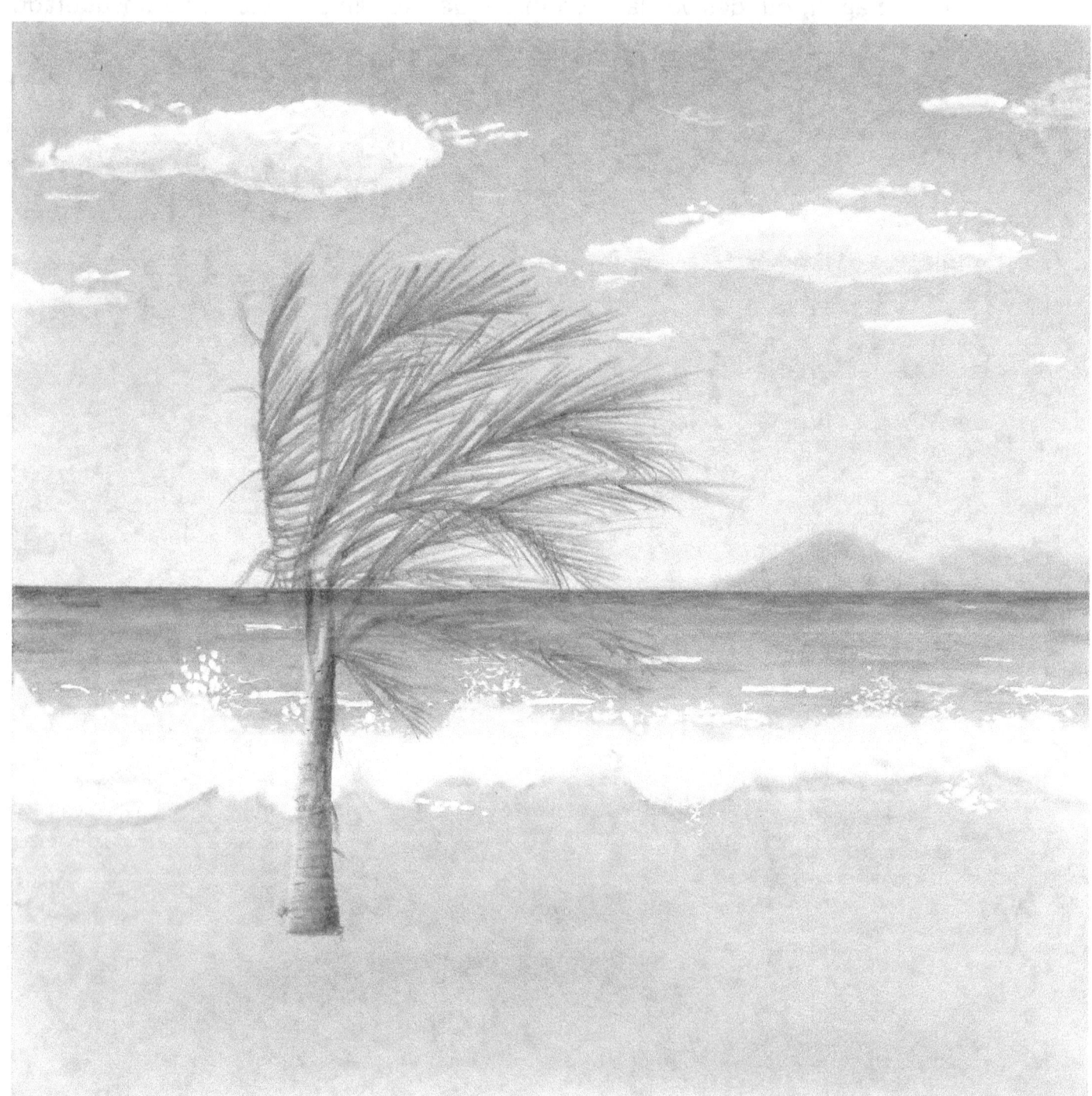

Crea algunas partes más oscuras, por ejemplo, detrás de estas que acabamos de dibujar. Usaré un 6B, pero puedes usar un 3B, 4B o uno más oscuro. Crea hojas oscuras entre los dibujadas anteriormente, al azar, presionando con más fuerza. Las ramas inferiores siempre reciben menos luz, así que sombrea más en el área inferior de la corona.

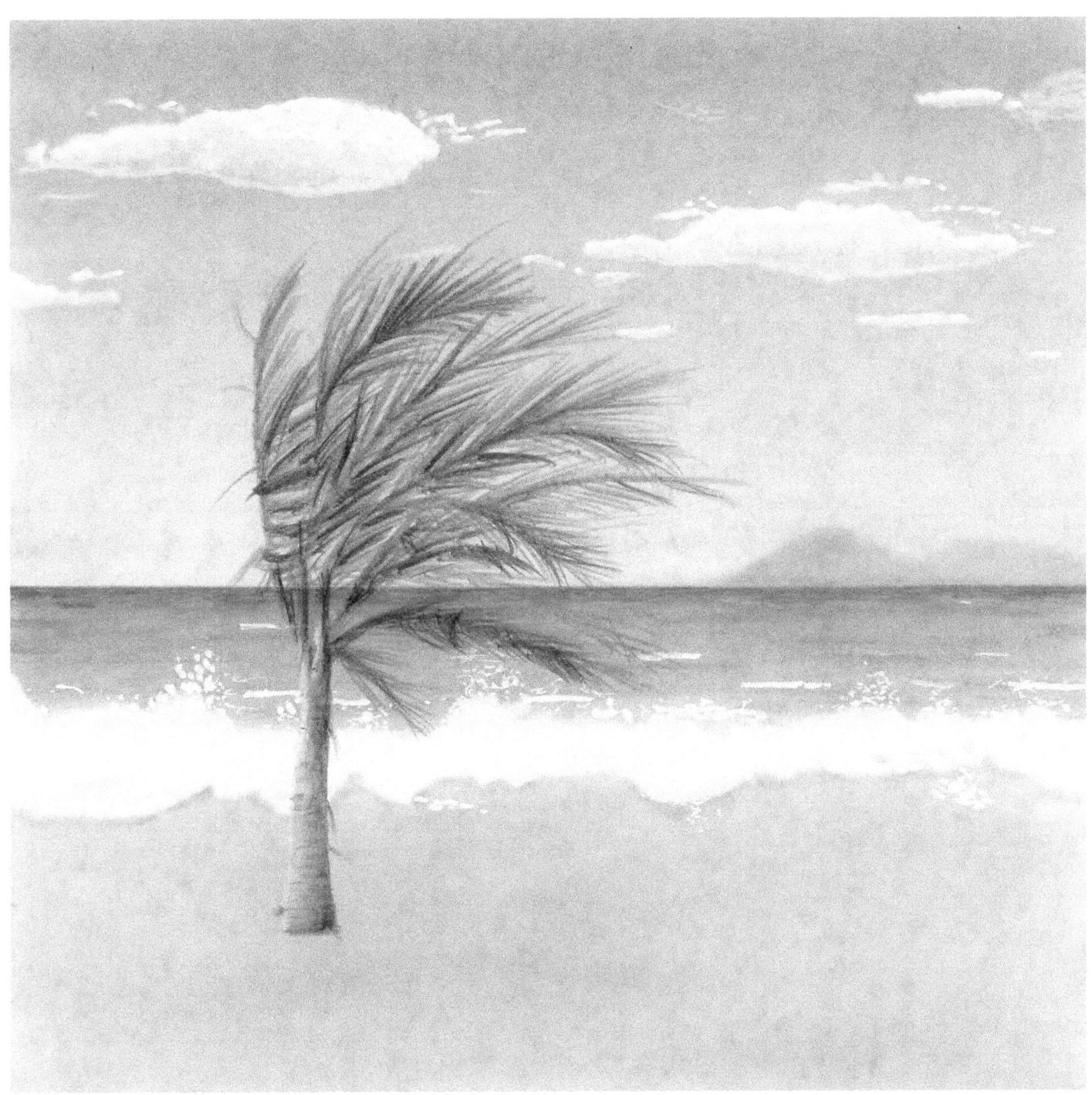

Por último, crea algunos reflejos con una goma de borrar sobre las hojas, particularmente las que se encuentran sobre el mar, porque en esta área pueden ser más visibles. Si te excedes o cometes un error, solo repasa con el lápiz para oscurecer los reflejos.

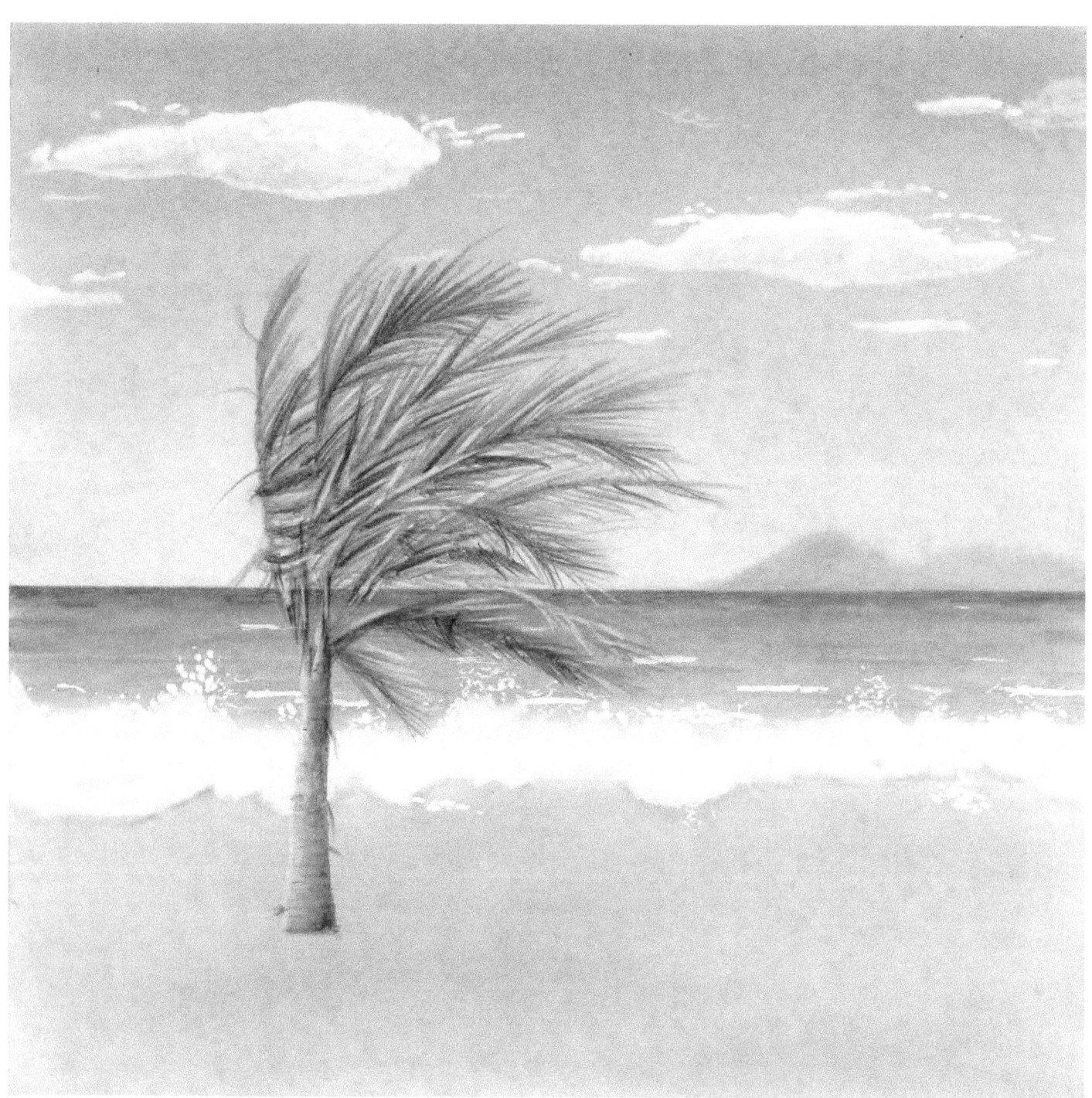

Creemos la sombra que proyecta la corona sobre la arena. Aquí también debes imaginar de dónde proviene la fuente de luz solar directa y crear la sombra proyectada en consecuencia. Al igual que antes, quiero que mi fuente de luz esté en la esquina superior izquierda, por lo tanto, tengo que crear la sombra en el medio de la arena, al lado del fondo del tronco, usando un lápiz HB para esto. También podemos mezclarlo con un pañuelo.

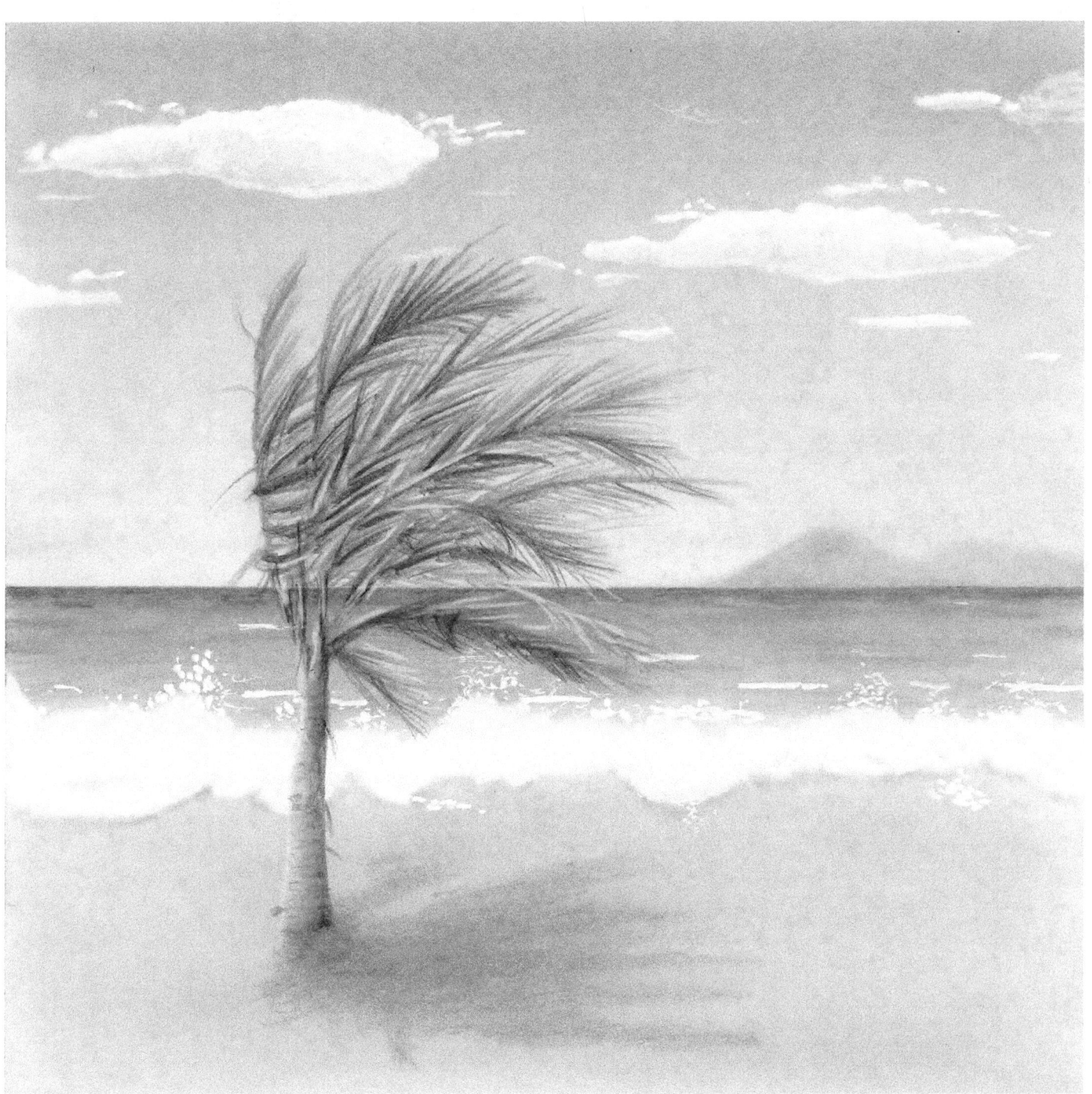

También podemos agregar otros detalles sobre la arena, por ejemplo, algunas huellas y hojas caídas. Utilizo un muñón de mezcla, pero puedes hacerlo con cualquier lápiz.

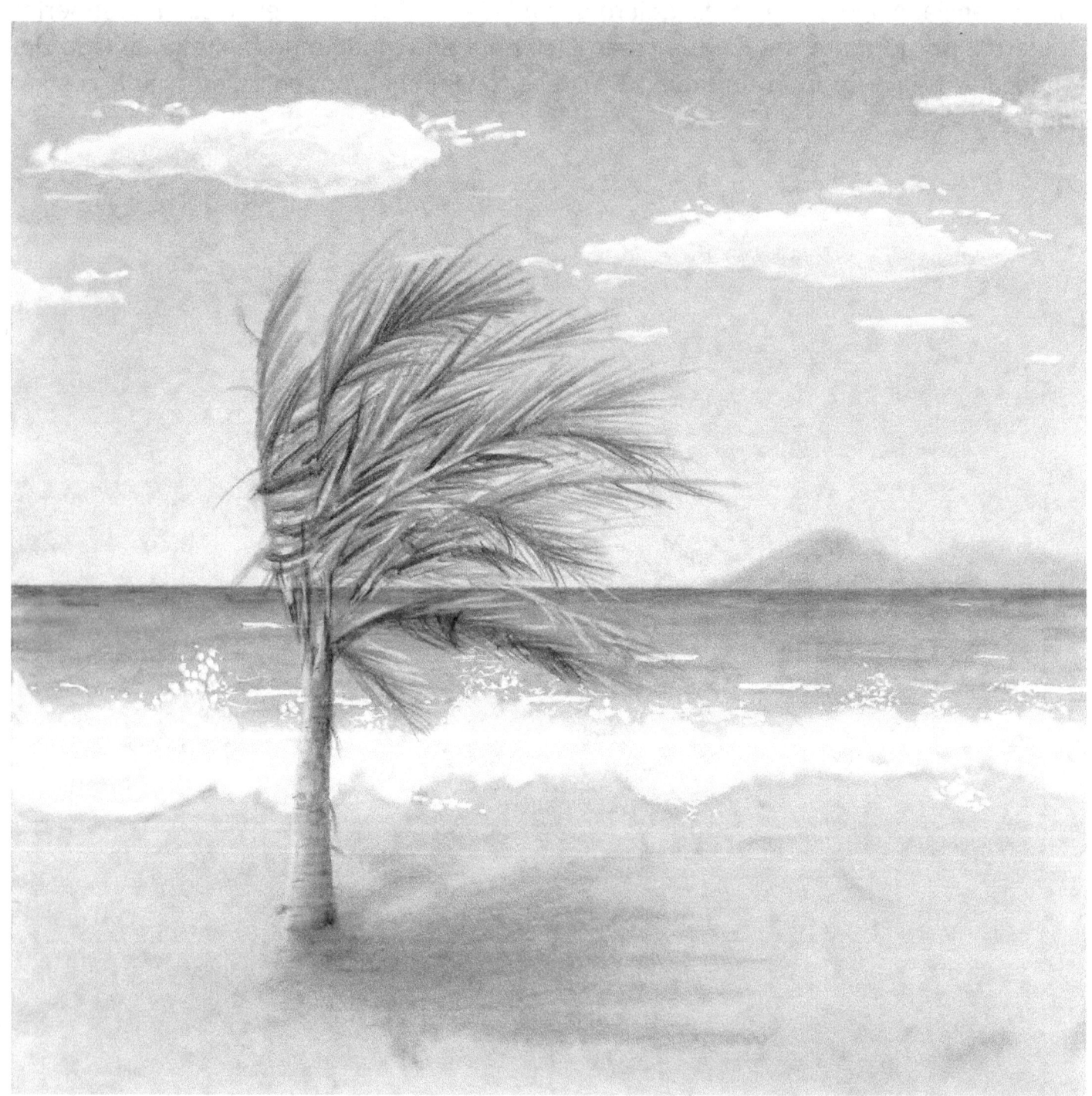

UN PARAGUAS

Ahora dibujemos un paraguas.

Tenemos que comenzar con algo así como una letra "T", como se muestra en la siguiente imagen, para tenerla como orientación. La línea más larga representará el eje y la más corta ayudará a determinar la posición del dosel.

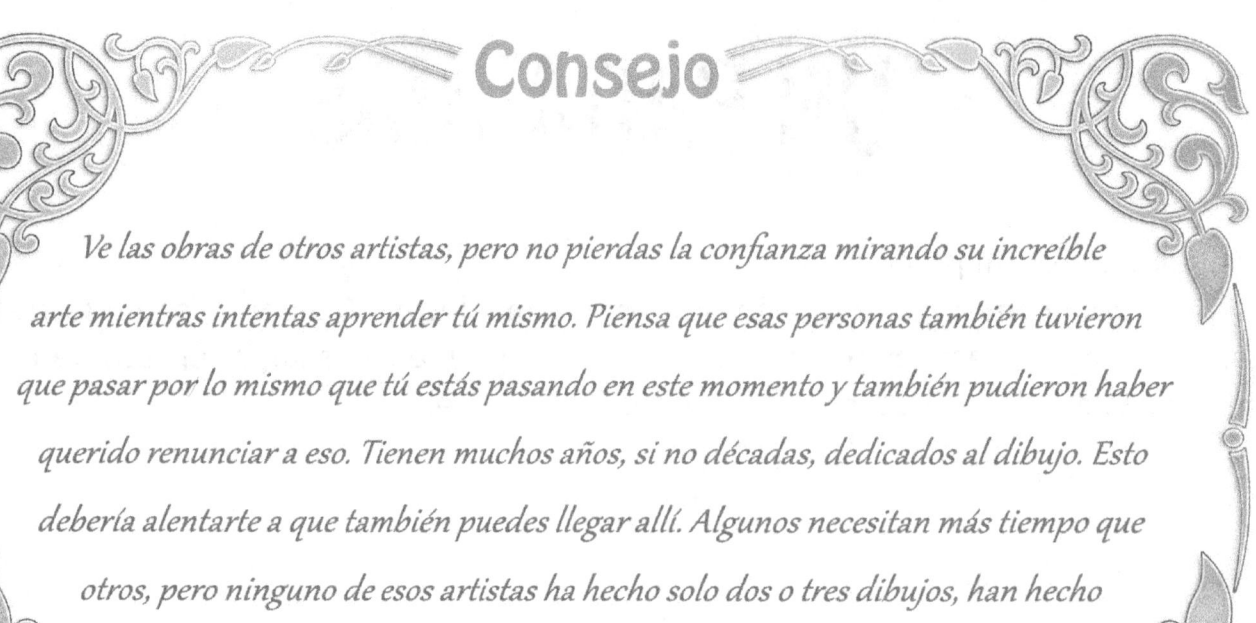

Consejo

Ve las obras de otros artistas, pero no pierdas la confianza mirando su increíble arte mientras intentas aprender tú mismo. Piensa que esas personas también tuvieron que pasar por lo mismo que tú estás pasando en este momento y también pudieron haber querido renunciar a eso. Tienen muchos años, si no décadas, dedicados al dibujo. Esto debería alentarte a que también puedes llegar allí. Algunos necesitan más tiempo que otros, pero ninguno de esos artistas ha hecho solo dos o tres dibujos, han hecho miles. Me gustaría ver tu milésimo dibujo. Será una obra maestra, créeme.

Ahora podemos dibujar dos líneas elípticas alrededor de la línea más corta para crear la punta. En este paso, en realidad estamos delineando el dosel interior.

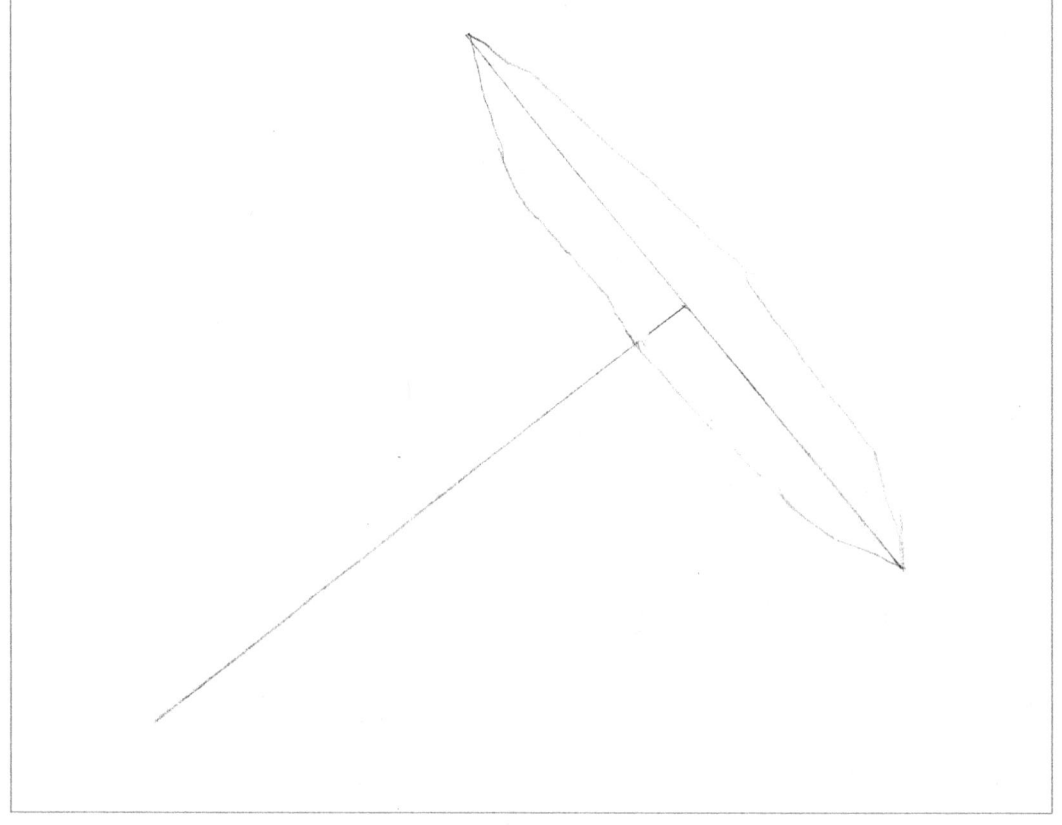

Borra la línea más corta y delinea el dosel exterior. Tienes que dibujar una línea grande y curva que comience en ambos lados de la línea más corta que acabas de borrar. He dibujado esa forma típica, pero puedes crear cualquier otra forma, solo intenta que ambos lados sean lo más simétricos posible. Crea la parte del eje que atraviesa el dosel que a menudo se puede ver en la parte superior de los paraguas. Puedes ser más corto o más largo.

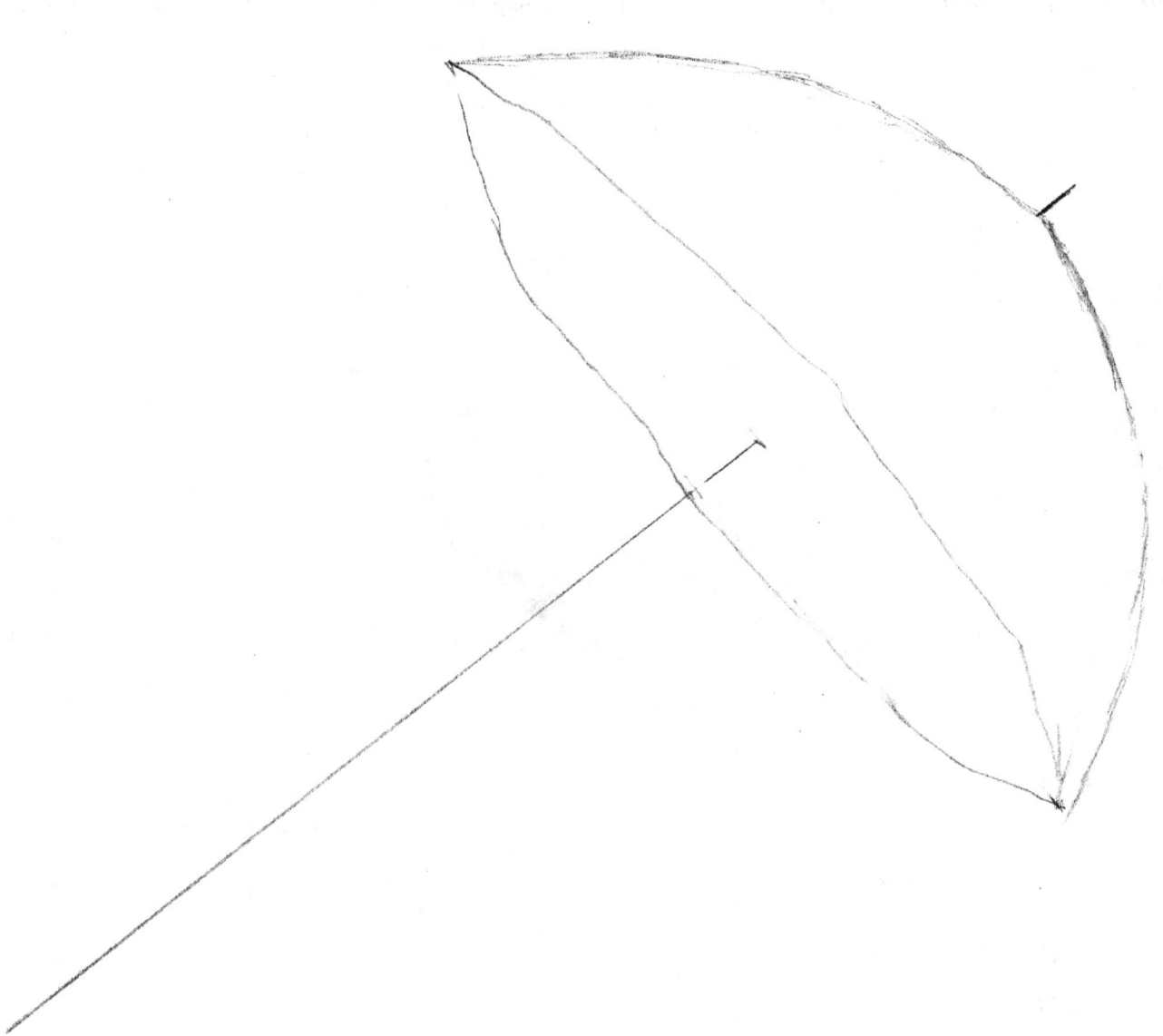

Ahora podemos sombrear el eje.

Primero, crea líneas al lado del contorno principal y haz que sean paralelas a él. Mi eje parecía ser demasiado largo, así que borré un poco en la parte inferior.

Estoy usando un lápiz H para sombrearlo todo. Hazlo con cuidado al lado de los bordes porque deben mantenerse rectos y usa un lápiz B sobre la parte que se encuentra en el área interna del dosel porque esta recibe menos luz. También uso un lápiz B para el área inferior a lo largo del eje y presiono cada vez menos a medida que sombreo hacia arriba para que se vea redondo, esto es lo que podemos lograr creando un degradado suave.

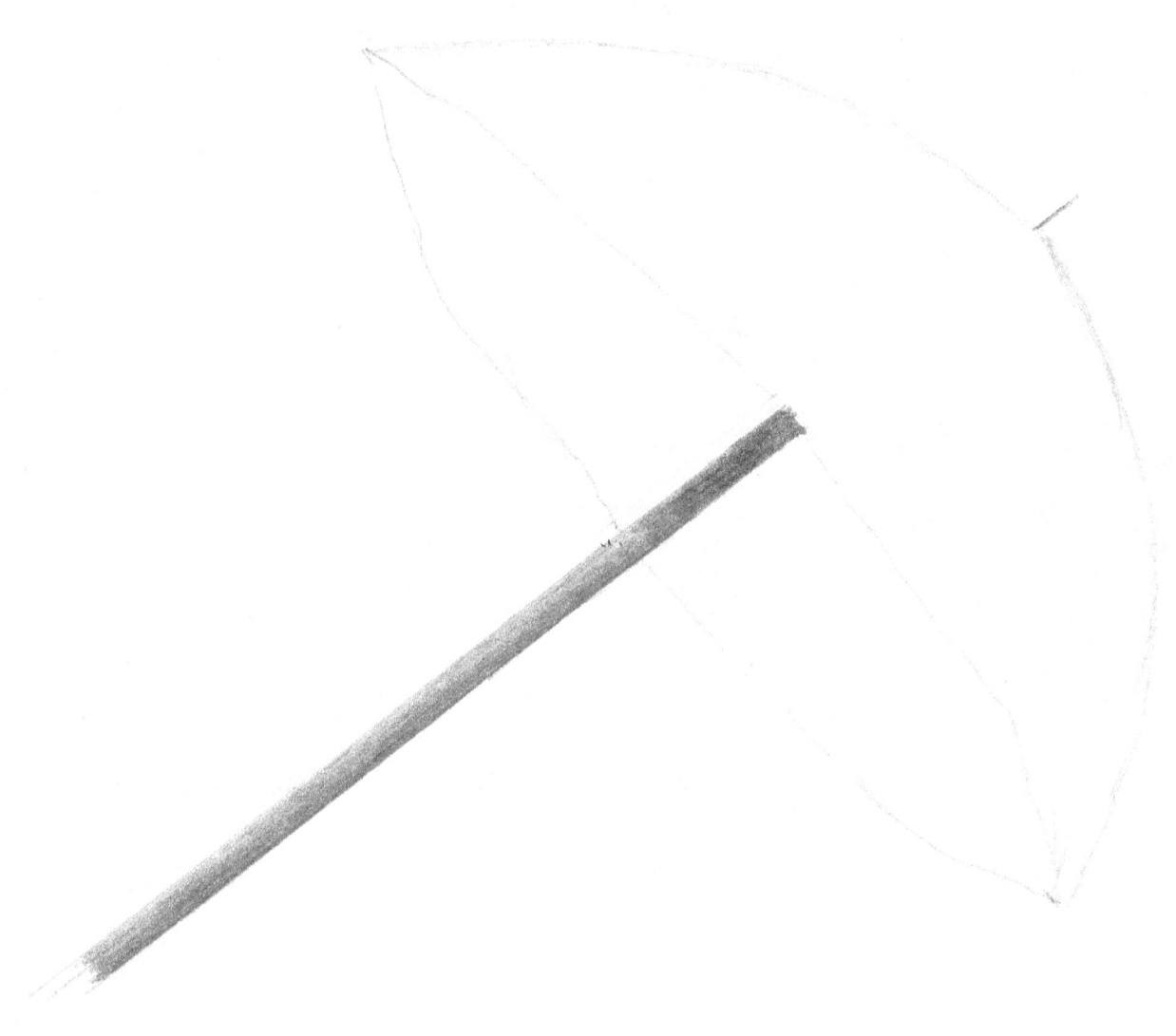

Dibujemos el mango en el extremo inferior del eje. Puedes hacer una forma típica y curva que recuerde a una letra "U", que sea un poco más gruesa que el eje. Usa un lápiz B para el área inferior y para las otras partes que están menos iluminadas.

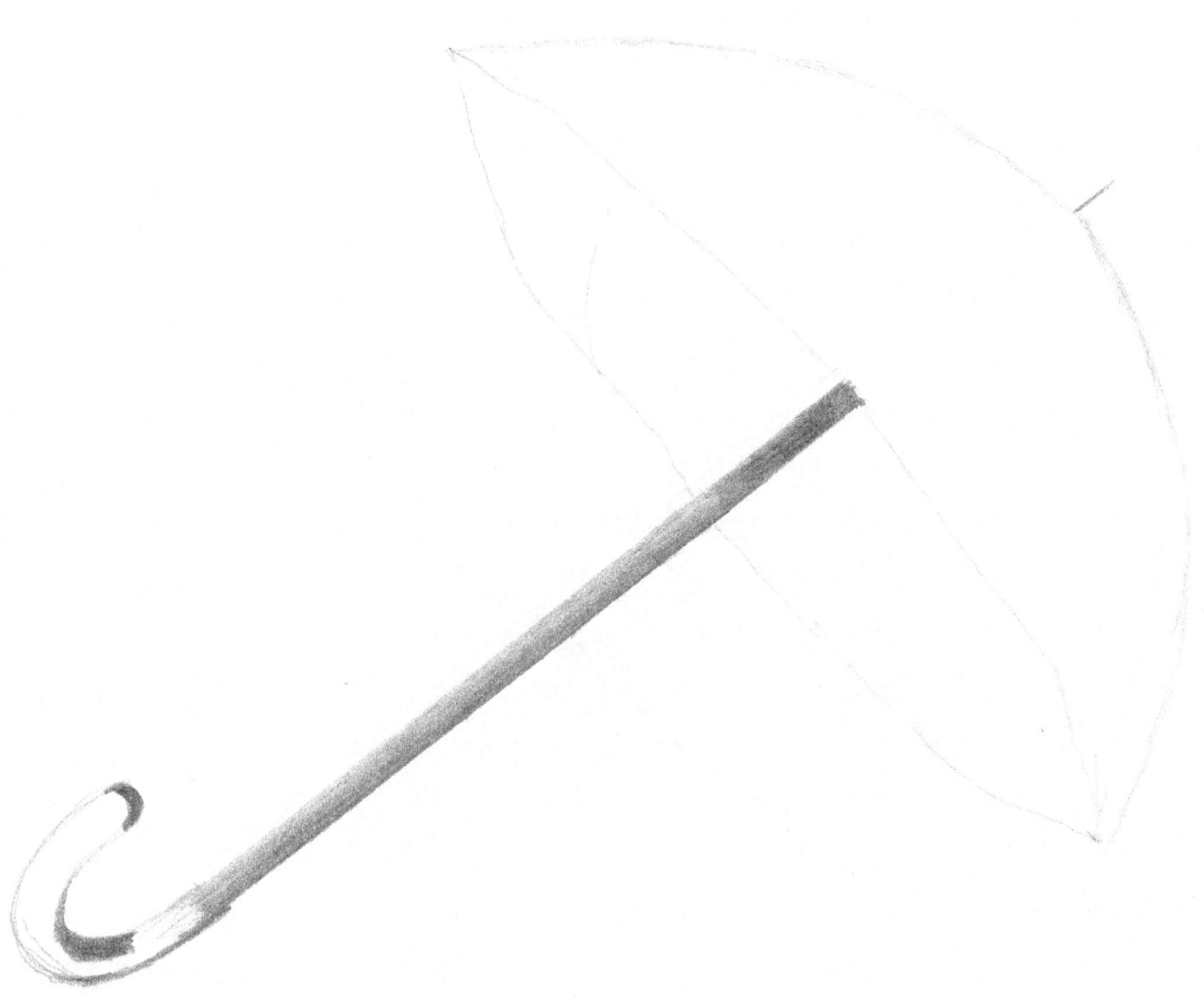

Ahora podemos sombrear el resto del mango con un lápiz H presionando ligeramente. Luego, sombrea entre estos dos lápices con un HB, porque estos dos valores deben fluir entre sí para que parezca redondo.

También podemos agregar algunos aspectos destacados sobre el mango con un borrador, igualmente entre el mango y el eje.

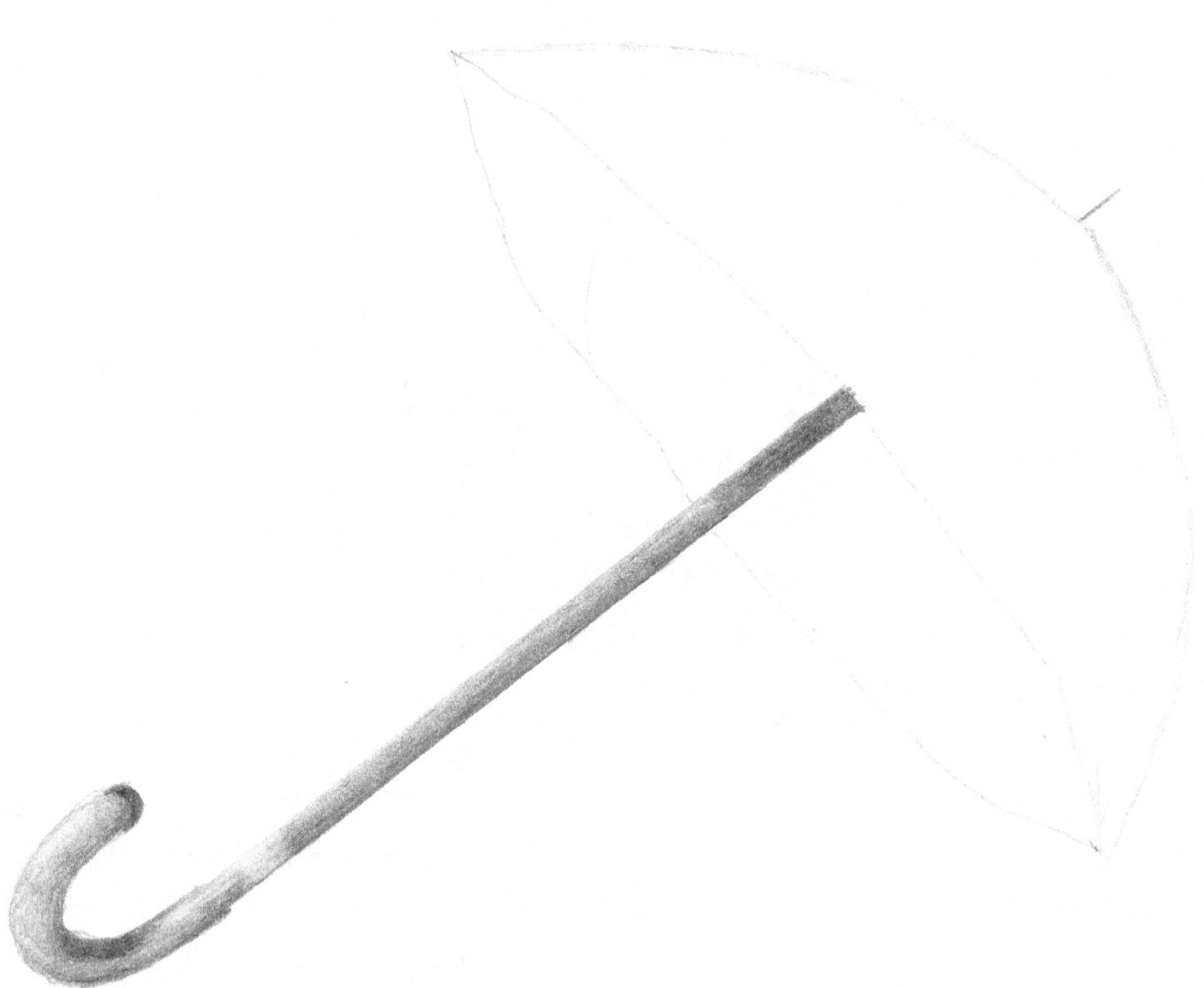

Ahora podemos sombrear el dosel.

Antes de comenzar a sombrearlo, fortalece los contornos para que se vean a través de ella. Envuelve tu dedo con un pañuelo y sumérgelo en el polvo de grafito sobre toda el área del dosel. También puedes revisar el fondo para sombrearlo uniformemente al lado de los bordes. Bórralo después de terminar el sombreado. Aquí puedes ver cómo he dañado el papel cuando estaba borrando esa línea inicial más corta y es visible ahora después de haber aplicado el polvo de grafito.

Puedes observar que esta forma de sombreado produce una textura mucho más suave que cuando dibujamos con un lápiz, incluso cuando usamos el método de circulismo. Si no tienes polvo de grafito, siempre puedes crearlo con un lápiz y un sacapuntas.

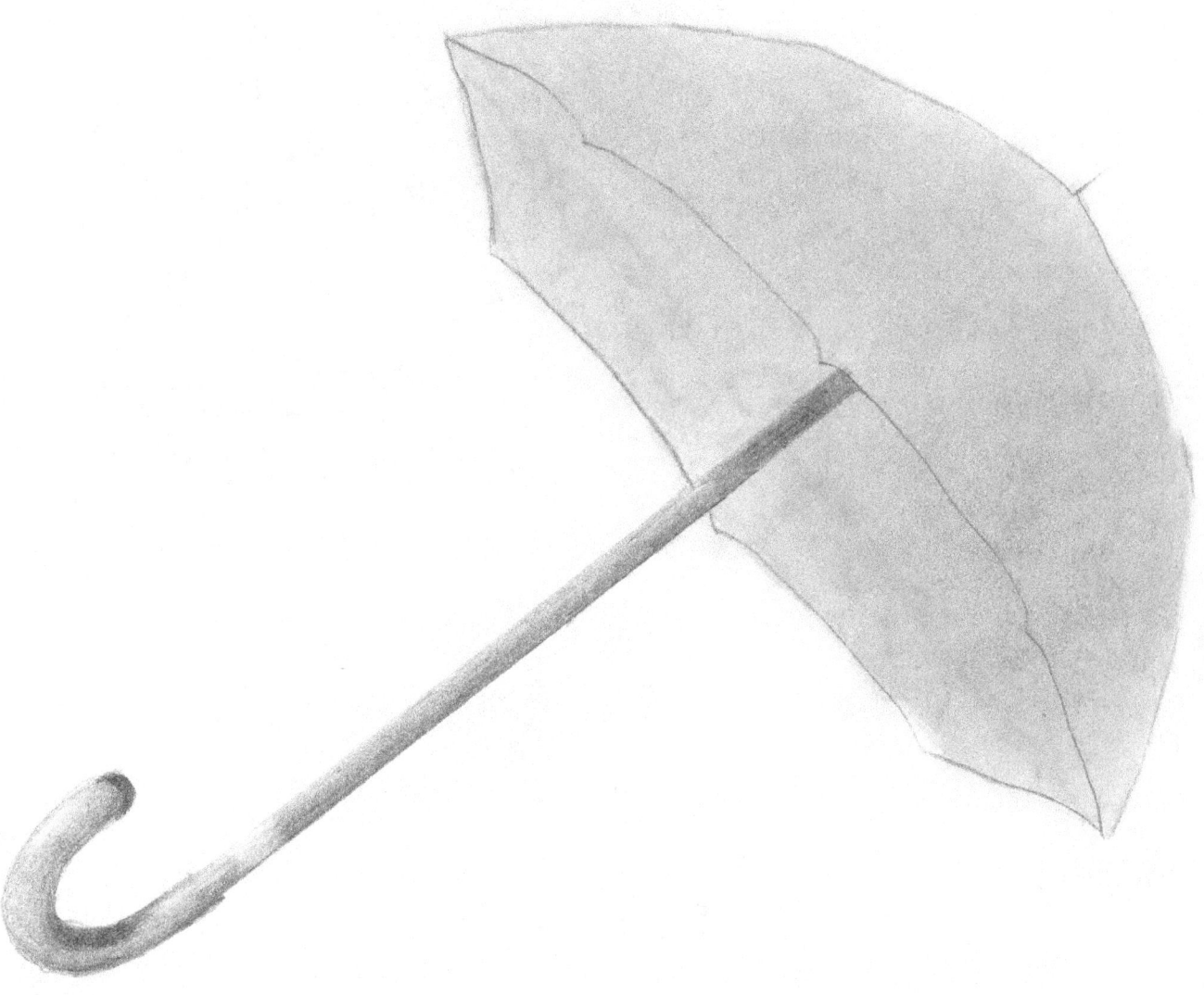

Luego, sombrea más la parte interior del dosel porque siempre recibe menos luz y tiene que ser más oscura que la cubierta exterior. Estoy usando un hisopo que sumerjo en el polvo de grafito para esto y un muñón de mezcla al lado de los bordes, cuya punta también sumerjo en el polvo , ya que no tiene suficiente grafito. Aplica más sobre las áreas más claras para crear una textura uniforme. Ahora se ve mucho más suave.

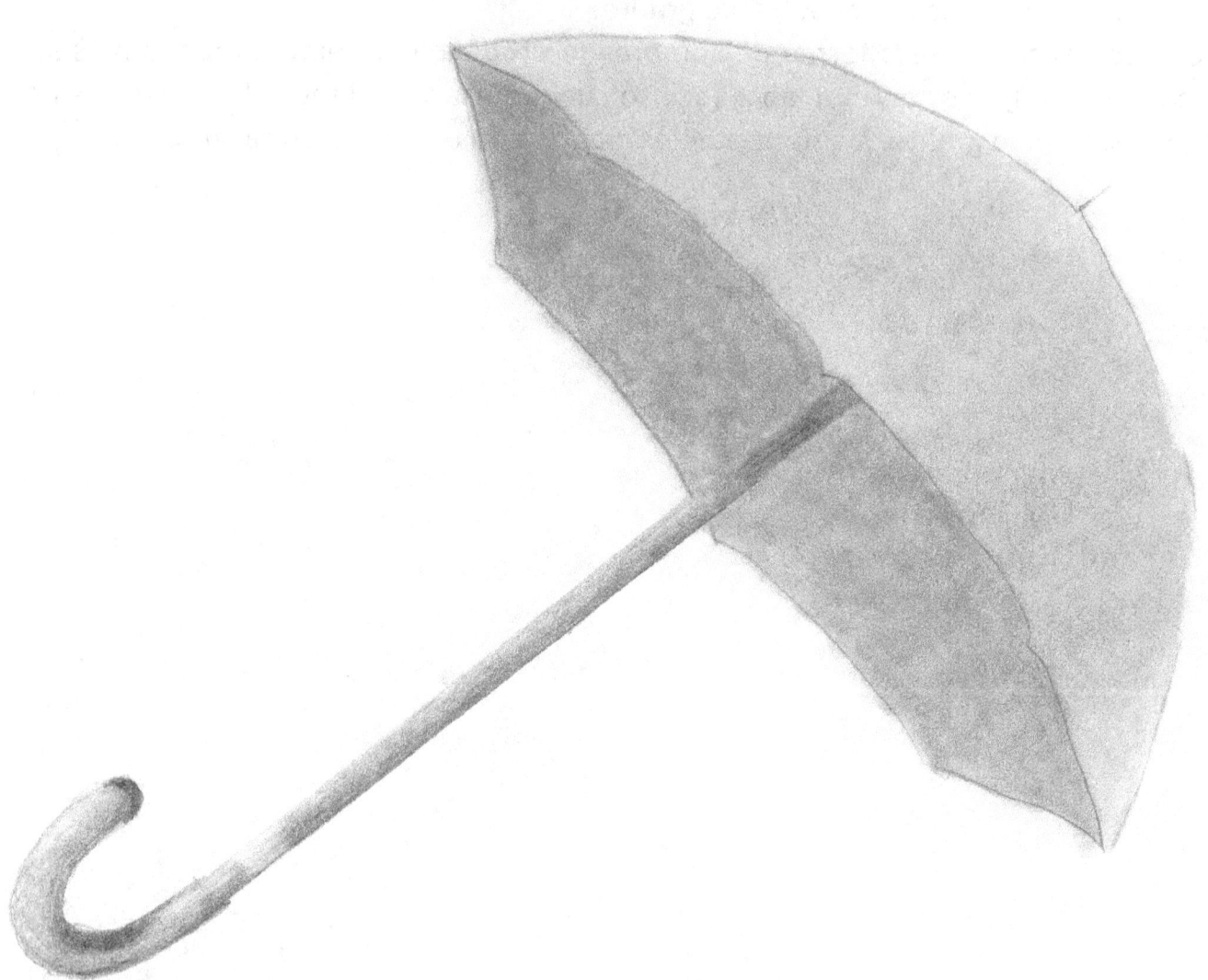

Usando un 4B o un lápiz más oscuro, dibuja las varillas sobre el dosel interior, como se muestra en la siguiente imagen. Todas deben irradiarse desde la tapa en la parte superior del eje y tienen que ser un poco curvas. Yo uso un 6B para esto.
Usa un HB presionando ligeramente para las varillas sobre el área exterior.

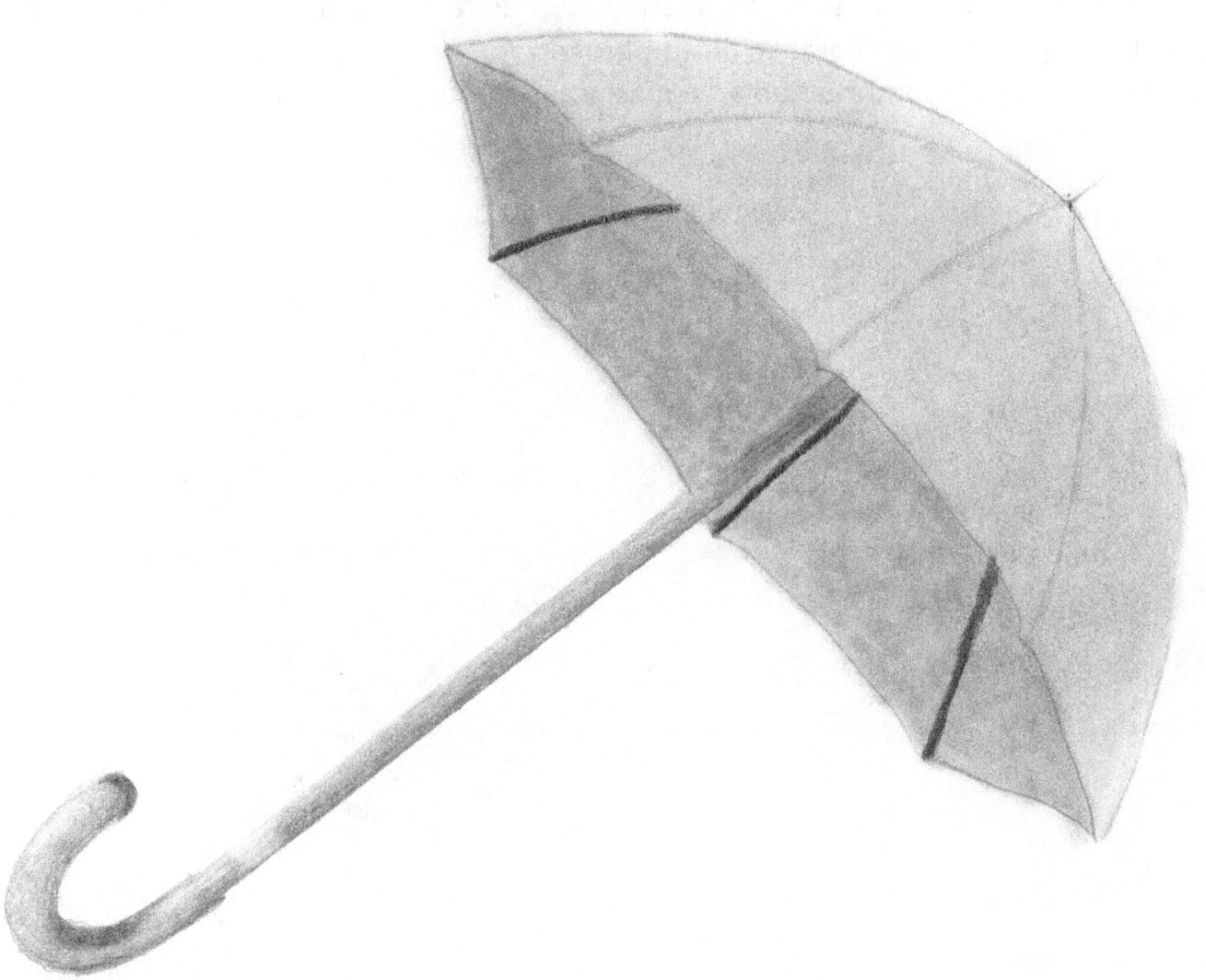

Usando un hisopo o un muñón de mezcla, sombrea al lado de las varillas sobre el exterior, donde el dosel obtendría menos luz.

Por último, crea las sombras proyectadas. Supongamos que el paraguas está parado sobre una mesa, así que sombrea un poco debajo del mango hacia el lado derecho, usando un hisopo y polvo de grafito. Un objeto tan delgado no proyectaría una sombra más lejos de la parte inferior del mango, por lo que puedes acortarlo. Estudia la siguiente imagen para ver cómo lo he sombreado.

Usa un pañuelo para sombrear un área más grande debajo del dosel.

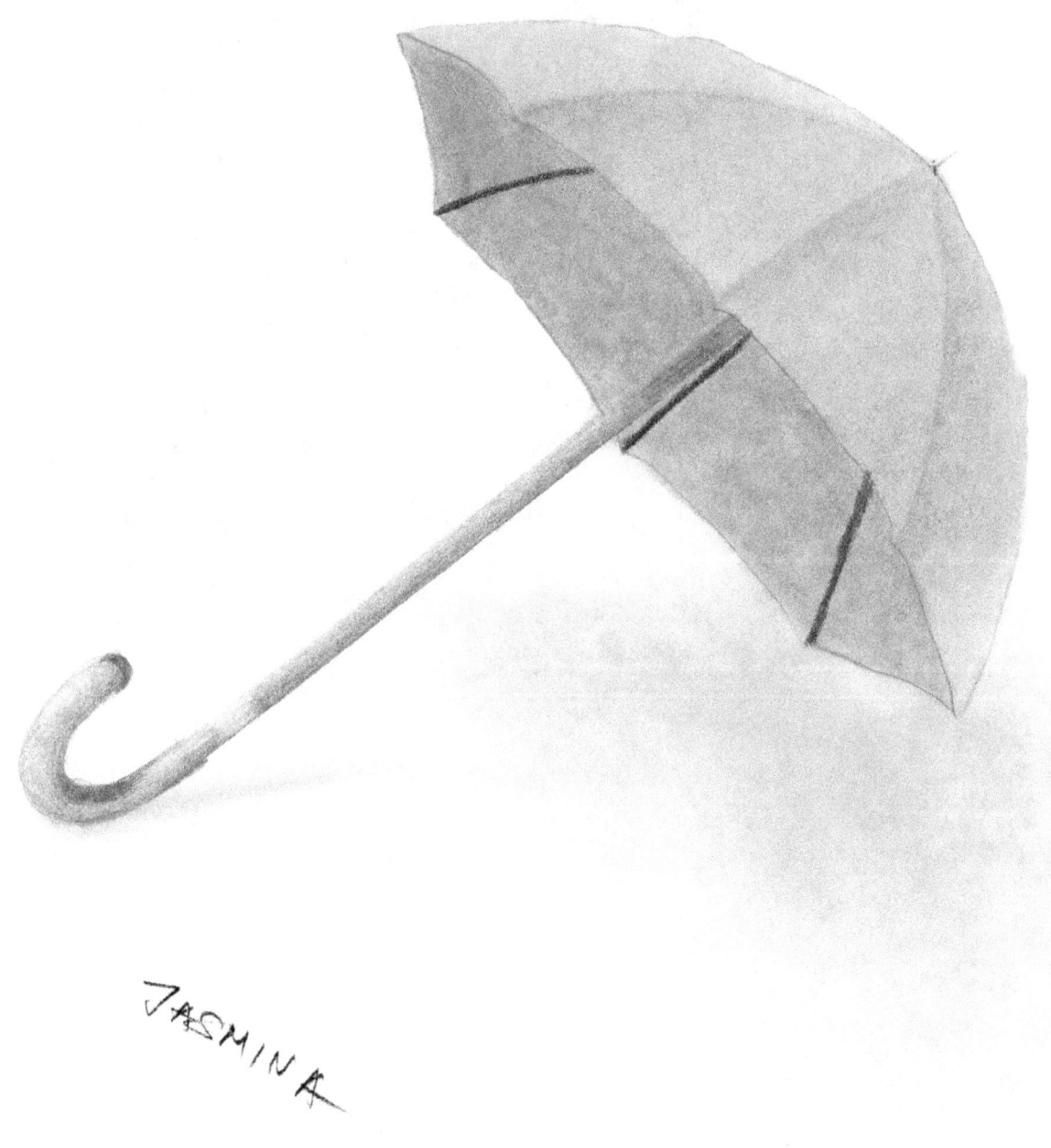

UNA MANZANA

Vamos a dibujar una manzana a continuación. Podemos comenzar con un círculo en el medio del papel, sin necesidad de usar una brújula de dibujo porque no tiene que ser un círculo perfecto, solo debe aproximarse a la forma de una manzana. Además, delinea el tallo y el área hundida donde este crece; dibuja también una hoja como se muestra en la siguiente imagen. El diámetro de mi manzana es de unos 8 cm, si quieres hacerla del mismo tamaño que yo.

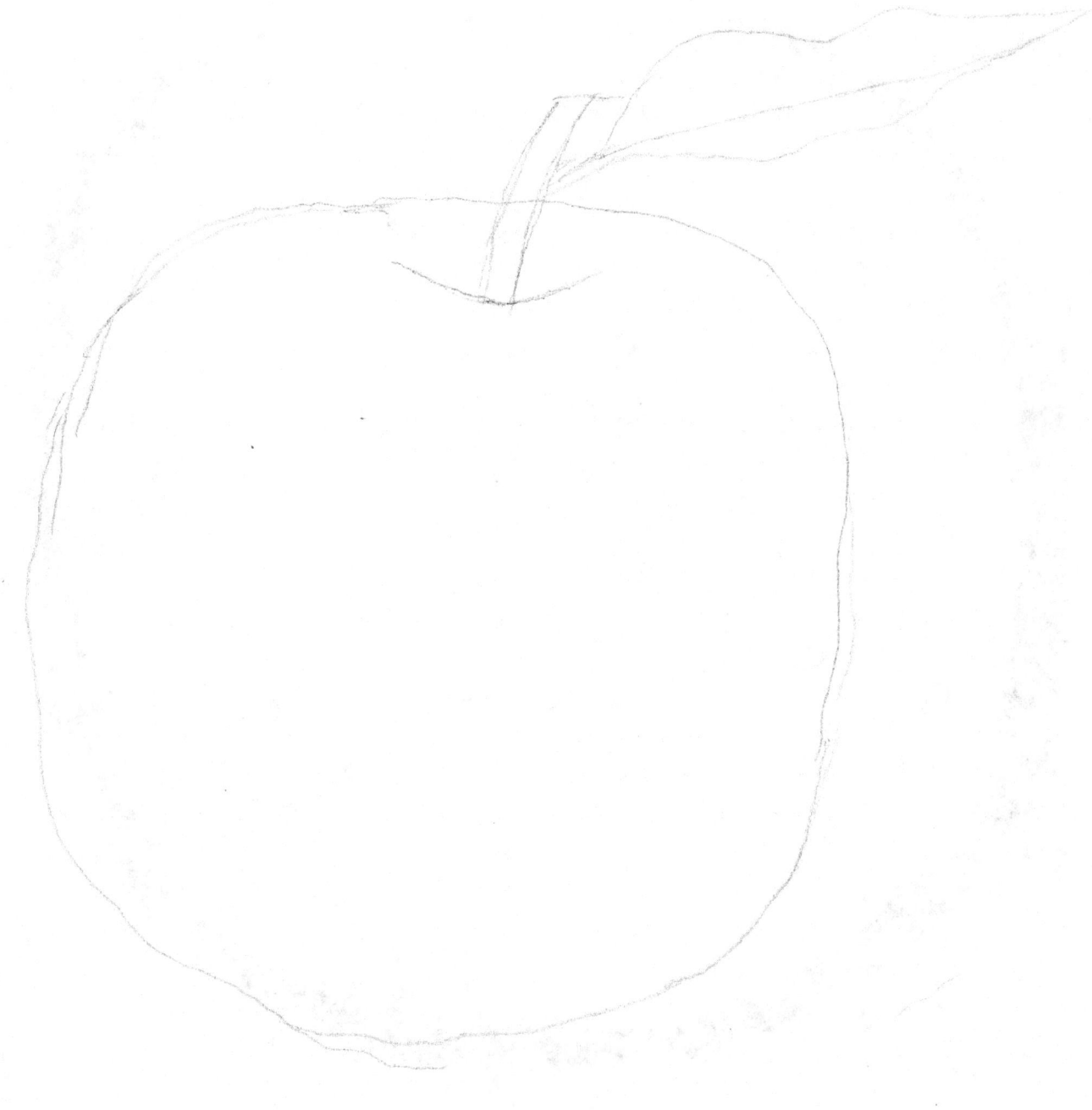

Ahora tenemos que imaginar de dónde viene nuestra fuente de luz para comenzar a sombrear. Quiero que mi fuente de luz provenga de nuestro punto de vista, lo que significa que tenemos que crear sombras más oscuras alrededor, al lado de los bordes, y crear sombras más claras hacia el centro de la manzana. Quiero comenzar con un lápiz 5B al lado del borde, pero puedes usar un 4B o un 3B, usando la técnica de circulismo: aplica círculos pequeños y superpuestos, presiona más fuerte al lado del borde y libera la presión a medida que sombreas hacia el centro. Me salté la parte superior porque siempre está más iluminada.

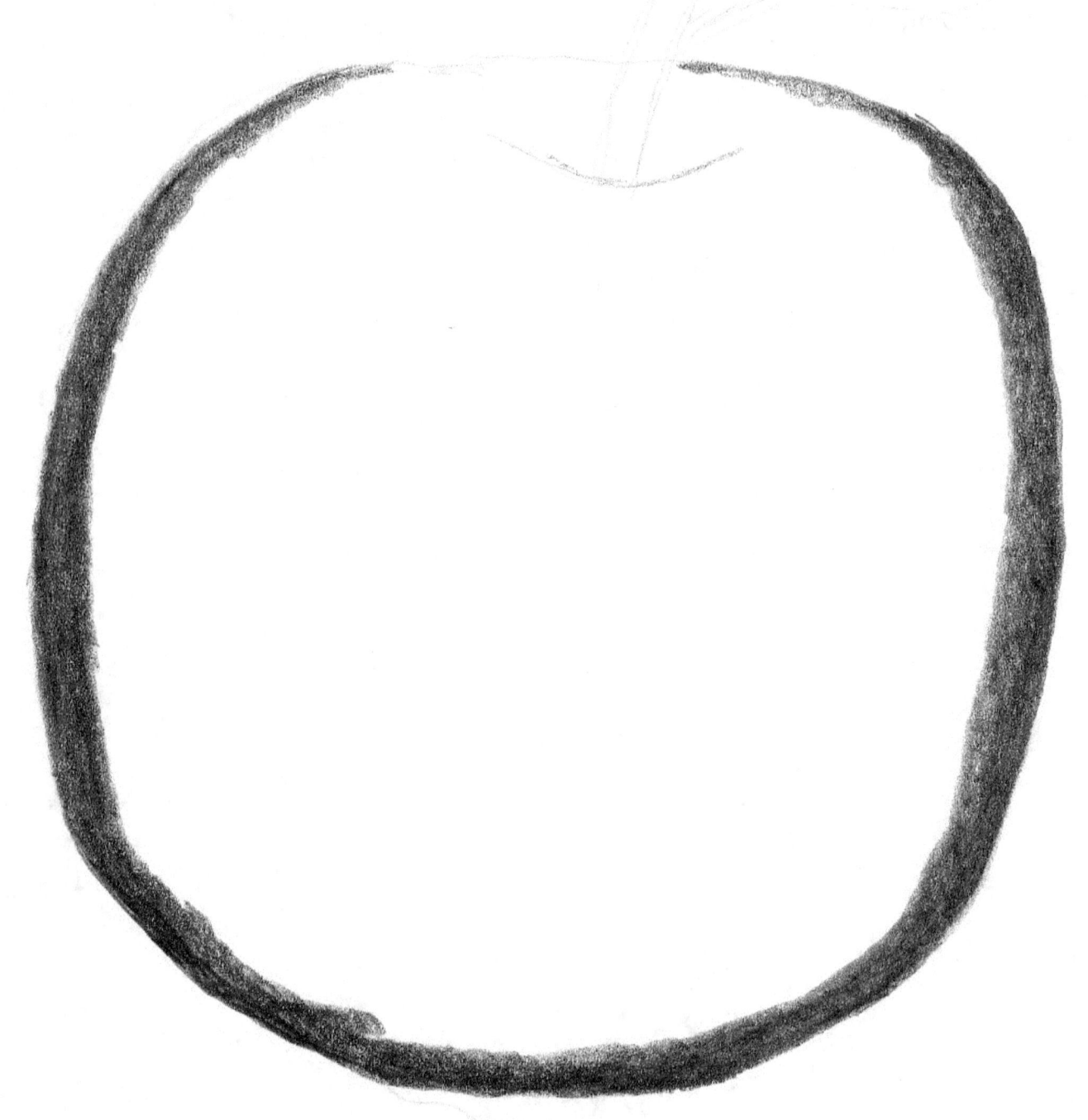

Continuemos con un 2B, repasa un poco el área 5B y luego aligera la presión sobre tu lápiz mientras trabajas hacia el centro de la manzana.

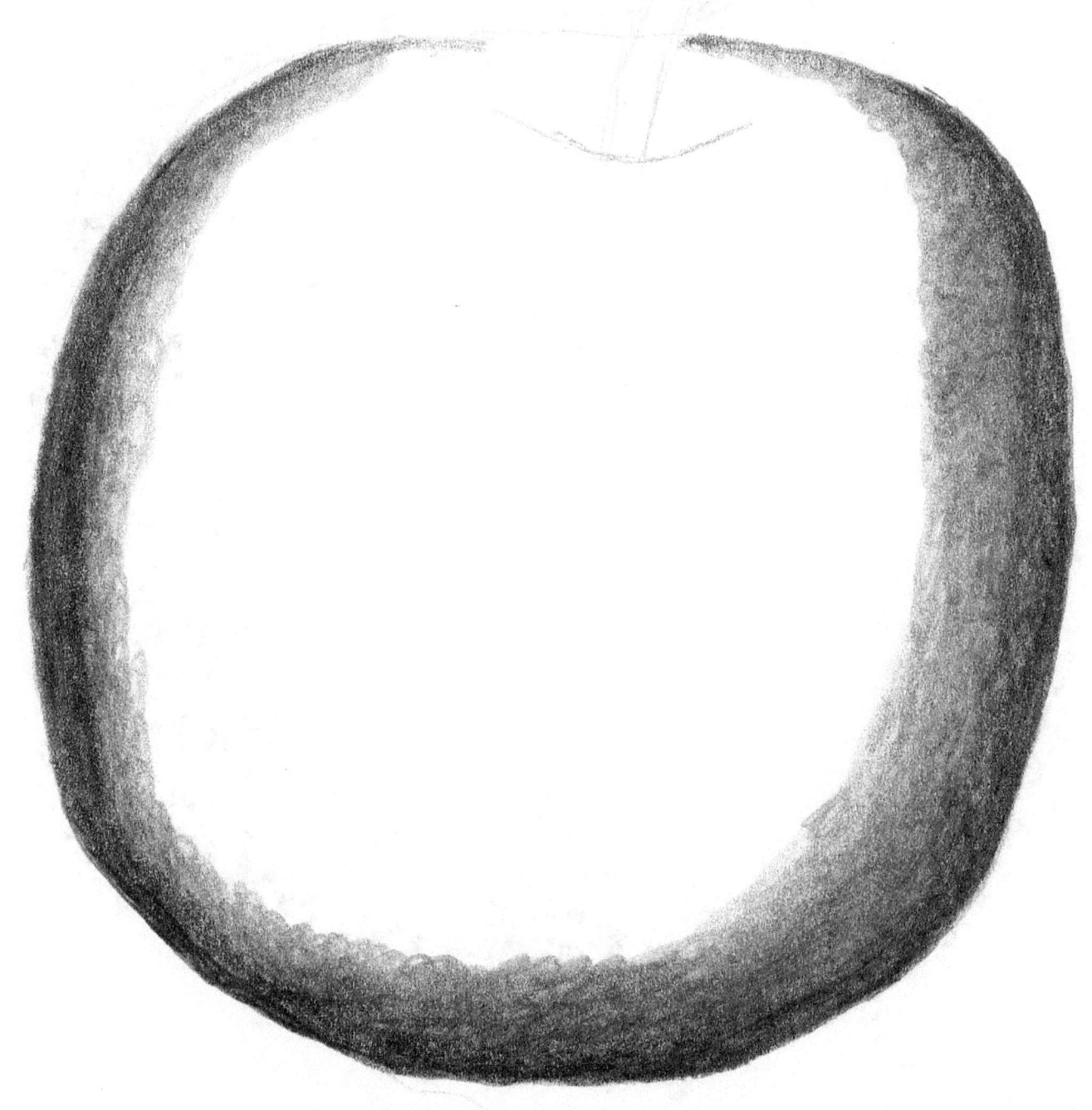

Luego, usa un lápiz más ligero, como un H, y haz lo mismo. Ve un poco sobre el área 2H y disminuye la presión a medida que sombreas hacia el centro. Aquí también podemos sombrear la zona entre el borde superior y el área hundida desde donde crece el tallo, disminuyendo la presión a medida que dibujas hacia abajo; de esta manera, crearás un degradado suave que sugerirá la redondez de la manzana. Sombrea el borde exterior de la parte superior, el área que no sombreamos en el primer paso.

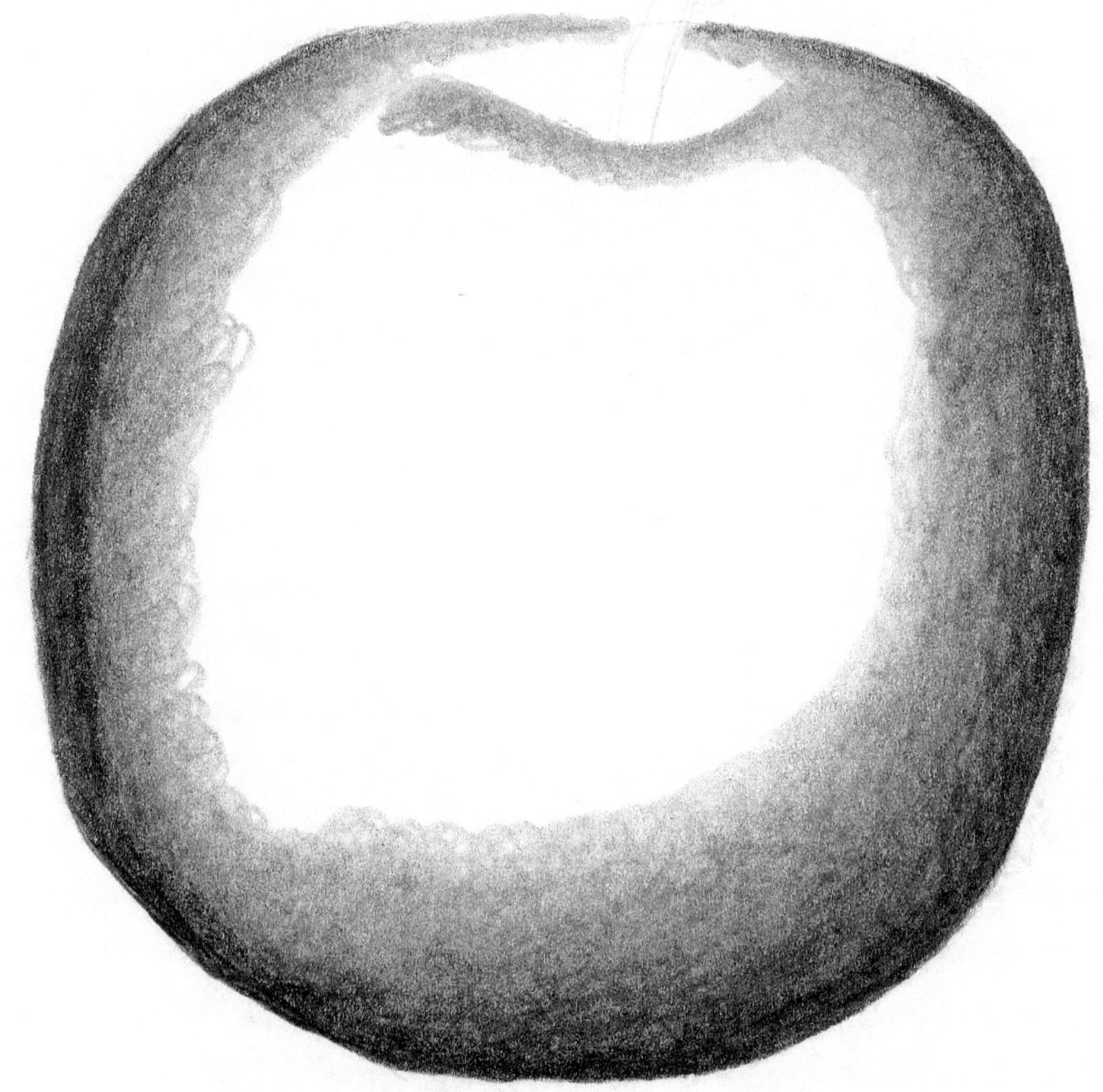

En la siguiente imagen, puedes ver que he delineado el resaltado en el medio de la manzana, que debe mantenerse blanco o ser mucho más brillante que el resto. Luego usé un 2H para sombrear más hacia este resaltado de la misma manera que con los lápices utilizados anteriormente. Trabaja más en el área hundida al lado del tallo, es decir, omite el tallo y sombrea un poco sobre el borde superior, disminuyendo la presión a medida que bajas. Observa cómo he resuelto esto para hacer que el área superior (detrás del tallo) se vea redonda. La parte más profunda puede permanecer resaltada y el borde superior en frente del tallo debe permanecer muy oscuro. De esta manera, estas dos áreas aparecerán separadas tal como deberían. Esta impresión se acentuará más después de haber sombreado el tallo.

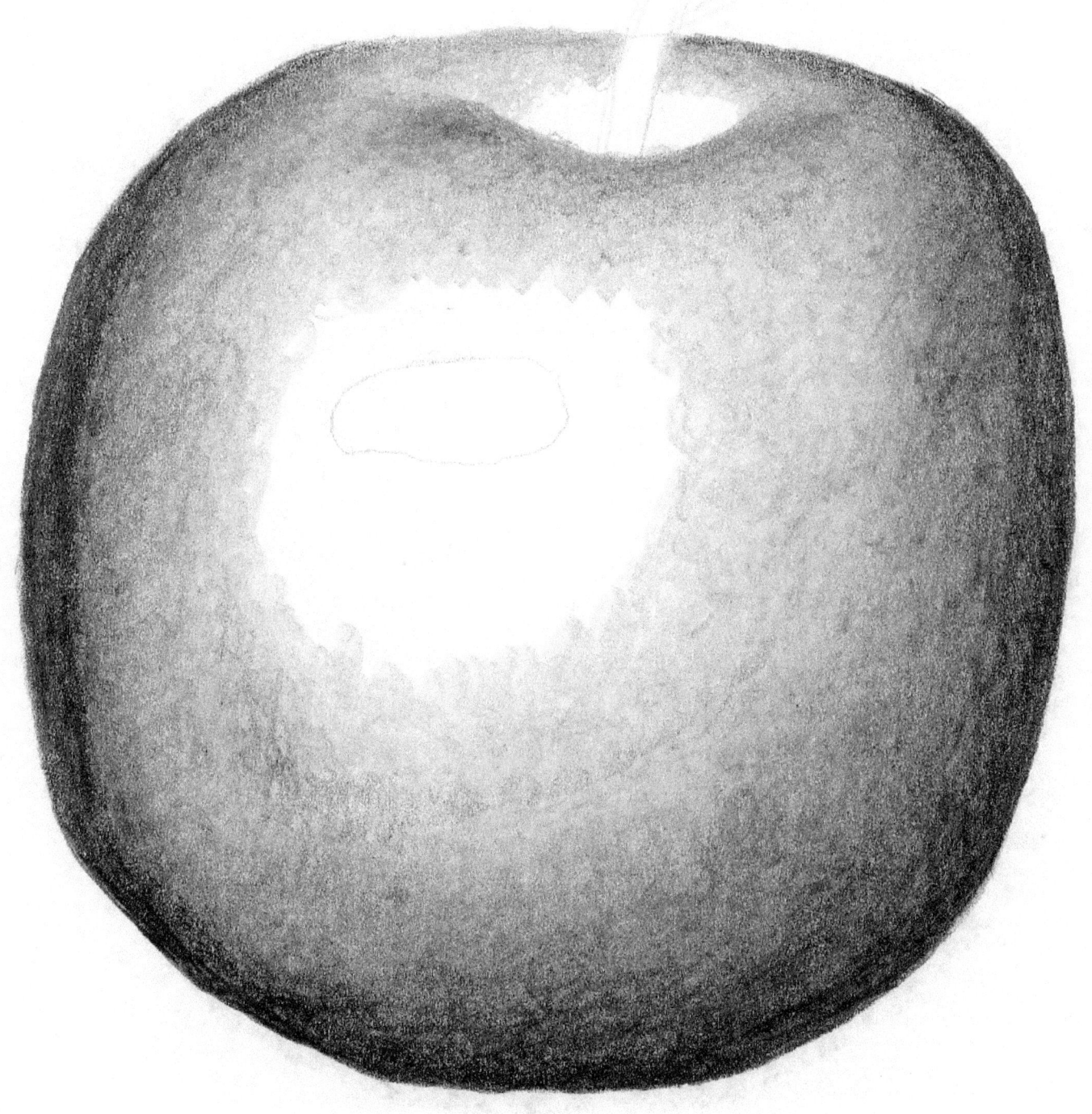

Ahora podemos usar un 4H para el resto de la manzana, a excepción del resaltado, presionando cada vez menos a medida que te diriges hacia este. Además, sombrea el área hundida donde crece el tallo, presionando ligeramente para que se mantenga muy brillante. Crea la sombra que proyecta el tallo sobre el área detrás de él, haz que sea curvilínea para que también pueda indicar la forma redonda de esa parte de la manzana. Verifica la siguiente imagen para ver su posición antes de dibujarla.

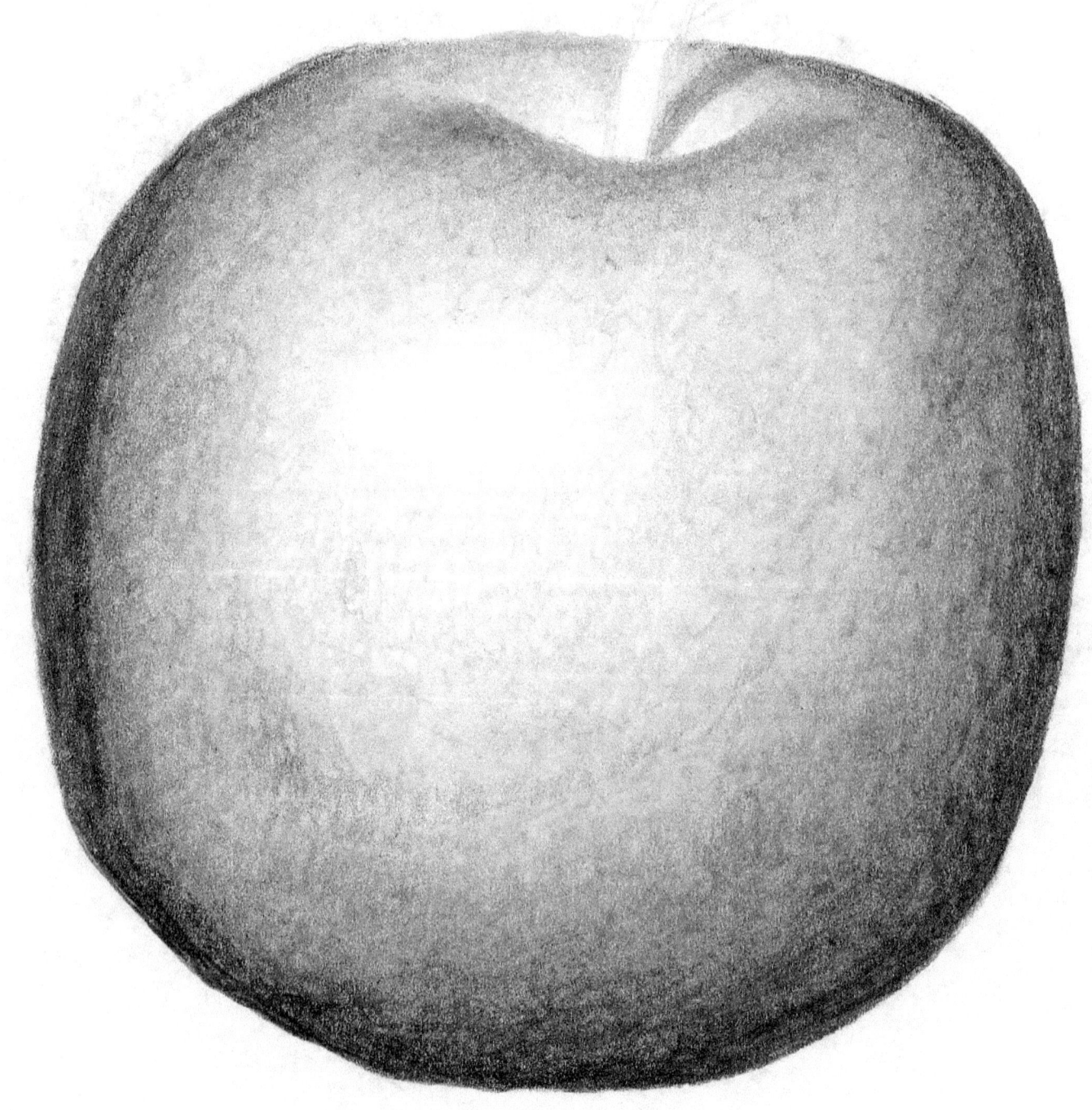

Ahora mezcla todo con un pañuelo. Nuevamente, omite el resaltado en el medio y mezcla cuidadosamente alrededor. Después de mezclar, podemos ver si necesitamos sombrear más porque algunas áreas suelen volverse más claras. Usa un muñón de mezcla o un hisopo para mezclar el área superior, alrededor del tallo, porque tu dedo envuelto con un pañuelo es demasiado grande para esta área y podría mancharlo todo y oscurecer el resaltado.

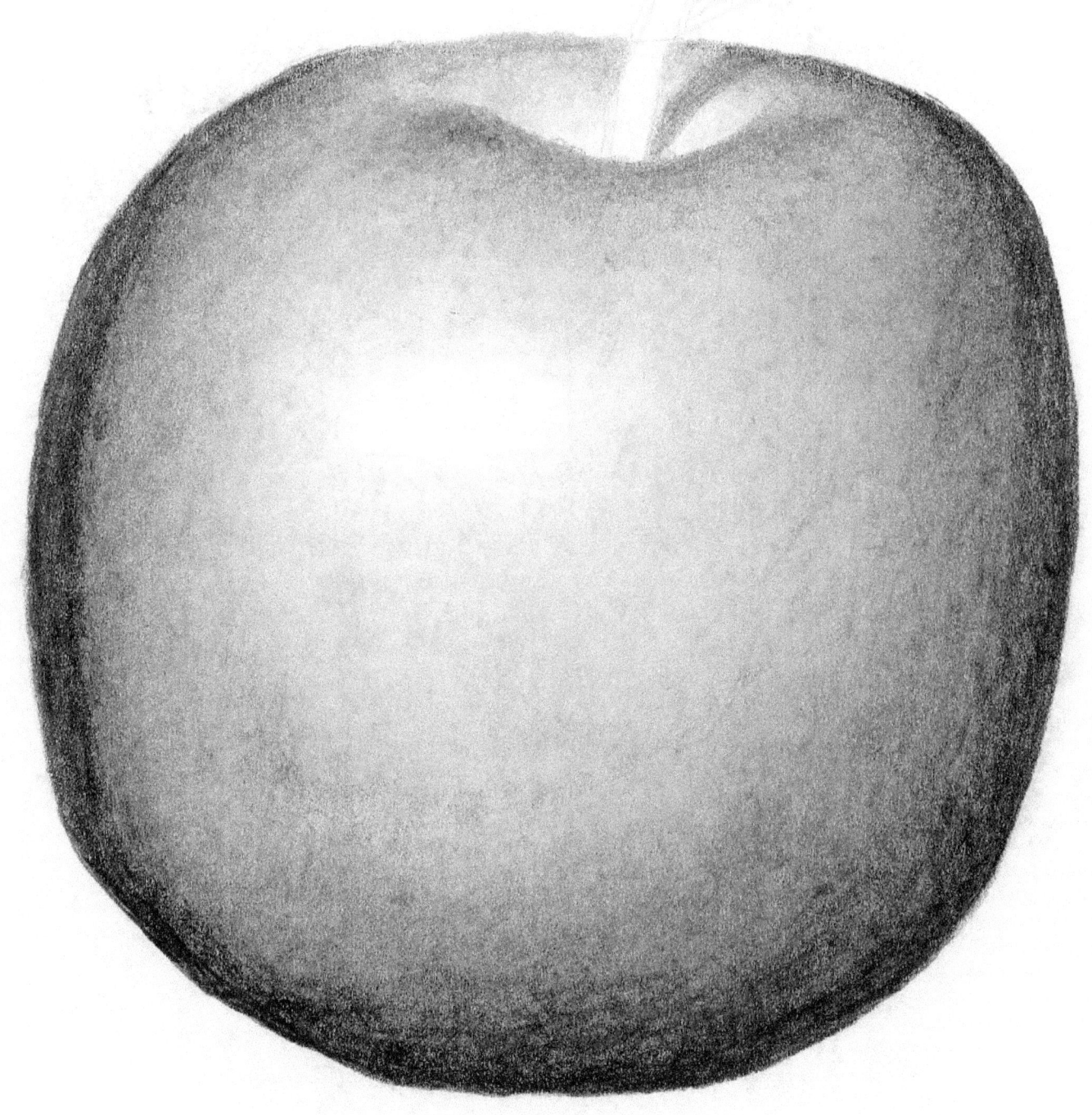

Como he aclarado estas áreas, tengo que repasar un poco donde sea necesario, porque hay un borde claro entre los valores. Estoy usando un 2B nuevamente. Cuando sombreamos con un 2B sobre el 2H, no podemos oscurecerlo demasiado, pero podemos obtener el valor apropiado. También quiero sombrear un poco más el resaltado para hacerlo más prominente y brillante.

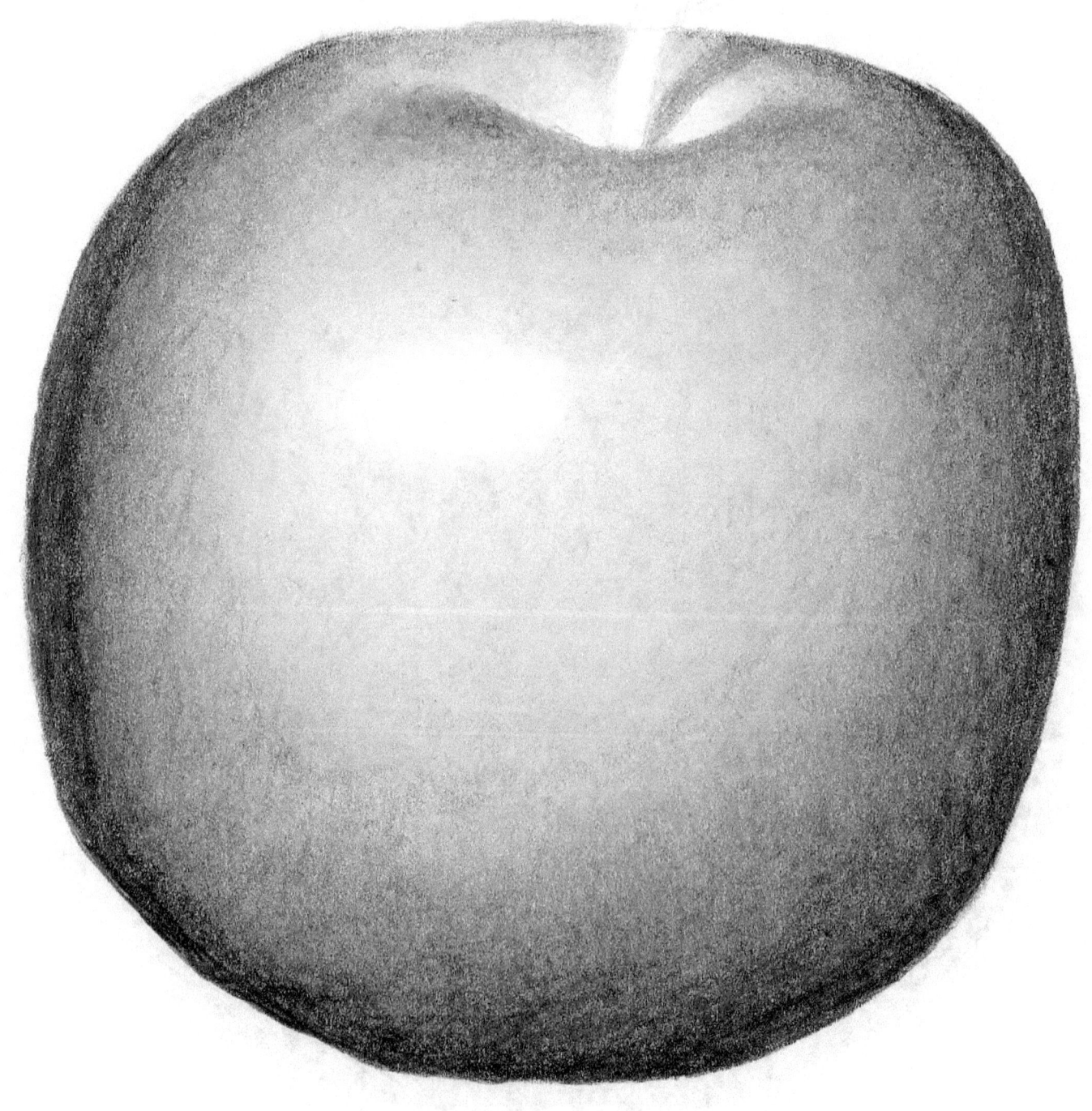

Siento que la forma de mi manzana debería ser un poco más ancha en el área superior, por lo que he creado un nuevo borde alrededor y he llenado el área con el 5B que usé al inicio del proceso de sombreado. Siempre podemos cambiar la forma y agrandarla, pero no podemos hacerla más pequeña.

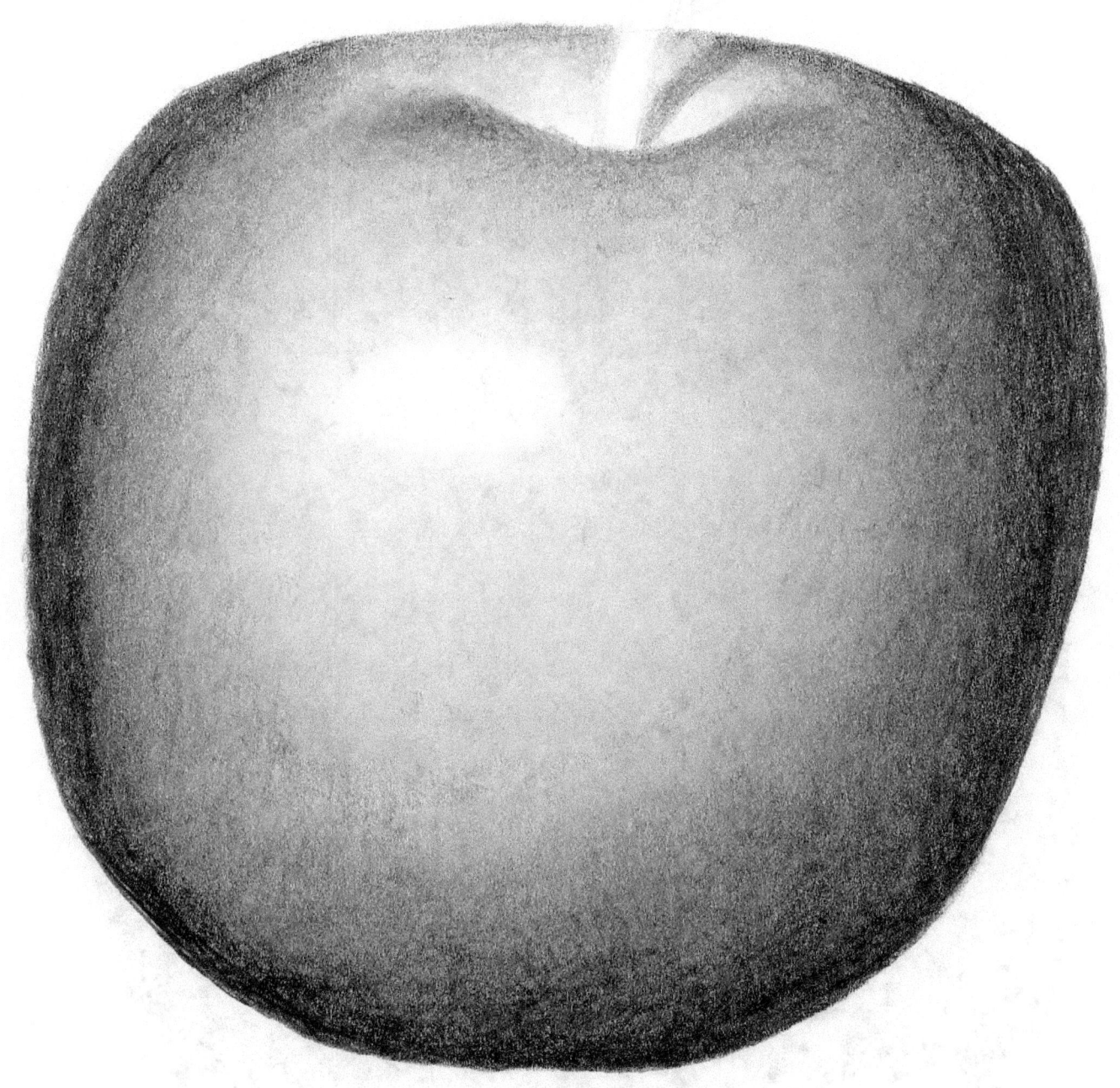

Ahora podemos crear los patrones que suelen tener las manzanas, algunas rayas verticales. Estoy usando un 5B para esto, sin presionar demasiado. Deberíamos dibujar las franjas rectas en el medio de la manzana y deben ser más curvas cerca de los bordes de los lados. Colocar las rayas de esta manera también sugerirá la redondez de la manzana. No los dibujes sobre el resaltado del medio, ya que este es tan brillante que no se puede ver ningún patrón sobre él. Haz las rayas diferentes, al azar, y evidentemente, más claras sobre las áreas claras y más oscuras en las partes sombreadas de la manzana.

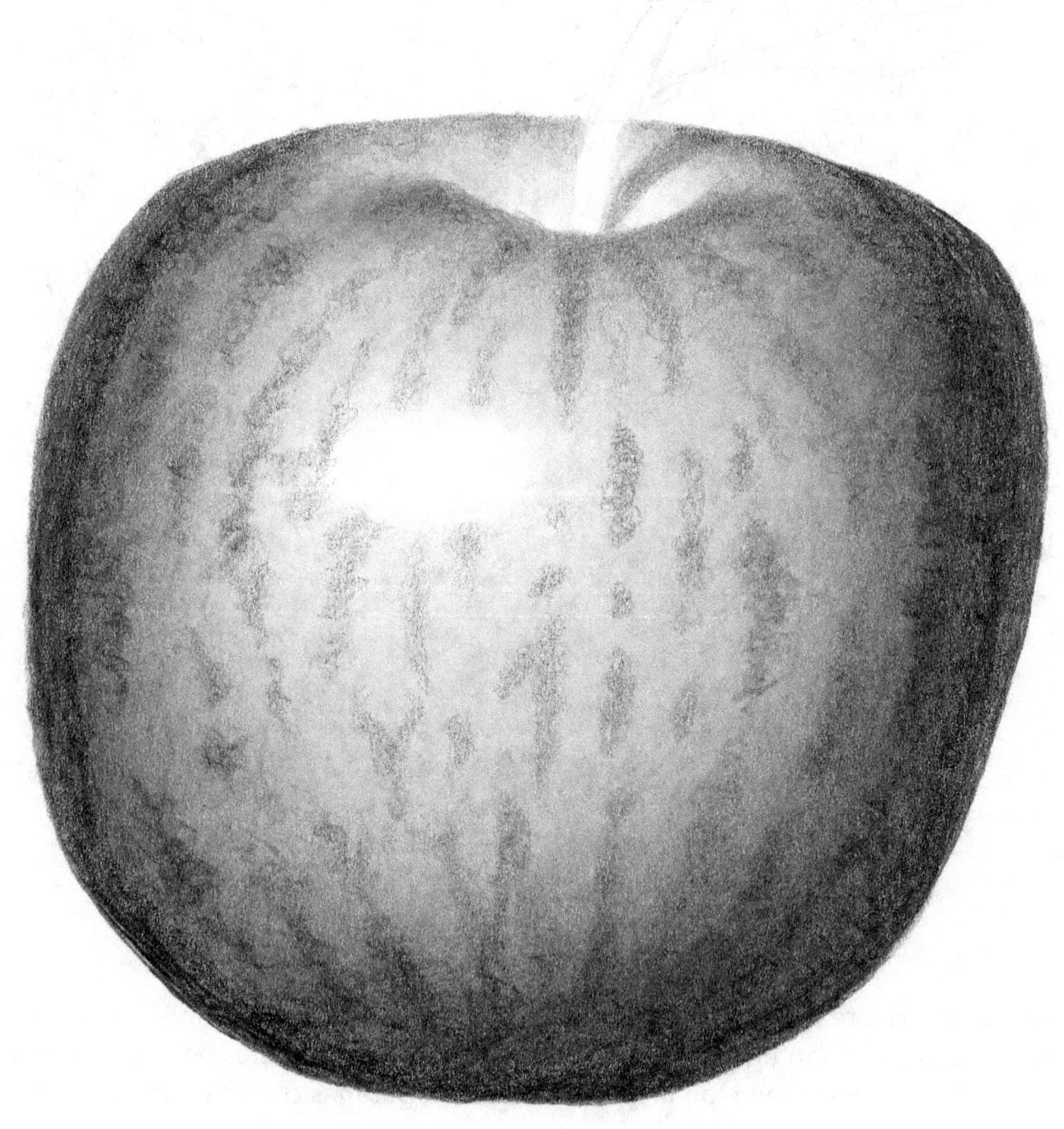

Ahora podemos combinar estas rayas y sombrear el área alrededor del resaltado para mejorarlo aún más. Estoy usando un HB en este paso porque además de mezclar las rayas, también quiero oscurecer un poco toda el área en el medio; si llegas a la oscuridad, solo tócalo con un borrador amasado y podrás eliminar un poco del grafito. Mezcla con un hisopo y luego notarás que las rayas se ven menos prominentes, lo cual es bueno porque no queremos que se vea como una sandía. Sin embargo, queremos tener algunas rayas para que la manzana se vea menos plana y más interesante.

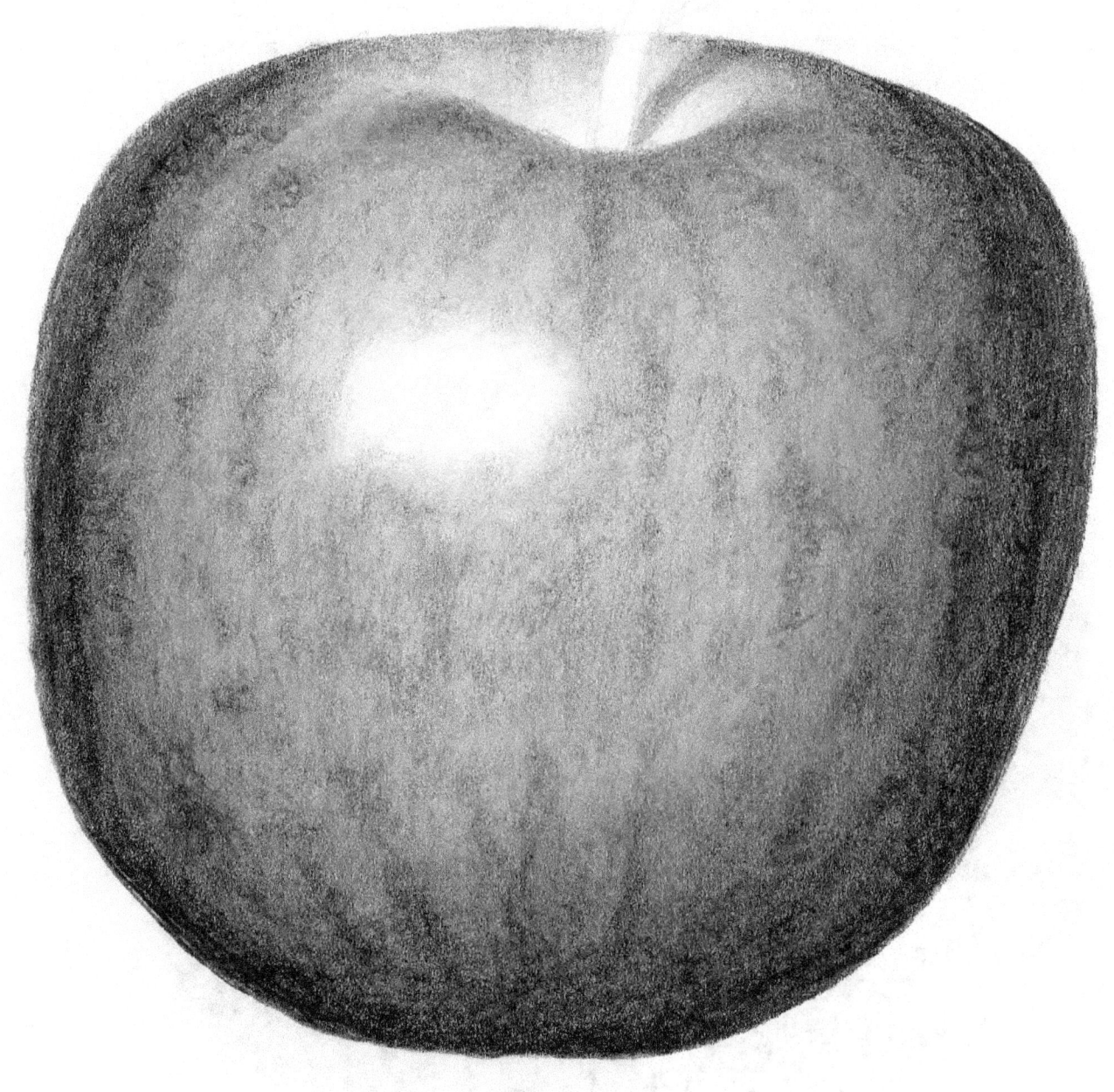

Ahora, creemos esas pequeñas motas que suelen tener las manzanas. Para esto, usaremos un borrador eléctrico. He creado una punta aguda en mi borrador al pasarla sobre el papel de lija, para poder crear pequeños puntos sobre la manzana. Créalos al azar por toda la manzana; si encuentras que algunos de ellos son demasiado brillantes, simplemente revísalos con un muñón de mezcla y se volverán más oscuros, y si deseas eliminarlos, dibuja sobre ellos con un lápiz. Si no tienes un borrador eléctrico, puedes usar una pluma de gel de tinta blanca o un marcador blanco, crea un punto y tócalo con el dedo mientras está mojado. Estos puntos son bastante difíciles de hacer con un borrador amasado, por eso siempre recomiendo obtener diferentes tipos de borradores porque, como puedes ver, los necesitarás todos para diferentes acciones y harán que tu trabajo sea más fácil y más agradable.

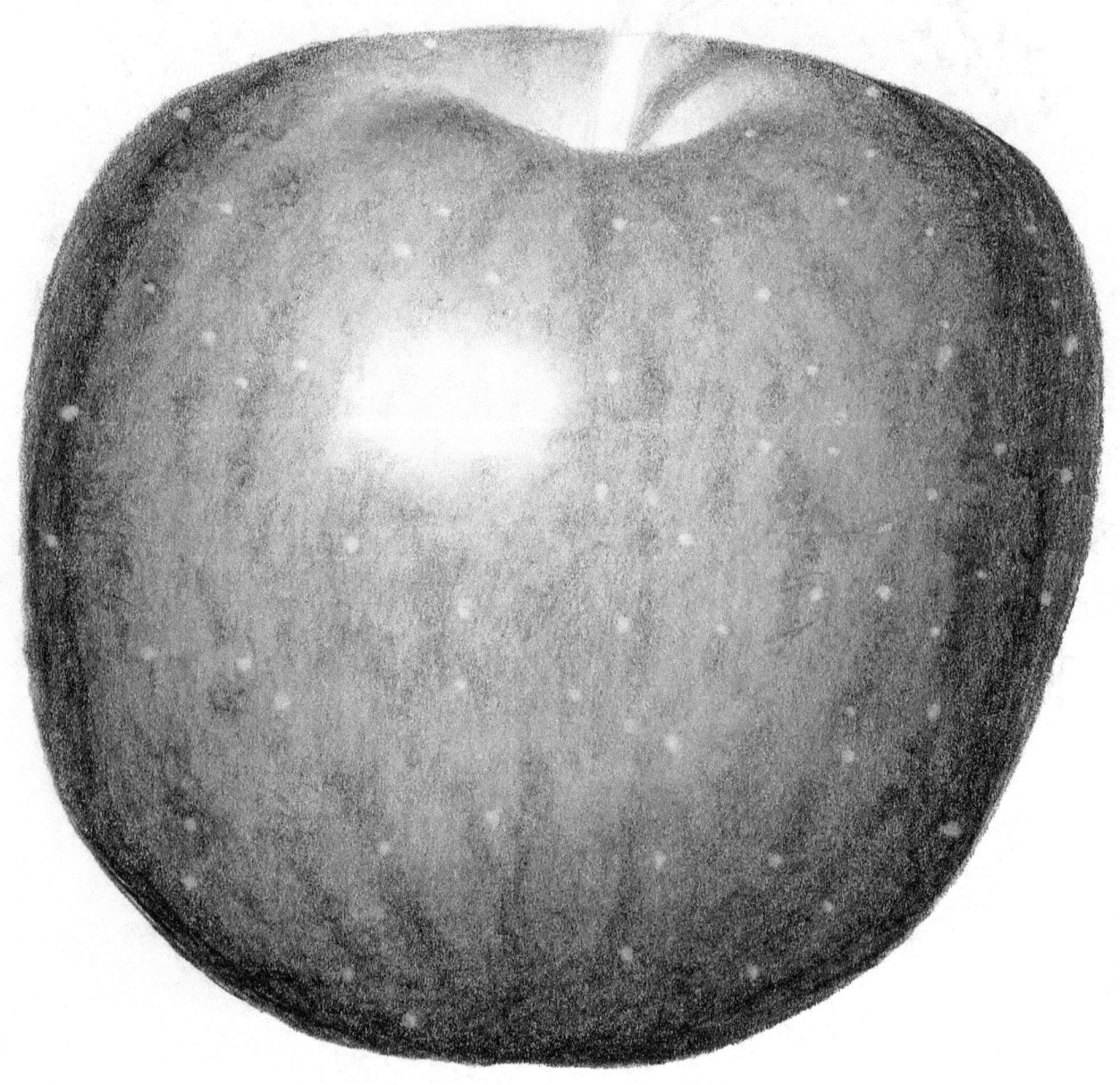

Si estás satisfecho con tu manzana, puedes dibujar el tallo, con un HB. Tenemos que oscurecerlo en los lados, así que presiona más fuerte, mientras que en el medio debe ser más ligero para que pueda mostrar su forma redonda. Por lo tanto, presiona menos en el medio o usa un lápiz más ligero.

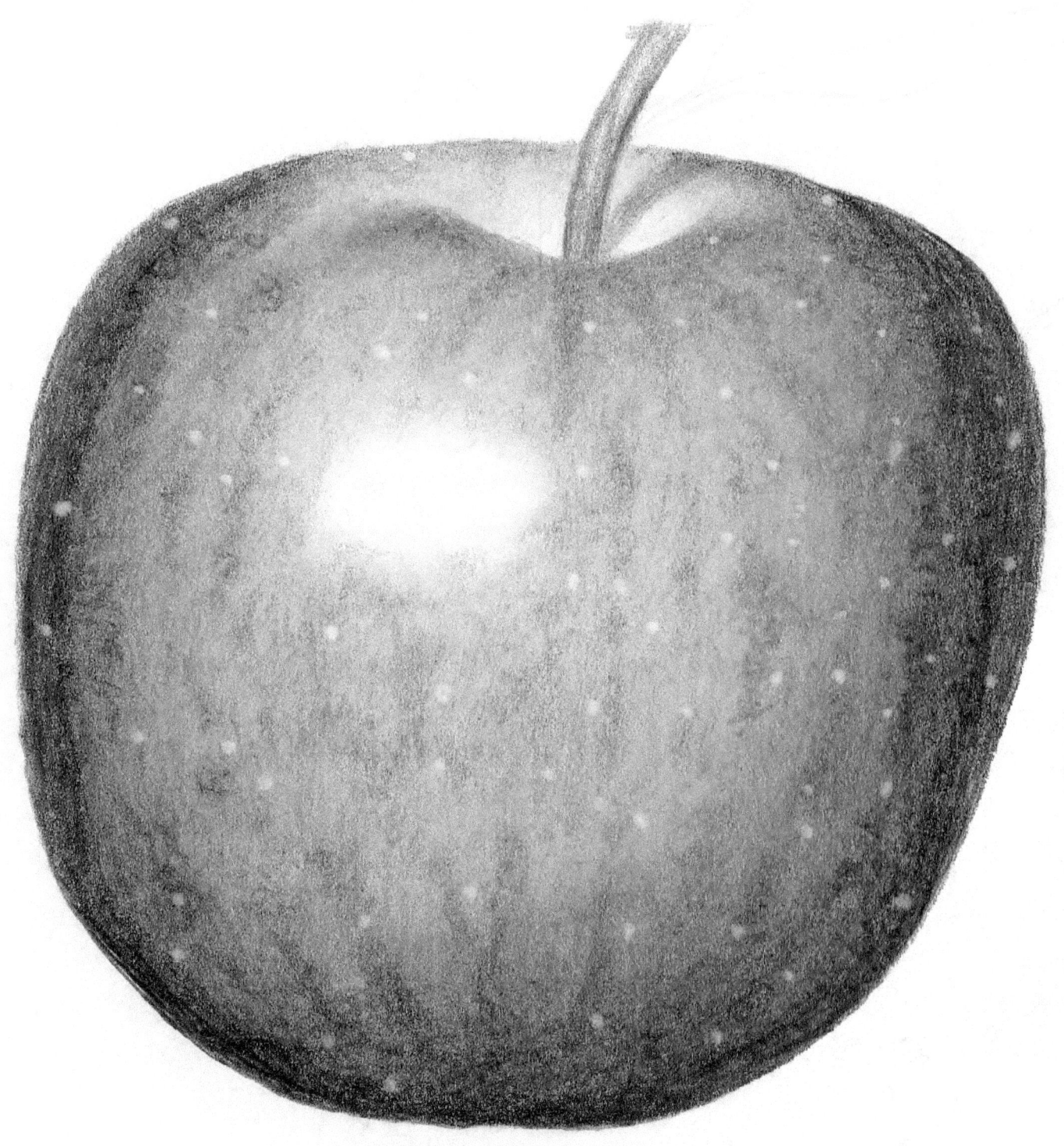

Luego, sombrea la hoja. Puedes sombrearla toda y luego crear las venas con un borrador o puedes omitir las venas y sombrearlas alrededor, como lo hago yo, con un lápiz 2H. Tenemos una vena principal en el medio, que es más gruesa, y luego tenemos otras más pequeñas, las que crecen desde la principal. En la imagen de la izquierda, puedes ver cómo la he sombreado, y en la imagen del lado derecho, puedes ver cómo queda después de haberla mezclado con un muñón.

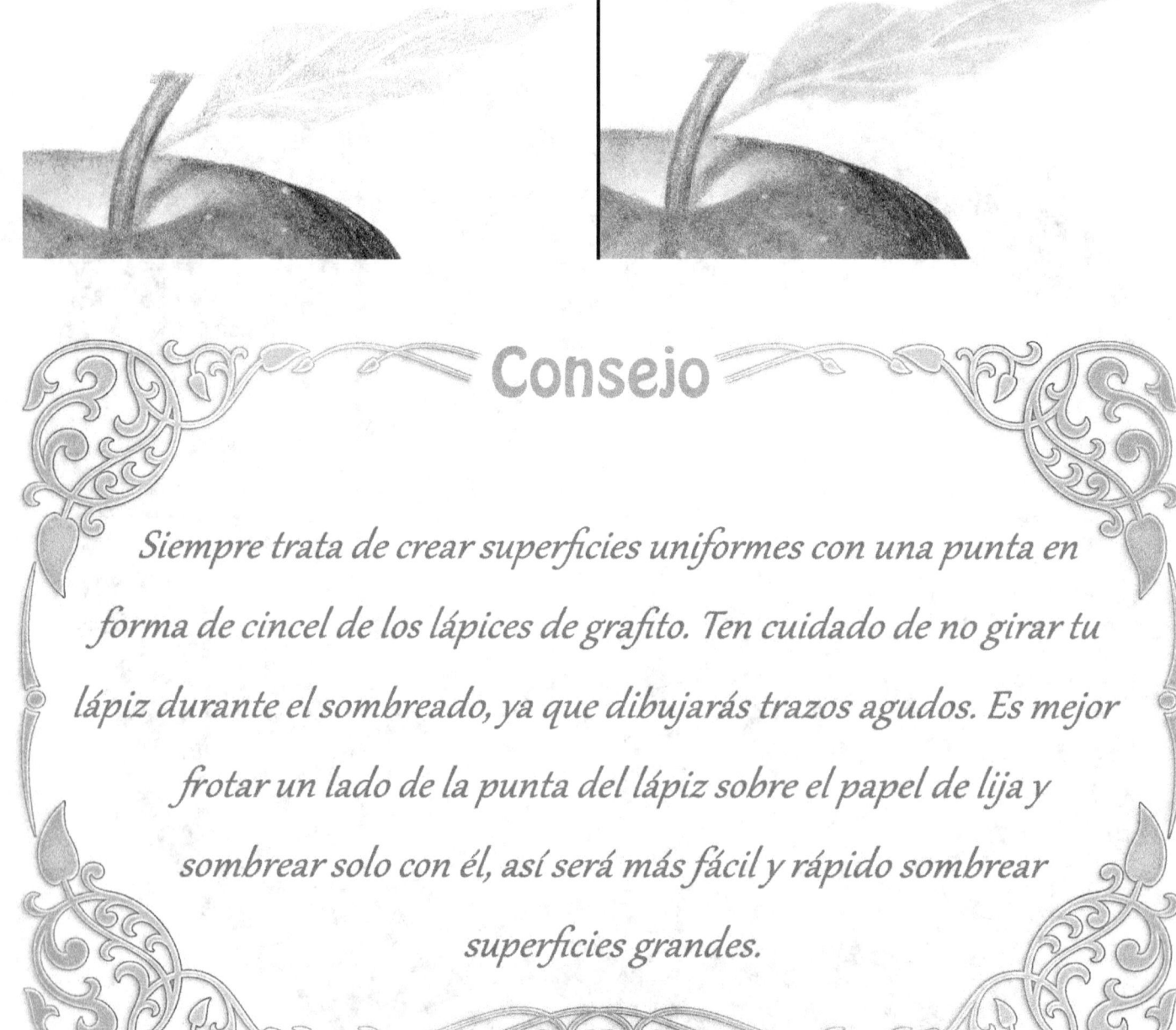

Consejo

Siempre trata de crear superficies uniformes con una punta en forma de cincel de los lápices de grafito. Ten cuidado de no girar tu lápiz durante el sombreado, ya que dibujarás trazos agudos. Es mejor frotar un lado de la punta del lápiz sobre el papel de lija y sombrear solo con él, así será más fácil y rápido sombrear superficies grandes.

Por último, crea la sombra proyectada. Como la fuente de luz proviene de nuestro punto de vista, la sombra se proyectará detrás y debajo de la manzana. Sugiero usar el polvo de grafito para sombrear y un muñón de fusión justo al lado de la manzana. Crea un tono un poco más oscuro para la sombra proyectada.

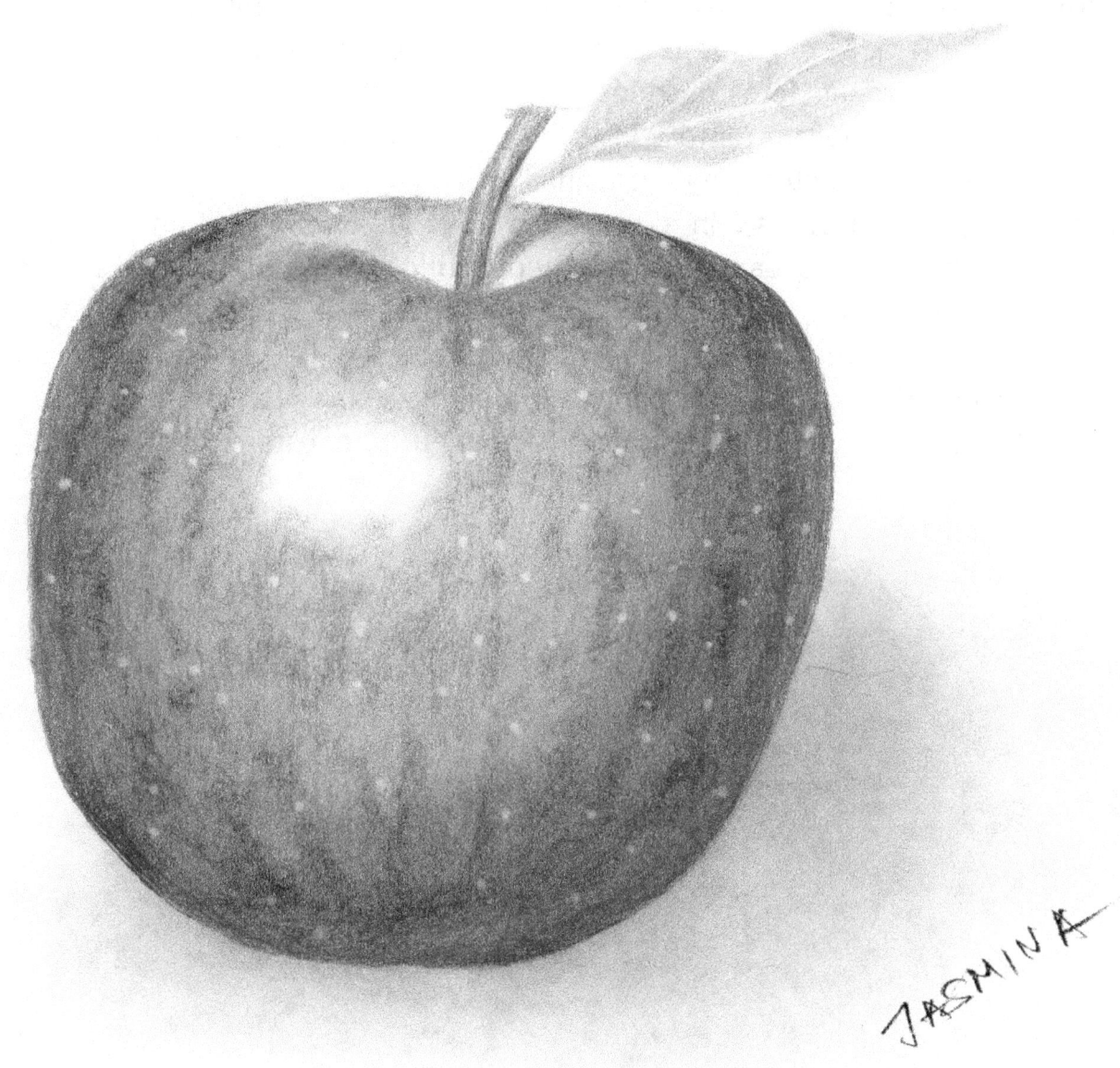

UNA CUCHARA

En este tutorial, quiero mostrarte cómo dibujar una cuchara y usaré como referencia la siguiente foto. La imprimí en el lado izquierdo de mi papel para poder verla todo el tiempo mientras dibujo en el lado derecho. Estas son las sombras y los reflejos que capté con mi cámara, siempre dependerán de la dirección de la fuente de luz. También puedes tomar tus propias fotos después de practicar este dibujo, toma cualquier objeto que desees dibujar, colócalo junto a la ventana, asegúrate de que proyecta una buena sombra para un buen efecto 3D y no uses flash.

Como siempre, comencemos con el bosquejo. Tenemos que crear una forma similar a esta cuchara tanto como sea posible, puedes diferir un poco, pero esta debe ser simétrica. Mira el contorno en el espejo y si también se ve simétrico allí, entonces puedes comenzar a sombrear. Dibuja el contorno con una línea discontinua para poder corregirlo fácilmente y cambiarlo mientras lo delineas. Una vez que te asegures de que todo se ve bien, ve con una línea completa. Usa un 3H para este paso.

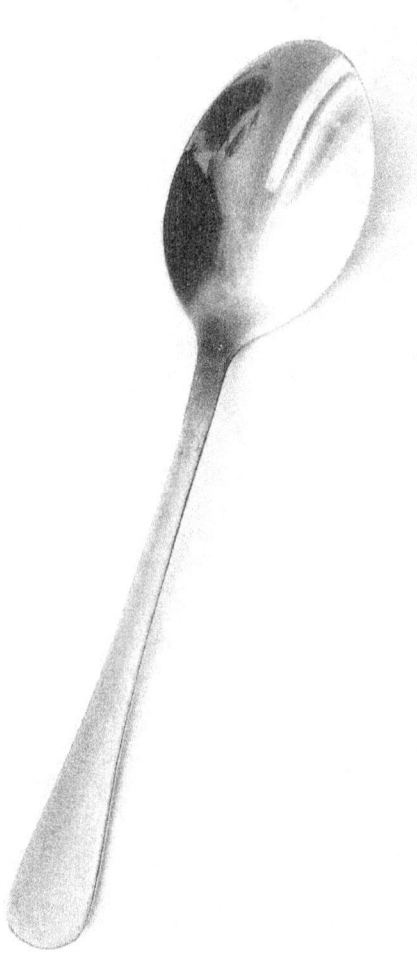

Podemos comenzar a sombrear nuestra cuchara.

Si dibujas con frecuencia a partir de fotos de referencia, es posible que te hayas preguntado qué lápiz usar para un área en particular. He desarrollado las aplicaciones móviles y de escritorio para ese propósito, donde los usuarios cargan sus propias imágenes, seleccionan cualquier punto de una imagen y la aplicación sugiere el lápiz para esa parte. Si deseas saber más al respecto, puedes encontrar más información y enlaces en el sitio web www.pen-pick.com. Las aplicaciones tienen dos paneles: uno para grafito y otro para lápices de colores. Es una gran ayuda para elegir los lápices correctos, especialmente para principiantes.

En la siguiente imagen, puedes ver que sugiere un 2H para el área donde se coloca el objetivo y definitivamente usaré un 2H para el mango.

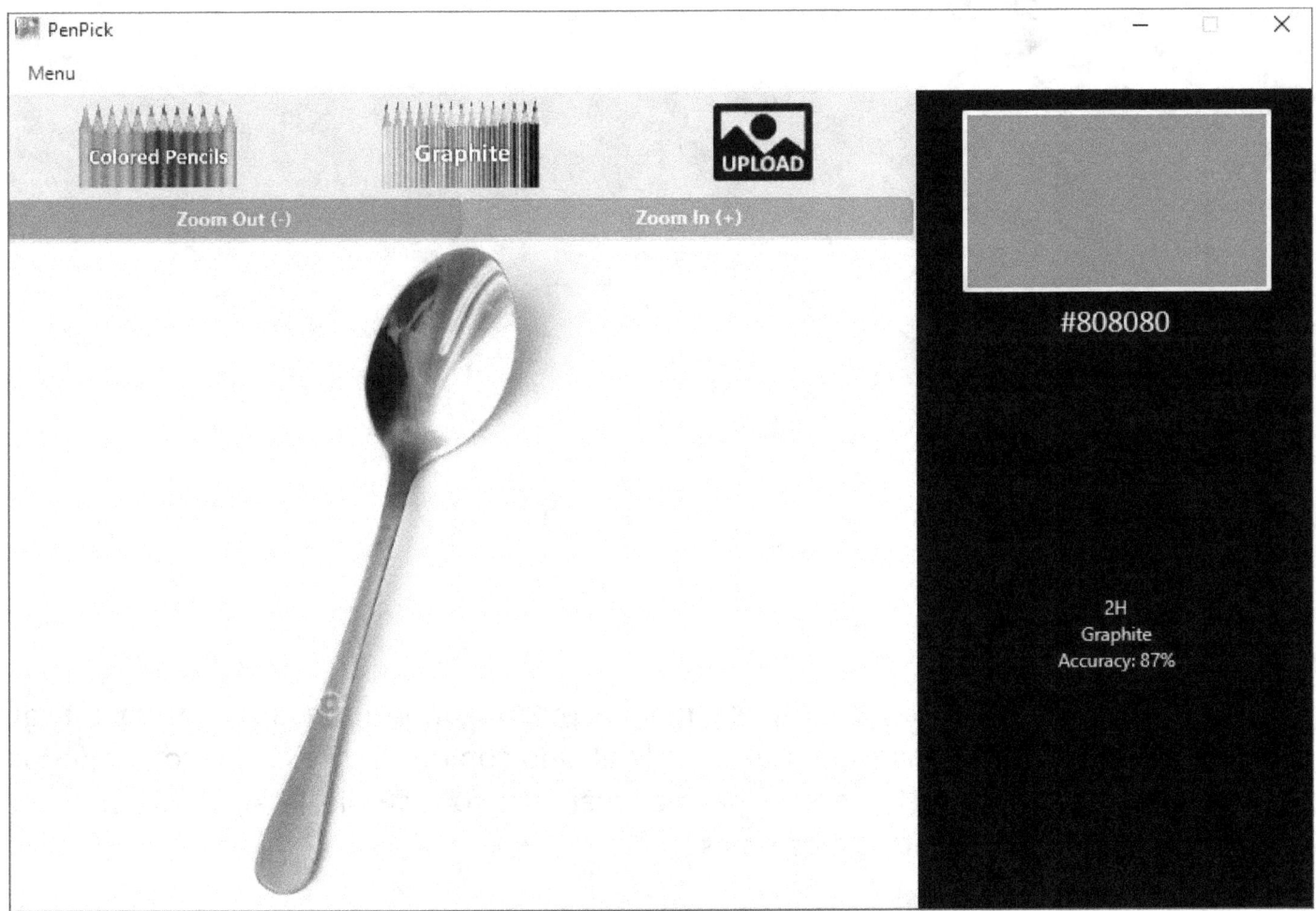

Pero quiero comenzar con las partes más oscuras, del lado izquierdo del tazón, usando un lápiz 5B. Por lo general, cuando dibujo a partir de fotos de referencia, trato de cambiar algo, pero esta vez solo dibujaré lo que veo para que sea más fácil de entender.

Sombrea con mucho cuidado al lado del otro borde. Presiona con mucha fuerza para llenar la fibra del papel, para que no tenga esos puntos blancos visibles, y usa el método del circulismo para crear texturas suaves.

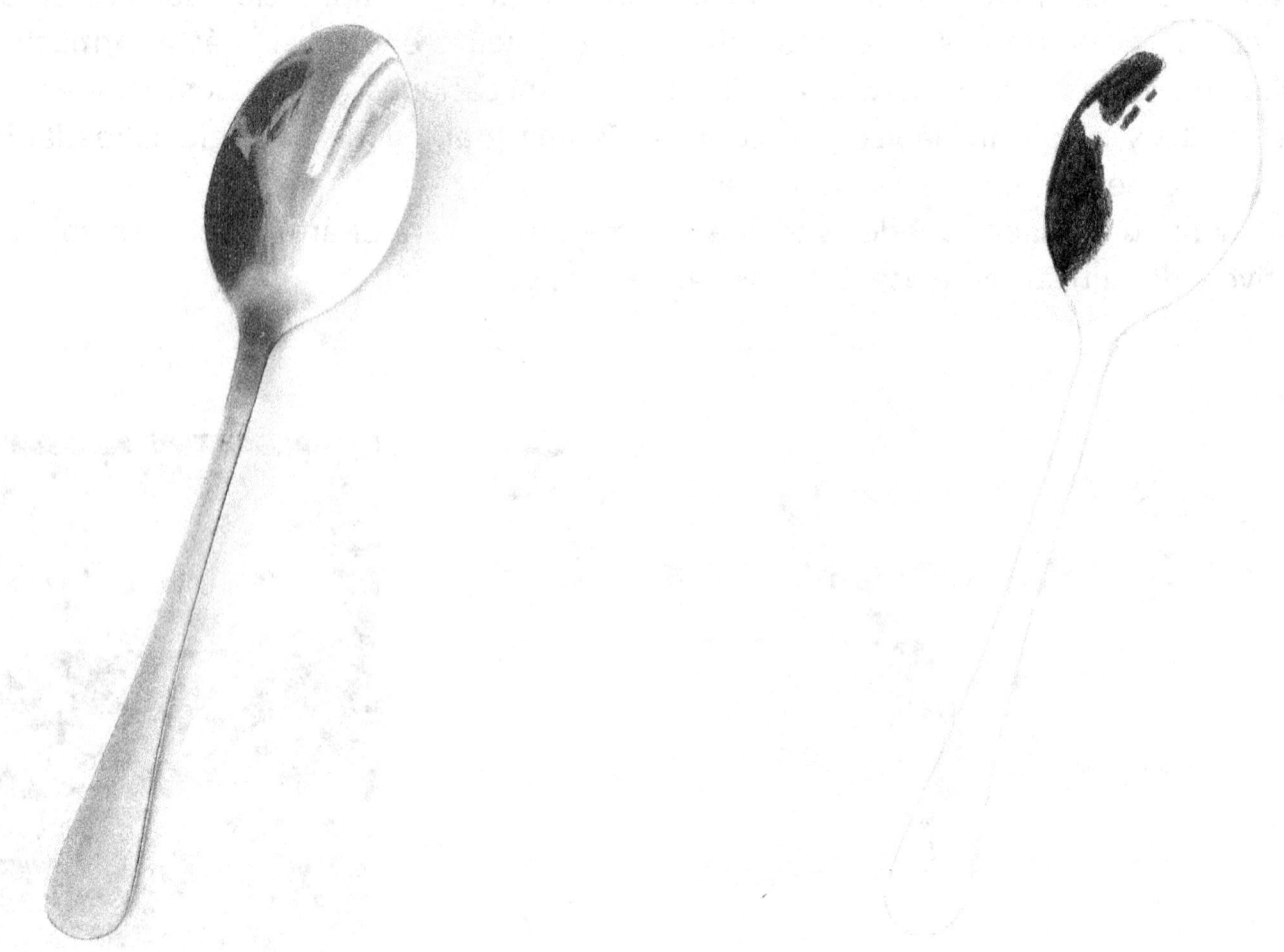

Como no tenemos áreas tan oscuras en ningún otro lugar, podemos comenzar a usar lápices más claros. Quiero continuar el área de al lado con un HB. He dibujado alrededor del resaltado porque este tiene que permanecer blanco. Estudia la siguiente imagen para ver lo que he sombreado en este paso.

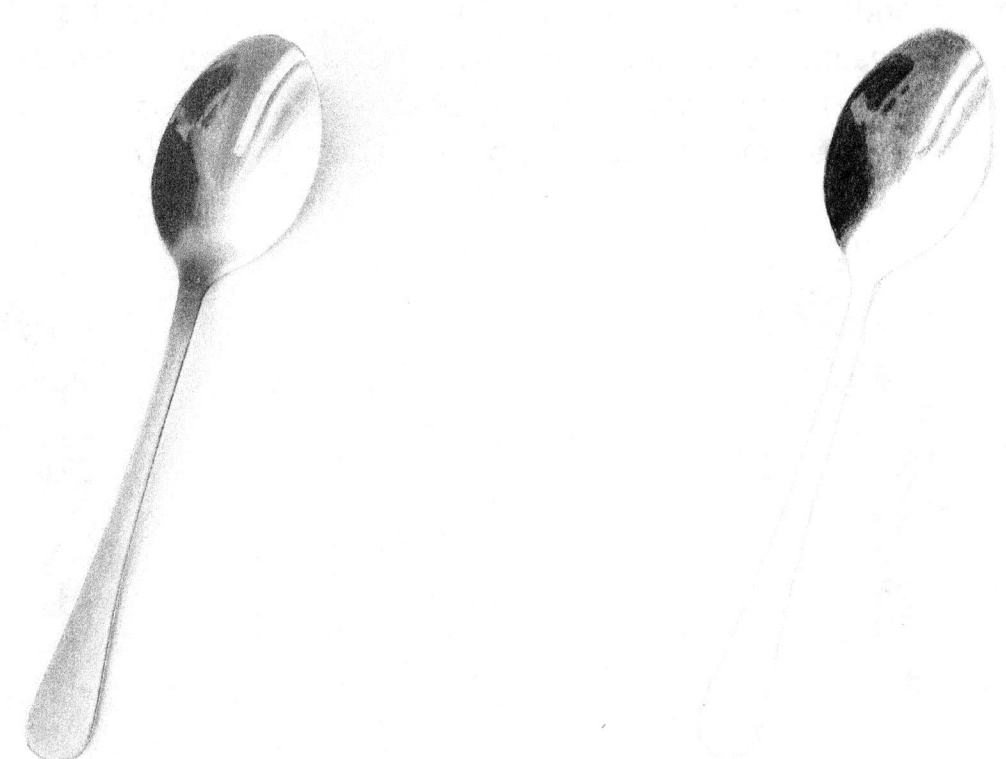

Usemos un 2B para el área entre el tazón y el mango. Usa el mismo lápiz y delinea el borde en el lado derecho y en la parte inferior del mango, con un lápiz bien afilado y teniendo mucho cuidado. Incluso puedes usar una lupa, si lo deseas, para ver mejor los detalles; esto menudo puede ser muy útil. No presiones demasiado porque no podrás borrar si cometes algunos errores.

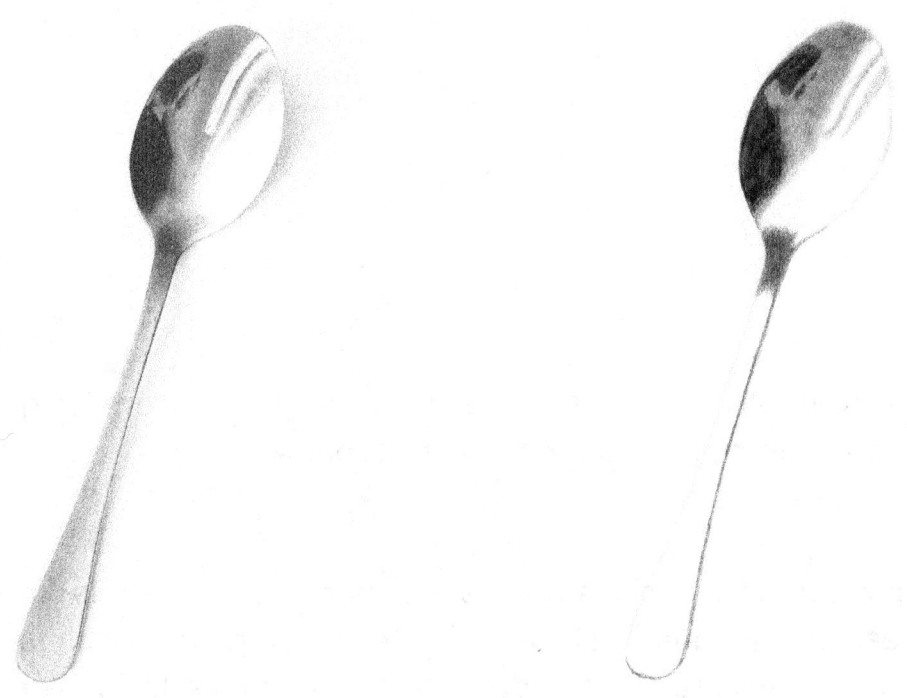

Continúa sombreando el tazón con un lápiz más claro, entre las áreas oscuras previamente sombreadas y el resaltado blanco del lado derecho, que debe permanecer intacto. Usa un lápiz H, comienza sobre los bordes de las áreas más oscuras, luego presiona cada vez menos a medida que sombreas hacia el resaltado.

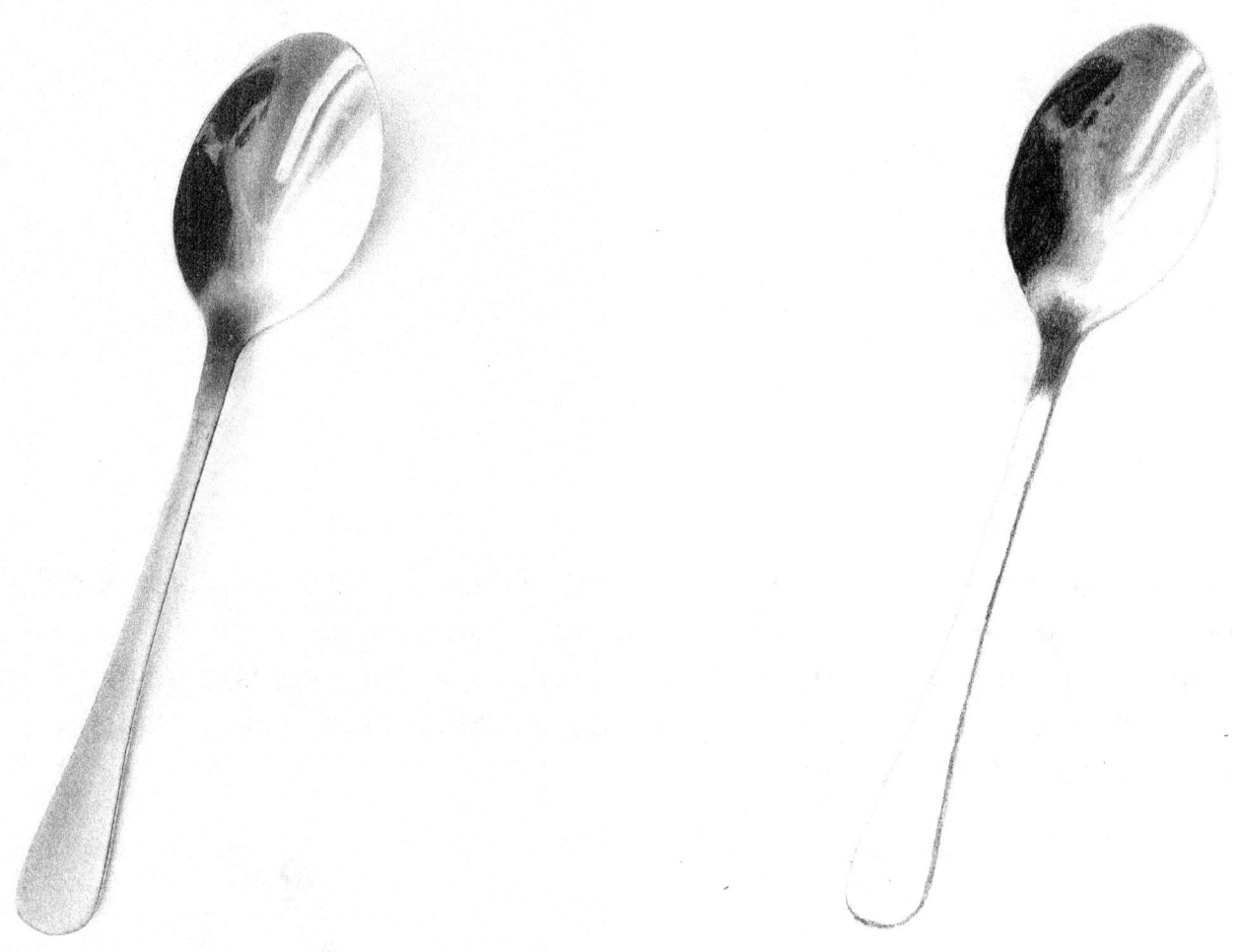

Ahora podemos usar un 2H para las sombras más claras del tazón, las que están al lado de las áreas blancas, y hemos terminado con el tazón. Al final, mezcla todo con cuidado con un muñón.

Con el mismo lápiz, sombrea hacia la manija. Como puedes ver en la foto de referencia, tenemos que crear un degradado suave sobre el asa, por lo que debemos presionar normalmente al lado del borde izquierdo. Luego, disminuye la presión a medida que

sombreas hacia el borde derecho o comienza a usar un lápiz más claro, como un 3H o un 4H.
No presiones demasiado, solo repite varias veces hasta que crees el tono deseado.

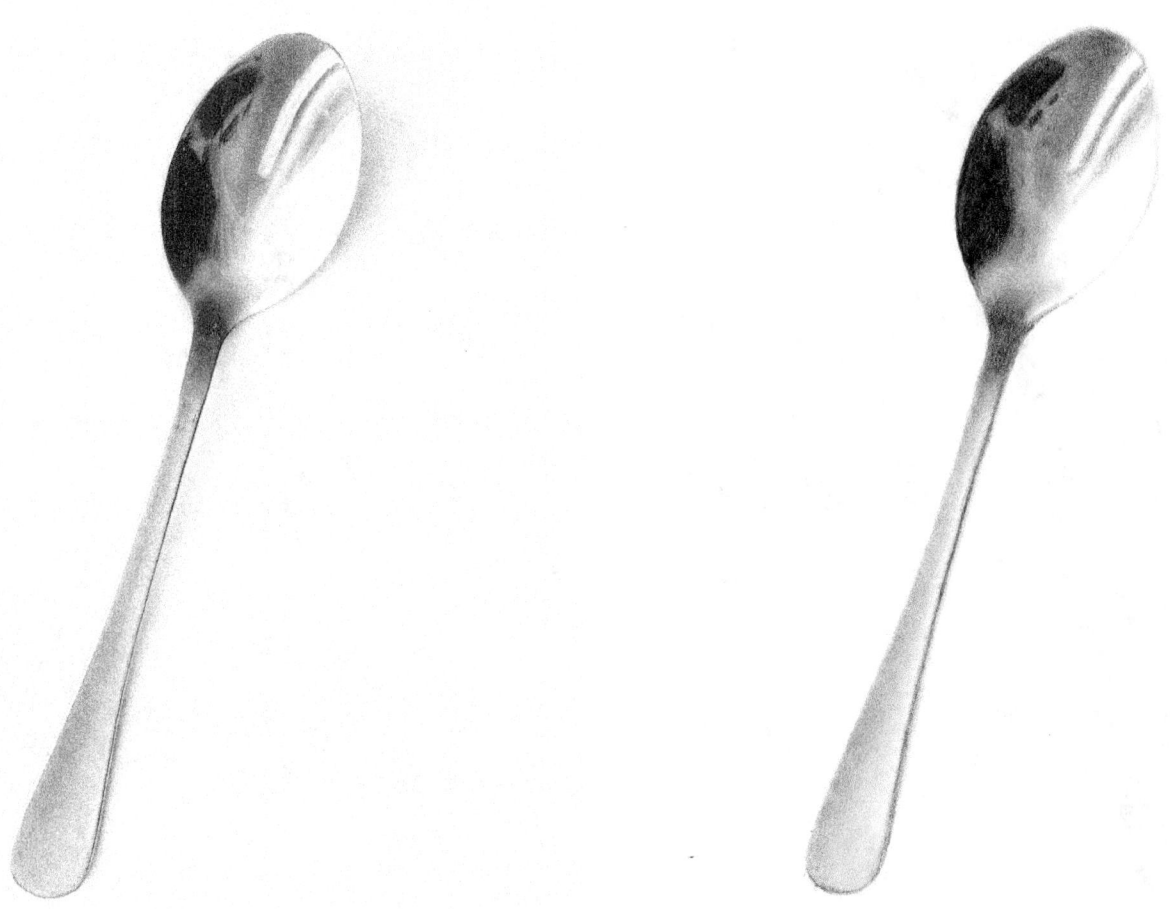

Por último, creemos la sombra proyectada. Es suficiente si usamos un muñón de mezcla que tenga algo de grafito en su punta, pero no demasiado; para evitar el exceso de sombra, limpia un poco su punta con un pañuelo.

Crea la sombra que proyecta la parte superior del asa. Sombrea una línea delgada un poco más lejos de la cuchara, la parte superior de esta sombra debe estar conectada al área entre el tazón y el asa, y la parte inferior debe desaparecer gradualmente. Puedes ver que la sombra proyectada sugerirá que esta parte está más alejada de la superficie e indicará la forma de la cuchara.
Luego, crea la sombra proyectada por el tazón, con mucho cuidado al lado de la parte blanca de la cuchara. La sombra proyectada, como en todos los casos, debe ser más

oscura al lado de los objetos que la proyectan, debe desaparecer gradualmente en el papel y ser lo más suave posible.

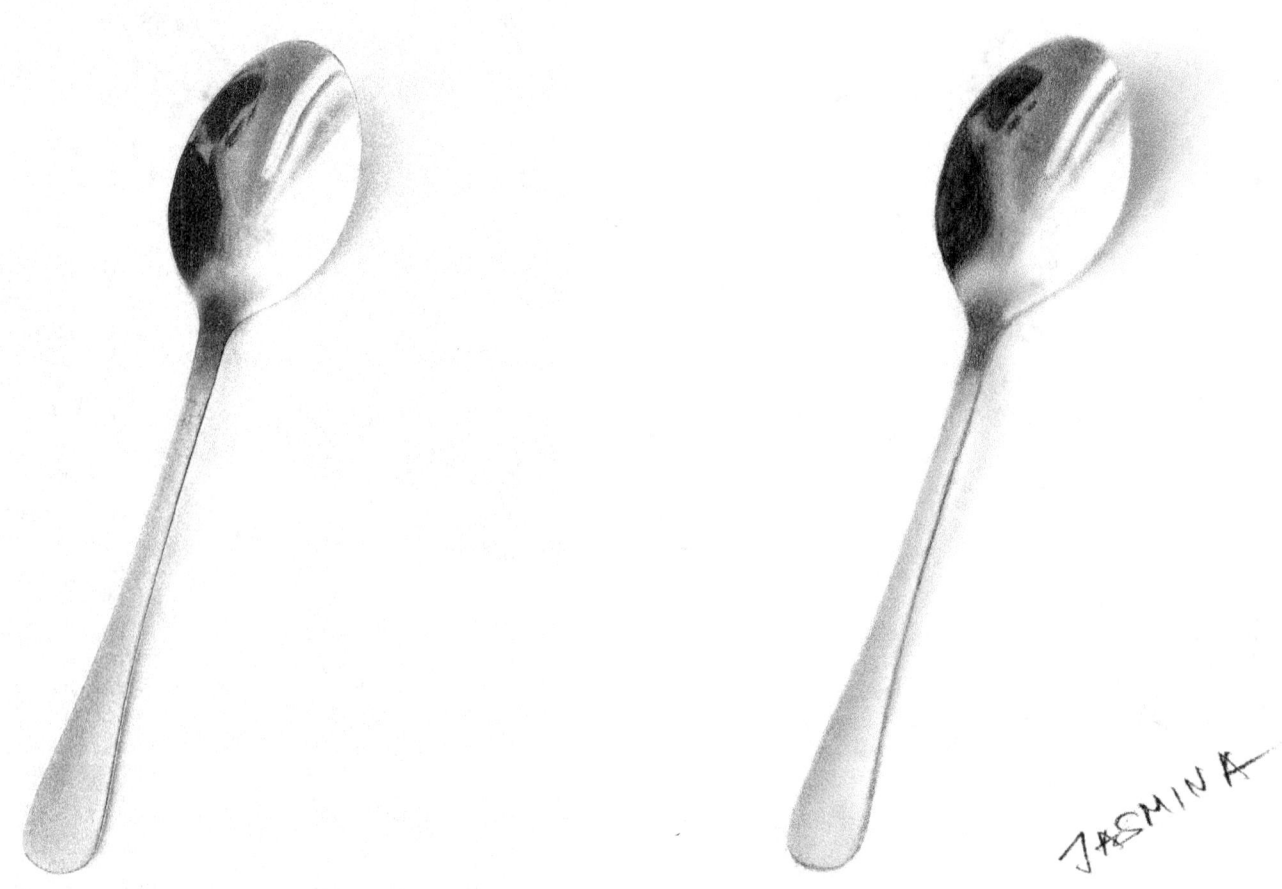

UNA OREJA

Ahora quiero mostrarte cómo dibujar y sombrear una oreja. Lo haremos con un tipo diferente de sombreado para que puedas probar de esta manera también, ya que cuantos más métodos pruebes, más aprenderás y podrás encontrar tu propio estilo, el que más te convenga. Sin mencionar que siempre es bueno probar algo nuevo y diferente.

Comencemos con un esquema. En este caso, no tenemos que marcar demasiado las líneas porque la oreja es como una nariz, requiere sombreado mayormente. Podemos dibujar solo el contorno y algunas líneas dentro del oído, como se muestra en la siguiente imagen. Yo uso un 3H para dibujar.

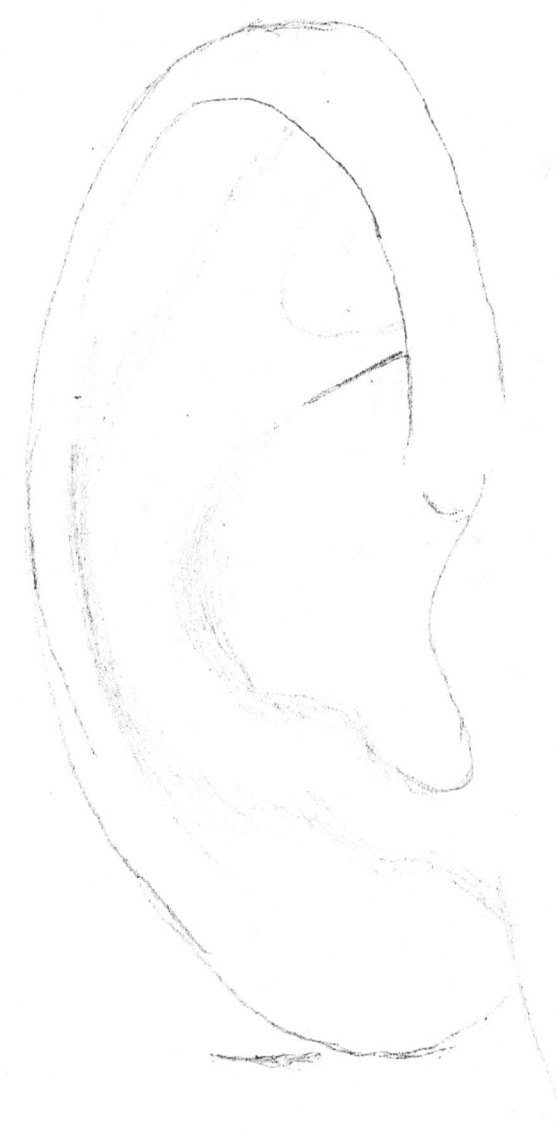

Ahora sombreemos toda el área con un pañuelo y polvo de grafito. Fortalece sus contornos para que puedas verlos a través de la capa de grafito, aplica movimientos circulares todo el tiempo y extiende el grafito de manera uniforme, incluso fuera de los bordes, para sombrearlos también. Como puedes ver, la textura es muy suave cuando sombreamos de esta manera.

Antes de avanzar, borra el grafito alrededor de la oreja, al lado de su borde.
Ahora tenemos el tono básico de la piel, por lo que podemos comenzar a crear reflejos y sombras.

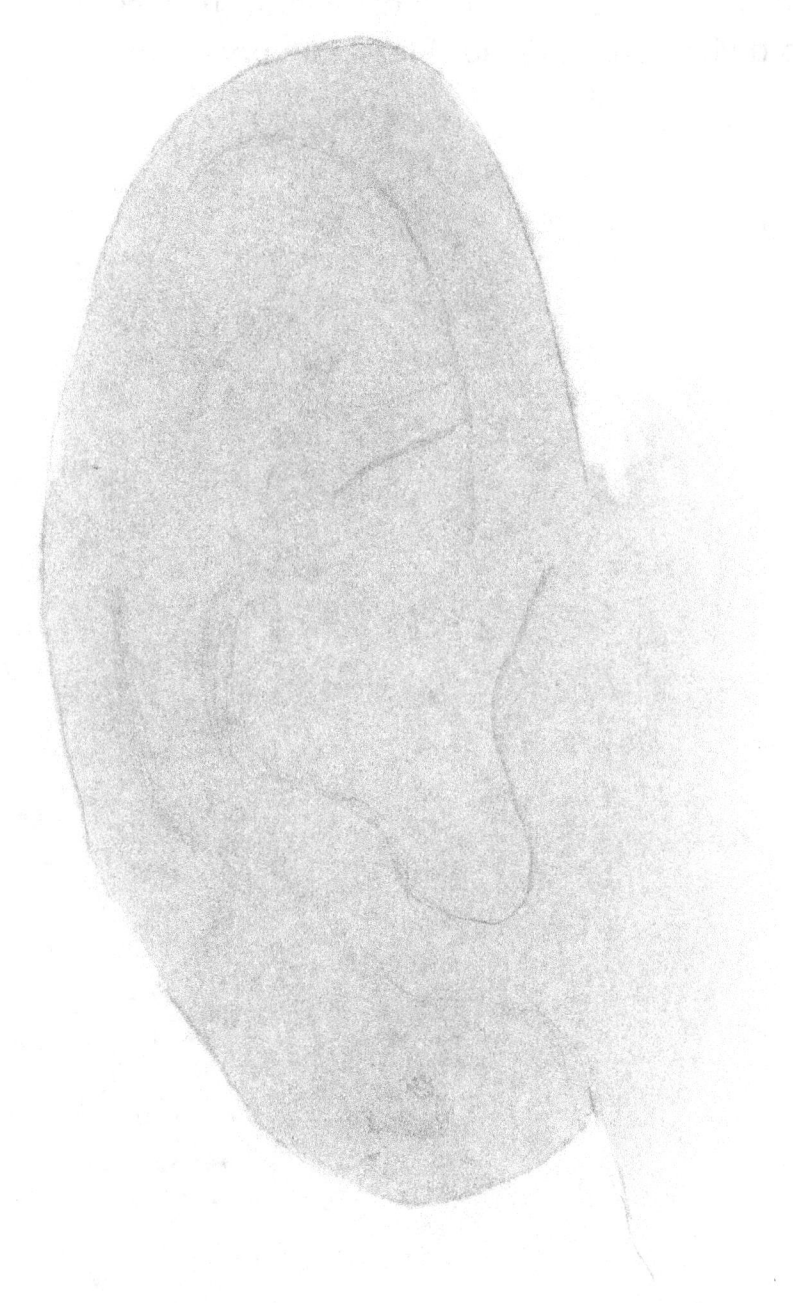

Podemos comenzar con los reflejos o con las sombras, o podemos hacer ambas cosas alternadamente.

Quiero comenzar con la sombra que proyecta la parte superior de la oreja sobre el área interna debajo de ella, usando un 2B. Estudia la siguiente imagen para ver dónde he dibujado las sombras proyectadas. Puedes notar que las sombras proyectadas harán que las áreas sobre ellas aparezcan como si estuvieran más cerca del ojo del espectador y como si el dibujo tuviera profundidad. Mezcla un poco con un muñón de mezcla.

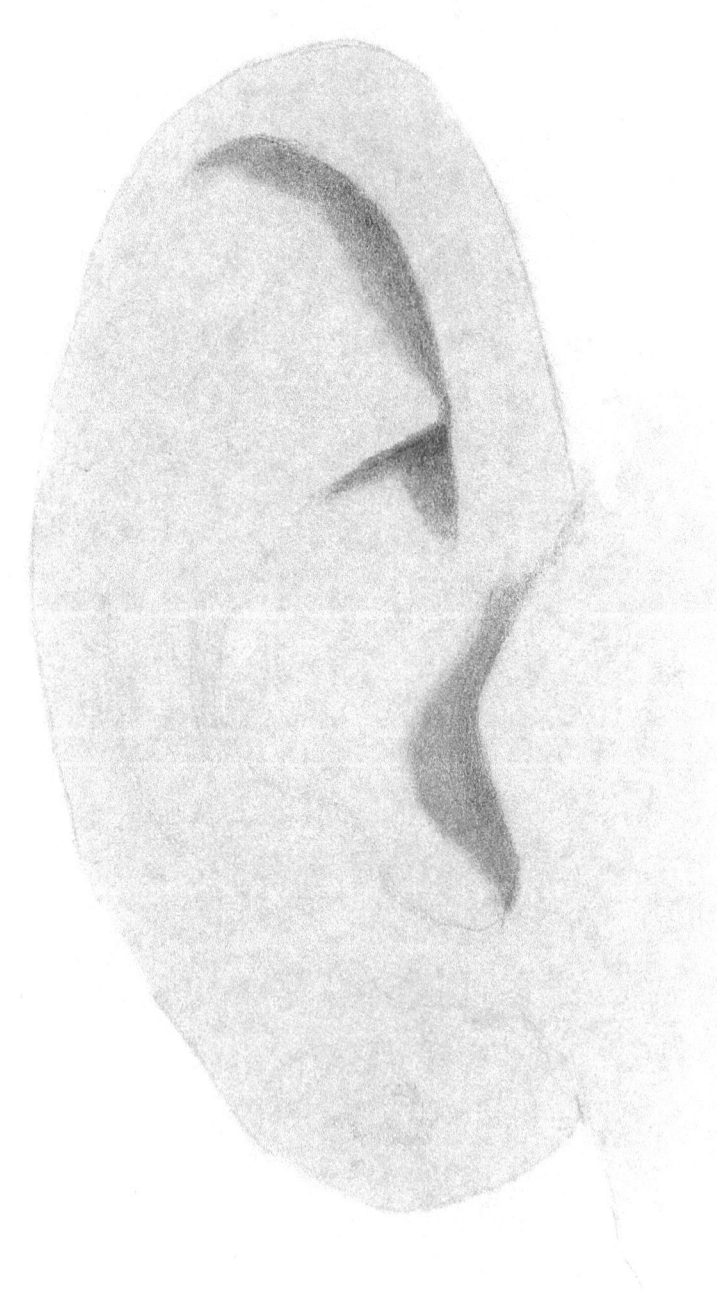

Ahora podemos crear los reflejos más brillantes sobre las áreas sobresalientes, como se muestra en la imagen a continuación. Utilizo un borrador de plástico para eliminar una gran cantidad de grafito y hacer que estas áreas sean casi blancas nuevamente. Antes de comenzar este dibujo, estudié algunas fotos de referencia y mis propias orejas en el espejo. Debes hacer lo mismo, sin importar lo que dibujes, para verificar las formas, las sombras y los resaltados, y así lograr dibujos realistas.

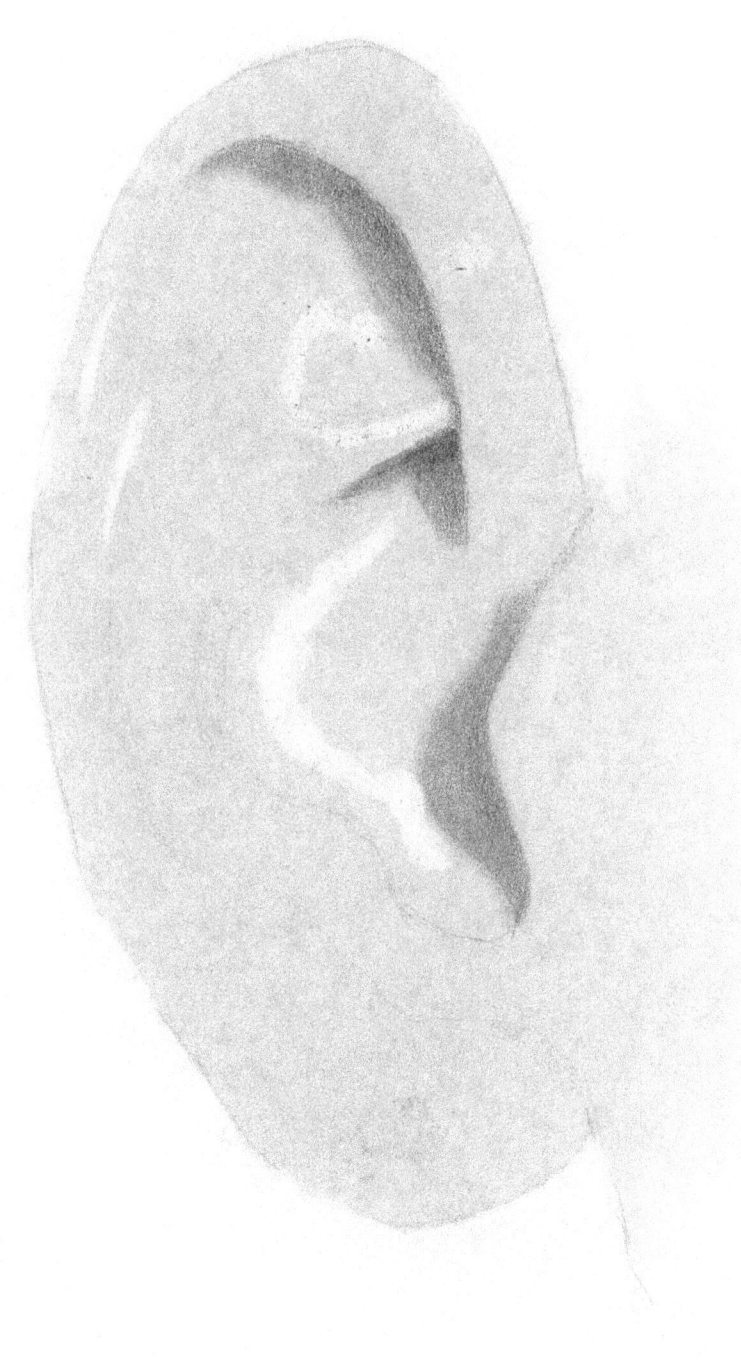

Ahora podemos crear sombras un poco más claras que la sombra proyectada y para esto es suficiente si usamos un muñón de fusión. Sombrea en las áreas hundidas sin presionar demasiado, hazlo ligeramente y repite una y otra vez. Tenemos que presionar cada vez menos a medida que sombreamos hacia las áreas resaltadas para crear un degradado suave y hacer que las partes aparezcan alrededor.

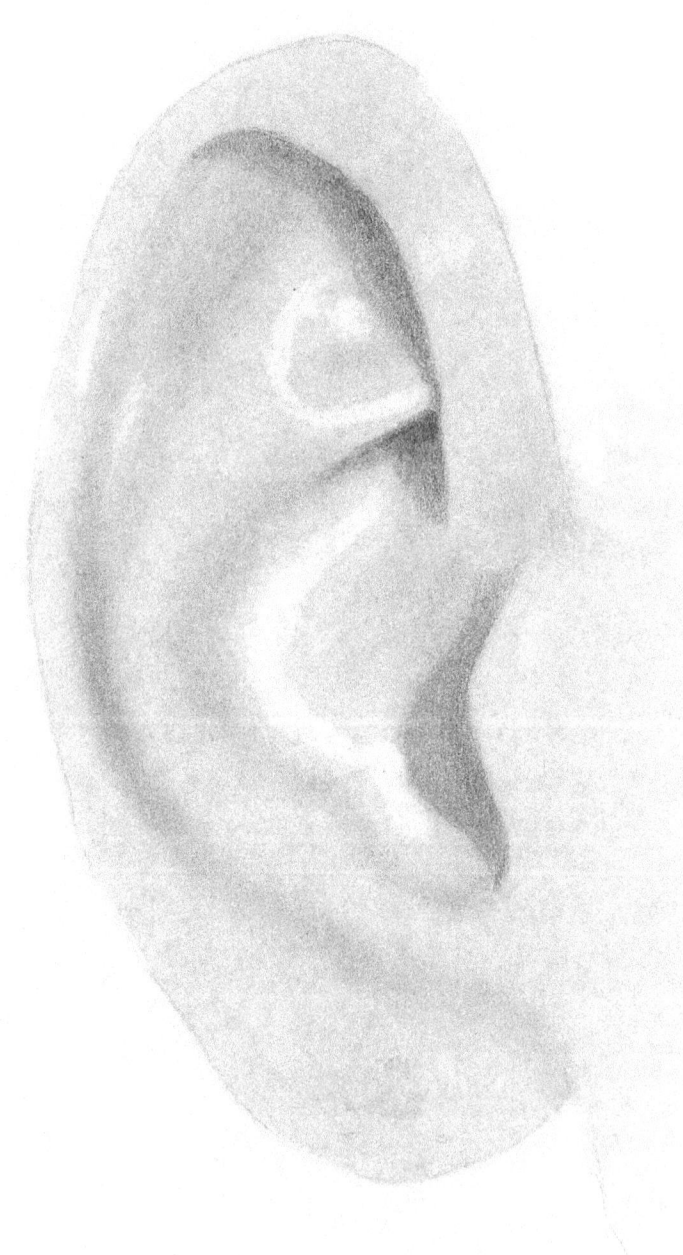

Luego, sombrea todo el borde con un muñón de mezcla, para que se vea redondo, presionando más fuerte sobre el borde y disminuyendo la presión a medida que te alejas de este.

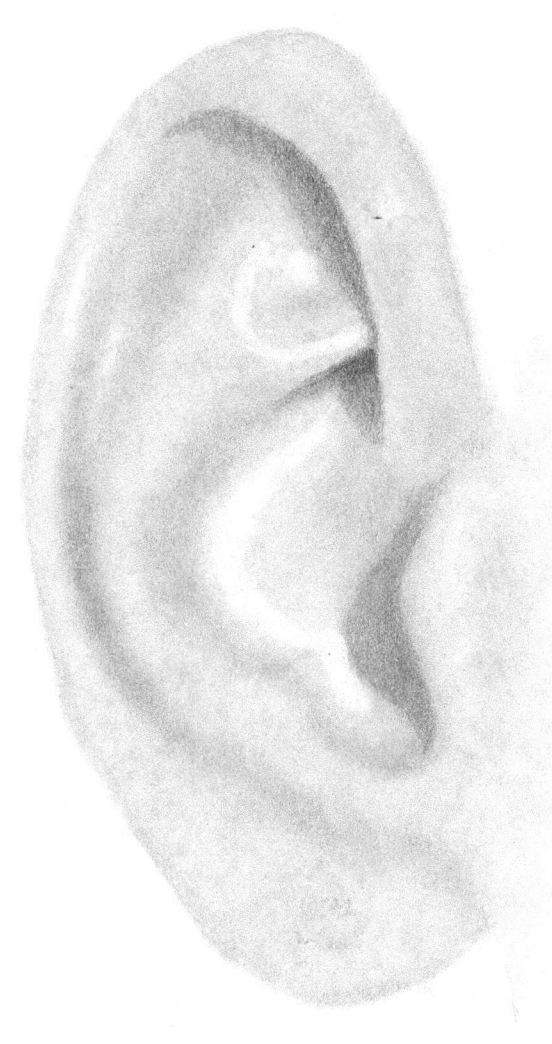

Creemos los reflejos menos brillantes, junto a los reflejos que son casi blancos, con un borrador amasado porque el borde entre ellos no debe mantenerse despejado; estos dos valores deben fluir entre sí. Solo tenemos que tocar al lado para eliminar la cantidad suficiente de grafito. Hazlo con cuidado para no eliminar mucho grafito.

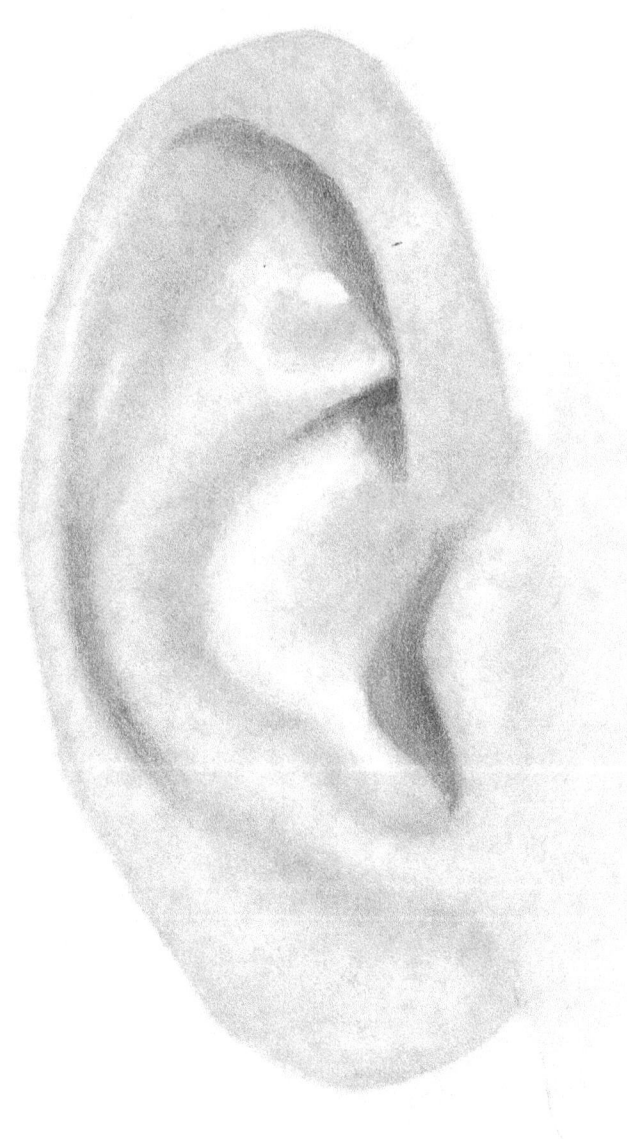

Ahora dibujemos un poco del cabello que va detrás de la oreja, con un HB. Por supuesto, evita dibujar sobre la oreja, pero crea algunos cabellos con curvas al lado de la sien. Podemos mezclarlo un poco con un pañuelo para que se vea suave.

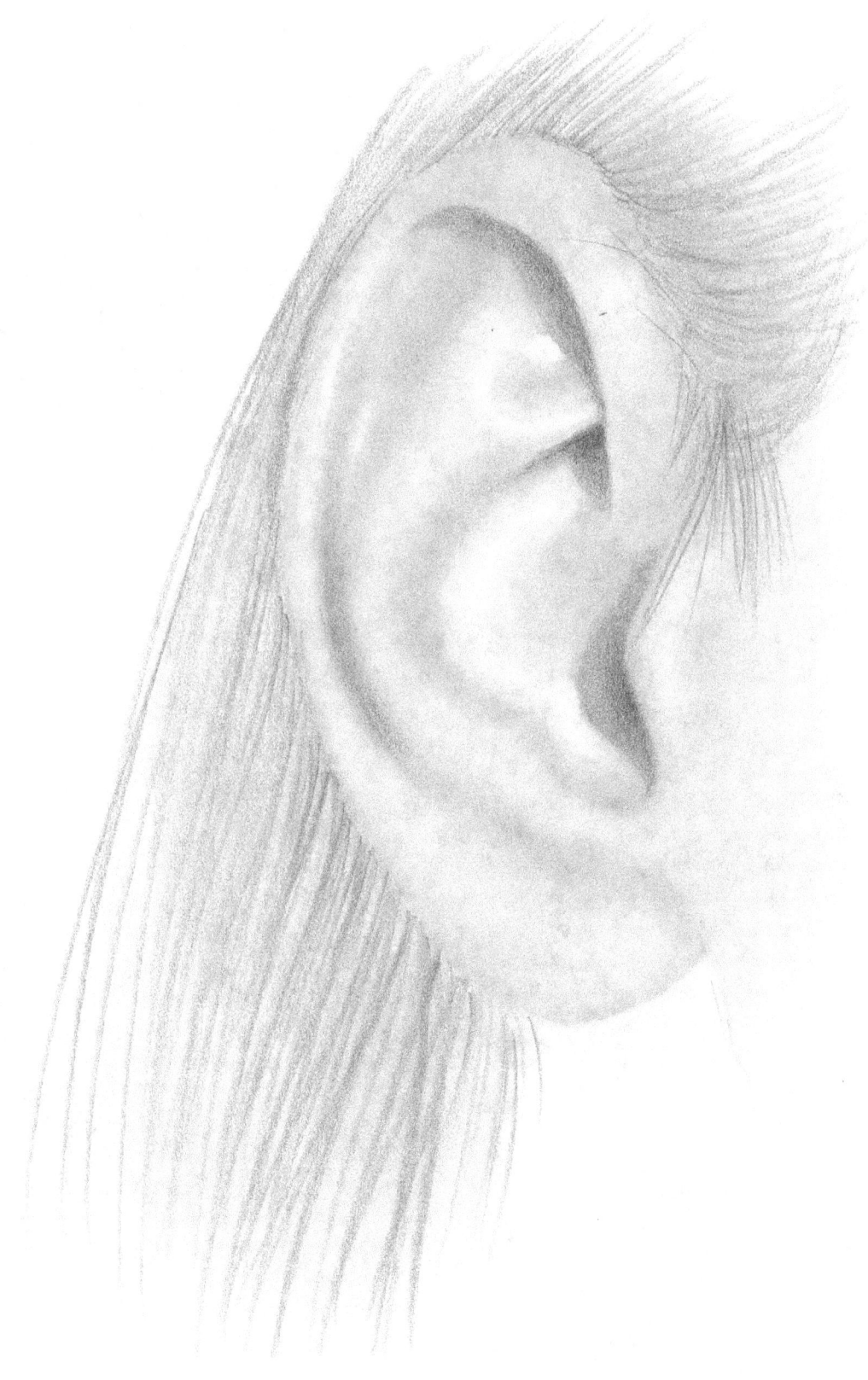

Dibuja algunas rutas de vuelo resaltadas con una goma de borrar. Además, oscurece el área debajo de la oreja para crear la sombra proyectada sobre el cabello, con un 5B.

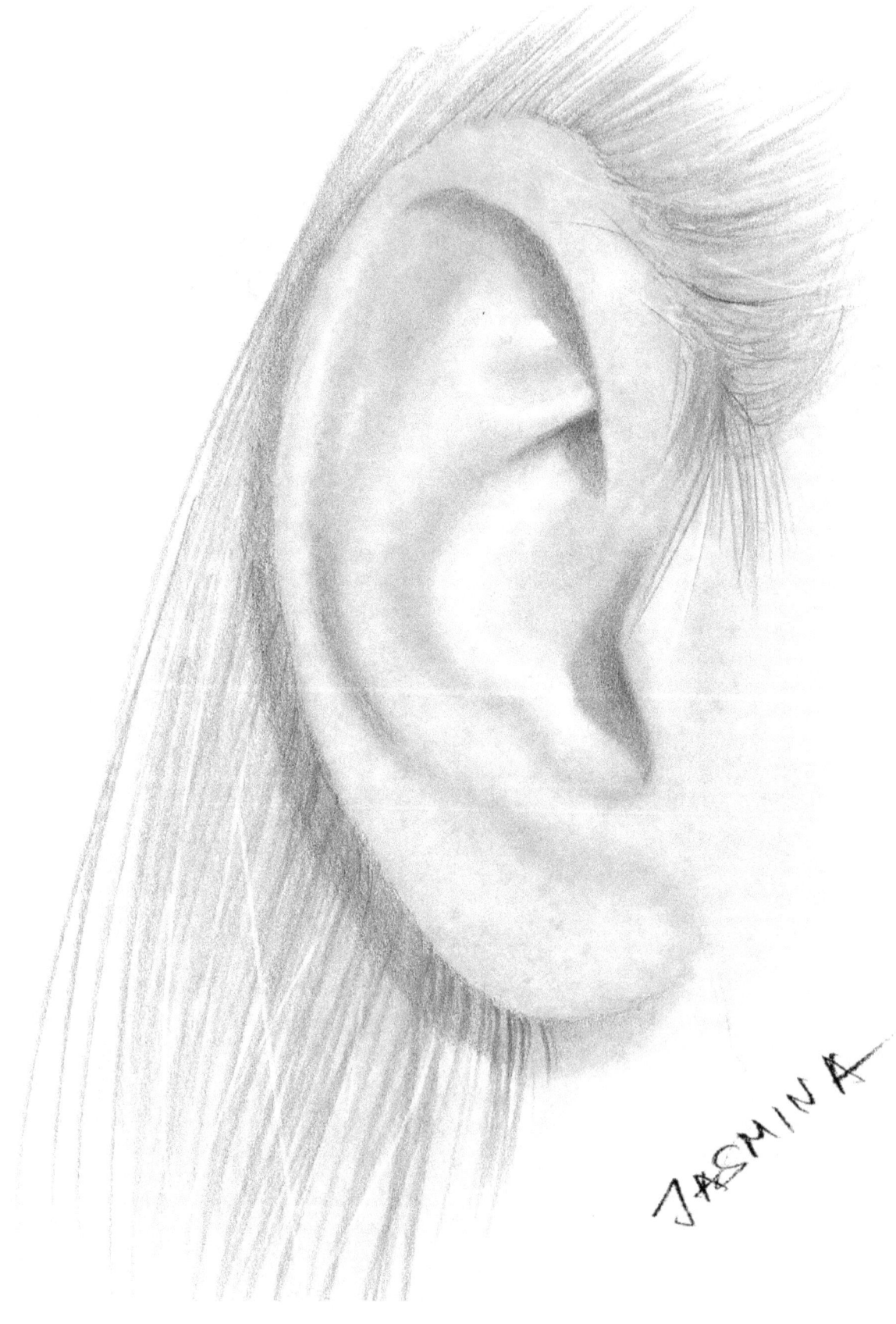

UNA NARANJA A MEDIO CORTAR

Comienza con un círculo, con la ayuda de una brújula de dibujo si es necesario. Yo he agregado algunas hojas pequeñas alrededor y detalles dentro de la naranja. En la siguiente imagen, puedes ver mis líneas principales.

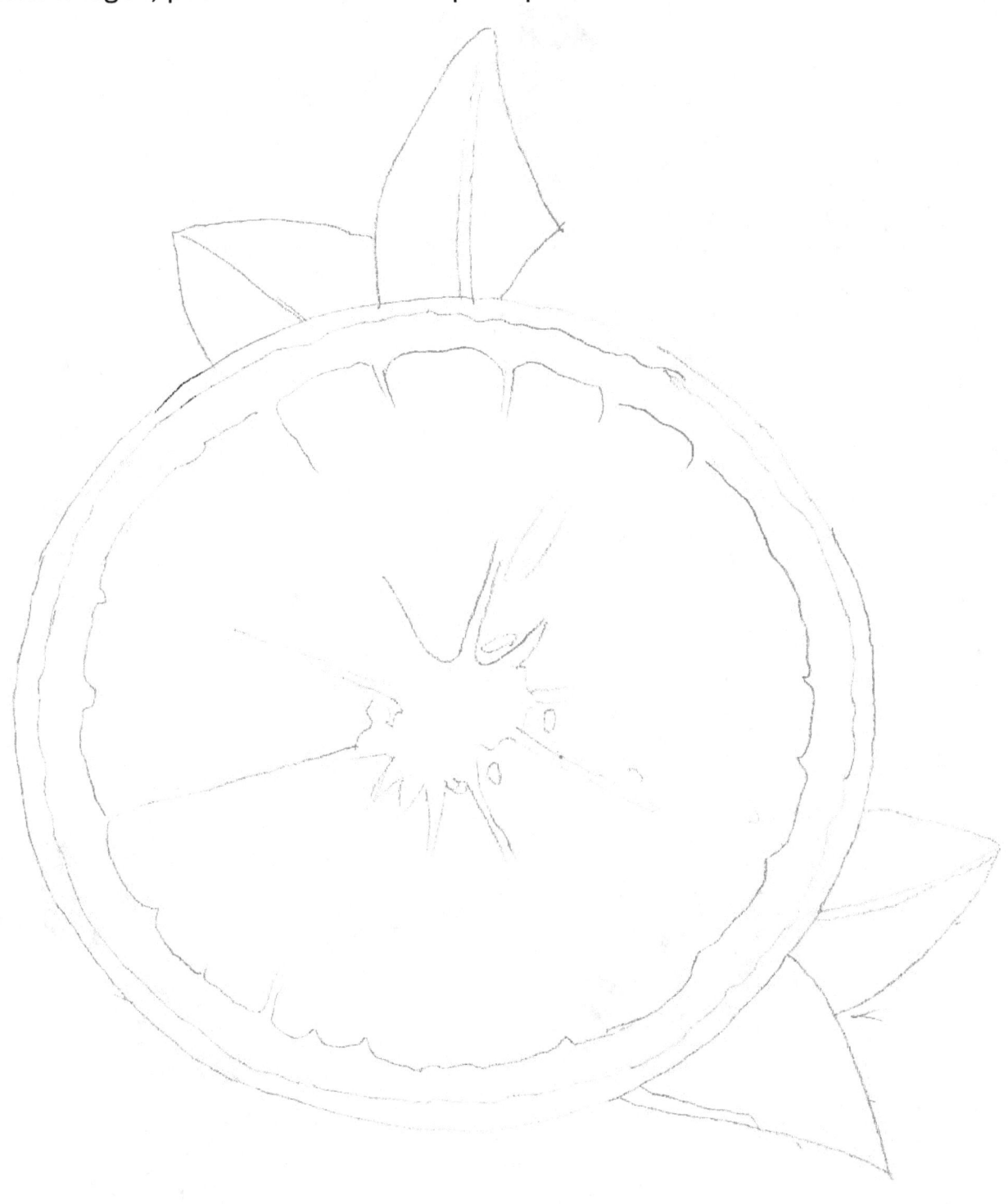

Comencemos sombreando las hojas, yo uso un HB para crear el tono básico. Llena las hojas haciendo pequeños movimientos circulares para distribuir el grafito de manera uniforme. Usa la superficie plana de la punta de un lápiz con forma de cincel para crear una textura suave más rápido. Luego mezcla todo con un muñón de mezcla.

Ahora, crea las partes más oscuras de las hojas, usando un lápiz B sobre las áreas dibujadas previamente. Al dibujar los bordes entre dos hojas, intenta hacer un fuerte contraste, que borde de la hoja que está más cerca del ojo del espectador sea mucho más brillante y sombrea la hoja de atrás. De esta manera, crearás un dibujo más realista y le darás más profundidad. En este paso, concéntrate solo en las áreas sombreadas. Analiza la siguiente imagen para ver cómo y dónde sombrear.

Para terminar las hojas, agrega los reflejos. En primer lugar, borra un poco las áreas resaltadas con un borrador amasado e intenta crear un degradado sutil entre estas partes brillantes y las áreas sombreadas. Además, crea las venas sobre las hojas con el extremo puntiagudo de una goma de borrar. Borra la vena del medio más gruesa y las más delgadas desde la central hasta el borde de las hojas.

Si has terminado con las hojas, puedes pasar a la naranja. Como primer paso, sombrea el anillo de la pieza cortada con un 2H. Crea el borde exterior nítido mientras que el interior debe estar borroso, así que mezcla con un muñón. La cáscara básicamente tiene dos partes: el flavedo y el albedo, que es blanco, y estos dos tonos fluyen gradualmente entre sí.

Continúa con 2H para llenar toda el área de la pulpa. Deja en blanco la columna central y algunas paredes, y dibuja alrededor de ellas. Aquí no debe llenar esta área con movimientos circulares, sino con líneas, comenzando desde el centro y yendo hacia la cáscara. Intenta que esta textura sea lo más suave posible y mézclalo todo con un pañuelo. Si accidentalmente aplicas algo de grafito sobre las áreas blancas, solo bórralo. Estudia la siguiente imagen para ver dónde he sombreado.

Agrega las partes más oscuras de la pulpa jugosa, en el área externa, más cerca de la cáscara, usando un lápiz HB sobre el tono previamente dibujado. Crea los sacos de jugo como se muestra en la siguiente imagen, dibújalos al azar y concéntrate en la presión sobre el lápiz. La mayoría de estas líneas deben irradiar desde el centro de la naranja. Presiona más fuerte al lado del borde exterior y más ligero a medida que avanzas hacia el centro. También puedes usar un lápiz H para crear líneas más claras.

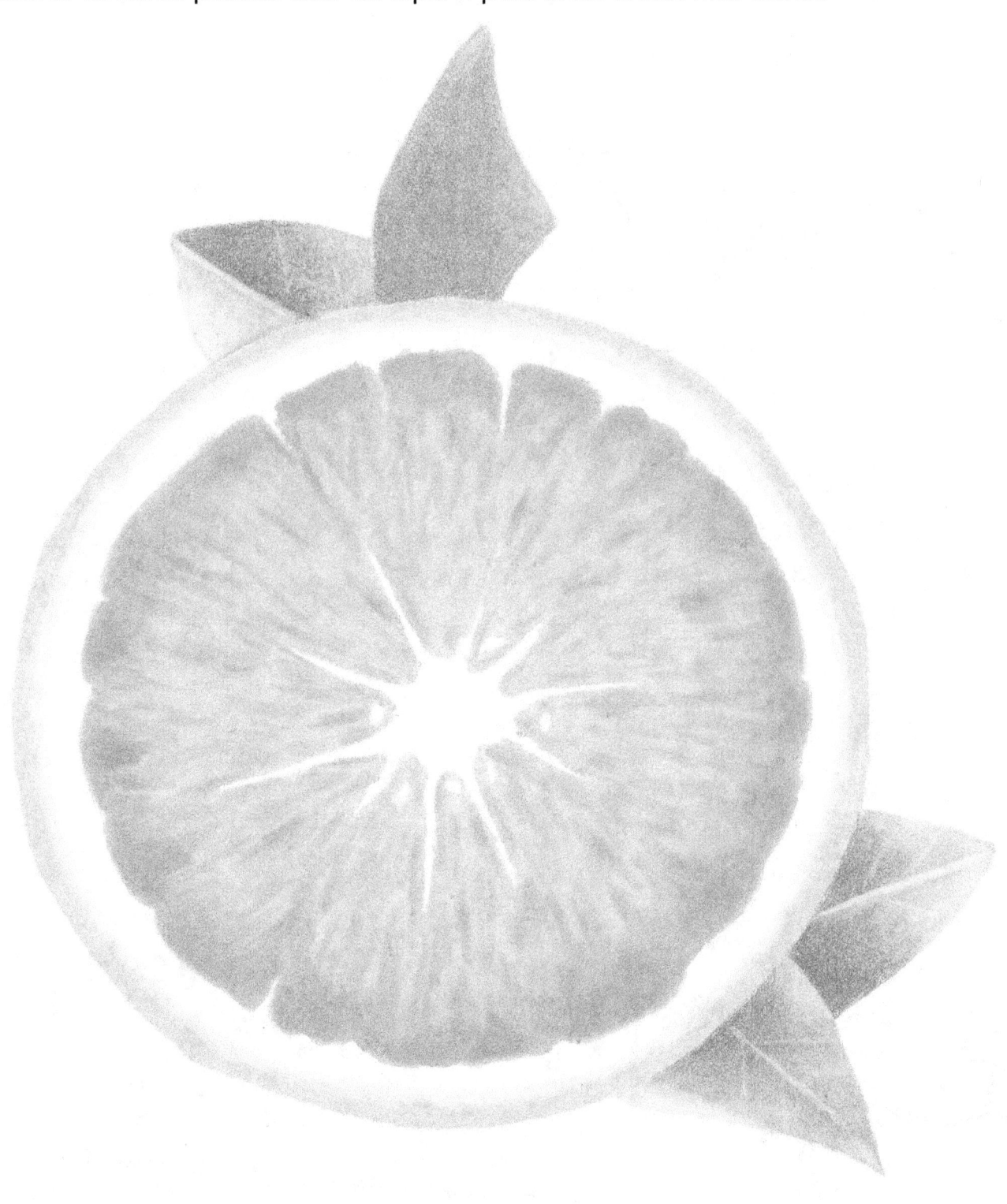

Usando una goma de borrar, crea los reflejos sobre la pulpa y el saco de jugo. No pases por las áreas sombreadas y más oscuras que creaste en el paso anterior, sino solo en el medio; presiona con más fuerza y resalta más al lado de la columna central, que es el área más brillante. Este paso hará que la pulpa brille. Además, agrega algunos reflejos más brillantes con un marcador blanco opaco para que la pulpa en esos lugares parezca aún más húmeda y brillante.

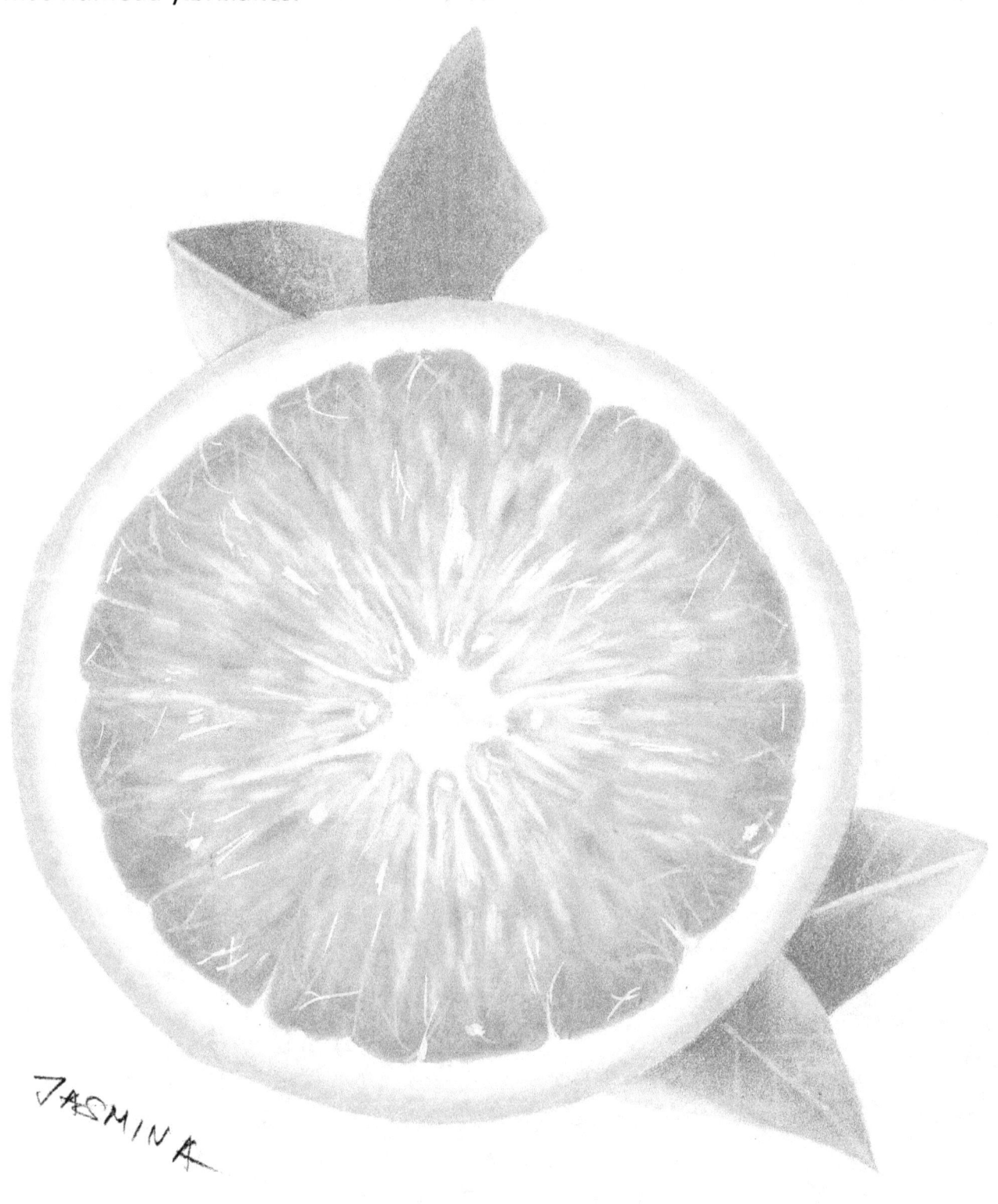

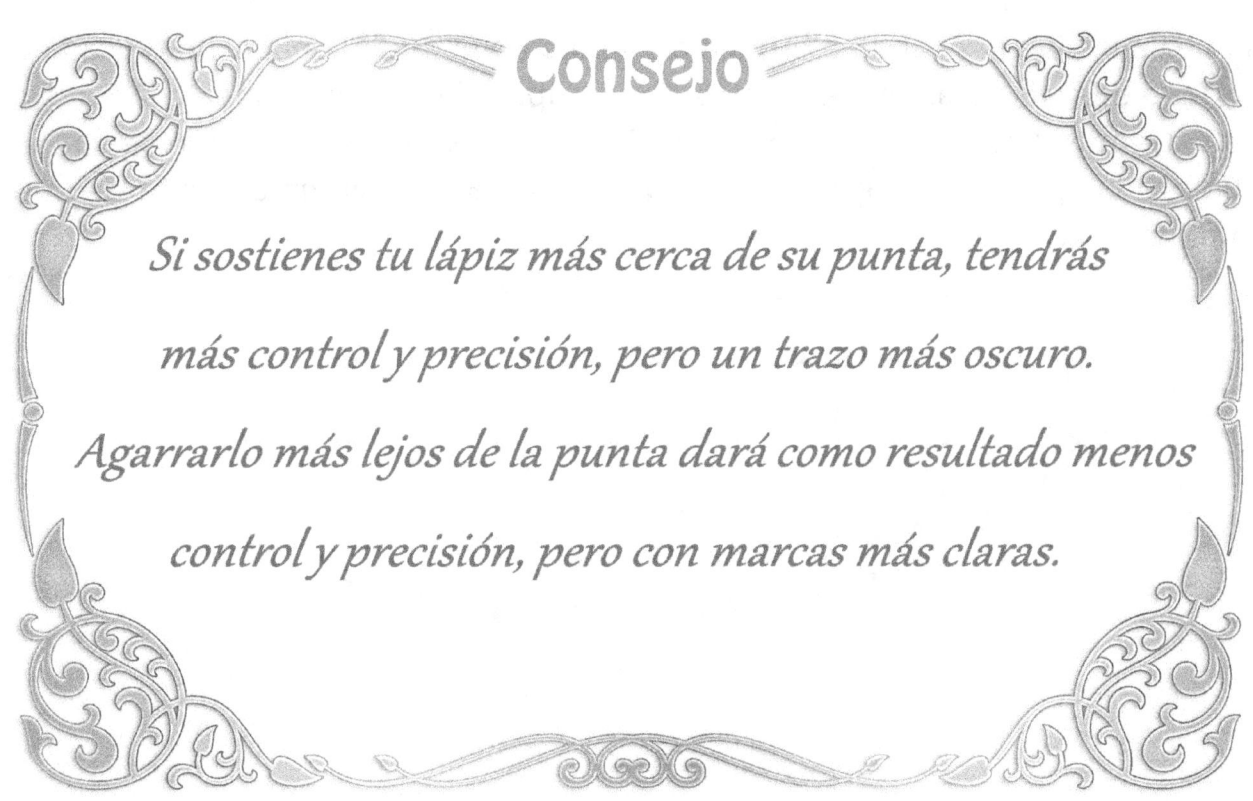

CÓMO DIBUJAR OJOS REALISTAS

Tenemos que determinar qué tan grandes queremos que sean los ojos. El ancho de un ojo suele ser el mismo que la distancia que hay entre los dos.
Quiero que el ancho de cada ojo sea de 5 cm aproximadamente, lo que significa que la distancia entre los dos será de aproximadamente 5.2 cm, solo un poco más porque también tenemos que pensar en los conductos lagrimales.

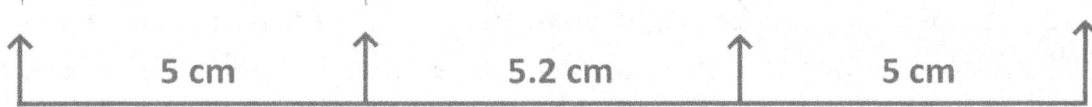

Luego, haz a las pupilas con una brújula de dibujo en el medio del ancho de cada ojo. Si el ojo tiene 5.0 cm de ancho, el centro de la pupila debe encontrarse a 2.5 cm desde ambos extremos. Configuré la distancia entre la aguja y el lápiz para que sea de unos 3 mm. Coloca la aguja en el lugar marcado anteriormente y dibuja el límite de la pupila para ambos ojos.

A continuación, dibuja el límite del iris manteniendo la aguja en el mismo lugar, amplía la distancia entre la aguja y la punta del lápiz. En mi caso, es de aproximadamente 1,0 cm. Hago saber mis medidas por si deseas dibujar el mismo tamaño que yo.

Ahora, describamos los ojos, es decir, dibujemos los párpados superior e inferior, con un lápiz 3H. El párpado superior debe cubrir el área superior del iris, así que marca una línea horizontal entre el límite del iris y el límite de la pupila. Comienza horizontalmente y luego curva la línea hacia los puntos que marcaste en el primer paso. Puedes crear una línea discontinua primero, para ver dónde se conectará, y si todo se ve bien, haz una línea completa. Además, determina la posición del conducto lagrimal en las esquinas internas de los ojos.

Luego, delinea el párpado inferior. Comienza justo sobre la línea inferior del límite del iris y dibuja horizontalmente sobre él, después sepáralo del límite del iris y dirígete hacia las esquinas exteriores y hacia los conductos lagrimales.
El párpado inferior suele ser menos curvo que el superior, pero, por supuesto, varía en cada persona.

Borra la del límite del iris que ahora se encuentra sobre el párpado superior.
Luego, dibuja el pliegue del párpado, debe ser una línea paralela sobre el párpado superior, que puede estar más cerca o más lejos de los ojos.

Además, dibuja el grosor de la piel debajo del ojo. Ve sobre la línea del párpado inferior y crea una línea discontinua, presionando ligeramente porque esta área se resaltará más tarde, así que simplemente marca la posición de la misma. Contornea el espacio para las pestañas al lado de las esquinas exteriores como se muestra en la siguiente imagen.

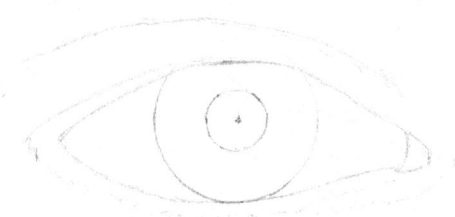 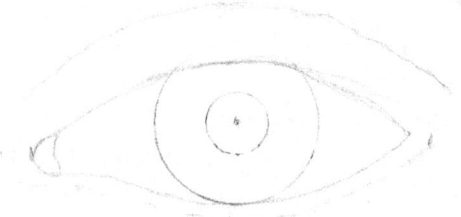

Dibujemos también el contorno de las cejas, porque aunque no tienes que dibujarlas, con ellas se ve más completo el dibujo. Pueden ser gruesas o delgadas, y delinea los pelos de las cejas con pequeñas líneas discontinuas, en lugar de una línea completa.

Como hemos tocado mucho este papel y también hemos borrado algunas partes durante el progreso del boceto, debemos transferirlo a un nuevo trozo de papel, para evitar tocarlo con los dedos. Pon un poco de tejido debajo de la mano, puesto que después de aplicar el grafito las huellas digitales serán visibles.

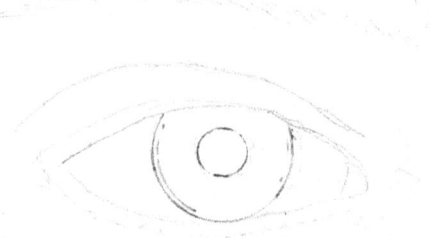 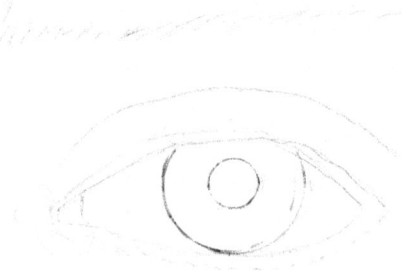

Comencemos con las pupilas. Usaré un 8B para llenar los dos círculos, recomiendo que uses al menos un 4B o uno más oscuro y que presiones muy fuerte, porque aquí tenemos que crear un color absolutamente negro. Hazlo con mucho cuidado al lado del límite de la pupila para preservar la forma perfectamente redonda.

Lo siguiente es sombrear el límite del iris, con un HB. Repasa el contorno inicial y aproximadamente 1 mm de profundidad, y presiona más fuerte en el área superior. Todo lo que se encuentra en el área superior, justo debajo del párpado superior, debe ser más oscuro porque este párpado bloquea la luz y proyecta la sombra sobre la parte superior del ojo. Aquí también trata de preservar la forma perfectamente redonda entre el iris y la parte blanca de los ojos, que se llama esclerótica.

Mezcla el borde entre el límite del iris y la parte blanca del ojo con un muñón difuminado porque debe estar borroso.

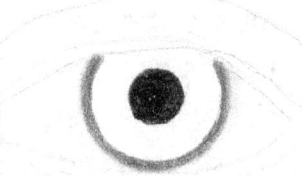

A continuación, dibujemos el iris. Quiero usar un 3H, pero puedes usar cualquier otro lápiz, dependiendo del color que quieras que tengan tus ojos. Aquí tenemos que dibujar las líneas que irradian desde el centro de la pupila. He creado algunos radios sobre el iris para mostrarte la dirección en la que debes dibujar.

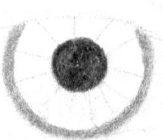 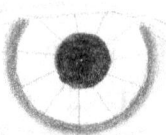

Ahora que hemos establecido su dirección, podemos dibujar los radios y llenar toda el área de los iris. Si no tienes un bolígrafo de gel de tinta blanca, un marcador blanco, una gouache o algo similar a mano, puedes omitir las partes de la luz reflejada, los puntos blancos o una forma similar y dibujar a su alrededor. Además, puedes cambiar la presión sobre el lápiz para crear los radios de diferentes valores.

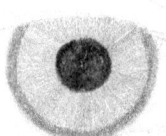 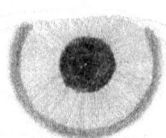

El borde entre los radios y la pupila está limpio y ahora tenemos que hacerlos borrosos, como tenemos el borde entre los radios y el límite del iris. Usaremos un lápiz B para hacer que ambos extremos de los radios desaparezcan gradualmente en la pupila y en el límite del iris. Dibuja pequeños radios hacia adentro del iris y disminuye la presión a medida que terminas cada golpe. Luego mezcla todo con un muñón de mezcla.

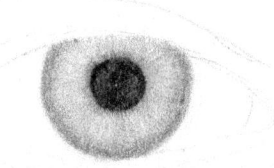 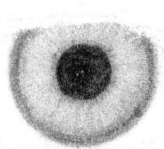

Dibuja algunos radios más oscuros para crear los patrones del iris, como se muestra en la siguiente imagen, con un 3B. Hazlos al azar, en un orden impredecible, algunos de ellos no deberían pasar por todo el iris, por lo que puedes dejar de dibujarlos en el medio. También pueden variar su grosor.
Justo debajo del párpado superior, tenemos que oscurecer el iris para crear la sombra proyectada. Yo uso un 6B para esto.

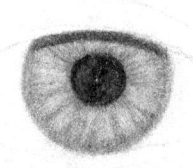 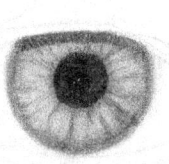

Crea algunos patrones resaltados entre los rayos oscuros que acabas de crear, usando una punta afilada de un borrador. Luego, crea las luces reflejadas sobre el iris y la pupila con un marcador blanco.

Aquí ya podemos pensar en las pestañas y cómo bloquearían la luz para poder crear la luz reflejada, como si atravesara las pestañas. Analiza la siguiente imagen para ver cómo la dibujé. Además, dibuja un punto blanco en la parte inferior de los límites del iris, que también indicarán la humedad del ojo. Intenta hacer que todo sea igual en ambos ojos. Como puedes notar, ahora los ojos se ven brillantes y más realistas. Si deseas mejorar aún más estos reflejos, simplemente sombrea junto a ellos con un lápiz muy oscuro.

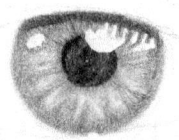 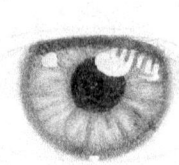

Ahora sombreemos la esclerótica. Para eso, tenemos que imaginar una esfera y, del mismo modo que sombreamos una esfera, tenemos que sombrear los globos oculares. Estos deben ser más oscuros en las esquinas y volverse más claros a medida que sombreamos hacia el límite del iris, así que debemos crear un gradiente sutil de gris oscuro a gris claro, con un HB en las esquinas, al lado del conducto lagrimal. Recomiendo usar la técnica del circulismo, para crear una textura suave, y presionar más fuerte justo debajo del párpado superior porque proyecta la sombra sobre la esclerótica. A medida que sombreamos hacia el límite del iris, tenemos que disminuir la presión y, por supuesto, vamos a usar lápices más claros en los siguientes pasos.

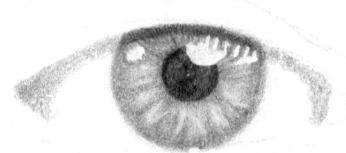 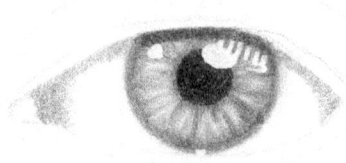

Podemos continuar con un 2H al lado del área de HB. Ve un poco sobre el área de HB y luego continúa sombreando hacia el límite del iris, también disminuyendo la presión sobre el lápiz. Sigue trabajando con la técnica del circulismo. Puede parecer aterrador cuando lo sombreas de esta manera porque la esclerótica es realmente blanca, pero tiene que estar completamente sombreada. El único punto blanco debería ser la luz reflejada.

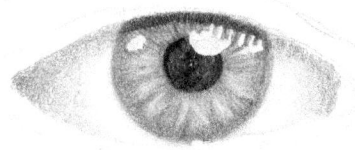 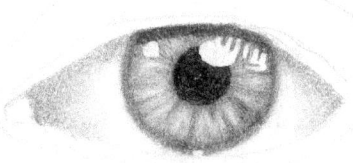

Como puedes ver, he dejado el espacio para el próximo lápiz, que será más claro, puede ser un 6H, 5H o 7H. Sombrea el resto de la esclerótica con movimientos circulares, repasa las áreas sombreadas previamente con un 6H para mezclar el borde entre los valores. Mezcla todo con un hisopo, teniendo mucho cuidado y comenzando por las áreas más claras hacia las oscuras.

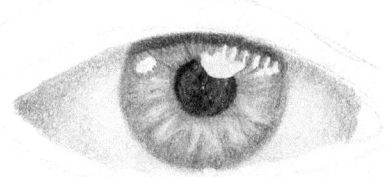 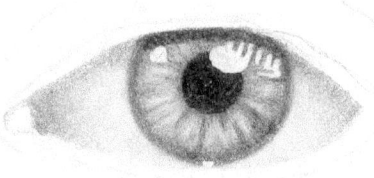

Sombrea ambos conductos lagrimales con un HB y deja fuera las áreas para las luces reflejadas. También puedes crear estas áreas con un marcador blanco después de haber sombreado todo el conducto lagrimal.

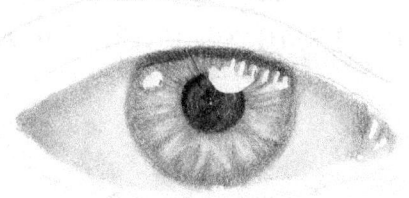 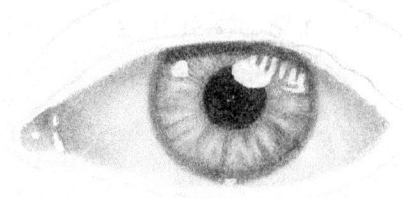

Luego, dibuja una línea gruesa sobre el párpado superior, entre la esclerótica y la piel, como se muestra en la siguiente imagen; si deseas dibujar ojos femeninos, puedes hacerlo más grueso para indicar el delineador. Estoy usando un 8B para esto. Estas son en realidad las raíces de las pestañas, pero las dibujaremos sobre la piel porque es más fácil y mejor hacerlo cuando esta se encuentra completamente sombreada y lista.

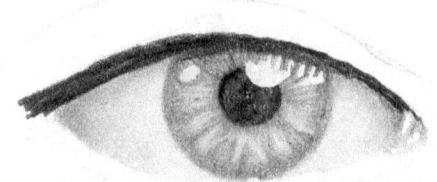 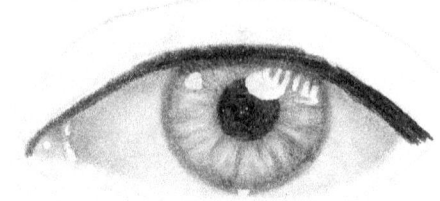

Ahora sombreemos la piel sobre los ojos y dividamos esta tarea en dos fases: debajo del pliegue del párpado y sobre este pliegue. En primer lugar, fortalece la línea para los pliegues de los párpados, usando un HB. Con el método de circulismo, sombrea la piel sobre la esclerótica de ambos ojos. Usaremos un lápiz más claro para la piel sobre el iris para que sugiera la redondez del globo ocular. Haz la textura lo más suave posible y presiona con más fuerza al lado del pliegue del párpado y al lado del delineador.

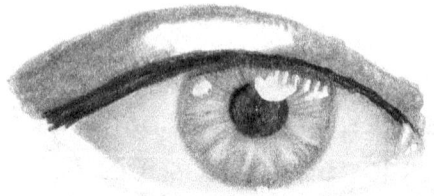 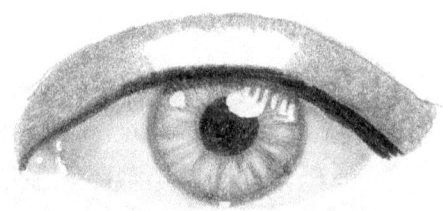

Sombrea el área del medio con un 2H. Presiona con más fuerza al lado de las áreas HB y luego libera la presión a medida que avanzas hacia el centro de este resaltado. Fortalece los pliegues del párpado nuevamente si es necesario.

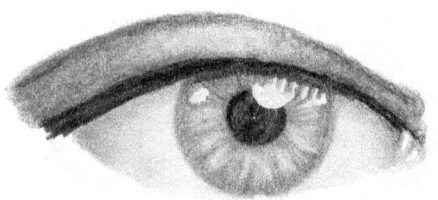 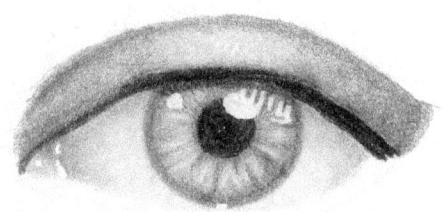

A continuación, sombrea la piel sobre los pliegues de los párpados. Fortalece las cejas para que puedas ver los contornos cuando se aplica la sombra. Las áreas hundidas al lado de la nariz siempre están más sombreadas, por lo que aquí tenemos que presionar más. Yo uso un 2H con movimientos circulares. Presiona más fuerte al lado del pliegue del párpado y luego disminuye la presión a medida que avanzas hacia el resaltado o hacia arriba.

Además, sombrea un poco justo debajo de la ceja, porque este borde bloquearía la luz y crearía una sombra propia. En la siguiente imagen, puedes ver las áreas que he sombreado y las que no he tocado.

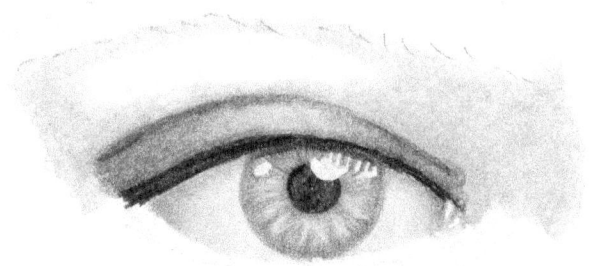 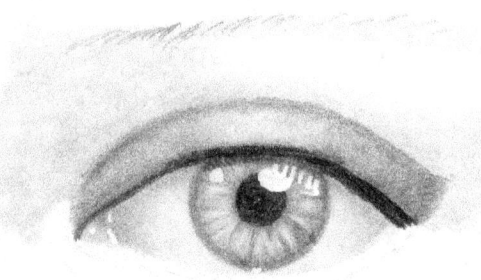

Lo siguiente es sombrear las partes resaltadas. Yo uso un 6H para esto. Luego mezcla todo con un pañuelo y para que se vea más suave.

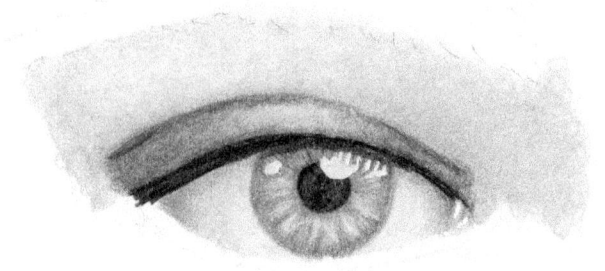 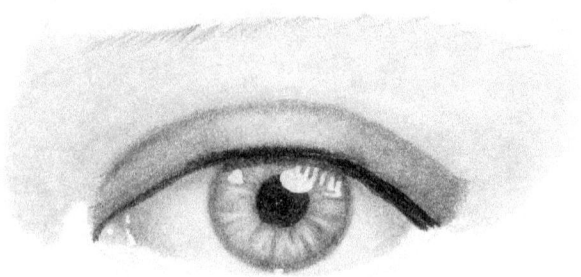

Dado que las áreas en sombra propia todavía son demasiado brillantes, podemos sombrear más. Pero puedes hacer que la piel esté más pálida. Para esto, estoy usando un 2B. Cuando hayas dibujado un poco, puedes mezclar con un muñón o con un hisopo y luego ver si necesitas sombrear más.

También he sombreado más justo por encima de los pliegues del párpado. Como puedes observar, siempre es mejor si creamos sombras más oscuras, pero no comiences con estas porque son difíciles de borrar; sombrea capa por capa y comienza con un lápiz ligero, ya que siempre puedes agregar más sombra si es necesario.
Si sombreamos con un 2B sobre las áreas 2H, no podemos oscurecerlo demasiado. Esto es bueno porque no te excederás accidentalmente con el sombreado. Las áreas sombreadas también dependerán de la fuente de luz. He imaginado la mía en el área media superior.

Mezcla todo con un hisopo.

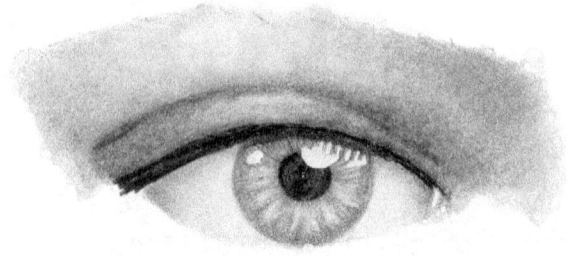 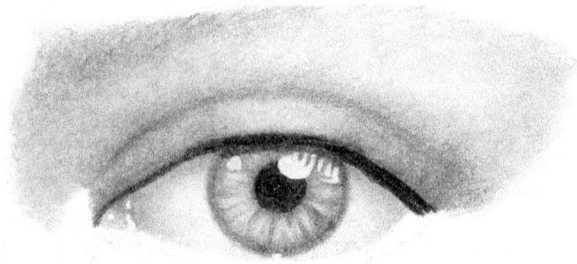

Si estás satisfecho con la piel sobre los ojos, puedes dibujar las pestañas. Pero antes de eso, sombrea la línea gruesa y oscura del párpado superior. Crea unas pestañas sobre la esclerótica, las que crecen hacia abajo. También sombrea más entre el delineador y la esclerótica, si es necesario. El borde parecía ser demasiado nítido entre estos dos valores, por eso lo sombreo con un 2B. Estas son en realidad las pequeñas sombras proyectadas por las pestañas o los grupos de pestañas sobre la esclerótica. Luego mezcla con un muñón de mezcla.

Me pareció que las partes superiores de la esclerótica eran demasiado brillantes en mi caso, pero debes decidir por ti mismo si necesitas sombrear más o menos. Si queremos hacer un poco de maquillaje, podemos aplicar valores más oscuros para que el dibujo se vea más llamativo y espectacular.

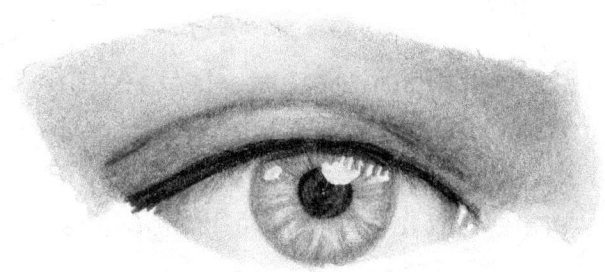 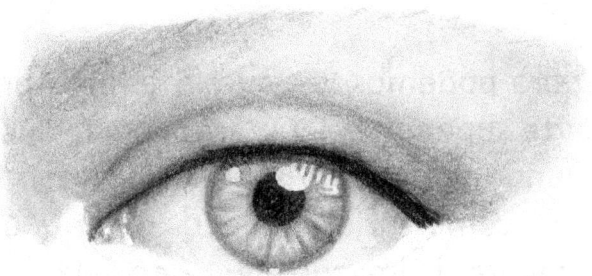

Finalmente podemos dibujar las pestañas.
Comienza con las verticales en el medio, por encima del iris. Yo uso un 7B para este paso.

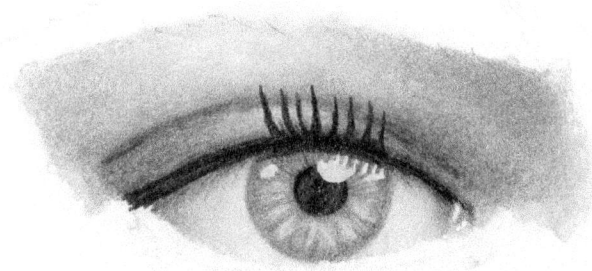 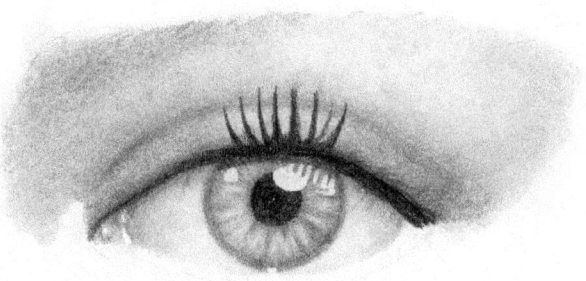

Dibuja pestañas más grandes, más curvas y más gruesas hacia las esquinas exteriores.

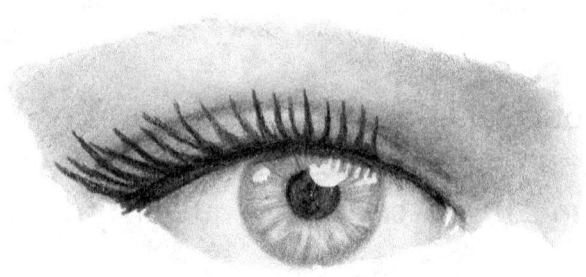 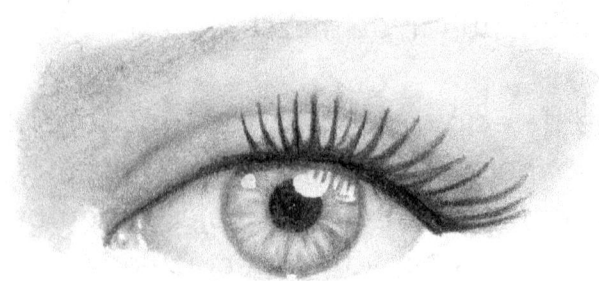

Ahora podemos ver que la sombra proyectada no es lo suficientemente larga sobre la parte superior del iris, así que hay que sombrearla más con un lápiz oscuro, como un B. Cuando el párpado superior proyecta una sombra más corta, la persona generalmente se ve como curiosa. Puedes notar que esto se ve menos con la sombra añadida cuando comparas la imagen anterior con la siguiente.

Muchas cosas se aclararán después de que hayamos dibujado las áreas circundantes. Por supuesto, es más fácil cuando dibujamos con fotos de referencia, porque podemos ver los valores y copiarlos, pero cuando dibujamos desde cero, como lo hemos hecho, no sabemos cómo resultarán las cosas. Por eso siempre podemos regresar y cambiar algo.

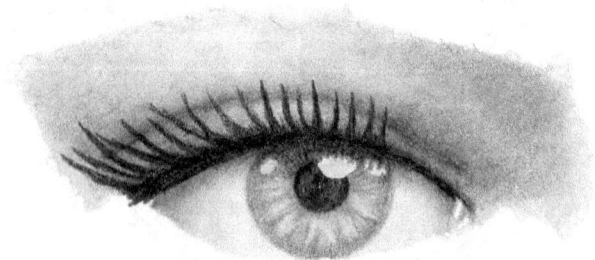 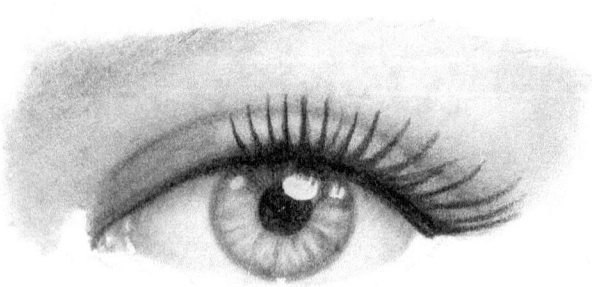

Ahora podemos dibujar las pestañas hacia el conducto lagrimal. Aquí, tenemos que hacerlas más cortas, menos densas, más delgadas y más curvas a medida que nos acercamos a los conductos lagrimales.

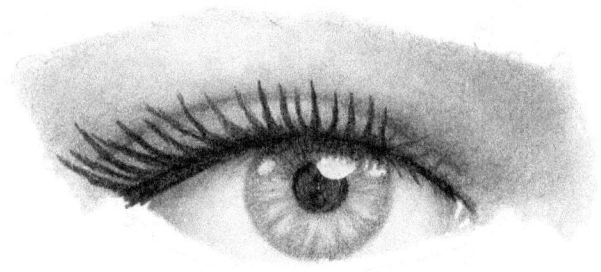 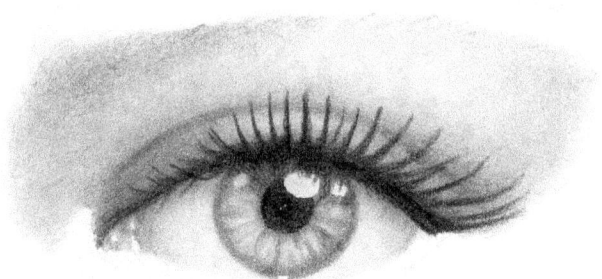

A continuación, sombrea el grosor de la piel del párpado inferior. Tenemos que usar un lápiz muy ligero para esto, pero primero, fortalece la línea entre la esclerótica y el grosor de la piel con un lápiz H bien afilado.

Luego usa un 6H para sombrear el grosor de la piel, que debería ser un poco más oscuro al lado de las esquinas y más claro en el medio, justo debajo del iris. Mezcla un poco con un hisopo o la punta de un muñón de mezcla, pero tiene que estar limpia, porque de lo contrario podría oscurecerlo.

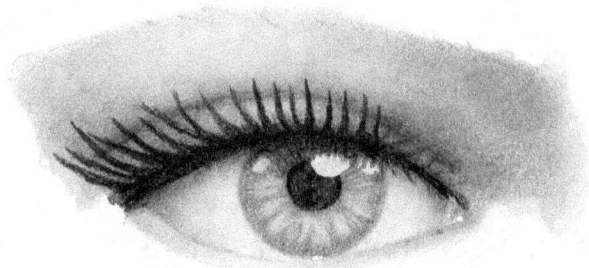 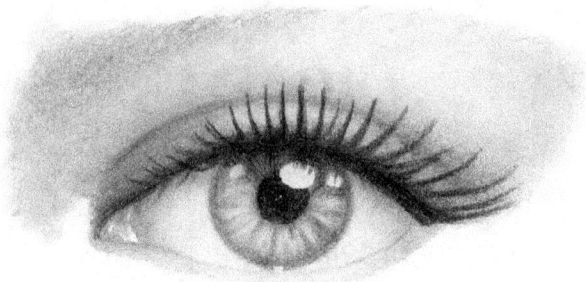

Antes de dibujar las pestañas inferiores, sombreemos la piel debajo de los ojos. Estoy usando un lápiz H con la técnica del circulismo. Tenemos que crear el borde resaltado entre el grosor de la piel y la piel, donde se encuentran las raíces de las pestañas. Por lo tanto, sombrea bajo el grosor de la piel y luego puedes resaltar el borde con un borrador. En la siguiente imagen, puedes ver que he dejado un área delgada e intacta para el borde. Presiona más fuerte debajo del músculo sobresaliente para crear su propia sombra. Simplemente aumenta la presión sobre tu lápiz H o usa un lápiz más oscuro como un HB, incluso un 2B.

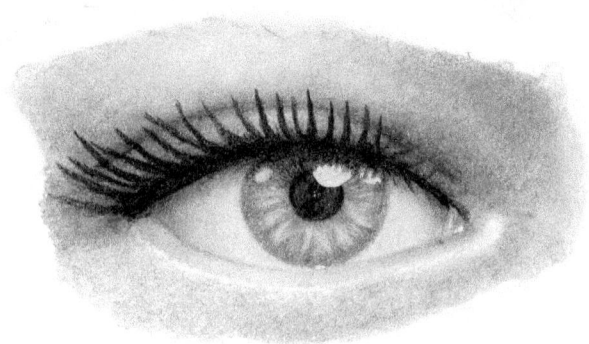 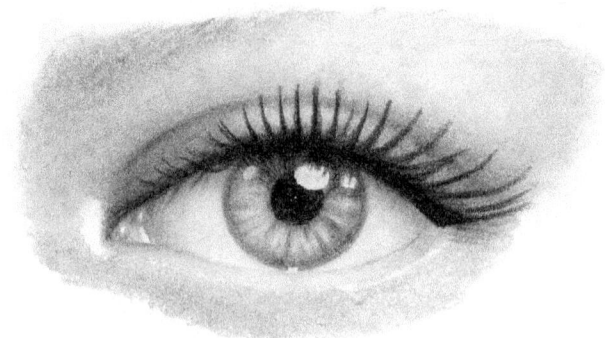

Ahora podemos mezclarlo todo con un hisopo. Como puedes ver, la piel se volvió mucho más suave después de la fusión.

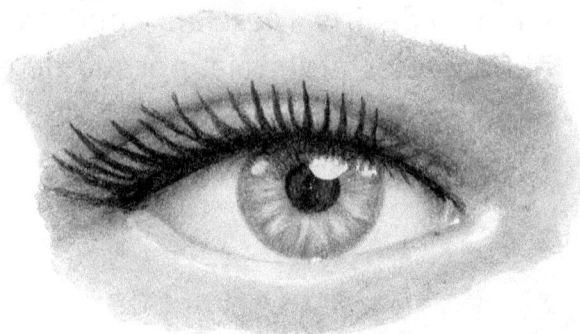 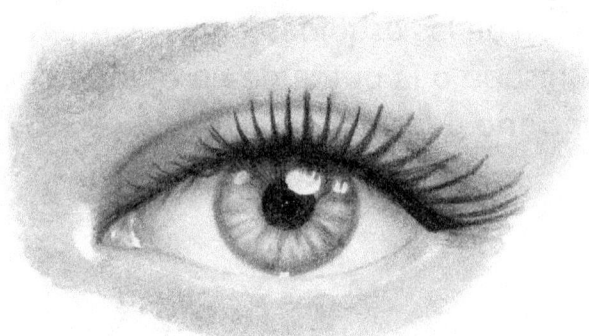

Sombreemos un poco más la piel. Quiero usar un 3H para hacerlo debajo del área sombreada previamente porque esta parte tiene que ser mucho más clara. Además, sugiero sombrear un poco la parte de la nariz que está entre los ojos para que el dibujo se vea más completo y también para practicar el sombreado. Tenemos el resaltado en el medio de esta área, por lo que debemos crear un gradiente suave entre el tono oscuro al lado de los conductos lagrimales y el resaltado.

Los reflejos pueden ser muy estrechos o más anchos, dependiendo de la forma de la nariz y de la fuente de luz. Si la fuente de luz proveniente, por ejemplo, del lado derecho, entonces el lado izquierdo de la nariz debería estar sombreado mucho más y el lado derecho debería estar más iluminado.

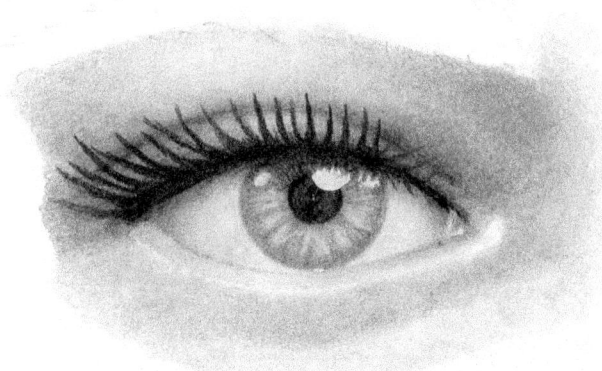 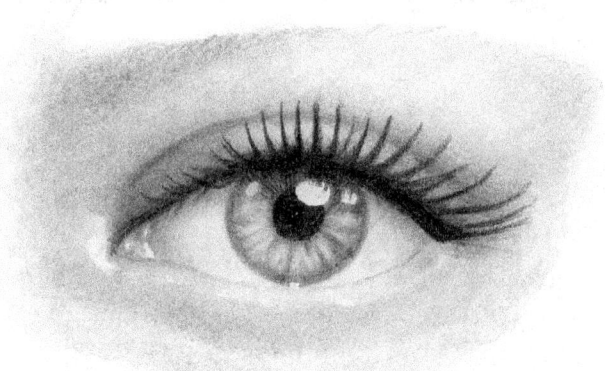

Luego, sombrea el resto de la nariz con un 6H. Comienza al lado del área 3H y disminuye la presión a medida que sombreas hacia el centro. Presiona más fuerte sobre el área entre las dos cejas para crear la sombra del hueso frontal. Tiene que ser más oscuro que el puente de la nariz.

Consejo

Necesitas cambiar la técnica para crear diferentes texturas. No deseas dibujar la piel humana de la misma manera que los metales. Cada uno tiene propiedades únicas y tiene que estar sombreado de manera diferente. Es un buen punto de partida para considerar si la textura es gruesa o lisa y si absorbe o repele la luz. Las texturas reflectantes y suaves, como el metal, tienen un mayor contraste, mientras que las texturas absorbentes y gruesas, como el algodón y muchas otras telas, tienen un bajo contraste y pocos o ningún reflejo.

Por último, mezcla todo con un pañuelo y luego verás si necesitas sombrear más.

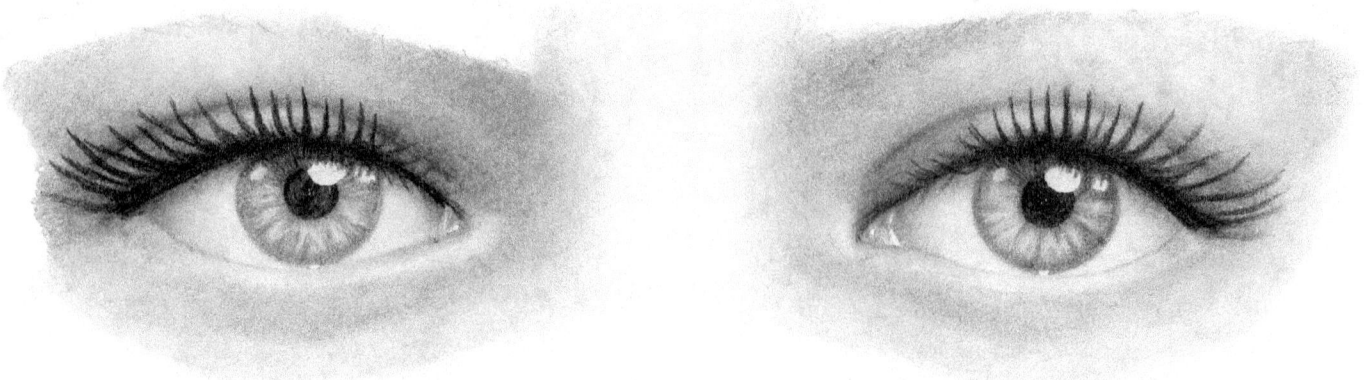

Dibuja las pestañas inferiores a continuación. Yo utilicé un lápiz 7B para las pestañas superiores, pero es suficiente si usas un B para las pestañas inferiores, porque estas siempre son más delgadas. Coloca la punta del lápiz sobre el borde entre el grosor del párpado y la piel, y crea trazos rápidos y seguros en la dirección del crecimiento del cabello. Los extremos inferiores de algunas pestañas vecinas deben estar pegados.

Dibuja pestañas más largas, más gruesas y más densas mientras trabajas hacia las esquinas exteriores.

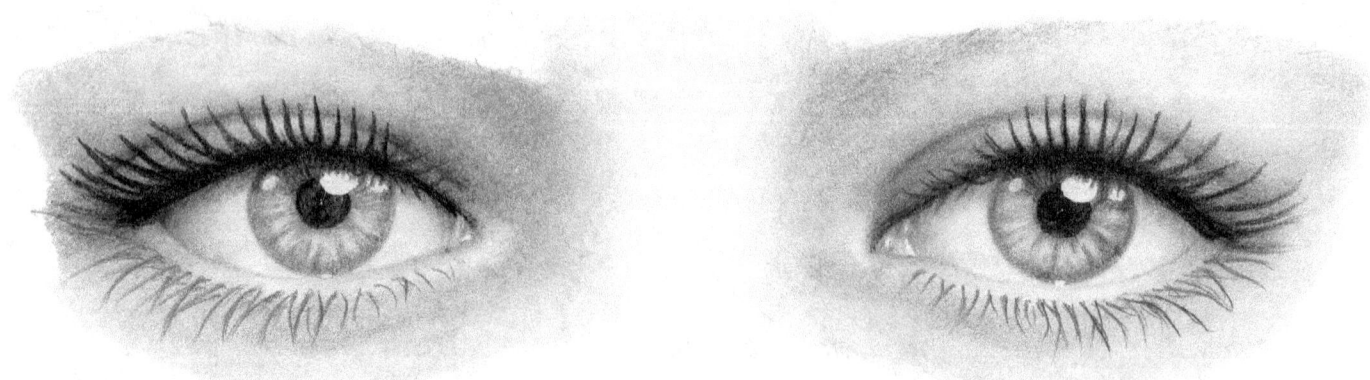

Ahora podemos dibujar las cejas. Primero, sombrea las áreas de las cejas con el muñón de mezcla que ya usaste para sombrear, que tiene algo de grafito en la punta. Observa la siguiente imagen para ver cómo he sombreado estas áreas. No es una buena idea dibujar los pelos sobre el papel blanco porque si sombreamos las áreas antes de dibujar las cejas, estamos creando las sombras que proyectan las pestañas. Puedes ver que mis líneas iniciales todavía son visibles, así que sé dónde quería colocarlas.

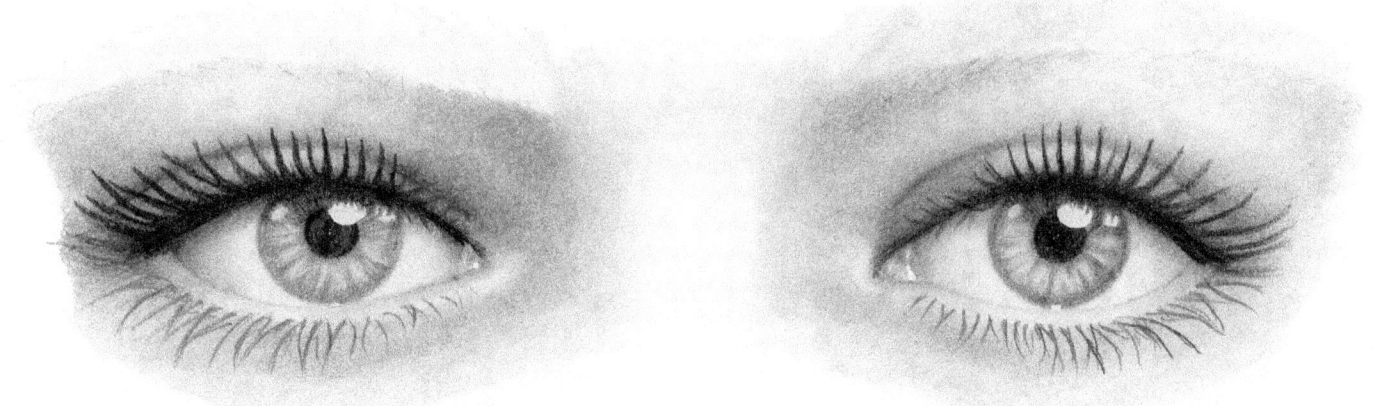

Dibujemos las cejas en la dirección de su crecimiento. En el siguiente diagrama, puedes ver las flechas colocadas digitalmente para mostrarte las direcciones en las que debes dibujar las cejas. También puedes ver tus propias cejas en el espejo o en algunas fotos de referencia.

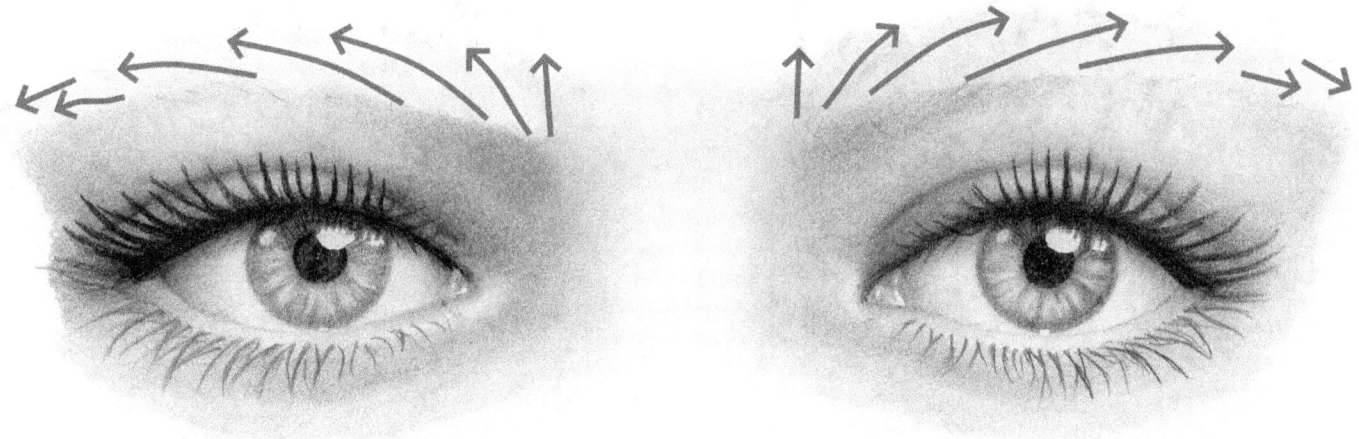

Puedes comenzar al lado de la nariz con las verticales y luego dibujarlas más horizontalmente a medida que trabajas hacia la sien.

Estoy usando un lápiz HB, pero cambio la presión para hacer los pelos de diferentes valores.

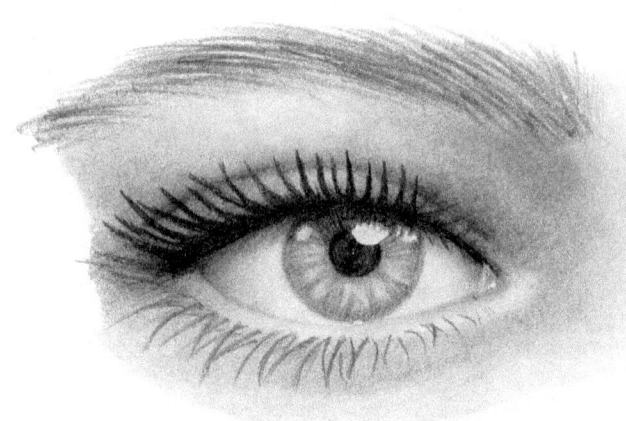
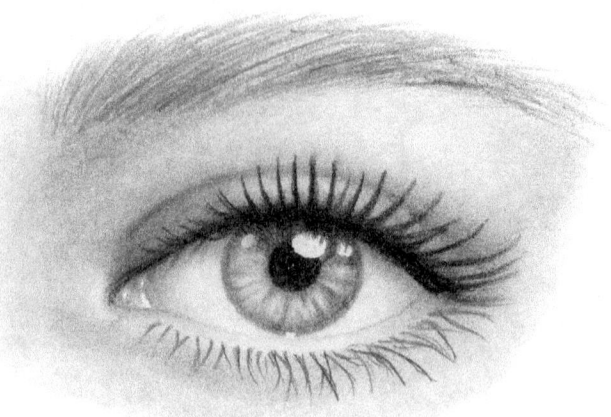

Mezcla estos pelos con cuidado con un muñón de mezcla o un hisopo para que las cejas se vean suaves y se imprima el grafito en el papel.

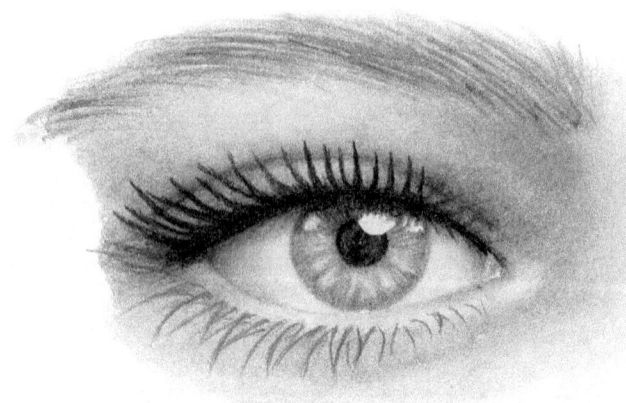
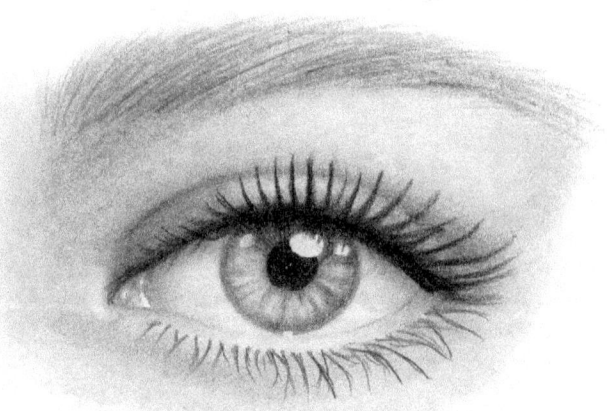

Luego, agrega algunos pelos más oscuros, al azar, usando un 3B en la misma dirección de las flechas. Dibuja pelos más oscuros en el área inferior, debajo del borde de la ceja, porque estos se vuelven menos claros. Si se depilan las cejas, pueden permanecer así, pero podemos agregar algunos pelos pequeños para que se vean más naturales. Observa dónde he dibujado estas líneas e intenta hacer lo mismo. Me parece que mis ojos se ven de alguna manera sin género, es decir, pueden pertenecer a una mujer, un hombre o incluso un adolescente. Es así como resultaron, pero está bien.

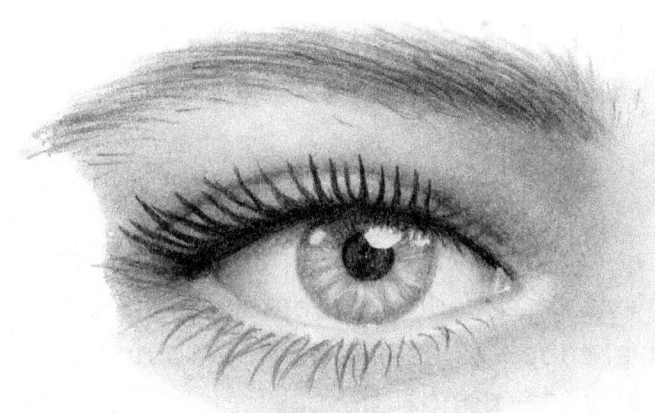
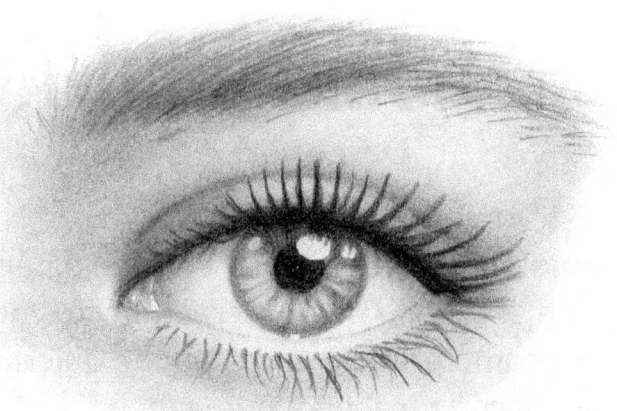

Ahora que los ojos están completamente dibujados, podemos ver si necesitamos sombrear más, cambiar algo o agregar algunos toques finales.

Me parece que la piel de la nariz todavía se ve pálida, por lo que he agregado una capa más de 3H, presionando ligeramente. También he oscurecido un poco el iris, pero esto es arbitrariamente, puedes elegir no sombrear más o puedes aligerarlos con un borrador. He agregado algunas pequeñas arrugas debajo de las pestañas inferiores, las que incluso tienen los jóvenes. Estas son visibles solo desde un primer plano, pero también es bueno practicar más detalles. Por último, podemos crear algunos reflejos con un medio blanco opaco. Utilizo un marcador tipo pin de Uni Posca, pero cualquier bolígrafo de gel de tinta servirá. Como puedes ver en la siguiente imagen, he creado pequeños reflejos finos con una pequeña punta de un marcador. Las puntas de 1 mm o más gruesas serían demasiado grandes aquí. Creé los reflejos sobre el borde entre el grosor de la piel y la piel debajo de él, las pequeñas líneas entre la esclerótica y el grosor del párpado inferior, y justo encima de las arrugas que dibujé debajo de los ojos.

Si no deseas que estos reflejos sean demasiado brillantes, solo tócalos con el dedo mientras están mojados. Si no te gustan, puedes quitarlos fácilmente con la uña, incluso después de que se sequen.

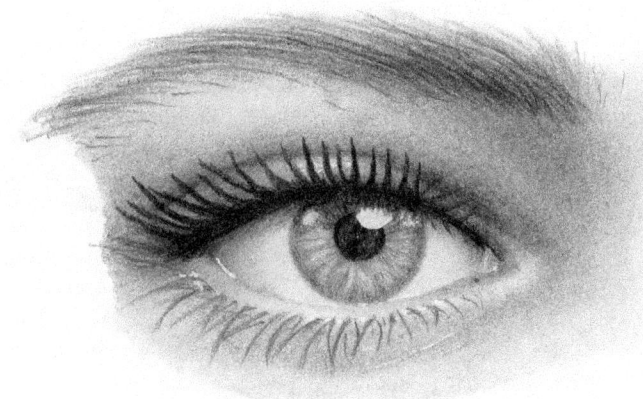
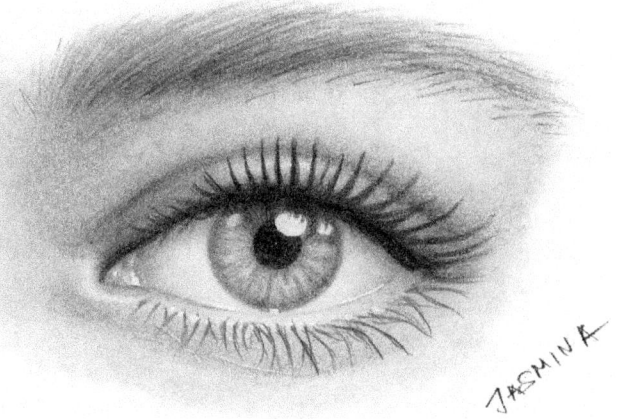

CÓMO DIBUJAR CABELLO NEGRO

Te mostraré cómo dibujar el cabello negro con lápices de grafito, pero para poder borrar sobre el cabello negro y crear efectos de movimiento resaltados, debemos aplicar un 5H o 6H como primera capa. Donde quieras dibujar el cabello, hazlo con 5H, pero no tienes que hacerlo cabello por cabello, solo cubre el área donde deseas que esté y no presiones demasiado.

En la siguiente imagen, puedes notar cómo se ve en mi caso.

Ahora podemos aplicar un 6B o uno más oscuro, yo usé un 8B. Comienza en la parte superior del área que cubriste en el paso anterior y dibuja trazos similares a cabellos hasta la mitad. Luego haz lo mismo desde abajo hacia la mitad. De esta manera, crearás el resaltado en el medio como se muestra en la siguiente imagen. Levanta el lápiz ligeramente a medida que terminas cada línea para que pueda desaparecer gradualmente en el papel y tener una transición de degradado de un 8B al color blanco del papel.

Algunos de los cabellos pueden ser más largos y pasar por lo más destacado. Cuando dibujas el pelo, puedes hacerlo bloque por bloque, bloques más largos o más cortos, de la misma manera que lo hago en este tutorial. Entonces, una vez que adquieras este método, podrás dibujar cualquier cabello en su conjunto.

Como puedes ver, mi cabello ya se ve curvilíneo y brillante. Parece que se dobla en el medio de su longitud.

Dado que este resaltado parece ser demasiado brillante para el cabello negro, puedes ir con un HB, pero no presiones demasiado, más bien cambia la presión para crear cabellos resaltados en movimiento. Como hemos aplicado un 5H como primera capa, no podremos crear áreas demasiado oscuras sobre él, por lo que importa qué lápiz aplicamos primero.

Déjame mostrarte un ejemplo rápido de lo que digo en la siguiente imagen. En el bloque izquierdo, primero apliqué un 5H, y creé la capa de un 8B sobre eso (tal como lo hice con el bloque de este tutorial).
Para el bloque derecho, utilicé un 8B como primera capa e intenté crear los efectos de

movimiento resaltados con un borrador sobre ambos bloqueos. Observe cómo mis reflejos ni siquiera pueden verse en el bloqueo derecho porque era imposible borrar un 8B cuando se aplicó primero. Tuve un trabajo bastante más fácil en el lado izquierdo porque la capa 5H no permitía que un lápiz 8B coloreara la fibra del papel y simplemente revelé la capa 5H con un borrador.

Creemos los efectos de movimiento sobre nuestro cabello. Corté la parte superior de mi borrador mecánico porque quiero crear un borde muy afilado. Si usas un borrador amasado, no tendrá ningún sentido porque estos borradores son demasiado suaves para poder borrar líneas tan pequeñas cuando se presionan con más fuerza. Por lo tanto, es esencial invertir en diferentes tipos de borradores porque todos son buenos para diferentes cosas.

Y ahora, como mencioné, podemos crear algunas efectos de movimiento borrando las líneas de todo el bloque, al azar. Como verás, es bastante más fácil hacerlo sobre el cabello resaltado en el medio del mechón, pero es mucho más difícil hacerlo sobre las áreas más oscuras; sin embargo, aún es posible con este borrador y debido al orden en el que hemos aplicado la parte cortada del borrador para obtener un borde limpio antes de usarlo.

Por último, oscurece algunas áreas en las partes superior e inferior, si lo deseas, y crea los cabellos en movimiento oscuros. Coloque la punta de un HB o un lápiz más oscuro sobre el cabello y usa trazos rápidos y seguros para crear pelos que no se peguen al mechón. Créalos también alrededor del cabello para romper el borde claro entre el fondo y el mechón. Dibuja estas líneas al azar, sin seguir ningún patrón. Estos efectos de movimiento siempre son importantes.

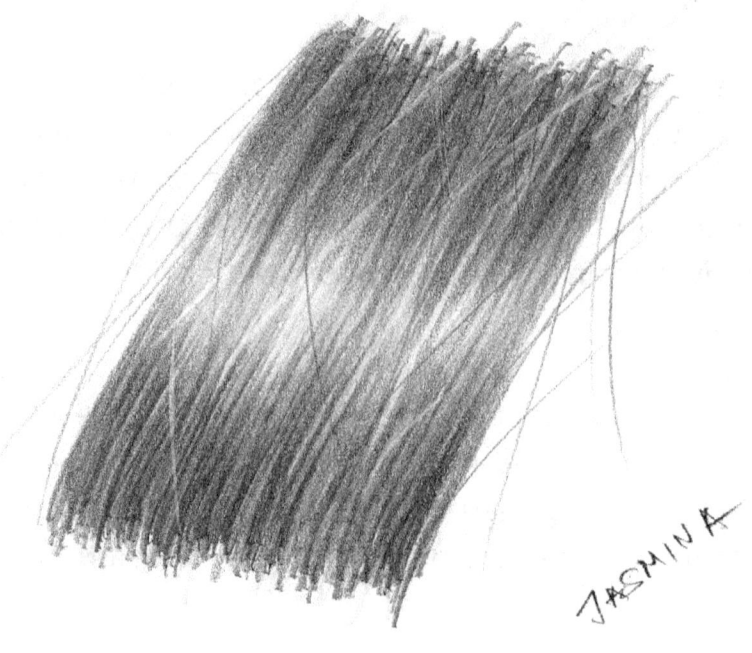

CÓMO DIBUJAR CABELLO CASTAÑO

Ahora dibujemos cabello castaño. Aquí también tenemos que aplicar la primera capa con 5H, 6H o 7H, cubre el área que deseas que tenga el cabello. Dibuja las líneas en la dirección del flujo del cabello como se muestra en la siguiente imagen.

Ahora podemos ir con un HB para el cabello castaño. Si quieres dibujar cabello rubio o café claro, puedes usar un lápiz 2H o más claro en este paso. Comienza en la parte superior y dibuja los pelos hacia el área media y no presiones. Algunos pueden ser más largos, pero la mayoría deben terminar antes del resaltado que queremos crear en el medio del mechón. Levanta el lápiz ligeramente para crear un degradado suave al final de cada trazo porque deberían desaparecer gradualmente en este tono básico. Cambia la presión sobre tu lápiz para crear diferentes tonos. Haz lo mismo desde abajo hasta la mitad.

Observa en la siguiente imagen cómo debería verse después de aplicar este tipo de trazos.

Combinémoslo con un muñón de mezcla y luego podemos agregar los efectos de movimiento y los tonos medios. Utilicé un HB para estos y mi borrador mecánico para los resaltados, tal como lo hice en el tutorial anterior. Aquí puedes agregar algunos tonos más oscuros para hacer que el cabello sea marrón oscuro, y puedes crear más luces sueltas para que el cabello sea rubio o marrón claro.

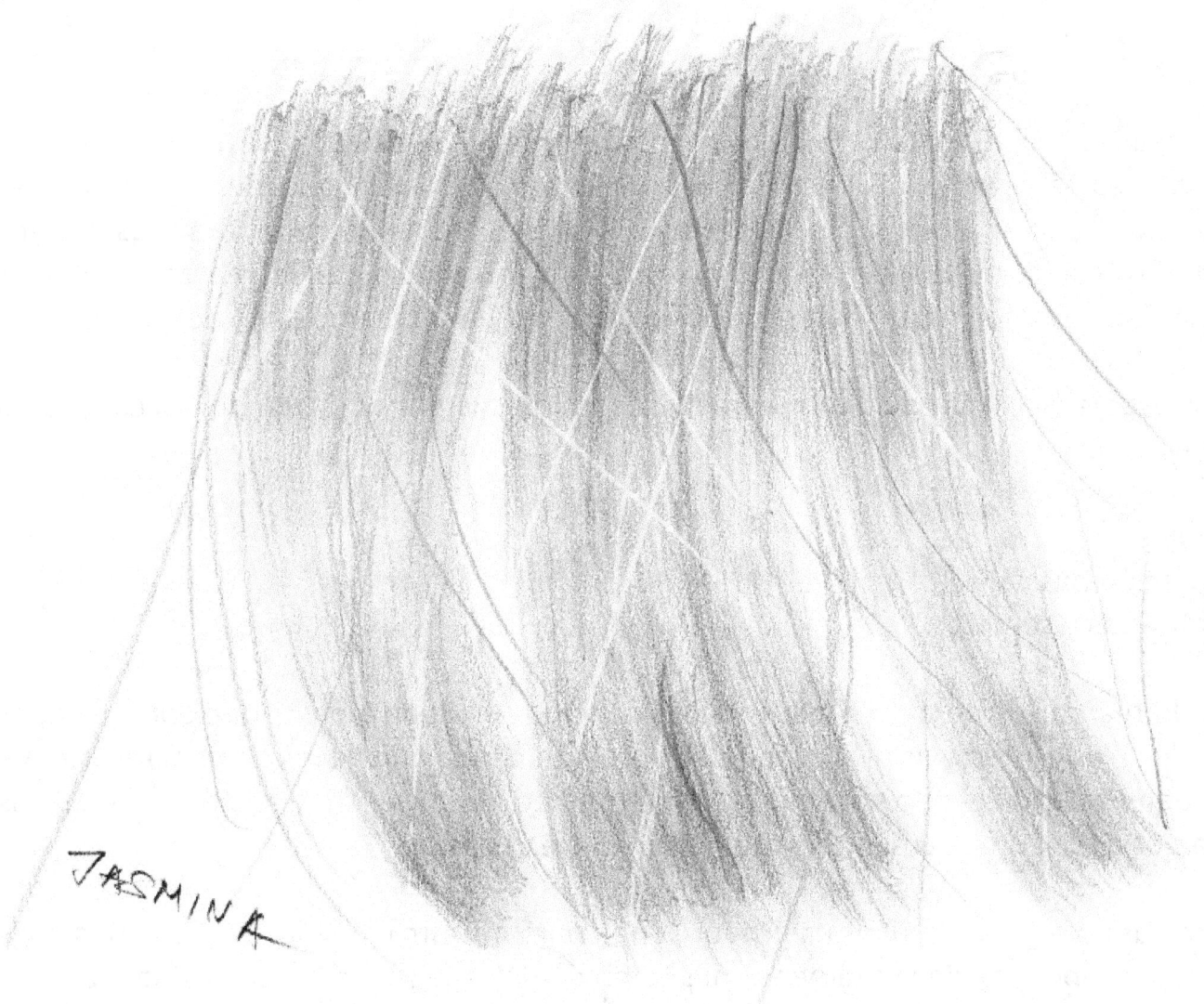

CÓMO DIBUJAR LABIOS HIPERREALISTAS

El hiperrealismo es el estilo de dibujo mucho más detallado que el realista. Una vez que adquieras las técnicas para crear dibujos realistas, es posible que desees crear más detalles para una apariencia hiperrealista. Los artistas generalmente crean los dibujos hiperrealistas a partir de la referencia de la fotografía, que puede realizar cualquier persona que haya practicado durante años o décadas, pero creemos uno desde cero.

Los pasos para hacer un dibujo hiperrealista son los mismos que cuando haces dibujos realistas:

1. Dibujo.
2. Coloración básica.
3. Destacados y sombras.

Luego de realizar estos tres pasos, podemos agregar un cuarto paso, que son dos tipos de detalles: los que son visibles cuando se observan desde una distancia mayor y los que se pueden ver solo cuando hacemos zoom en la foto. Entonces, hay cuatro fases por las que vamos a pasar para crear nuestros dibujos hiperrealistas.

Boceto para hacer el esquema proporcional para nuestro dibujo. Si hacemos más dibujos, la proporción de sus dimensiones también debería ser como en la vida real.

El segundo paso es aplicar el color básico sobre las áreas que deben colorearse. Por supuesto, podemos usar los diferentes valores dentro de un objeto, pero en el caso de estos labios, usamos un valor para cubrir toda el área.

La tercera fase es crear los reflejos y las sombras para que los objetos puedan obtener sus formas y ser reconocibles desde una distancia mayor. Por ejemplo, en la siguiente imagen, puedes ver los labios dibujados solo con sombras y reflejos antes de agregar los pequeños detalles.

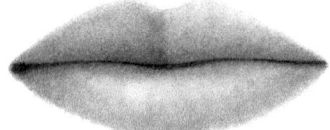

La cuarta fase es agregar los detalles sobre el dibujo realista, que pueden ser visibles solo cuando miramos más de cerca la imagen.

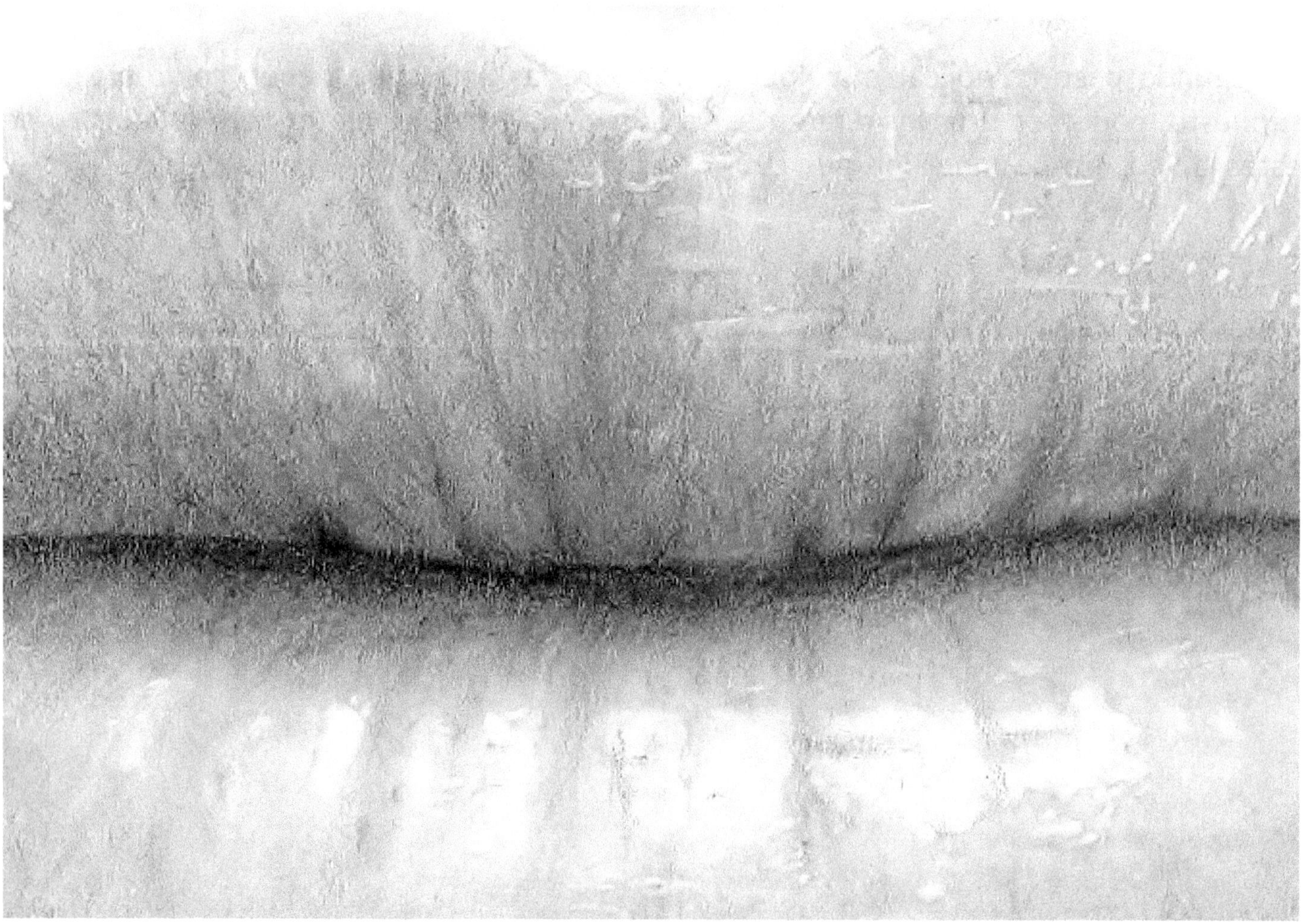

Entonces, la tercera fase hará que el dibujo sea realista o fotorrealista y en la cuarta fase hacemos que nuestro dibujo sea hiperrealista.

Pero empecemos desde el principio.

Comienza por crear una cuadrícula simple que servirá para la orientación y para saber dónde comenzar a crear los contornos.

Inicia con las líneas externas de la cuadrícula que tiene doce centímetros de ancho (casi cinco pulgadas) y una altura de cinco centímetros (dos pulgadas y media).

Luego, crea una línea horizontal casi en el medio. Si la altura es de cinco centímetros (5"), debes marcar el punto a 2,5 centímetros (2,5") desde la parte superior o inferior, a los lados izquierdo y derecho de las líneas verticales de la cuadrícula, para conectarlos y obtener la línea horizontal, como se muestra en la siguiente imagen.

Ahora podemos delinear los labios comenzando con de entre los labios. El labio superior suele ser más delgado, por lo que podemos dibujarla un poco por encima de la línea media de la cuadrícula. Aquí podemos ser creativos y dibujar las formas tal como las queremos. La línea entre los dos labios es casi recta, pero debe tener algunas curvas: al lado de las esquinas, deben subir y bajar. Por supuesto, depende del ángulo, los gestos y muchas otras cosas. En la siguiente imagen, puedes ver dónde he colocado esta línea.

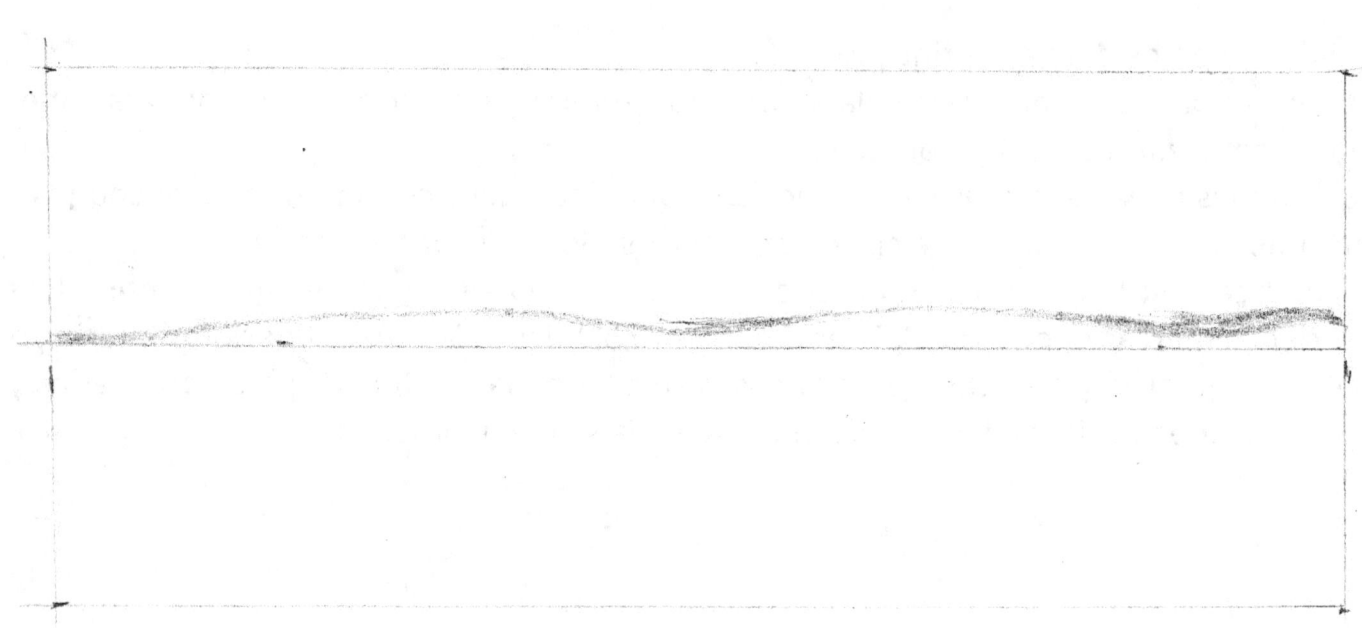

A continuación, hacemos el borde exterior de ambos labios.
El labio inferior suele ser menos complicado, por lo que puedes comenzar con este. Sobre la línea de horizontal inferior de la cuadrícula, dibuja una línea horizontal sobre ella un poco y luego comienza a separarla de la línea de la cuadrícula y dibuja ambos lados hacia arriba y hacia las esquinas. Intenta hacer que los dos lados sean lo más simétricos posible.
Para el labio superior, tenemos que determinar dónde está el punto central de la línea horizontal superior de la cuadrícula y dibujar el arco de Cupido en el medio, luego debes conectarlo a las esquinas de los labios.

Borra las líneas de la cuadrícula porque ya no las necesitas.

Lo siguiente es colorear los labios siguiendo la dirección de las líneas que puedes ver en el siguiente diagrama. Estas líneas representan las arrugas.

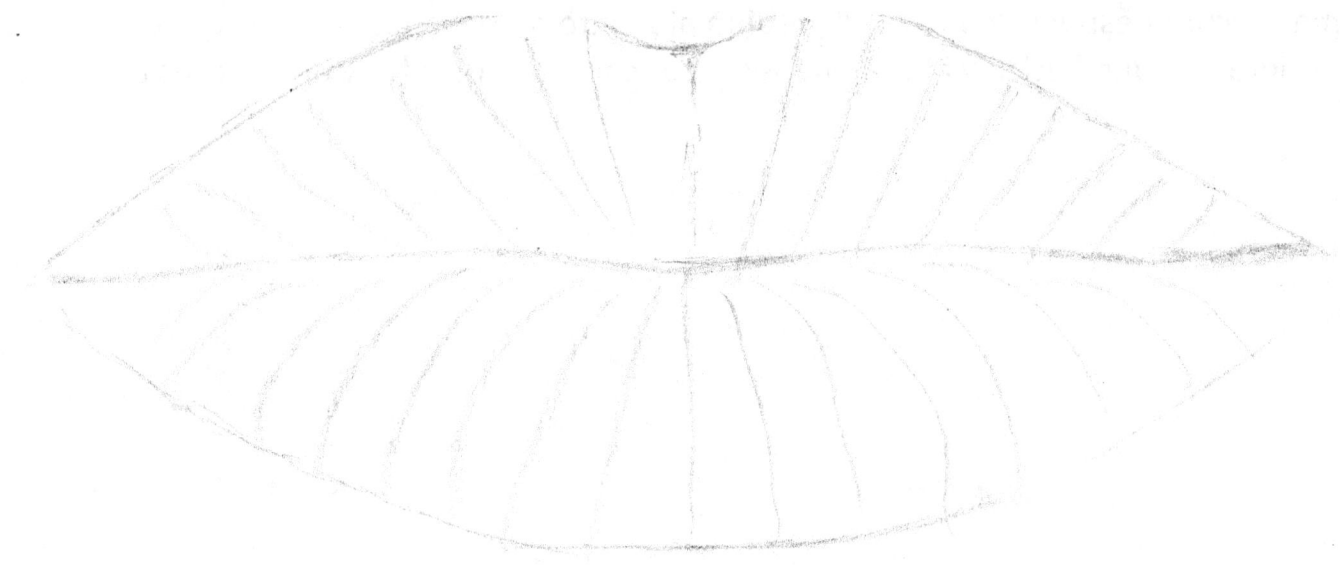

Usé un lápiz HB, pero puedes usar cualquier tipo.
En este paso, cubre toda el área de ambos labios aplicando la misma presión en todas partes para crear el tono básico. Si deseas ver la línea entre los dos labios, oscurécela presionando más fuerte con un HB o usa un 2B más oscuro para fortalecer este contorno, porque querrás tenerlo visible más adelante.

Aquí no tenemos que crear una textura suave, no te preocupes por eso en este punto porque vamos a mezclarlo. Puedes usar una punta de lápiz con forma de cincel para cubrir las áreas más rápido que con un lápiz bien afilado.

Ahora puedes mezclarlo todo con un hisopo. Presiona muy fuerte para imprimir el grafito en la fibra del papel y verás cómo la textura se suaviza. También notarás que se ve más oscuro después de la mezcla debido al grafito manchado.
Así tendrás el tono básico y ahora puedes crear sombras, resaltar y agregar los detalles.

Sugiero comenzar con las sombras. Utiliza un lápiz 4B para oscurecer las áreas que reciben menos luz que por lo general son las esquinas y entre los dos labios. Si tienes miedo de usar un lápiz muy oscuro, ve primero a la ligera y cuando te asegures de que todo se ve bien y en el lugar correcto, continúa presionando con más fuerza. Esto es particularmente importante cuando se dibuja desde cero, como en este caso, porque nunca sabemos cómo va a cambiar, así que tenemos que avanzar lentamente y no exagerar el sombreado. Aquí tenemos que crear una sombra proyectada por el labio superior sobre el inferior, principalmente en las esquinas.

El área en el medio de los labios está muy iluminada porque se encuentra más expuesta a la luz que las esquinas, por lo que estas deben ser más oscuras. Para esto, no tienes que usar un 4B necesariamente, puedes usar un 9B o cualquier otro lápiz oscuro, incluso puedes usar un HB y presionar muy fuerte, pero esto no lo hará lo suficientemente oscuro.

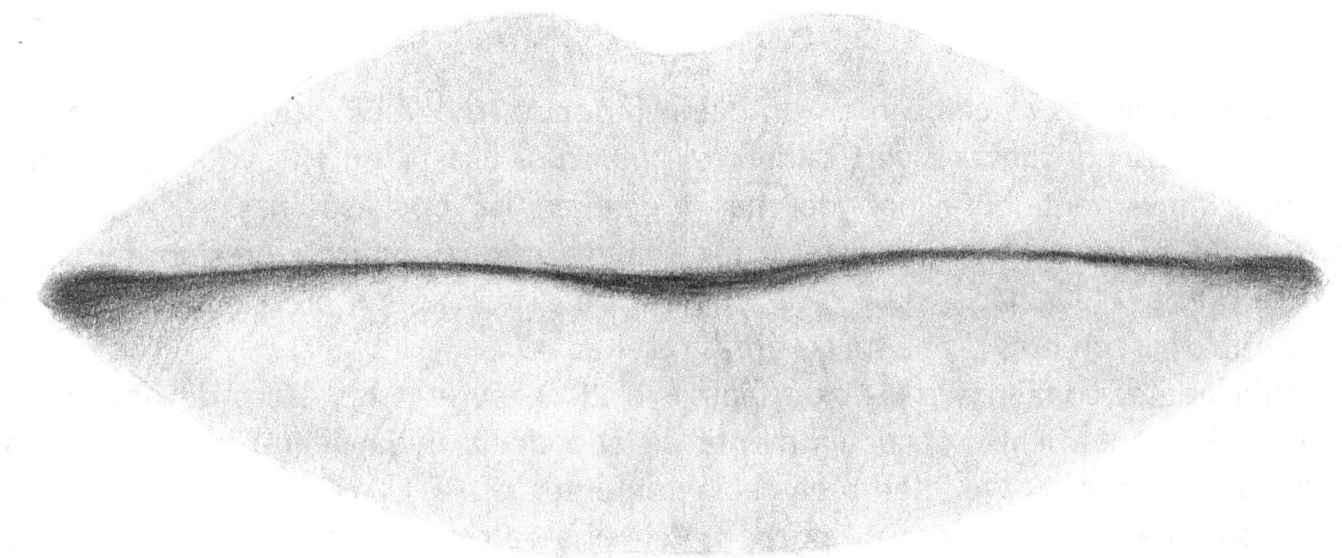

Ahora tenemos que crear los valores entre esta área muy negra y el tono básico de los labios que creamos con un HB. Después de eso, podemos agregar los aspectos más destacados. Para esto deberíamos usar un tono mucho más brillante que el 4B. Puedes usar un HB y esta vez presionar más fuerte sobre el labio superior para oscurecerlo. Me gusta trabajar con un HB porque me permite crear muchos tonos cambiando la presión y no tengo que cambiar los lápices con frecuencia. La parte horizontal inferior del labio superior siempre recibe menos luz para que podamos sombrearla en este paso. Esta área se llama *sombra autoarrojada*.

Siguiendo la dirección de las arrugas, presiona muy suavemente en el área superior del labio superior y presiona más fuerte en el área inferior. Tenemos que presionar menos en algún lugar en el medio para crear una transición degradada entre el tono oscuro y el tono brillante que hará que el salto parezca redondo.

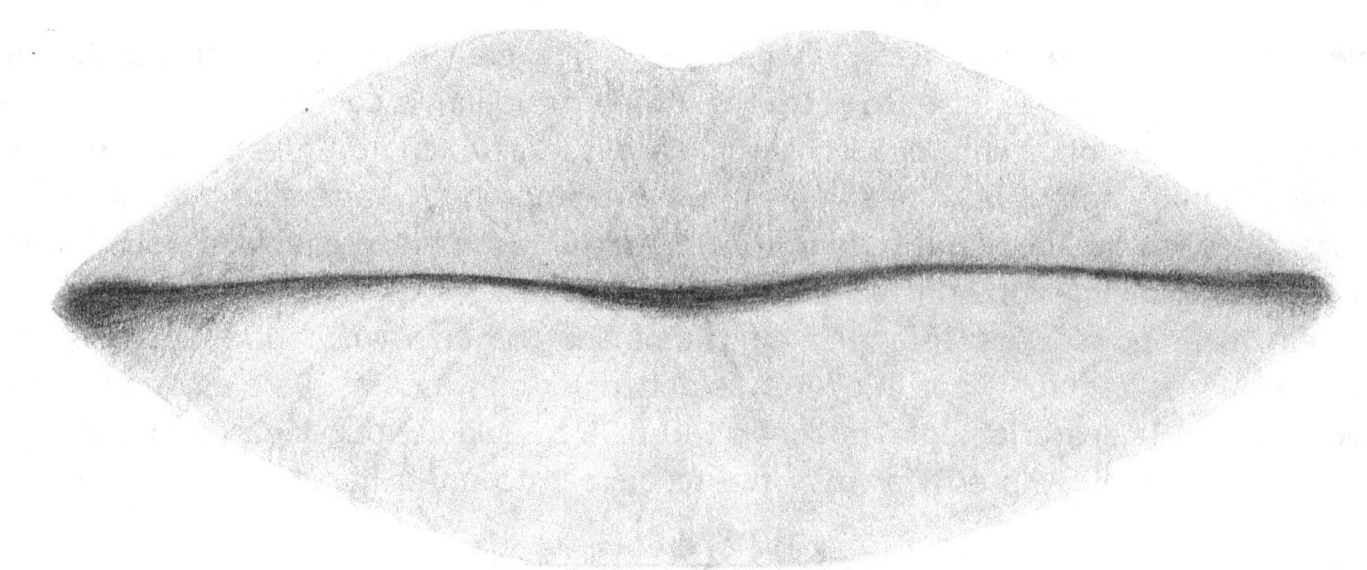

Dado que los labios se colocan en un plano redondo, tenemos que hacer que ambos sean redondos horizontal y verticalmente. Incluso si usaste un HB, ve sobre el labio superior nuevamente, presionando más fuerte en las dos esquinas y en la mitad horizontal inferior del labio superior. Luego, libera gradualmente la presión del lápiz a medida que avanzas hacia el arco de Cupido. De esta manera, crearás un degradado suave entre las sombras propias y las áreas resaltadas.

Posteriormente, comienza a usar un lápiz B o 2B y revisa estas áreas de nuevo para oscurecerlas lentamente, particularmente al lado de la línea negra entre los labios. Presiona muy ligeramente y sombrea pacientemente.

Después de haber sombreado un poco, mezcla el área con un hisopo, un pañuelo o un muñón de mezcla.

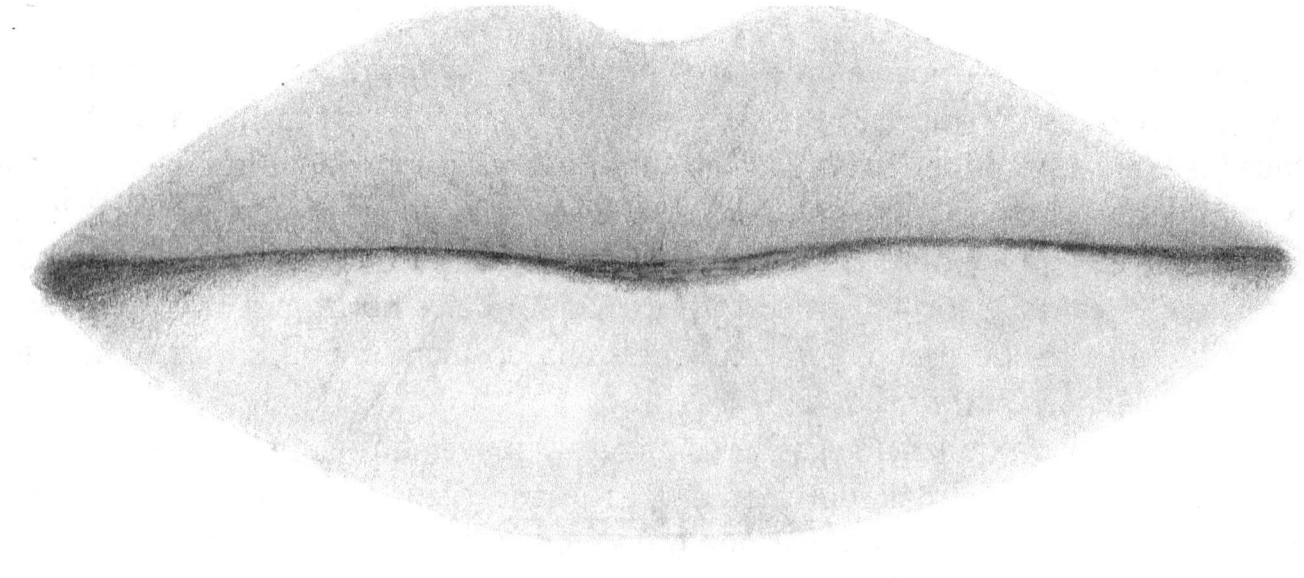

Ahora podemos sombrear el labio inferior pero con un HB. El labio inferior siempre está más iluminado que el labio superior, por lo que debemos sombrearlo con cuidado. Las áreas al lado de las esquinas tienen que estar sombreadas más intensamente que el área media del labio, ya que este también debe parecer vertical y horizontalmente redondo.

Además, presiona con más fuerza justo debajo de la línea negra que hemos dibujado entre los labios. Luego, disminuye la presión a medida que sombrea hacia abajo. Lo mismo se aplica al borde inferior del labio inferior. Tiene que ser más oscuro y volverse más brillante a medida que sombreas hacia el área media. Como siempre, es importante crear un degradado suave entre las sombras. Cuando hayas terminado con el sombreado, mezcla todo con un hisopo y puedes usar un muñón de mezcla en los bordes para un efecto más preciso.

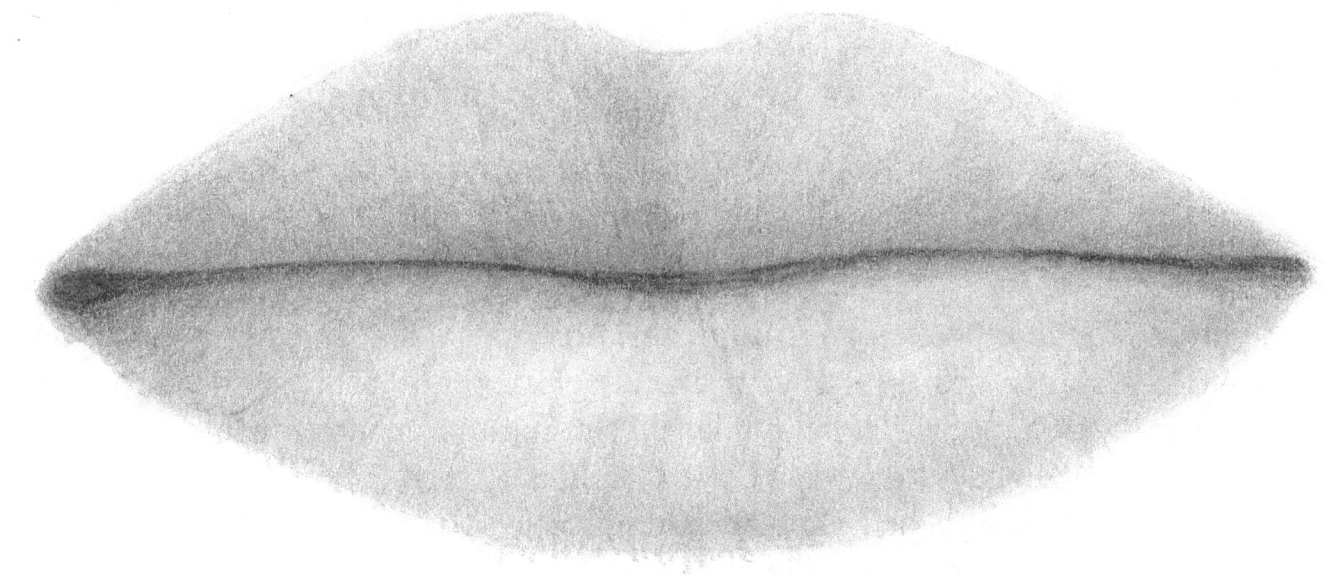

De esta manera, los labios ya no se ven planos.

Pero aún no hemos creado ningún detalle, más adelante los veremos. Por ahora, tenemos que concentrarnos en crear la forma de los labios agregando las sombras y los reflejos.

El siguiente paso es crear los reflejos borrando el tono básico sobre las partes de los labios que están más iluminadas. Es suficiente si solo toca el papel con un borrador amasado que lo volverá más brillante. Debes hacerlo con mucho cuidado para no exagerar el resaltado. Borra un poco del grafito en el área superior del labio superior, al lado del borde, ya que tiene una curva y recibe más luz. Haz lo mismo en el medio del labio inferior.

Si accidentalmente te excedes en los reflejos, simplemente repasa esa área con un hisopo y puedes oscurecerlo nuevamente.

Al crear los resaltados en el centro del labio inferior, presiona un poco más fuerte con un borrador amasado y cada vez menos a medida que se aleja del centro del resaltado. El borde entre el resaltado y el valor básico del labio debe ser borroso.

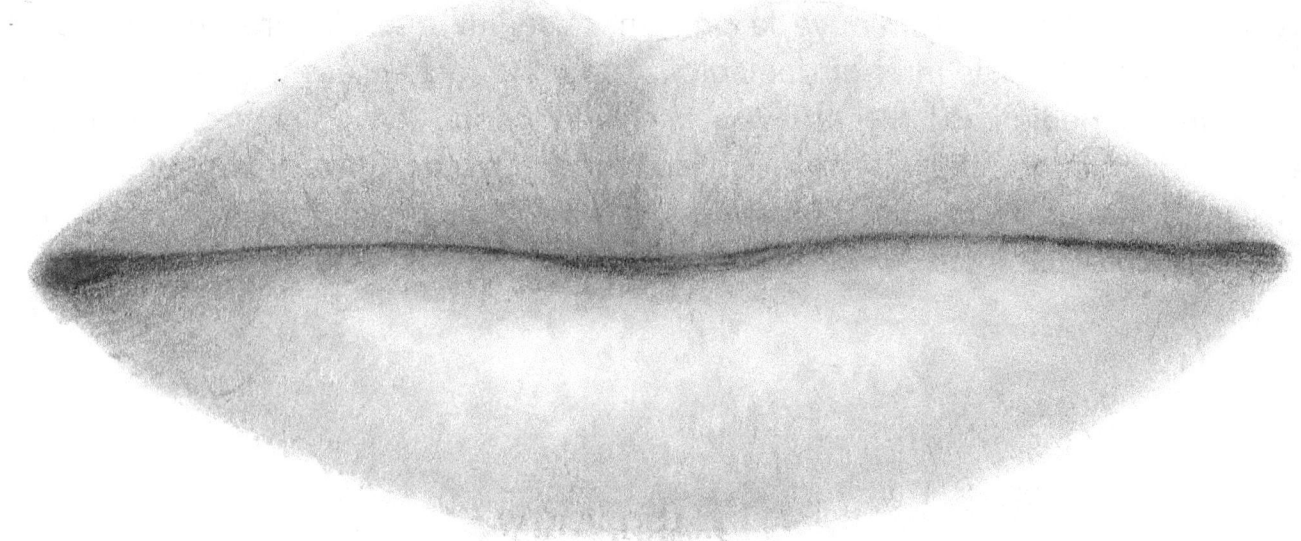

Ya que hemos creado reflejos menos brillantes, podemos hacer otros muy brillantes, lo que significa que tenemos que crear áreas absolutamente blancas sobre los labios, particularmente en el medio del labio inferior. No importa cuánto presionamos con un borrador, ya no podemos obtener ese color blanco del papel, por lo tanto, sugiero usar algo como una pluma de gel de tinta blanca, rollos gelly o un marcador blanco, cualquier cosa que sea opaca para crear los reflejos sobre el grafito.

En la siguiente imagen, puedes ver qué áreas he coloreado con un marcador blanco. Cuando agregas reflejos blancos, los labios se verán brillantes y húmedos. Los aspectos más destacados se mostrarán sobre las partes sobresalientes entre las arrugas. Examina la siguiente foto para ver lo que quiero explicar.

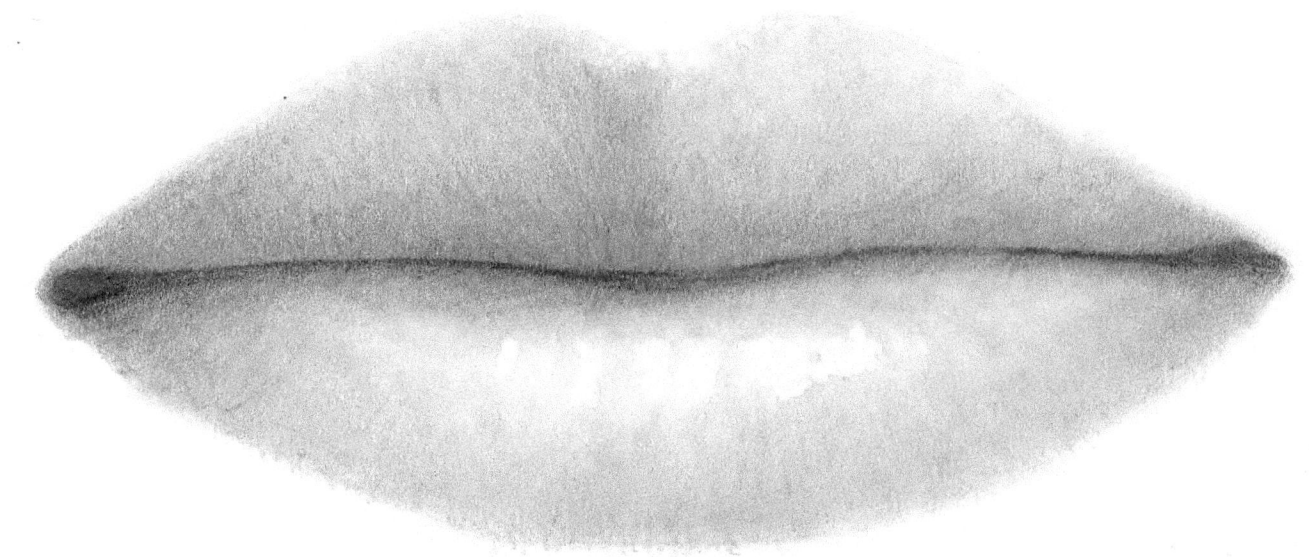

Ahora podemos crear algunos pequeños detalles que apenas son visibles desde una distancia mayor. Cuando acercas y observas la textura, puedes ver muchas arrugas pequeñas, la piel no es tan lisa como parece. Comienza con el labio superior y dibuja las arrugas en su dirección natural con un 4B. En el área inferior del labio superior, deben ser mucho más oscuras que en el área superior, por lo tanto, disminuye la presión a medida que dibujas sobre esta área con un 4B o usa un tono más claro. No tienen que dibujarse en algún orden, ya que si lo haces el dibujo parecerá menos realista.

Sugiero comenzar en el medio de los labios, porque allí tenemos arrugas verticales muy simples, y hazlas más curvas a medida que las dibujas hacia las esquinas. Algunas de ellas deben pasar por todo el labio y otras pueden ser más cortas. Cuando hayas dibujado algunas arrugas, mézclalas con un muñón. Debes dibujarlas principalmente en el medio, puesto que no se encuentran arrugas en las esquinas, donde puedes agregar más sombra en este paso.

Continúa creando todo tipo de pequeñas arrugas, incluso las horizontales, particularmente en el medio del labio superior, como se muestra en la siguiente imagen. Usa un H2H o un grado más claro para el labio inferior porque las arrugas de este no son profundas y están más iluminadas.

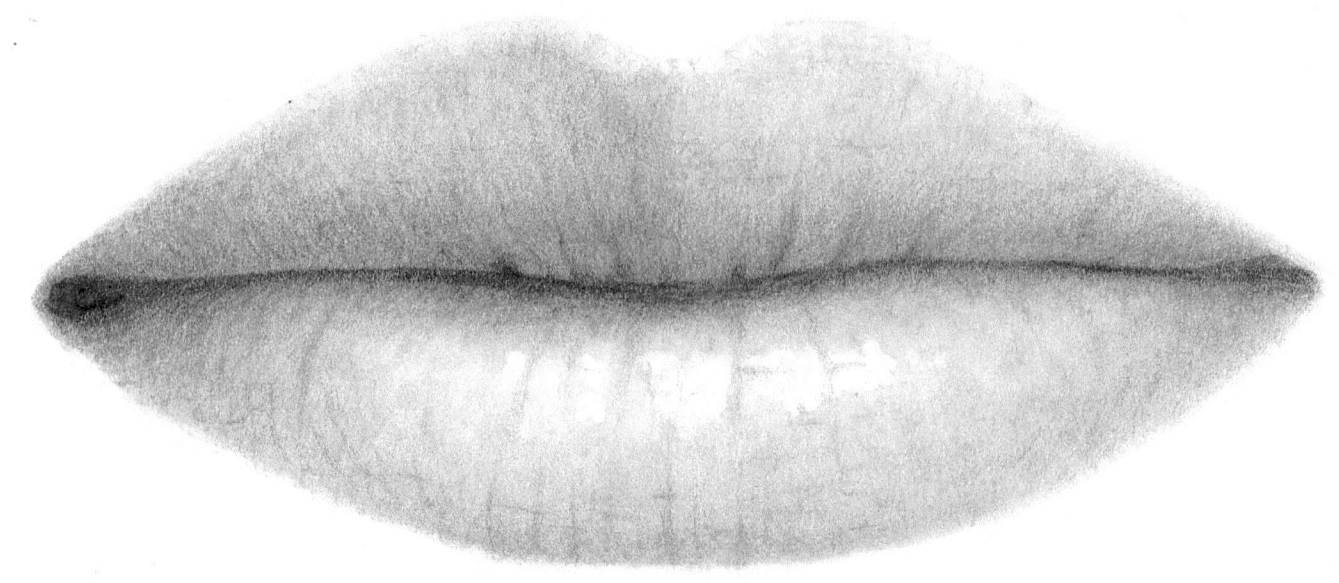

Ahora podemos crear con un borrador amasado pequeños reflejos que no son demasiado brillantes y que se forman sobre los bordes de las arrugas, de esta manera quedarán resaltadas. En las áreas sombreadas, estos resaltados deberían ser mucho más oscuros, tenemos que crearlos tocando suavemente el papel con la punta de un borrador para eliminar un poco el grafito.
Incluso puedes usar una pluma de gel de tinta blanca o un marcador blanco para estos.
Si no te gustan las arrugas resaltadas que has creado, simplemente revísalas con un muñón de mezcla o cualquier lápiz.

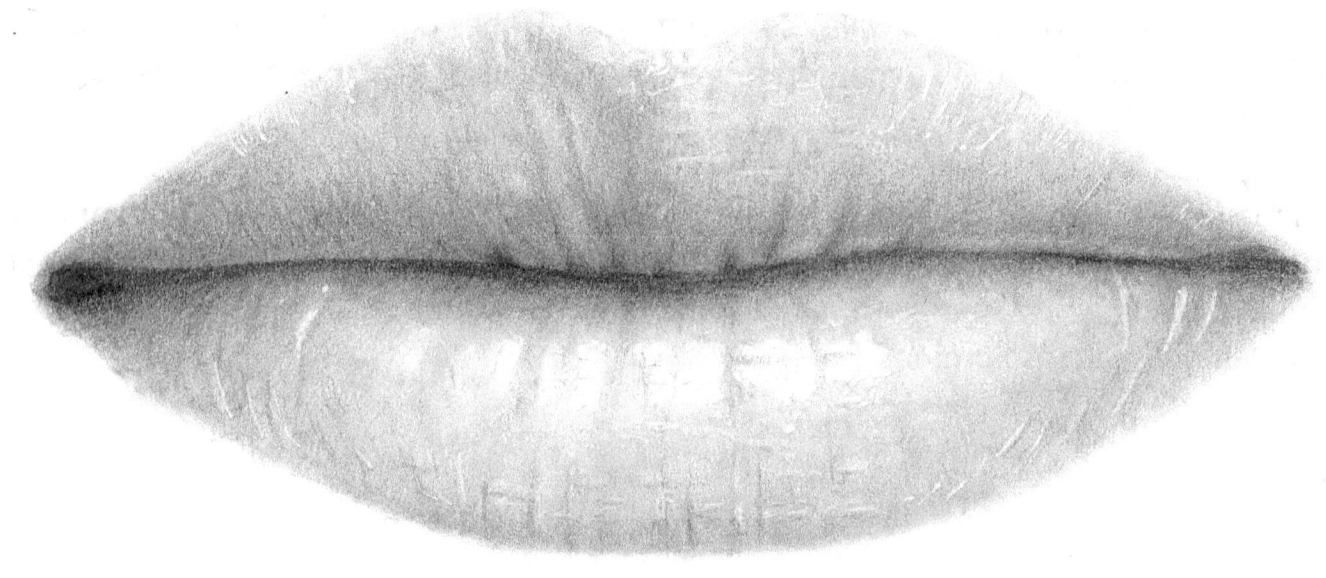

Si estás satisfecho con los labios, puedes agregar algunas sombras proyectadas, por ejemplo, justo debajo del labio inferior. He aplicado el polvo de grafito con un hisopo. La sombra proyectada por el labio superior hará que el labio inferior sobresalga en la página y que parezca redondo.

Luego, crea una luz reflejada sobre el borde del labio inferior eliminando un poco el grafito con un borrador. La sombra del efecto debe ser más oscura en el medio y debe desaparecer gradualmente hacia ambos lados.

También podemos sombrear las áreas hundidas sobre el arco de Cupido, de esta manera haremos que sea aún más prominente y resaltado.

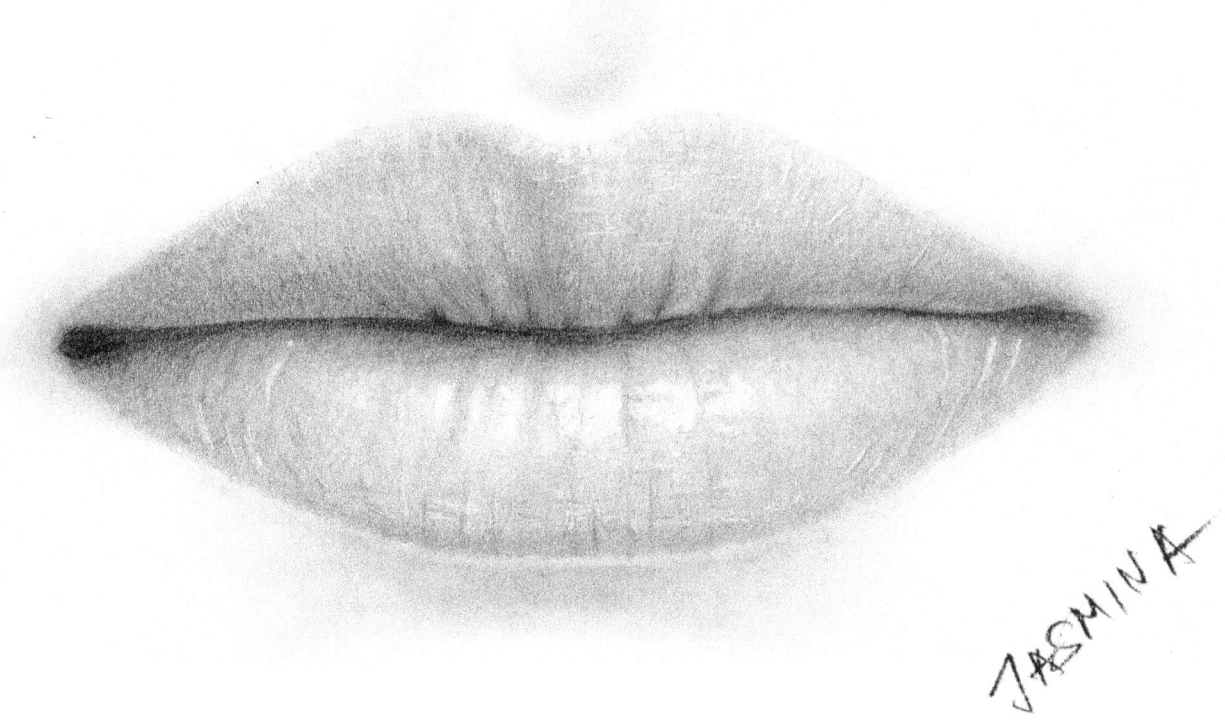

CÓMO DIBUJAR LABIOS Y DIENTES CON PURPURINA

Ahora realicemos una boca ligeramente abierta para practicar el dibujo de los dientes. Dibujaremos los labios como si tuvieran lápiz labial y haremos que brillen, para que no sean tan naturales como los del tutorial anterior.

Lo primero es dibujar un círculo para tener algunos puntos de orientación. El diámetro del siguiente círculo es de aproximadamente seis centímetros.

Esta es la altura de la boca abierta con ambos labios, pero queremos que sea un poco más ancha para que la distancia entre las dos esquinas pueda ser de unos diez y once centímetros. Marca estos puntos y dibuja los contornos de los labios.

Comienza con el labio superior, en cuyo centro tenemos que crear el arco de Cupido, justo sobre la parte superior del círculo solo crea una pequeña línea curva continúa dibujando las líneas hacia afuera y luego un poco horizontalmente, hasta conectarlas a las esquinas de los labios. Analiza la siguiente imagen para ver dónde colocar las líneas alrededor del círculo.

Puedes crear una línea discontinua primero, para ver cómo se conectará, y luego puedes dibujar una línea completa sobre ella. Las esquinas también deben tener cierta altura ya que la boca está ligeramente abierta. Intenta hacer lo mismo en ambos lados para hacer que la boca sea simétrica verticalmente. El contorno inferior puede ser menos curvilíneo y debe seguir el contorno del círculo en el medio. Luego solo dibuja hacia arriba, en dirección a las esquinas.

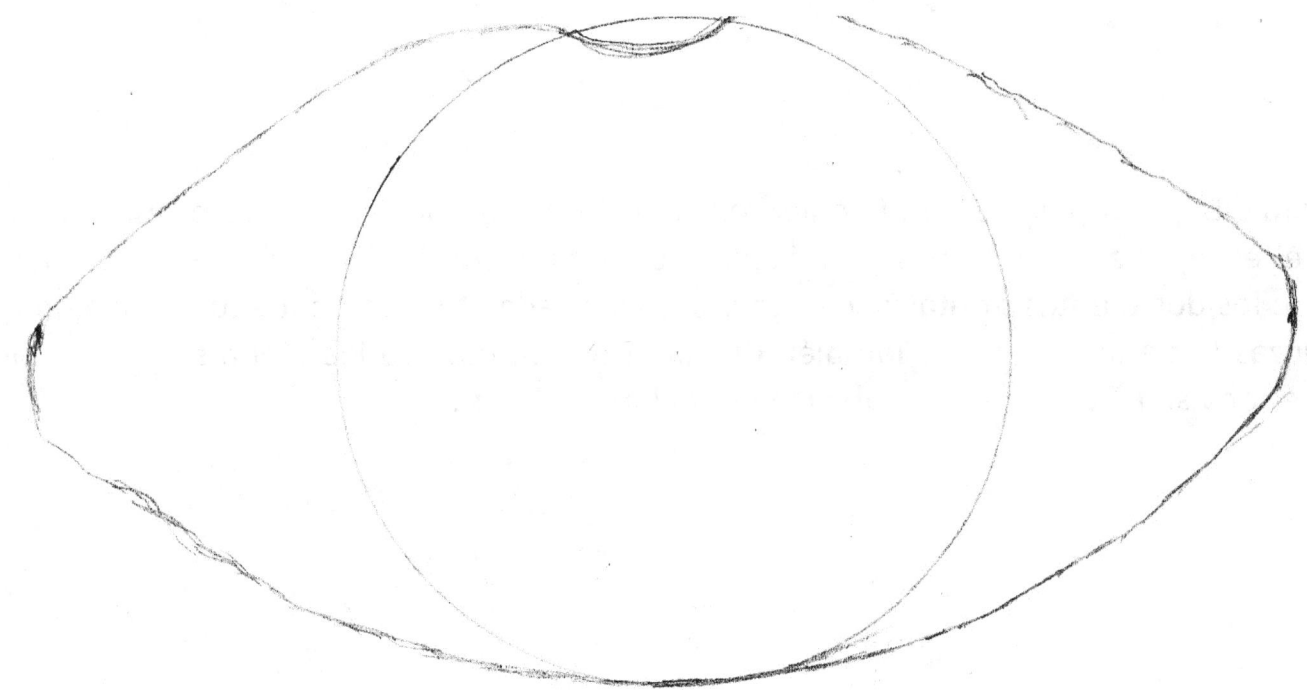

Ahora puedes borrar el círculo.

Luego, dibuja los bordes internos de los labios y deja el espacio para los dientes, tanto como quieras. El labio inferior suele ser un poco más grueso que el labio superior, pero eso no significa que tengas que dibujarlo así. Puedes crear cualquier forma, ya que hay muchos tipos de labios. Observa en la siguiente imagen cómo los describí.

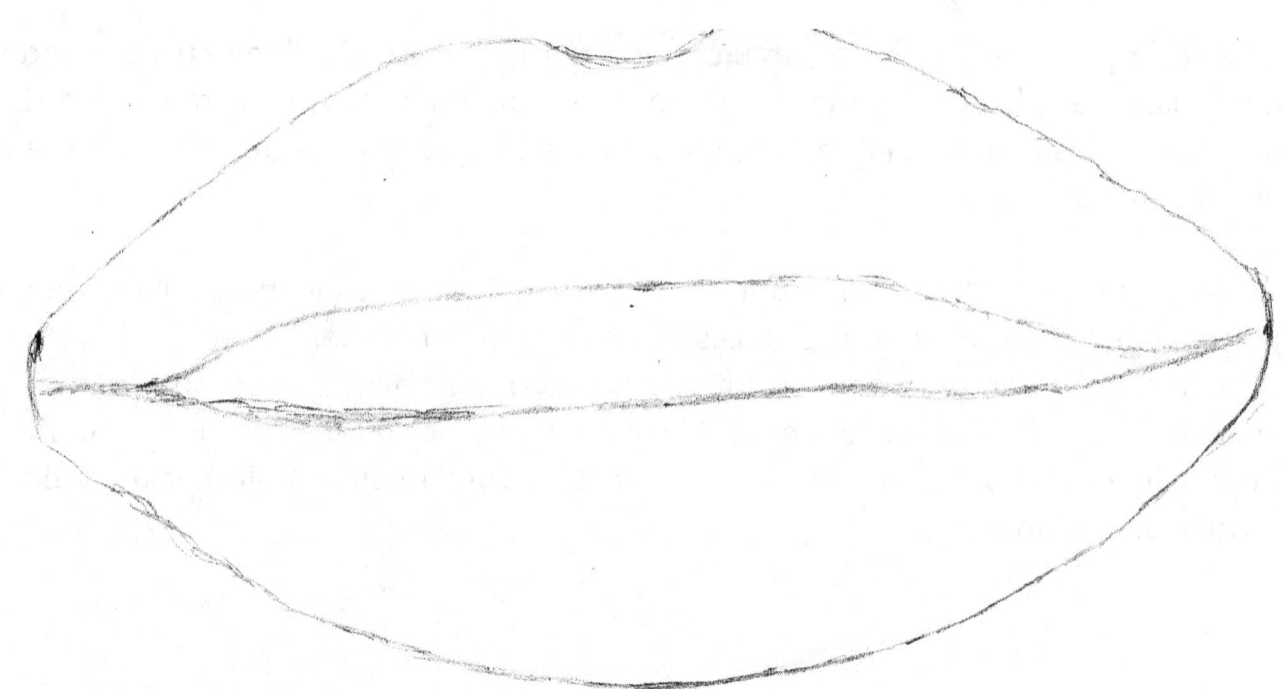

Ahora dibujemos los dientes. Puedes consultar fotos de referencia o tus propios dientes en el espejo para ver su posición. Sugiero comenzar con la línea vertical en el medio, entre los dos dientes frontales y luego dibujarlos cada vez más pequeños a medida que avanzas hacia las esquinas. También dibuja la fila inferior de los dientes; solo la parte superior visible, el resto está cubierto por el labio inferior.

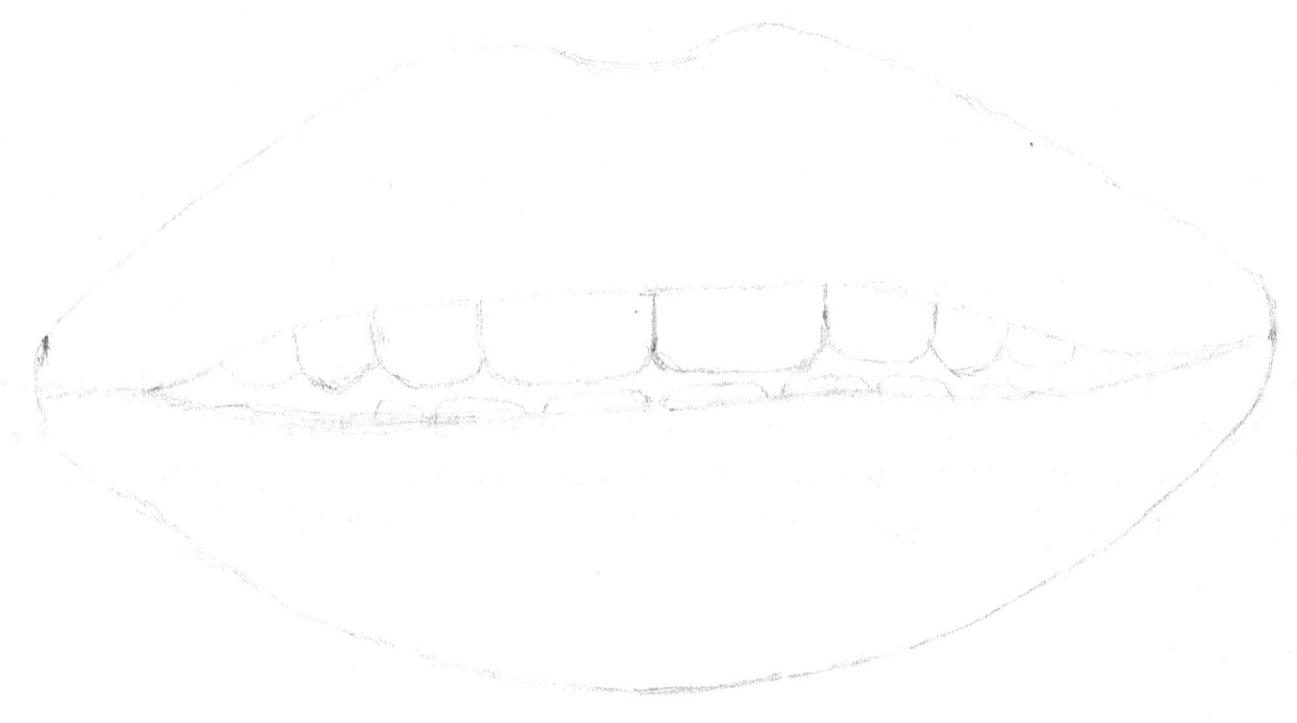

¡Ahora sombreemos!
Sugiero comenzar con los dientes, que son en realidad blancos, pero también tenemos que sombrearlos, particularmente aquellos que se encuentran en la parte profunda de la boca y están sombreados por los labios. Debes hacer un movimiento circular con 6H para cear una textura suave. Presiona ligeramente sobre los dientes frontales y un poco más fuerte mientras sombreas los dientes hacia las comisuras de los labios. Luego comienza a usar un 4H para los dientes internos, y termina con un 2H para los dientes que están al lado de las esquinas. Sombrea los dientes inferiores también con un 2H.

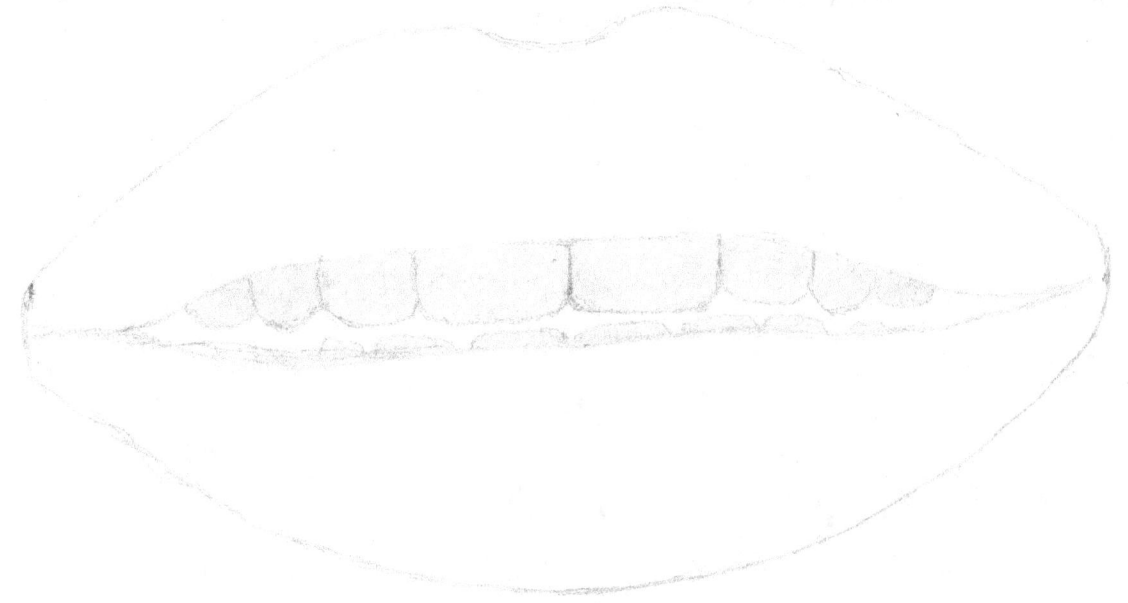

Mezcla todo con una pieza limpia de hisopo para suavizar la textura de los dientes.

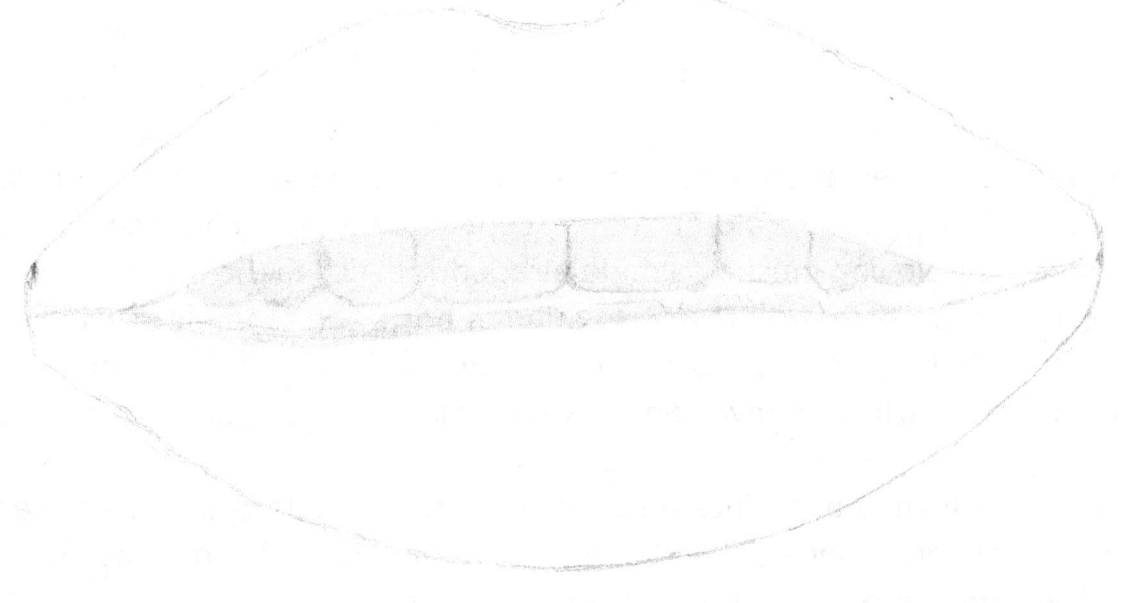

Lo siguiente es crear una sombra proyectada por el labio superior sobre la fila superior de dientes.

Para esto, puedes usar un 2H o un H, presionando con fuerza; o un HB, presionando ligeramente. Observa la siguiente imagen dónde he hecho la sombra proyectada.

Debes cubrir completamente los dientes internos porque el labio superior proyecta una sombra más grande sobre ellos, ya que son más profundos y reciben menos luz. Esto hará que el labio superior parezca más cercano al ojo del espectador y le dará la tercera dimensión al dibujo. Además, sombrea entre los dientes con un lápiz H. La sombra proyectada siempre es muy importante.

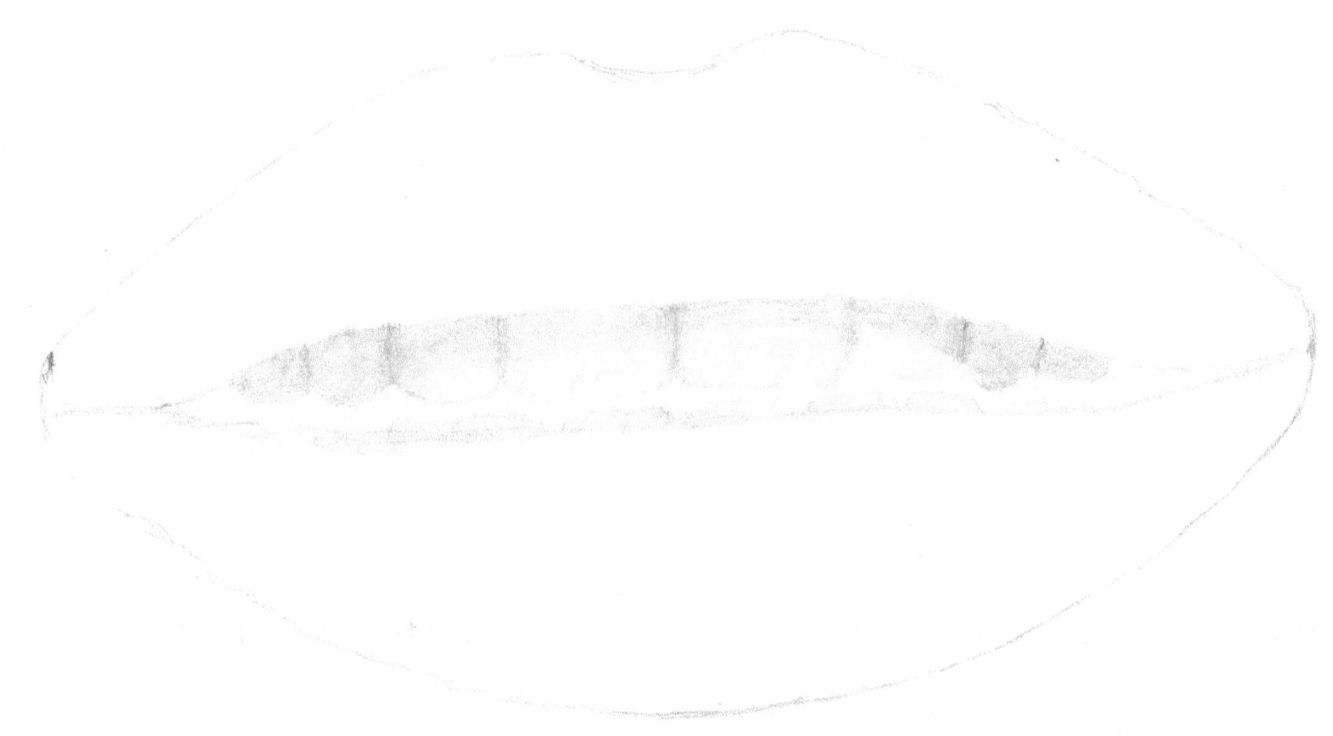

Ahora coloreemos aquí en el área interna de la boca con un 4B o uno más oscuro. Usé un 4B para esto. En este paso, colorea todo excepto los dientes, como se muestra en la siguiente imagen. Hazlo con mucho cuidado alrededor de los dientes para no cambiar su forma y porque estos lápices oscuros no se pueden borrar por completo. Debes recorrer el área presionando ligeramente y cuando te asegures de que todo se vea bien y de la manera que deseas, hazlo de nuevo con un 8B o cualquier otro lápiz oscuro presionando con fuerza.

Esta área es en realidad la parte interna de la boca, tal vez la lengua o alguna encía que no recibe luz, por lo que puede ennegrecerse. Ahora puedes notar que los dientes no se ven oscuros, ya que hemos dibujado el área circundante.

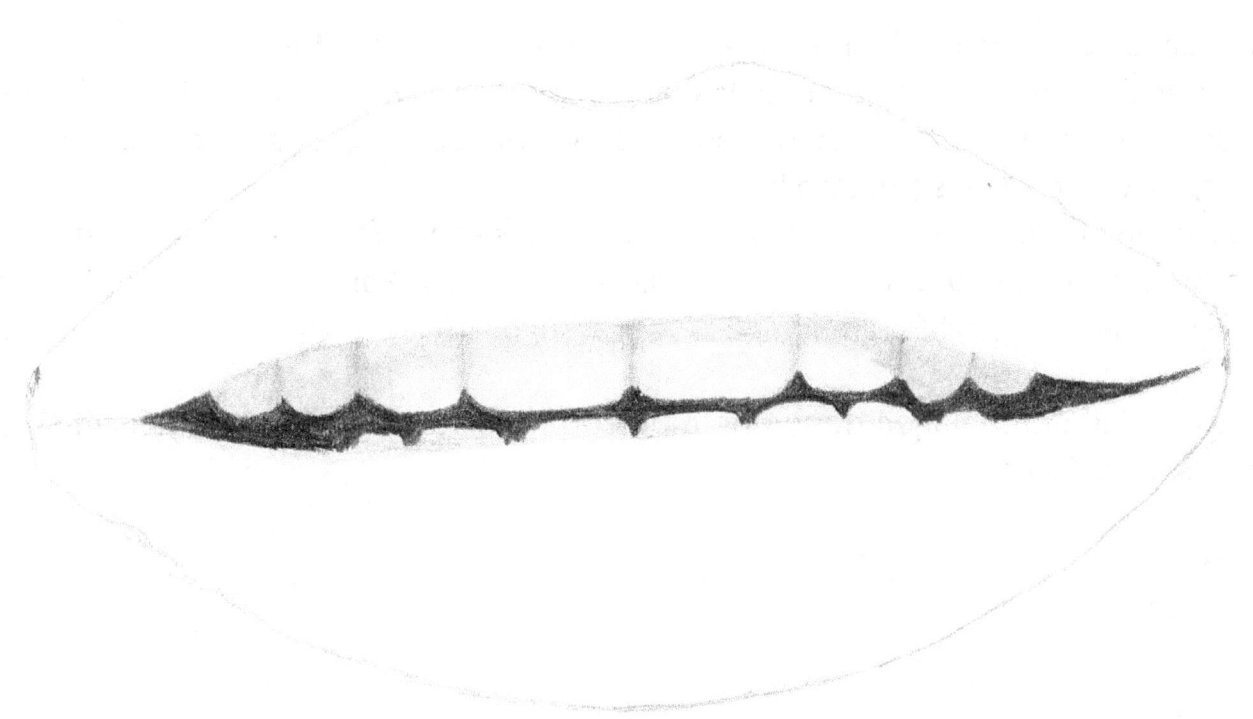

Como puedes ver, hay un borde marcado entre los dientes y el fondo o, en realidad, la cavidad de la boca, por lo que debemos suavizarlo un poco con un muñón difuminado. Usa un muñón de mezcla que no hayas usado antes y pasa el borde entre los dientes y el fondo. Además, pásalo entre los dientes para mezclar el borde entre ellos.
Haz lo mismo con los dientes inferiores.

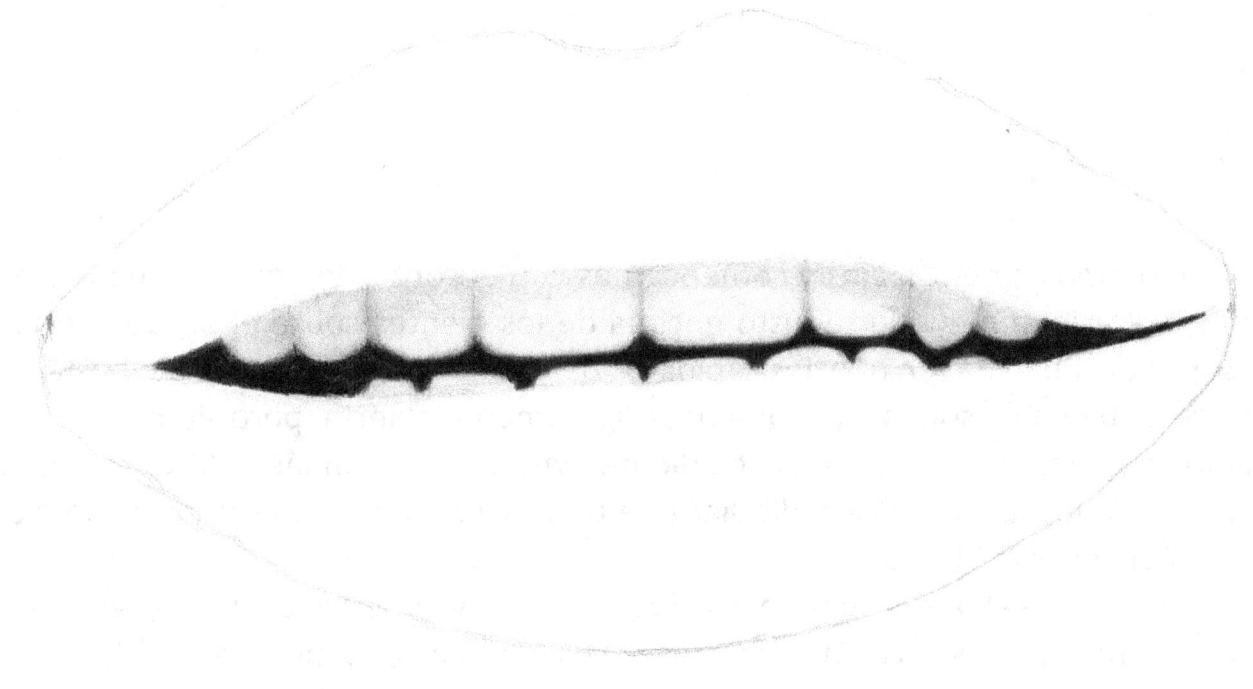

Si estás satisfecho con los dientes, puedes comenzar a colorear los labios.

Como mencioné antes, dibujaremos los labios como si tuvieran lápiz labial brillante, así que vamos a colorear ambos labios con un 2B y, por supuesto, seguir la dirección de las arrugas, así que creemos primero las arrugas.

Comienza en el medio de los dos labios, donde estas son verticales, y luego hazlas más y más curvas a medida que las dibujas hacia las esquinas. Por supuesto Puedes usar un lápiz HB o incluso un lápiz más ligero, pero sugiero el 2B porque no es demasiado oscuro.

Mira en la siguiente imagen dónde he dibujado las arrugas y cómo ya indican la forma redonda de los labios.

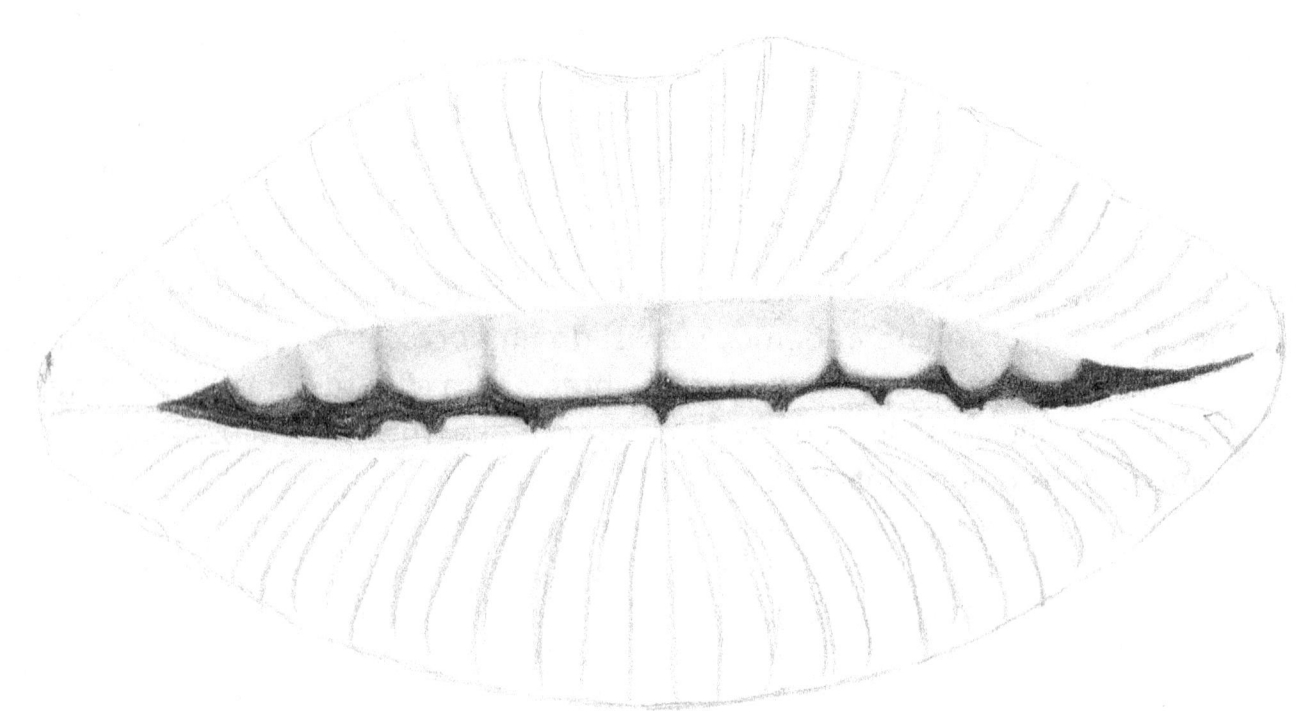

Ahora coloreemos ambos labios y comencemos con el contorno del lado de los dientes, con un 2B. Presiona muy fuerte justo encima de los dientes sobre el borde inferior del labio superior. Puedes ver que los labios y los dientes que he dibujado hasta ahora parecen más bien una sonrisa que una boca ligeramente abierta, pero siempre podemos cambiar eso al pasar por encima de los dientes internos con un lápiz 2B y crear un área más grande de los labios. Quiero dibujar una boca ligeramente abierta solo con dientes frontales visibles; el resto no tanto.

Haz lo mismo sobre el borde superior del labio inferior y contornea cuidadosamente.

Podemos sombrear más los dientes internos si es necesario, usando un lápiz HB.

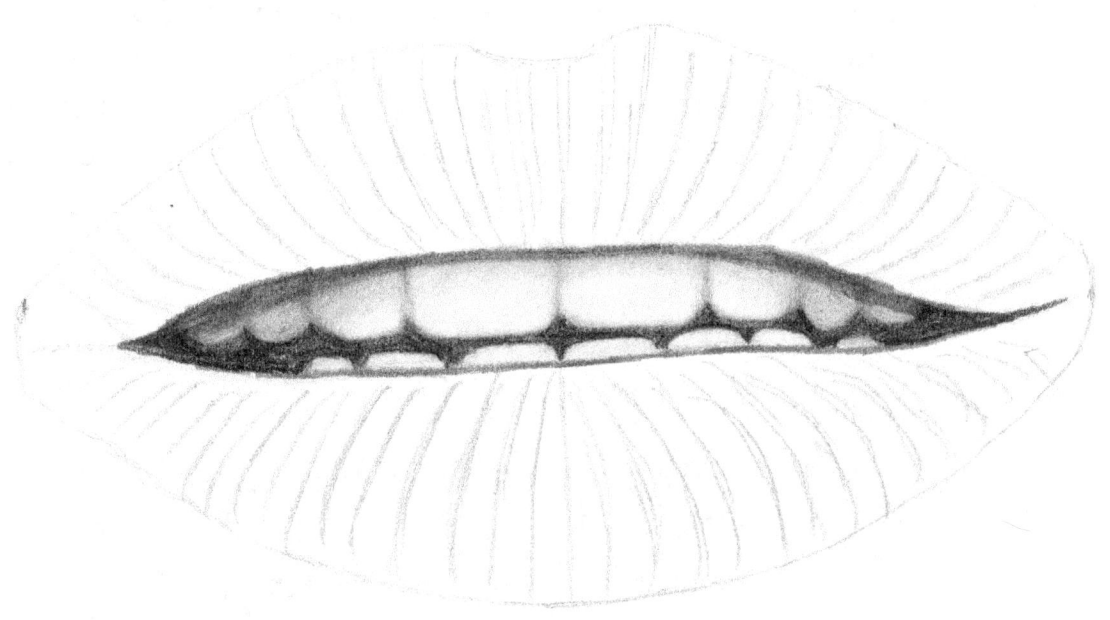

Colorea ambos labios siguiendo la dirección de las arrugas, con un lápiz 2B. Puedes usar un valor más oscuro o más claro para esto. Cubre todas las áreas de ambos labios y hazlo con mucho cuidado al lado de los bordes exteriores. No tienes que presionar mucho. Como puedes ver en la siguiente imagen, la textura aún no se ve suave y hay líneas visibles, pero está bien porque la vamos a mezclar. Recomiendo usar una punta de lápiz con forma de cincel para que pueda cubrir las áreas más rápido y hacer que la textura sea más suave incluso antes de mezclar.

En este paso, solo estamos aplicando el valor básico (color) de los labios con lápiz labial. Concéntrate en una sola acción antes de avanzar.

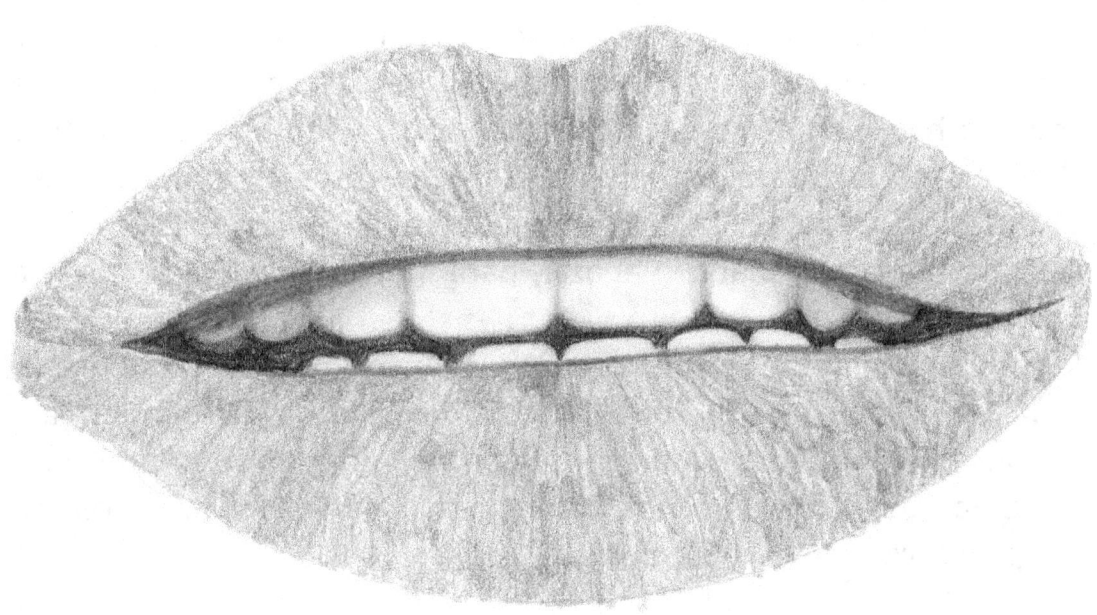

A continuación, mezclemos todo con un hisopo, recorre toda el área que acabas de dibujar, presiona con mucha fuerza y mezcla todo. Haz un movimiento circular para extender el grafito de manera uniforme sobre el papel. Todavía puedes ver algunas de las arrugas y líneas que creamos inicialmente, pero está bien porque así es como se ven naturalmente.

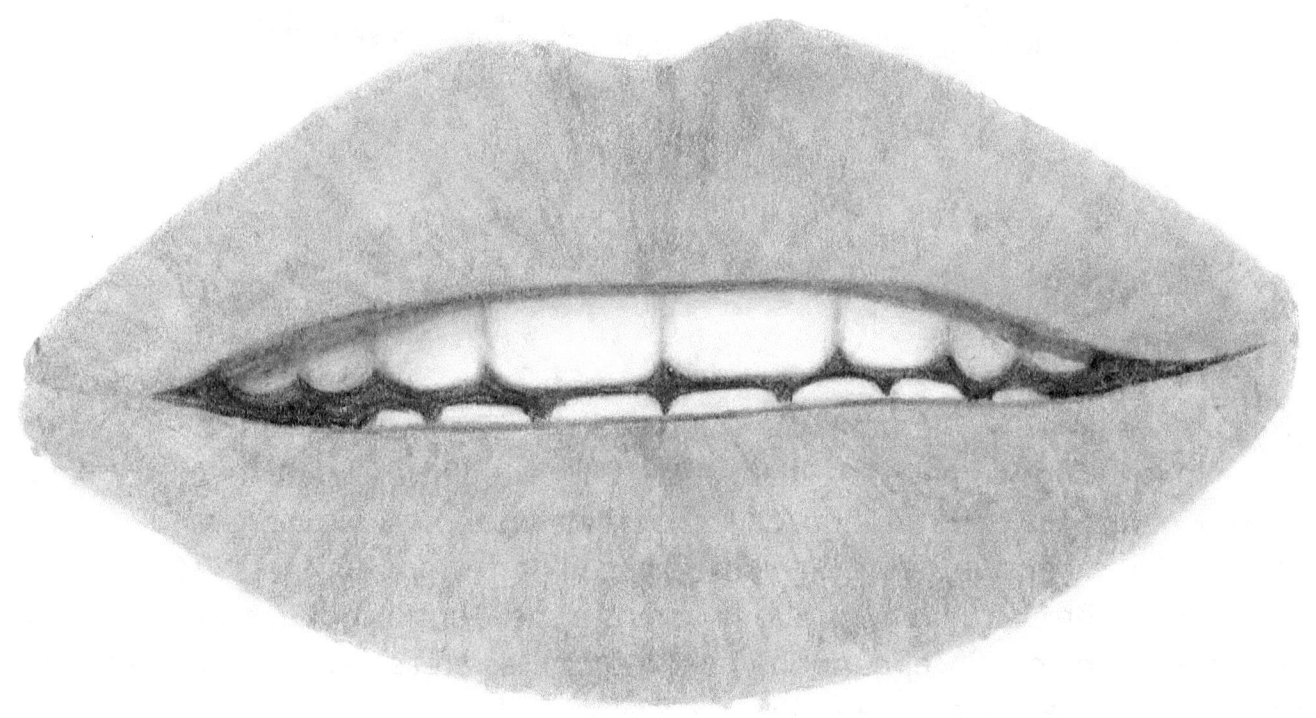

Ahora podemos crear algunos valores más oscuros al lado de los bordes internos de los labios y en las esquinas. Aquí tenemos que crear la transición de degradado entre el contorno oscuro que creamos entre los labios y los dientes y el color básico de los labios que acabamos de hacer en el paso anterior. Usa un 2B también para esto y coloca la punta del lápiz sobre el borde oscuro, aléjate y levantas la punta del lápiz cuando termines el trazo para hacer la transición degradante entre estos valores. Aquí dibujamos algunas líneas más largas, al azar, para indicar las arrugas. Mezcla todo con un muñón.

Dado que las esquinas siempre reciben menos luz, pueden ser bastante más oscuras por lo que podemos presionar más fuerte al sombrearlas. No hay arrugas en la esquina de los labios o son muy pequeñas para que podamos hacer una textura más suave allí. Entonces, tenemos que crear muchos valores para darles forma a los labios y que puedan verse proporcionales y redondos.

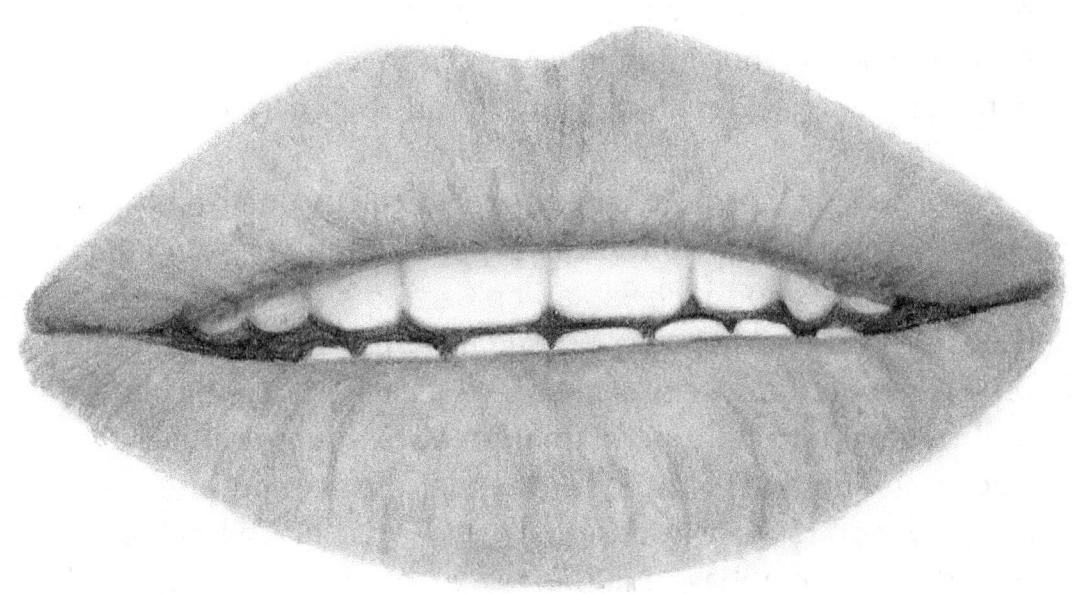

Ahora podemos hacer lo mismo al lado del borde exterior. En el labio inferior, tenemos una especie de borde doblado. En mi caso, son como dos milímetros que deberían estar sombreados con un valor más oscuro. Aquí también puedes usar un 2B y presionar más fuerte o incluso introducir un 3B o un 4B. Al sombrear el área superior del labio superior, omite el borde (también unos 2 milímetros) porque este se dobla hacia adentro y recibe más luz. Solo sombrea debajo de él como se muestra en la siguiente imagen. Y lo mismo aquí, presiona muy fuerte debajo del borde y luego libera la presión con cada golpe y no olvides dibujar las arrugas, pero tomando en cuenta que en el área superior no tenemos tantas y son muy pequeñas. Las arrugas profundas se encuentran en la zona inferior. Siempre presiona menos en el medio del labio porque esta área debe aparecer más cerca del ojo del espectador y podemos lograrlo haciéndolo más claro.

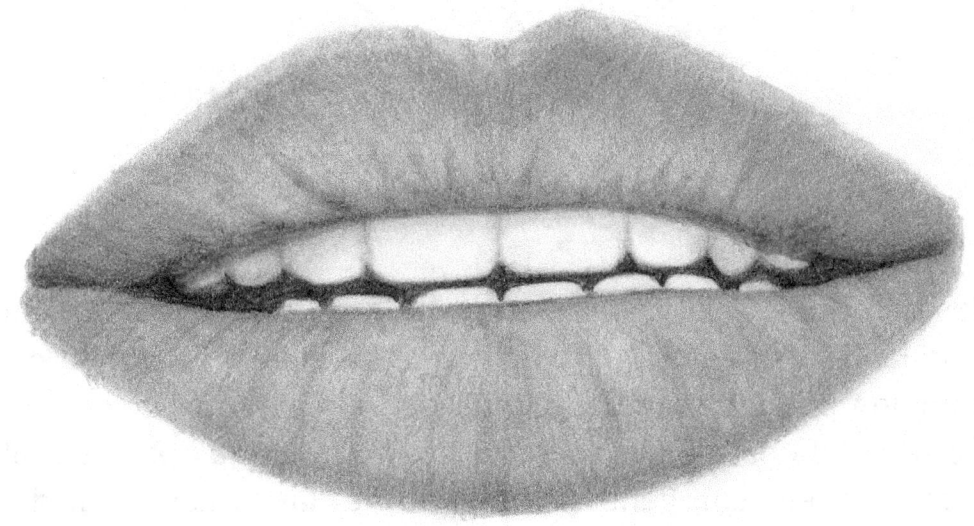

A continuación, creemos los reflejos, que son de dos tipos. Primero, los reflejos que tenemos que crear con un borrador, que le darán la forma redonda al labio. Los aplicaremos con un lápiz de gel de tinta blanca, lo que agregará brillo a los labios.

Como primer paso, con un borrador amasado, borra un poco del grafito en la parte superior del labio inferior. Aquí tenemos la parte altamente iluminada, pero como queremos dibujar los labios con lápiz labial, no será lo suficientemente blanca, aunque tiene que ser más brillante que el área circundante. Es por eso que tenemos que crear dos tipos de reflejos. Por lo tanto, simplemente coloca la punta de tu borrador amasado, presiónalo en el papel y levántalo rápidamente. Verás que el área se volverá un poco más brillante pero no demasiado, porque no es el efecto que buscamos, es solo para darle una forma redonda. Si te excedes, solo pásale un hisopo. Tenemos que crear el resaltado arqueado, así que hay que borrar el área media de los labios y debe oscurecerse e ir un poco hacia arriba, hacia las esquinas.

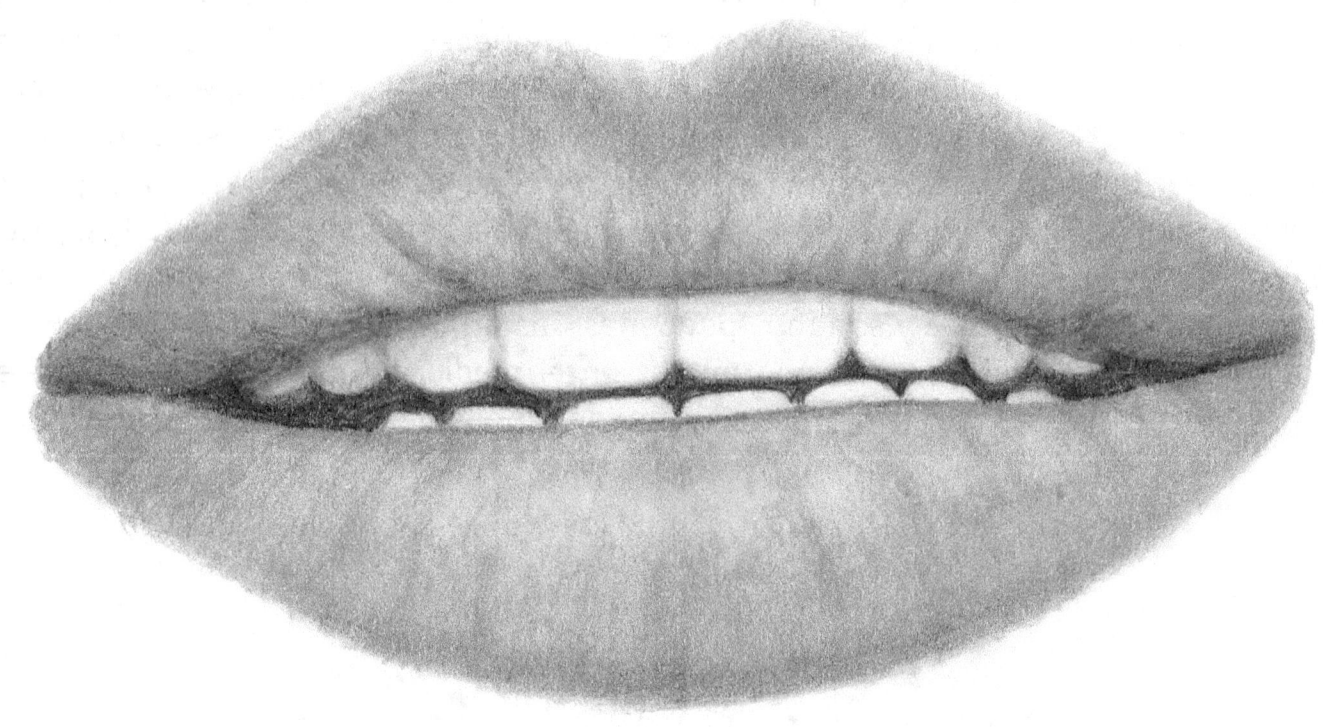

Ahora los labios parecen usar el lápiz labial mate, pero creemos los reflejos que harán parezcan muy brillantes. Para eso, utilizo un marcador blanco de Uni Posca, de 1 mm de grosor, pero también puedes usar una pluma de gel de tinta blanca o cualquier otro medio opaco que se pueda aplicar sobre el grafito. Crea las partes brillantes donde posiblemente se encuentren, generalmente sobre las áreas dobladas, pero, por supuesto, depende de la fuente de luz. Observa en la siguiente imagen dónde he dibujado con esta herramienta. Además, dibuja las líneas y puntos por todo el lugar, al azar.

Si no te gusta lo que has creado con estas herramientas, simplemente quítalo con la uña. Si deseas que el resaltado sea menos brillante, solo tócalo con el dedo.

También podemos aplicar algunos reflejos sobre los dientes para que se vean brillantes y húmedos.

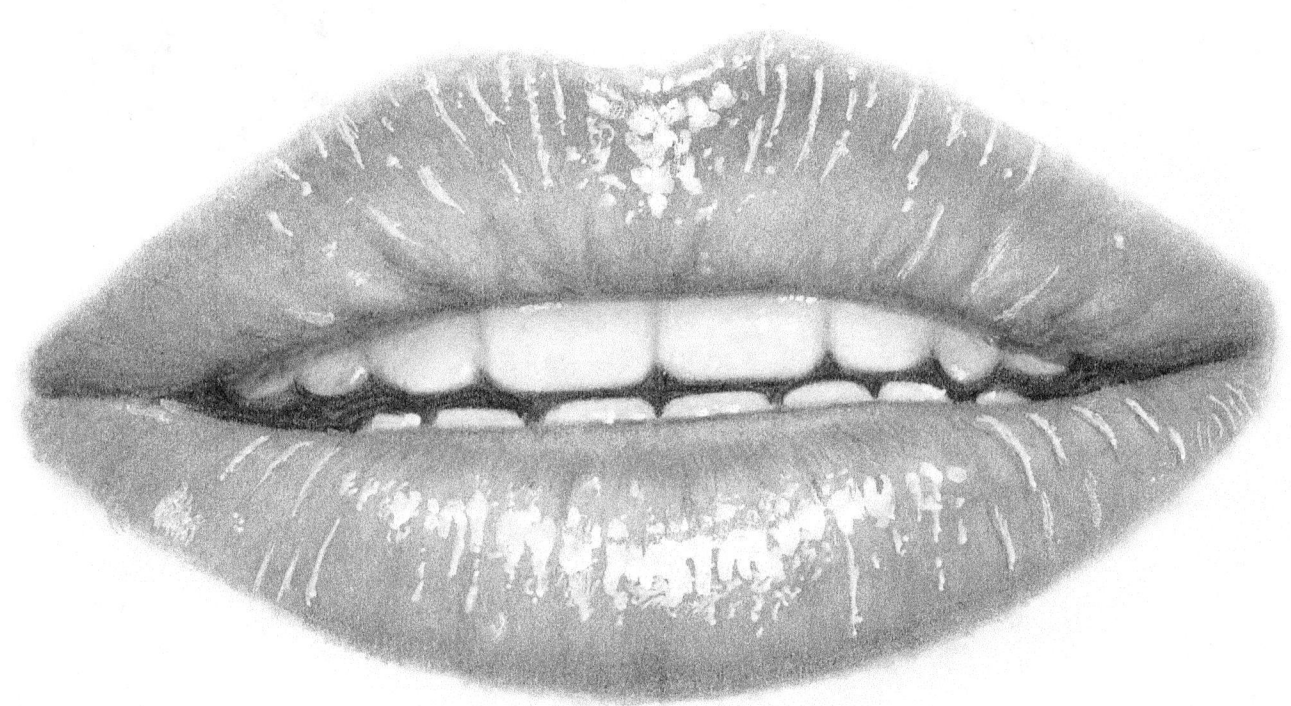

Como paso final, agreguemos un poco de sombra debajo del labio inferior. Sumerge el hisopo en el polvo de grafito y aplícalo justo debajo del labio inferior como se muestra en la siguiente imagen. Aplica más en el medio y luego cada vez menos a medida que sombreas hacia ambos lados. En consecuencia, esta sombra proyectada hará que el labio inferior parezca aún más redondo. Igualmente, sombrea al lado de las comisuras de los labios porque esta piel está doblada hacia adentro aquí, y también el área hundida sobre el arco de Cupido.

Lo último es crear la luz reflejada sobre el borde del labio inferior, borra un poco de grafito con la punta puntiaguda de un borrador.

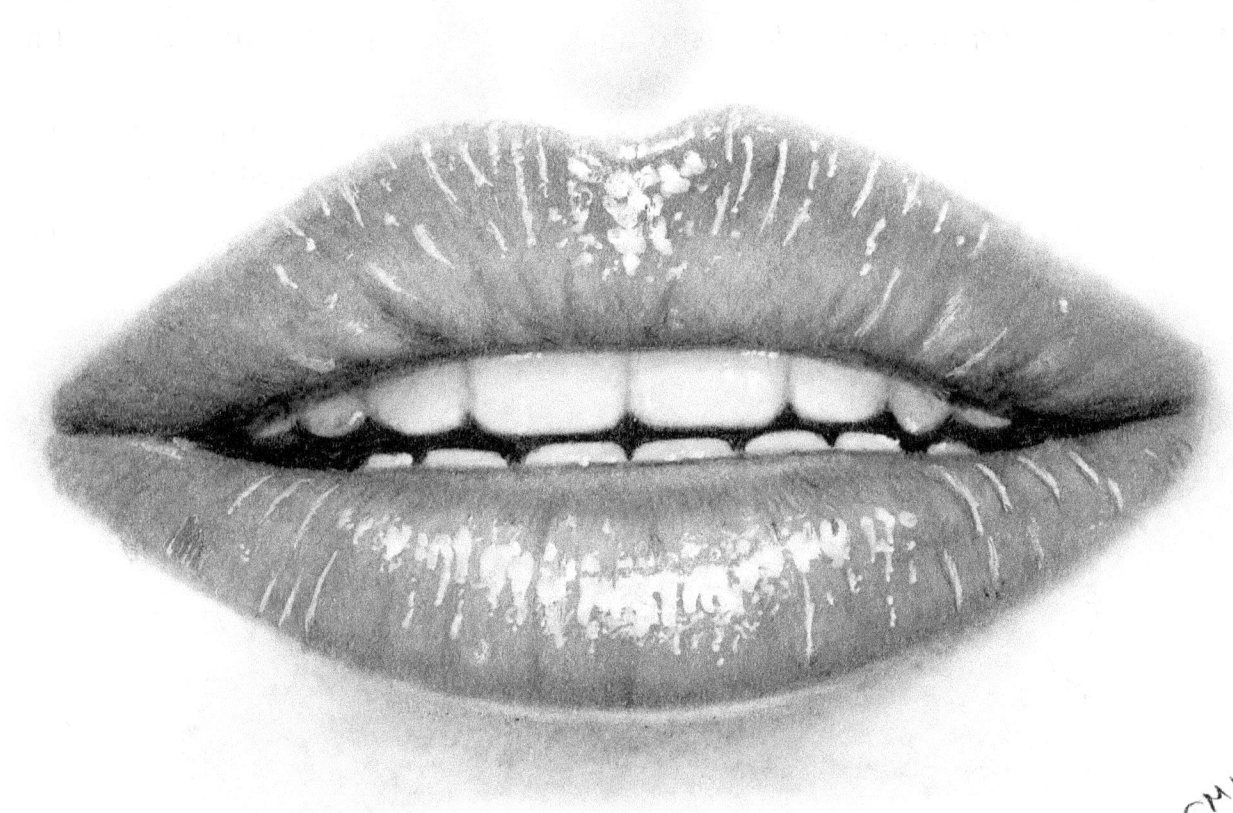

Consejo

Es normal que durante el proceso algunos dibujos no tengan sentido, no te gusten y quieras renunciar. Pero no lo hagas, sigue trabajando y cambiando lo que consideres que necesita ser cambiado. Podrías terminar teniendo uno de tus mejores dibujos jamás creados.

CÓMO DIBUJAR LABIOS BESANDO

Vamos a dibujar labios besando a continuación.
Para esto, también tenemos que comenzar con un círculo. Haré que el diámetro de los labios besándose sea de unos seis centímetros, solo para que sepas el tamaño de mi área de dibujo en el caso de que quieras hacerlo del mismo tamaño. Dibuja un círculo con una brújula en el medio de tu hoja de papel. El círculo ni siquiera tiene que ser perfectamente redondo, lo necesitamos solo por orientación.

Dado que la forma de los labios besándose no es circular, tenemos que prolongarlo en ambos lados, como se muestra en la siguiente imagen. Solo hay que pasar el lápiz sobre la parte superior e inferior del círculo y comenzar a separarlo del mismo para crear las esquinas de los labios.

Luego borra las partes del círculo que no pertenecen a los contornos de los labios. Crea un borde entre los dos labios. Puedes comenzar en el medio, justo debajo del orificio de la aguja de tu compás, y crear una línea ondulada hacia las esquinas.

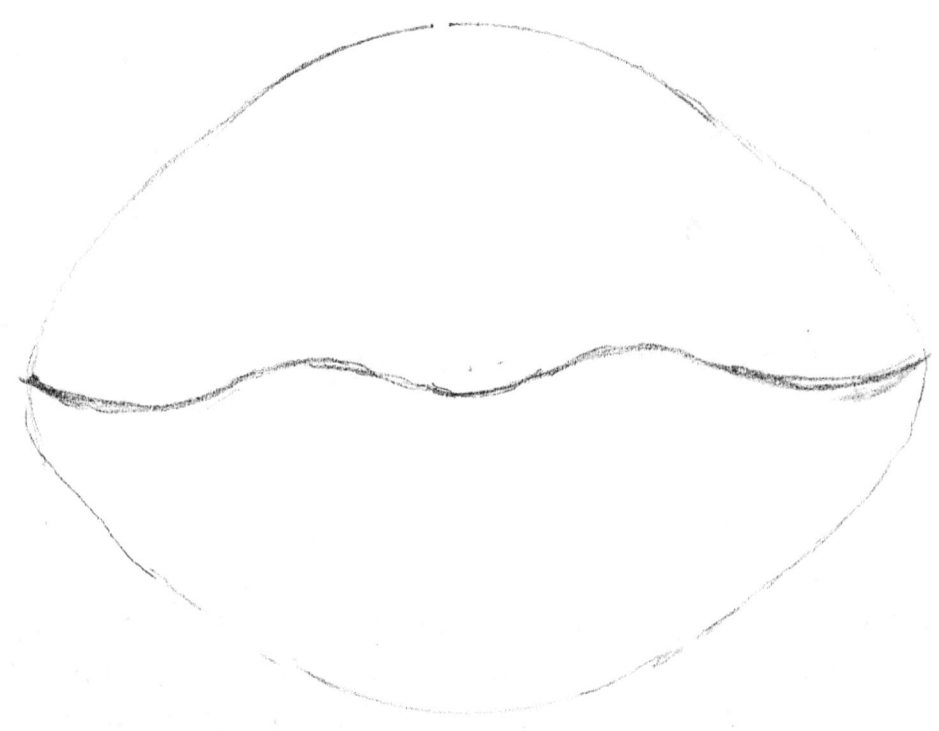

Contornea el arco de Cupido creando una pequeña línea curva en la parte superior y dentro del círculo.

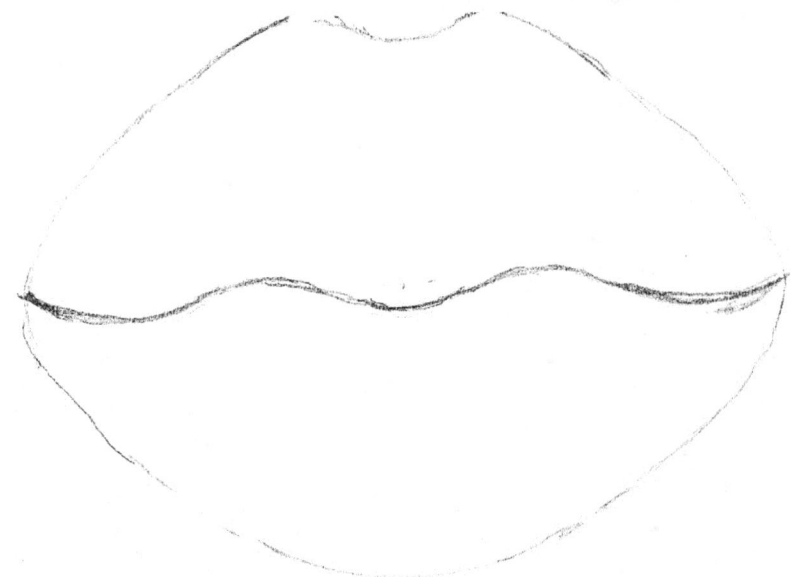

Ahora podemos colorear los labios en la dirección de las arrugas, tal como lo hicimos en los dos tutoriales anteriores. Pero primero, determinemos la posición de las arrugas: son verticales en el medio y deberían volverse curvos a medida que los dibujamos hacia las esquinas.

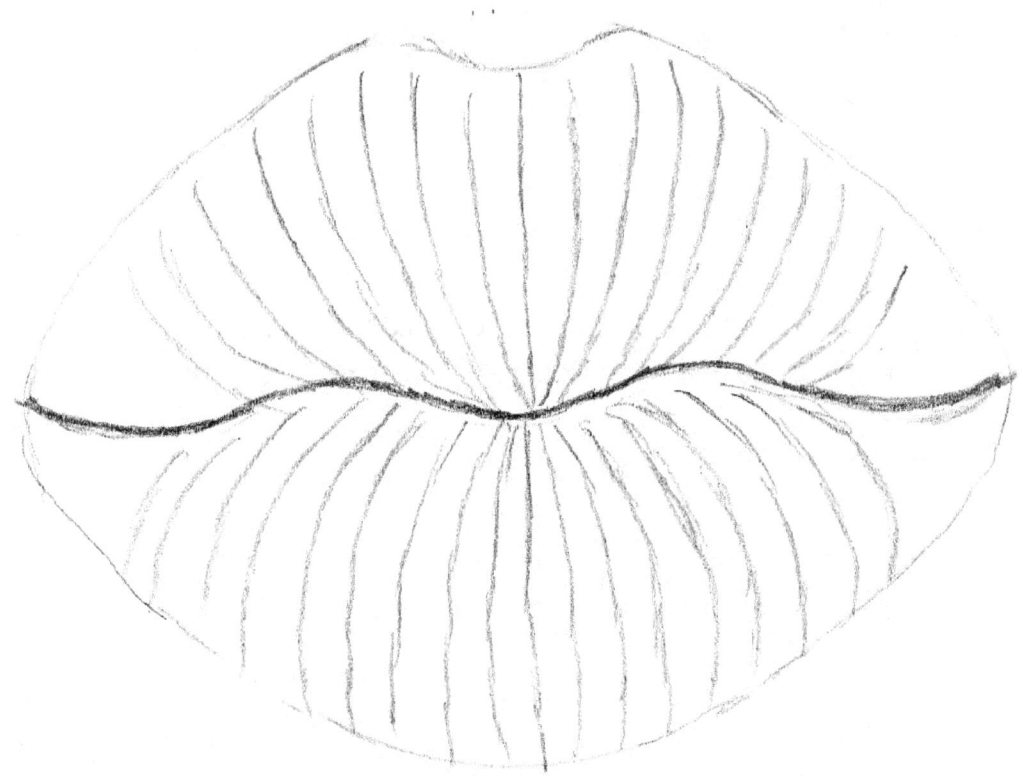

Luego, colorea toda el área de ambos labios. Usé un lápiz de grafito con forma cincelada HB, que me permite colorear las áreas más rápido. Simplemente sigue la dirección de las arrugas y cubre ambos labios con el lápiz que elijas.

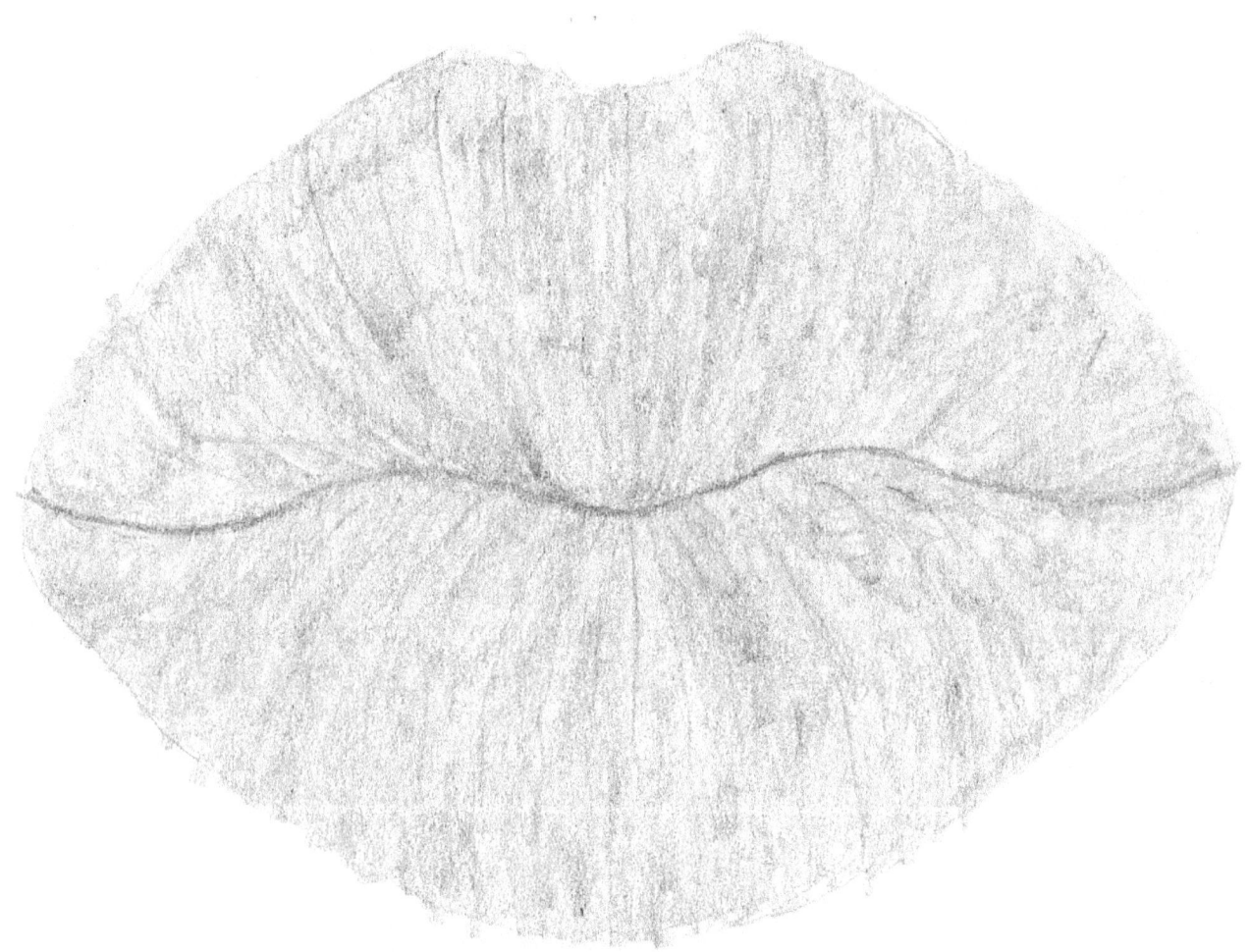

Mezcla todo con un hisopo, aplica movimientos circulares y presiona con mucha fuerza para imprimir el grafito en el diente del papel. Ahora los labios se ven mucho más suaves.

Luego, creemos las partes sombreadas y comencemos con la parte inferior del labio superior, para crear la sombra propia del lado del borde entre los dos labios, porque recibe menos luz. Usé un lápiz 2B, presionando más fuerte la lado del borde y liberé la presión mientras sombreo hacia arriba porque tenemos que crear un degradado suave entre las sombras y el tono básico de los labios.

Debes detenerte en algún lugar en el medio porque la parte superior tiene que mantenerse más brillante. Después de haber sombreado un poco, podemos mezclar esa área con un hisopo o con un muñón de mezcla y volver a hacerlo hasta que alcancemos el valor que necesitamos.
Entre los dos labios, no tenemos que crear una sombra demasiado fuerte porque se aplanan en la posición de beso y sus partes internas también reciben luz, que no es el caso en su posición normal.

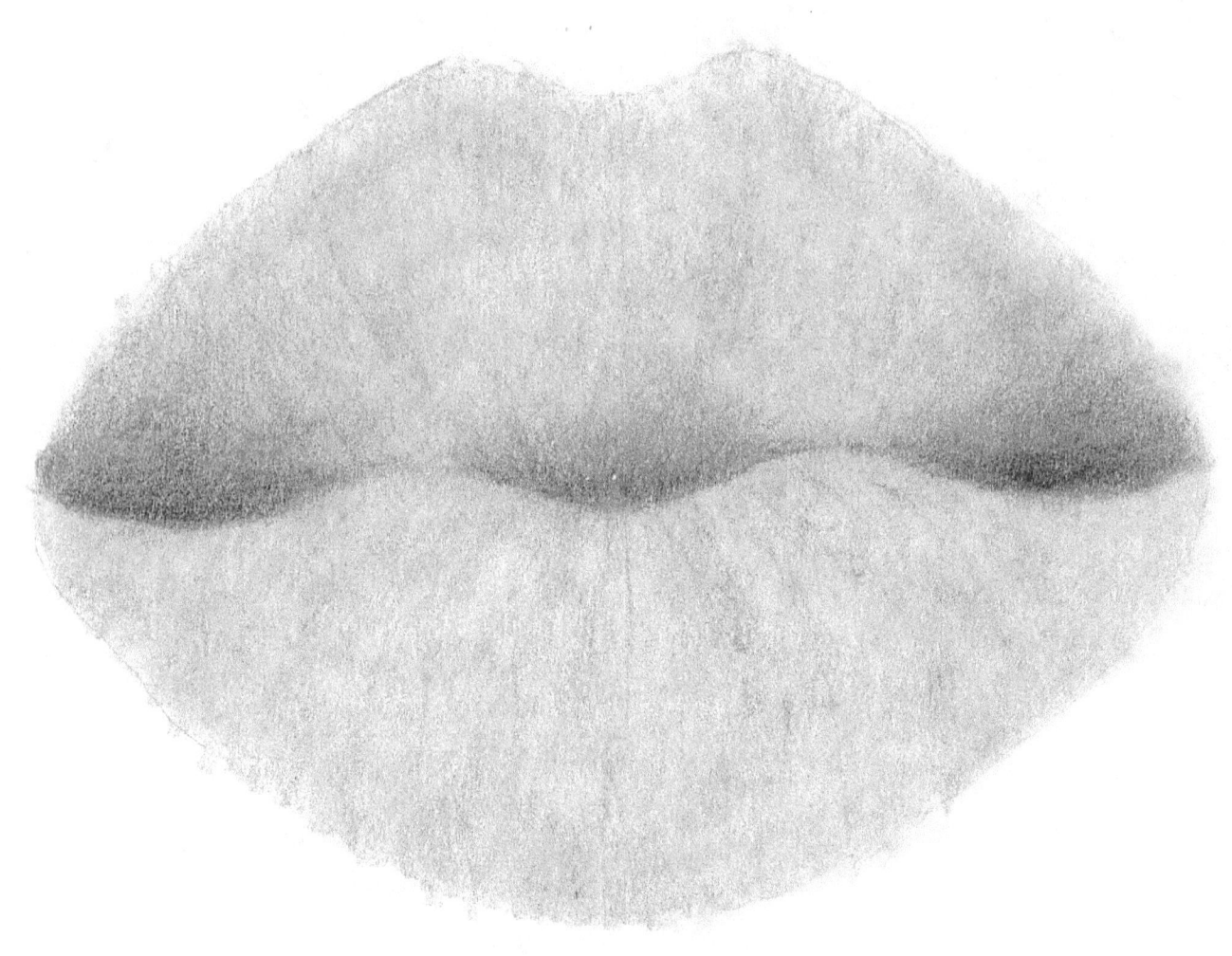

Es importante crear las sombras y los reflejos en general, y luego crear detalles, arrugas, etc.

Haz las áreas sombreadas que no son tan oscuras como las que acabamos de crear pero que son más brillantes y oscuras que el valor básico de los labios. Por lo general, se encuentra en el área inferior del labio inferior, donde el labio recibe menos luz. Sombrea estas áreas con un HB.

Al sombrear la parte superior del labio superior, omite el borde superior que debe resaltarse, porque está doblado y se vuelve más claro. Sombrea justo debajo de este borde y déjalo intacto; también sombrea un poco las esquinas justo debajo del labio superior, porque no se encuentran músculos sobresalientes.

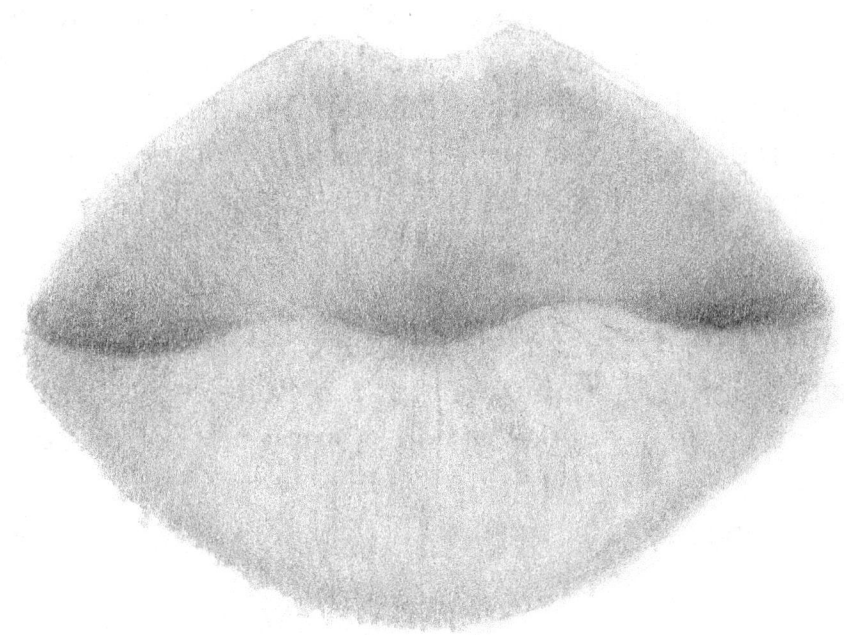

Ahora vamos a crear los aspectos más destacados borrando el grafito. Como ya mencioné en los tutoriales anteriores sobre los labios, tenemos que crear dos tipos de reflejos: los reflejos en general y los reflejos que tenemos que aplicar con un lápiz de gel de tinta blanca que hará que los labios se vean húmedos o brillantes.

Para crear el primer tipo de resaltado, borra un poco de grafito en el área superior del labio inferior, para esto toca suavemente el papel con un borrador porque no deseamos aclararlo demasiado, solo un poco para hacerlo más brillante que el resto de los labios.

Haz lo mismo sobre el borde superior del labio superior para que se vea aún más doblado.

Luego, crea algunas arrugas que son muy visibles en la posición de beso de los labios. Usé un HB para esto y, por supuesto, quiero dibujarlos en la dirección de las arrugas que dibujé al principio., estas deben ser más oscuras en el medio y cada una de ellas debe tener la transición degradada entre la parte más oscura y el tono básico de los labios, así que presiona con fuerza en el medio de la arruga y luego presiona cada vez menos a medida que te alejas.

Crea diferentes arrugas como se muestra en la siguiente imagen, no deben colocarse en ningún orden. Algunas de ellas deben pasar por todo el labio, otras deben pasar solo por la mitad de la mitad superior del labio. Como mencioné, en las esquinas no tenemos arrugas. En la siguiente imagen, puedes ver que también he dibujado algunas pequeñas arrugas horizontales.

Después de haber dibujado todas las arrugas que quieras, mézclalas con un muñón.

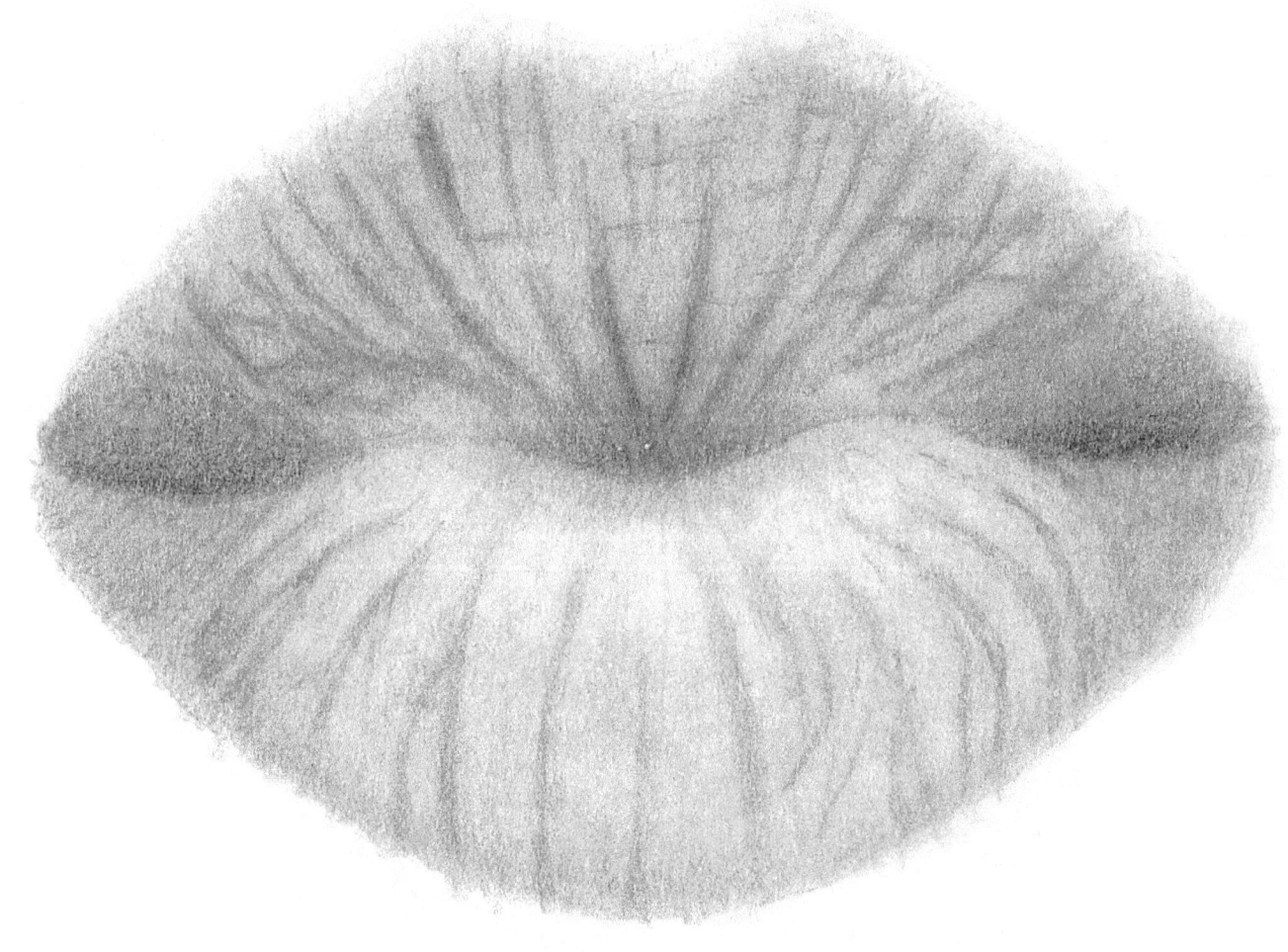

Pero, como puedes ver ahora, sin los reflejos estas no se parecen en nada a las arrugas, sino a un montón de líneas. Por eso, creemos los reflejos entre las arrugas para indicar la piel que sobresale entre ellos. Usa una punta afilada del borrador y elimina un poco del grafito entre las arrugas. Estos son los primeros reflejos que mencioné, los que sugerirán la forma redonda de la piel entre las arrugas.

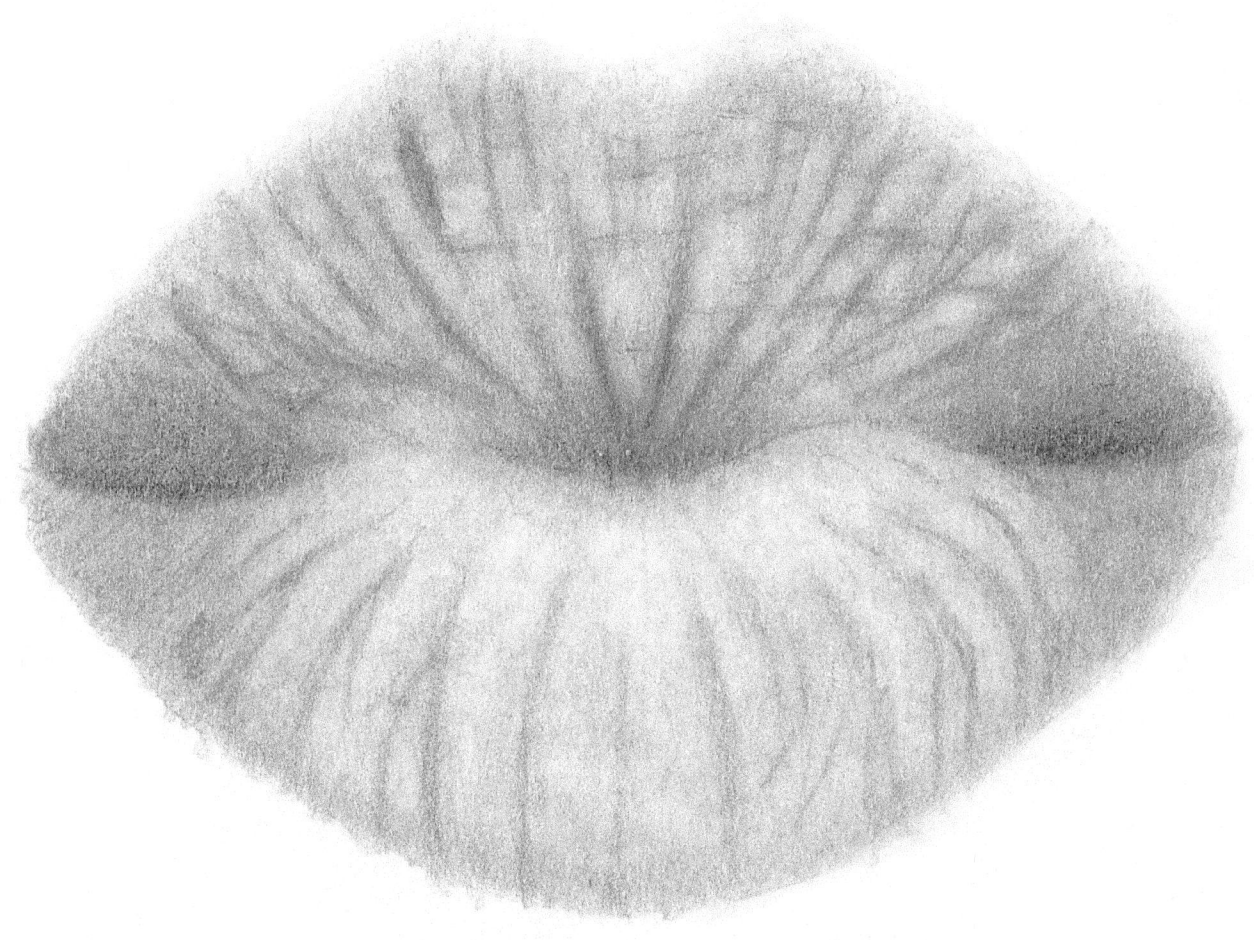

Por último, podemos crear los reflejos con una pluma de gel de tinta blanca o un marcador blanco opaco que hará que los labios se vean húmedos.
Dibuja líneas y puntos largos y cortos entre los dos labios y sobre las áreas resaltadas y sobresalientes. Ve en la siguiente imagen dónde dibujé los resaltados con mi marcador blanco de Uni Posca 0.7 mm.

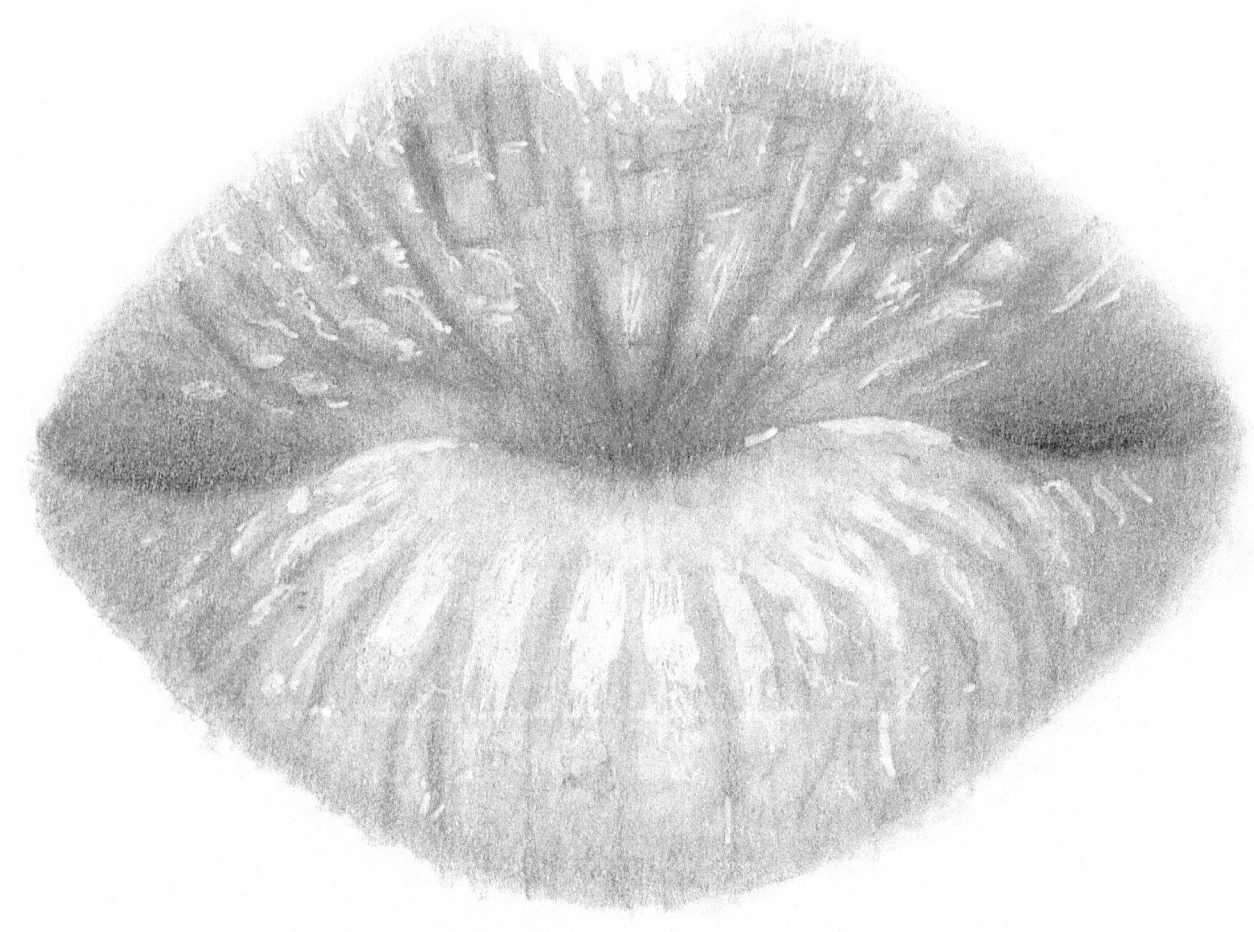

También podemos crear la sombra proyectada debajo del labio inferior, en las esquinas y encima del arco de Cupido con el hisopo y el polvo de grafito. Crea la luz reflejada sobre el borde de la parte inferior, junto a la sombra proyectada, con un borrador.

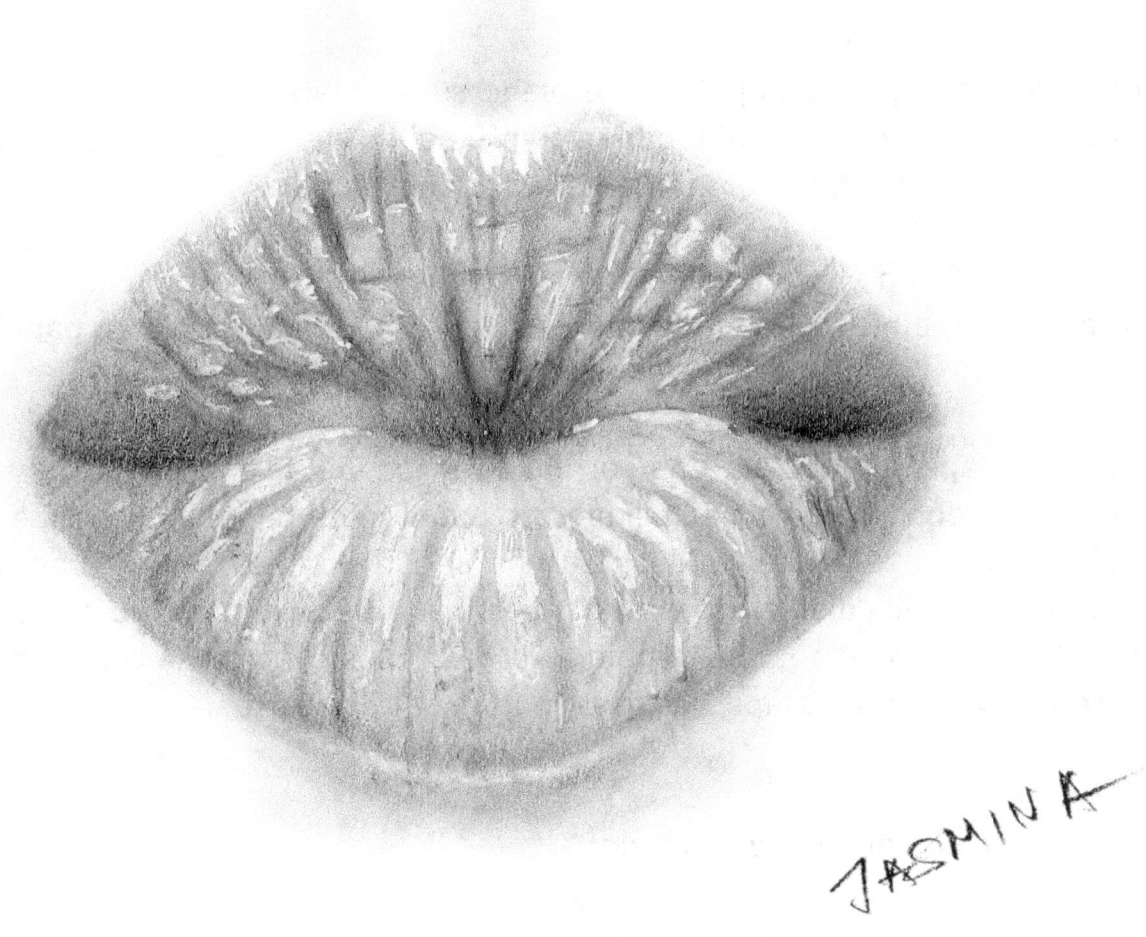

CÓMO DIBUJAR UN OJO CON SOMBRA DE OJOS OSCURA Y CON BRILLANTINA

A veces, cuando quiero dibujar objetos blancos o animales blancos, no se ven llamativos en papel blanco, a menos que también coloree el fondo. Luego elijo dibujarlos en papel gris y realmente se ven más prominentes y tridimensionales.

Entonces, si no has dibujado antes en papel gris, me gustaría convencerte de que lo pruebes. Es realmente divertido después de haber dibujado solo en papel blanco.

Dibujar en papel tintado es una forma divertida de salir de la caja y probar algo diferente. Puedes ampliar tus habilidades dibujando en papel gris, ya que te ayudará a descubrir las oportunidades e ideas que no serían posibles si dibujaras solo en papel blanco. Si queremos dibujar objetos blancos o animales blancos, no se pueden percibir en papel blanco... a menos que también coloreáramos el fondo, lo cual es bastante difícil y aburrido, tomaría su tiempo, energía y podría desmotivarte.

Razones para dibujar en papel tintado:

- Puedes comenzar con el blanco, lo cual es bastante interesante.
- Tu trabajo parecerá más completo y no se verá pálido.
- Tus resaltes parecerán mucho más brillantes, espectaculares y tridimensionales.
- Los dibujos en papel tintado se ven más realistas.
- Puedes usar el tono del papel como un tono medio, lo que es particularmente útil si tienes dificultades para crear los tonos medios en papel blanco.
- Trabajar en papel gris te ayudará a ver y evaluar los valores tonales más fácilmente.
- La experiencia y las habilidades obtenidas al trabajar con papel tintado son algo que luego podrás aplicar en papel blanco en el futuro.
- Trabajar en papel gris aumentará tu creatividad.

En este tutorial, quiero mostrarte cómo dibujar un ojo maquillado y brillante en papel gris. Usé el papel gris arcilla de Fabriano. También usé un lápiz de color blanco, pero puedes usar un carbón blanco o pastel.

Quiero dibujar un ojo en un ángulo de tres cuartos, como cuando el rostro (y por ende el ojo) está mirando un poco hacia un lado. Por lo tanto, el párpado superior debe ser más curvo de lo que parece desde la vista frontal, y el párpado inferior puede ser casi recto. Estoy usando un lápiz 8B todo el tiempo porque quiero dibujar un ojo con mucho maquillaje, específicamente la sombra de ojos con la técnica llamada "smokey eye" y brillantina.

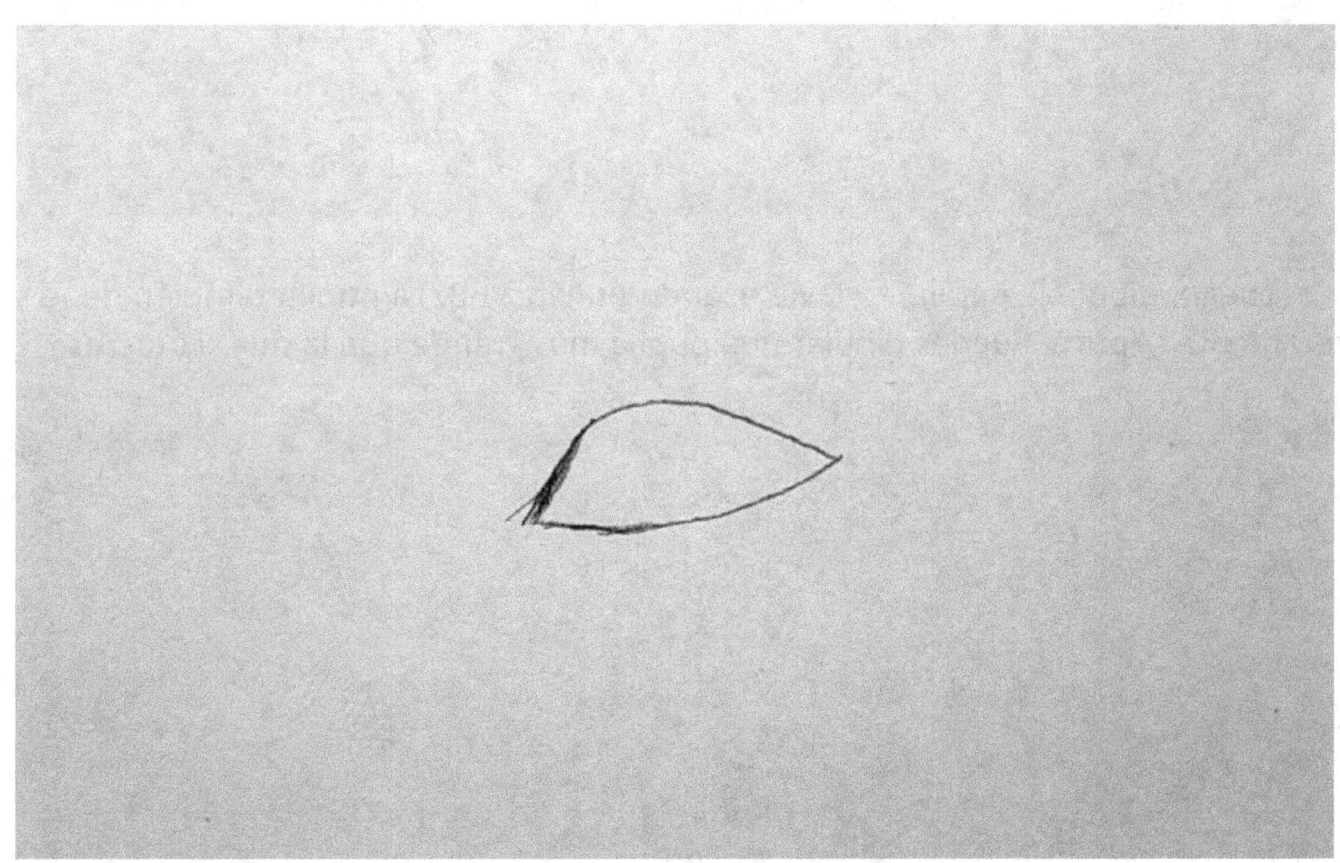

Dibujemos el límite del iris, que no debería ser perfectamente redondo desde este punto de vista, sino elíptico. La parte superior del iris debe cubrirse con el párpado superior, y la parte inferior del iris debe cubrirse con un párpado inferior

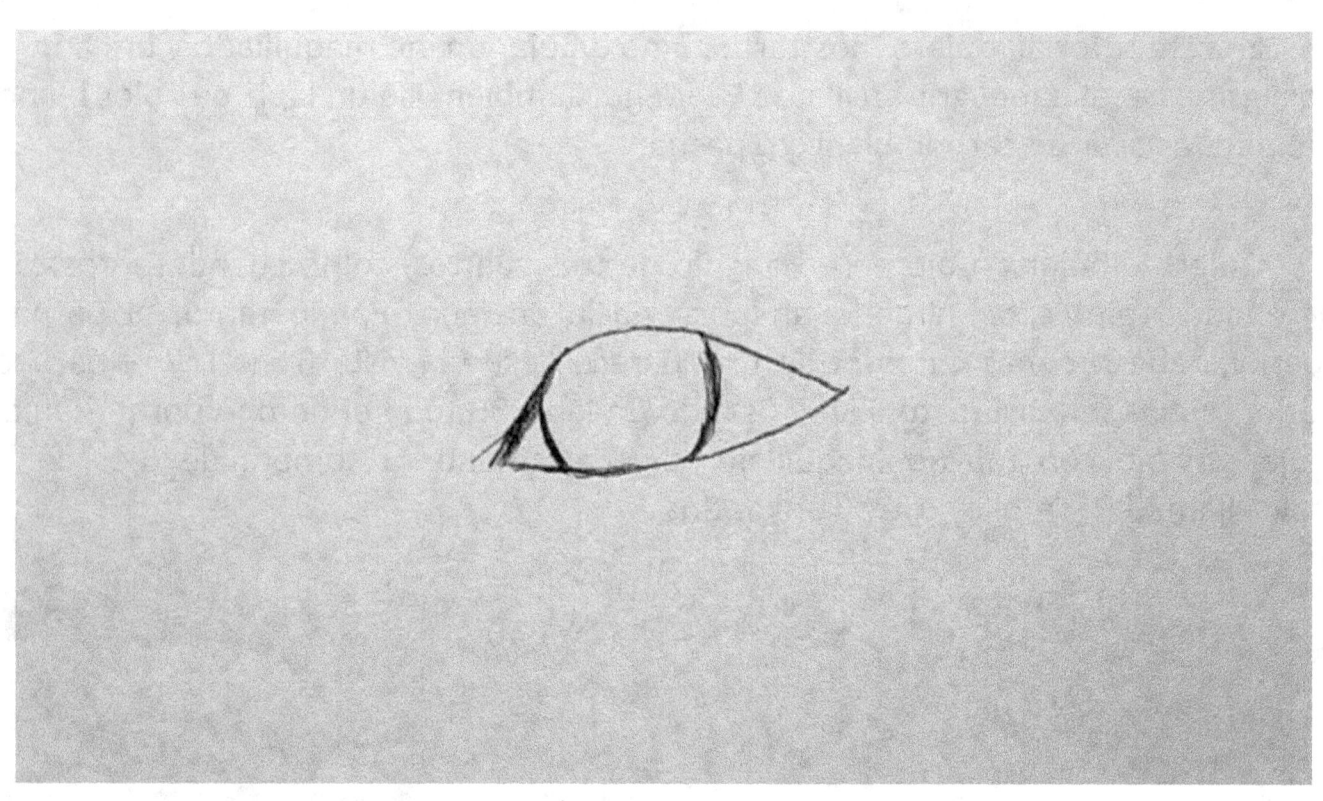

Luego, dibuja la pupila, todavía usando un lápiz 8B. La pupila también debe ser ligeramente elíptica. Puedes dibujar una pupila más grande que la mía si quieres.

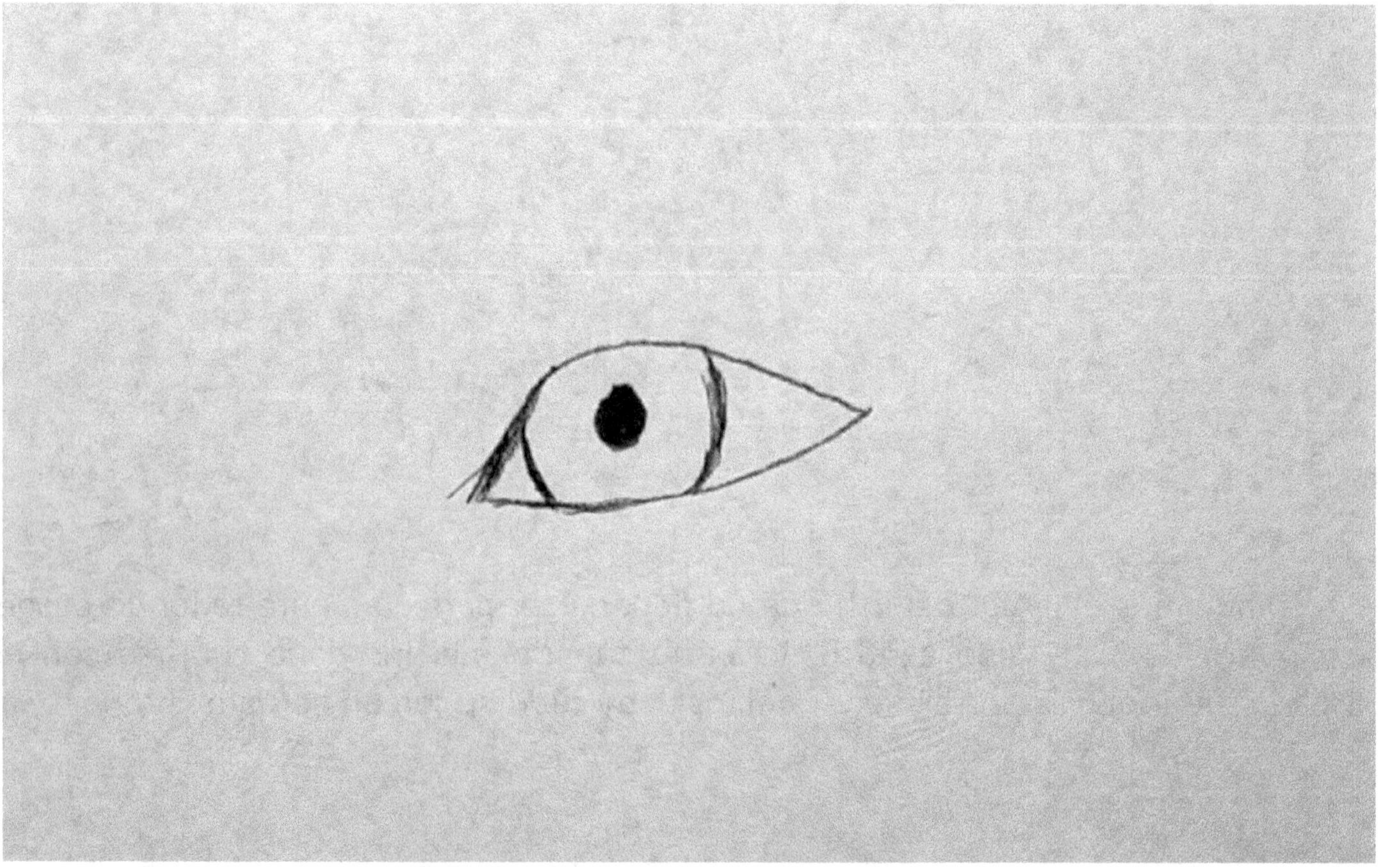

Ahora que hemos determinado la posición del límite del iris, podemos mejorar el contorno de los párpados superior e inferior.

En la siguiente imagen, puedes ver que he oscurecido los párpados y los he dibujado un poco más profundos que mi contorno inicial. Además, crea la sombra que el párpado superior proyecta sobre el iris, como se muestra en la siguiente imagen.

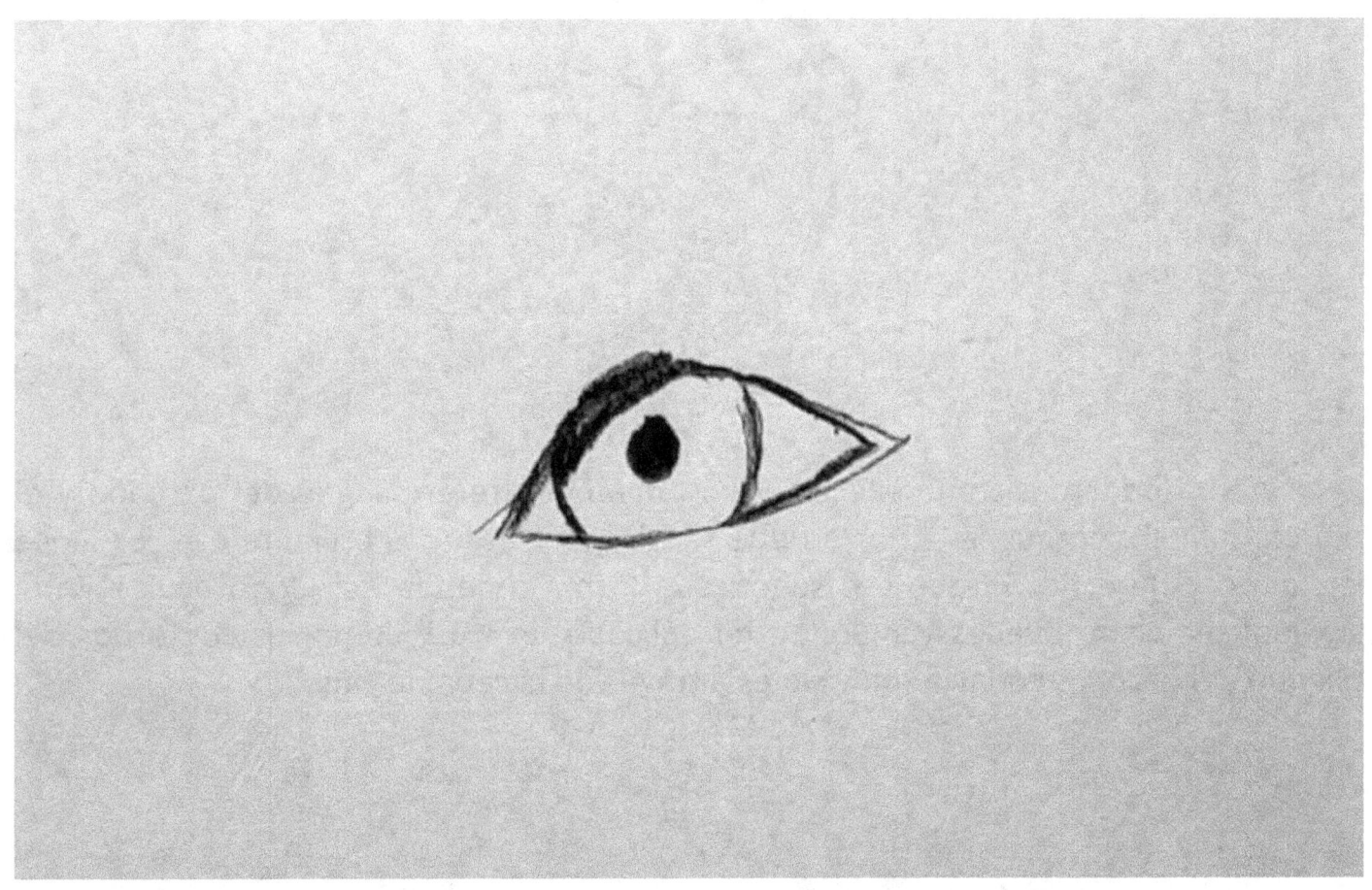

Aquí podemos dibujar el pliegue del párpado, usando un 8B. Simplemente dibuja una línea curva paralela al párpado superior, e incluso puedes dibujar una línea más pequeña en el medio como lo hice yo.

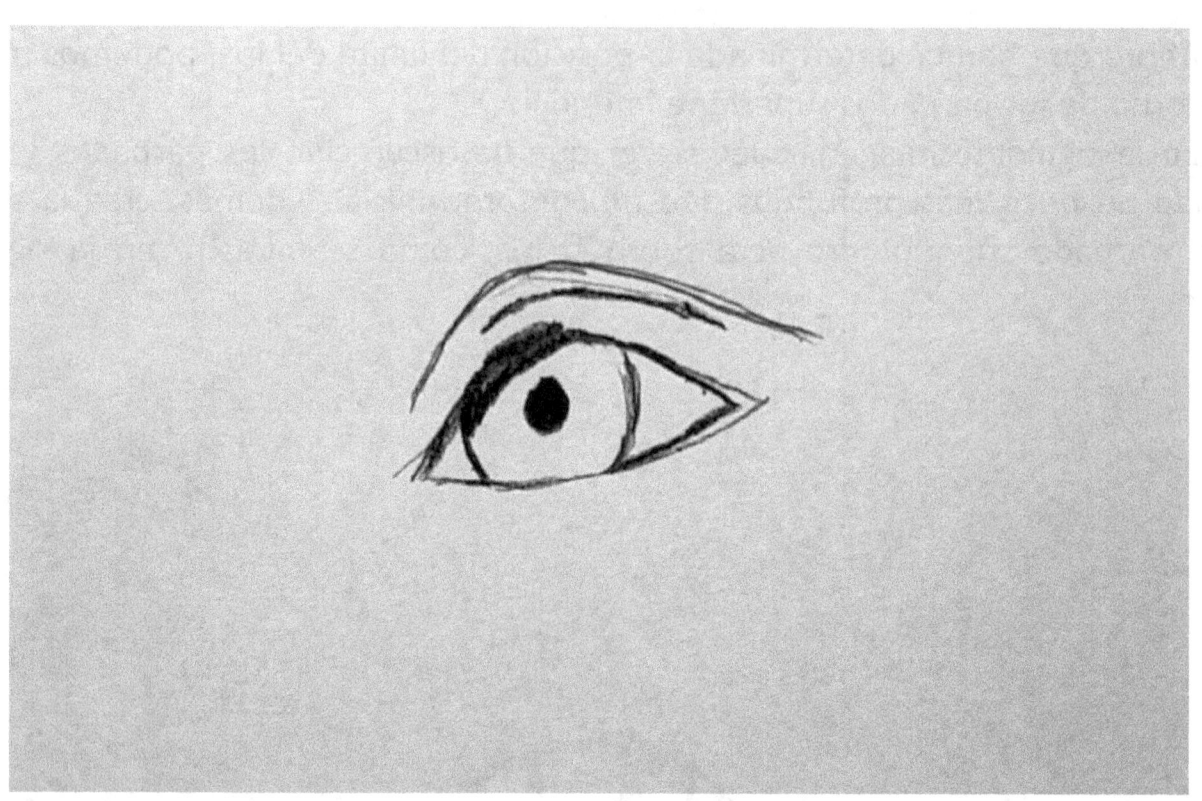

Ahora podemos sombrear la sección media entre el pliegue del párpado y el ojo con un HB, porque esta parte debe ser ligeramente más brillante que los lados izquierdo y derecho, ya que eso sugerirá la forma redonda del globo ocular. En la siguiente imagen, puedes ver dónde he aplicado un HB y cómo los contornos del pliegue del párpado todavía son visibles a través de la capa de HB.

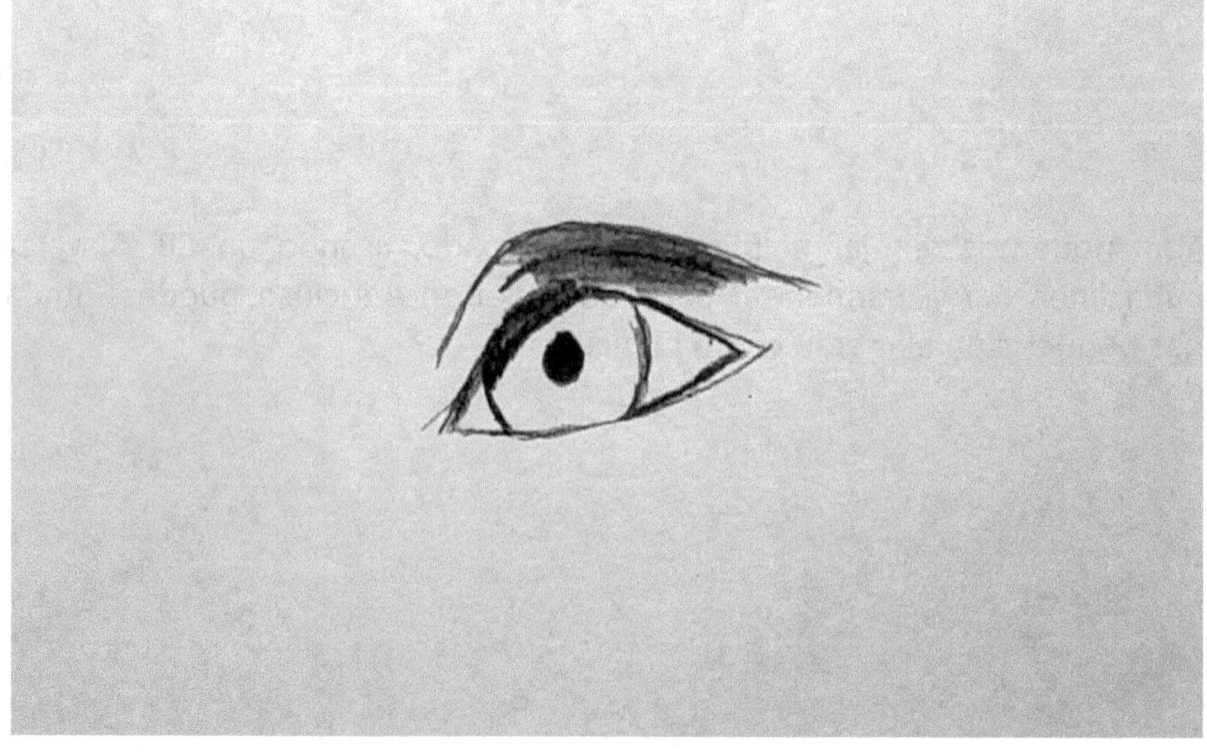

Usemos nuevamente un 8B para cubrir la piel entre el pliegue del párpado y el ojo en los lados izquierdo y derecho. Tienen que ser mucho más oscuros que el área media, para que de esta forma la piel sobre la curva del párpado pueda parecer redonda.

Me he imaginado que mi fuente de luz proviene de la parte superior, y es por eso que quiero que el globo ocular tenga su punto más brillante justo en el medio.

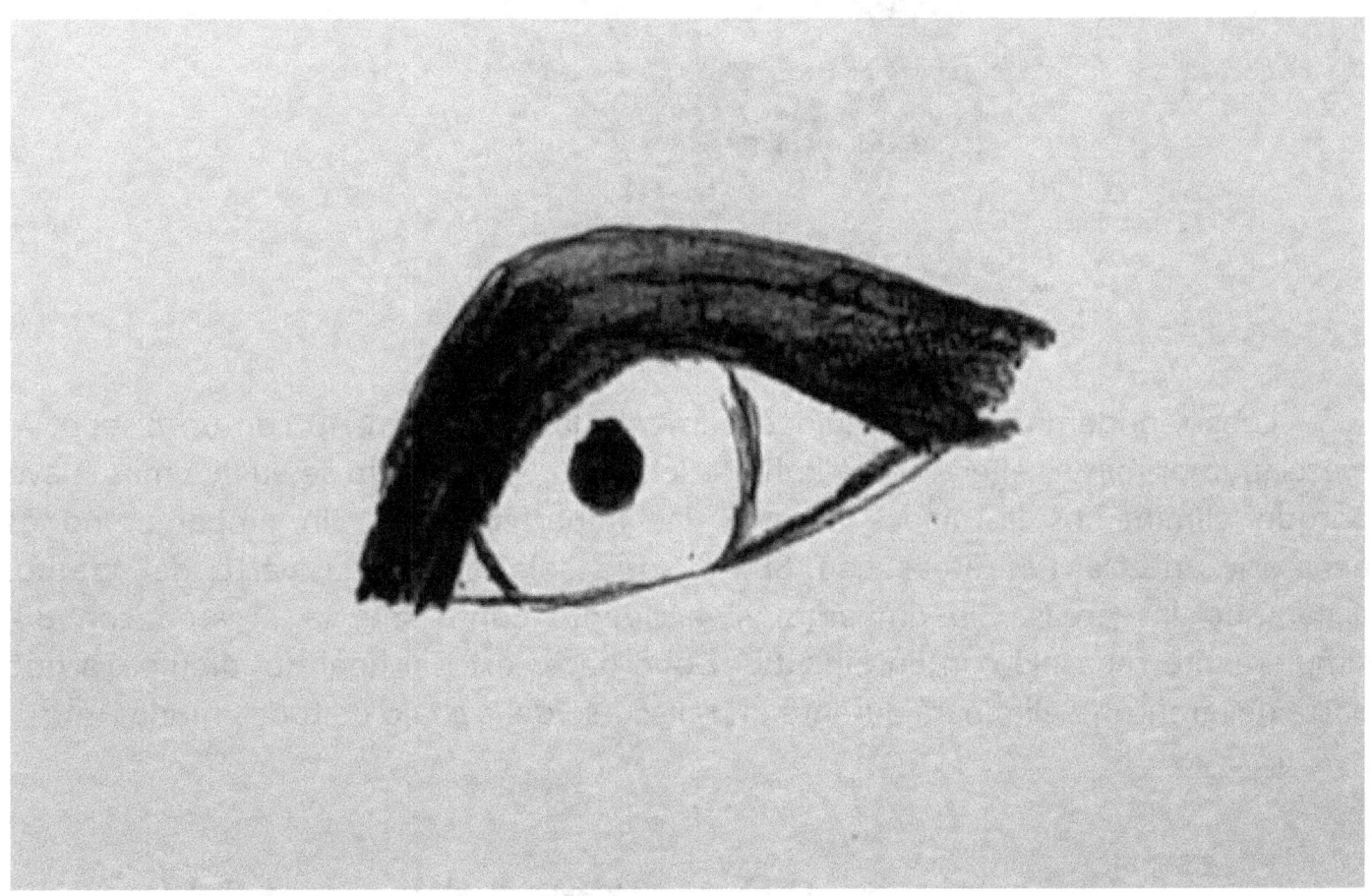

Usando un HB, cubra el área grande debajo del ojo, como se muestra en la siguiente imagen. Aquí también, debajo del lado izquierdo y derecho del ojo, el párpado inferior debe ser un poco más oscuro que en el medio.

Luego oscurece el grosor del párpado inferior con un 8B y cubre el conducto lagrimal por completo, usando el mismo lápiz o cualquier otro lápiz muy oscuro.

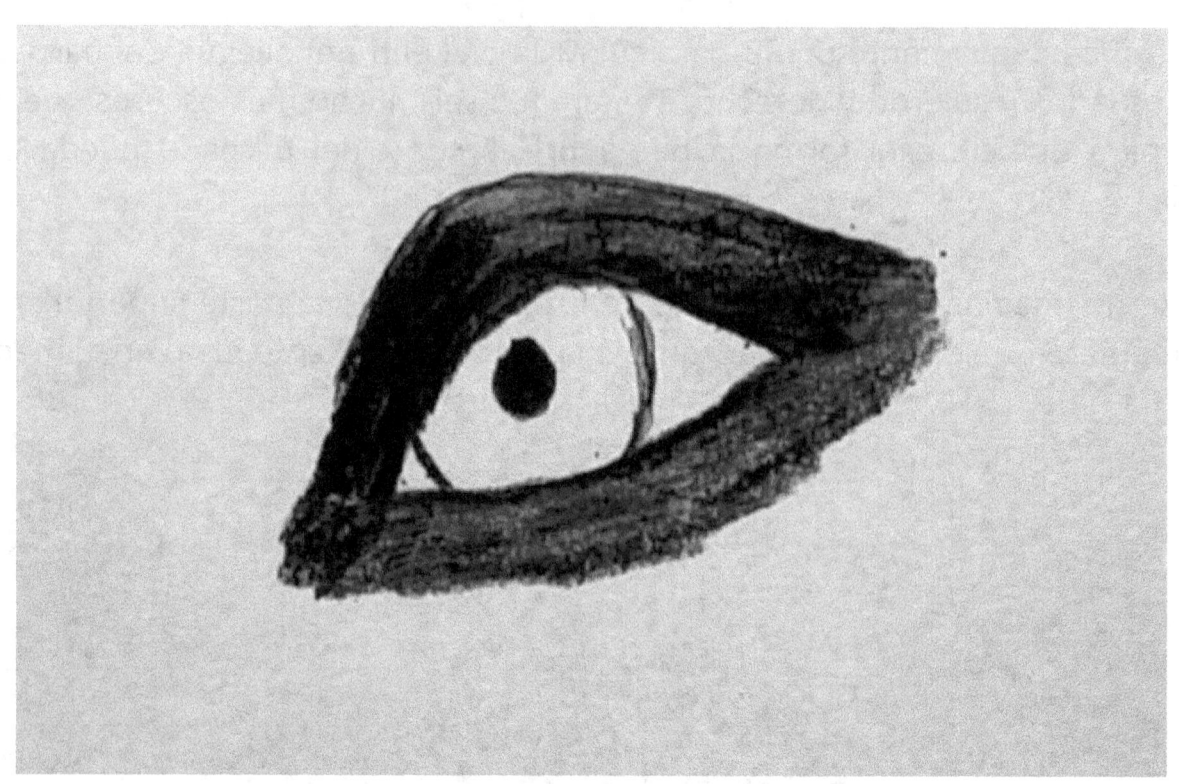

Luego, podemos mezclar cuidadosamente las áreas con HB con un hisopo. Al mezclar, imprimimos el grafito en la fibra del papel, y la textura se vuelve más suave porque eliminamos las líneas duras y las imperfecciones. Sin embargo, no es necesario mezclar las áreas con 8B, ya que solo eliminaría parte del grafito, aligerando las áreas. Sin embargo, si accidentalmente mezcla el área con 8B, simplemente repáselo con un lápiz 8B. Debe hacer esto al final del dibujo, ya que parte del grafito se eliminará durante el transcurso del trabajo de todos modos.

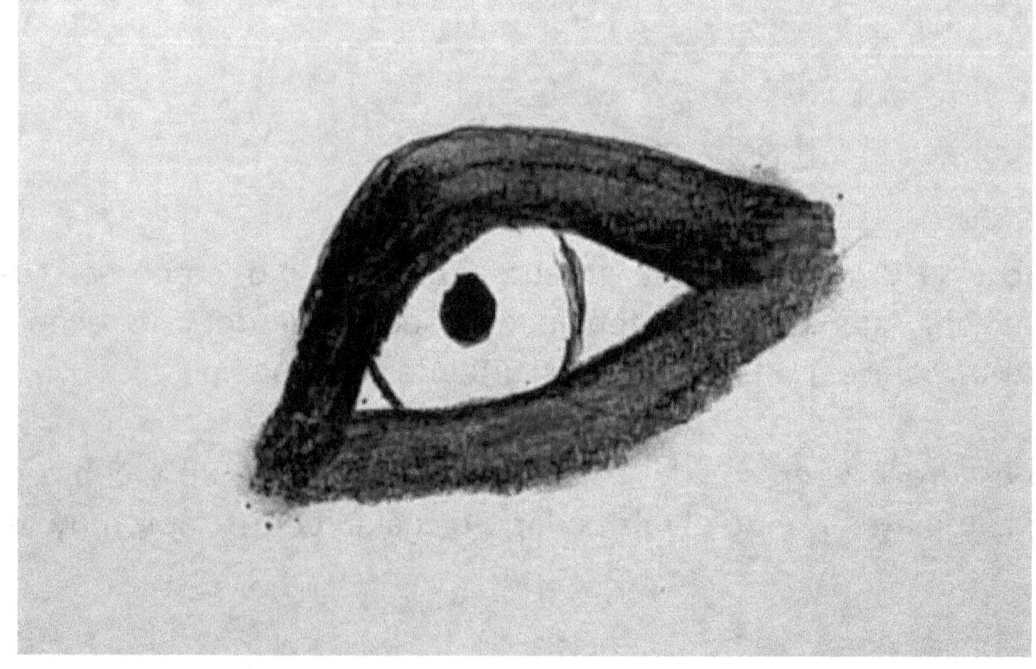

Ahora podemos dibujar el iris. Uso un 5H para el iris y dibujo los radios que se irradian desde el centro de la pupila. Puedes cambiar la presión en tu lápiz 5H para crear algunos patrones.

Dibuja los radios entre la pupila y el límite del iris y, por supuesto, el iris debería ser mucho más brillante en el área inferior, mucho más oscuro en el área superior y absolutamente oscuro debajo del párpado superior. Es por eso que estoy usando un 8B en el área superior del iris, y un HB entre estos dos tonos, manteniendo los trazos ligeros mientras dibujo desde el centro de la pupila.

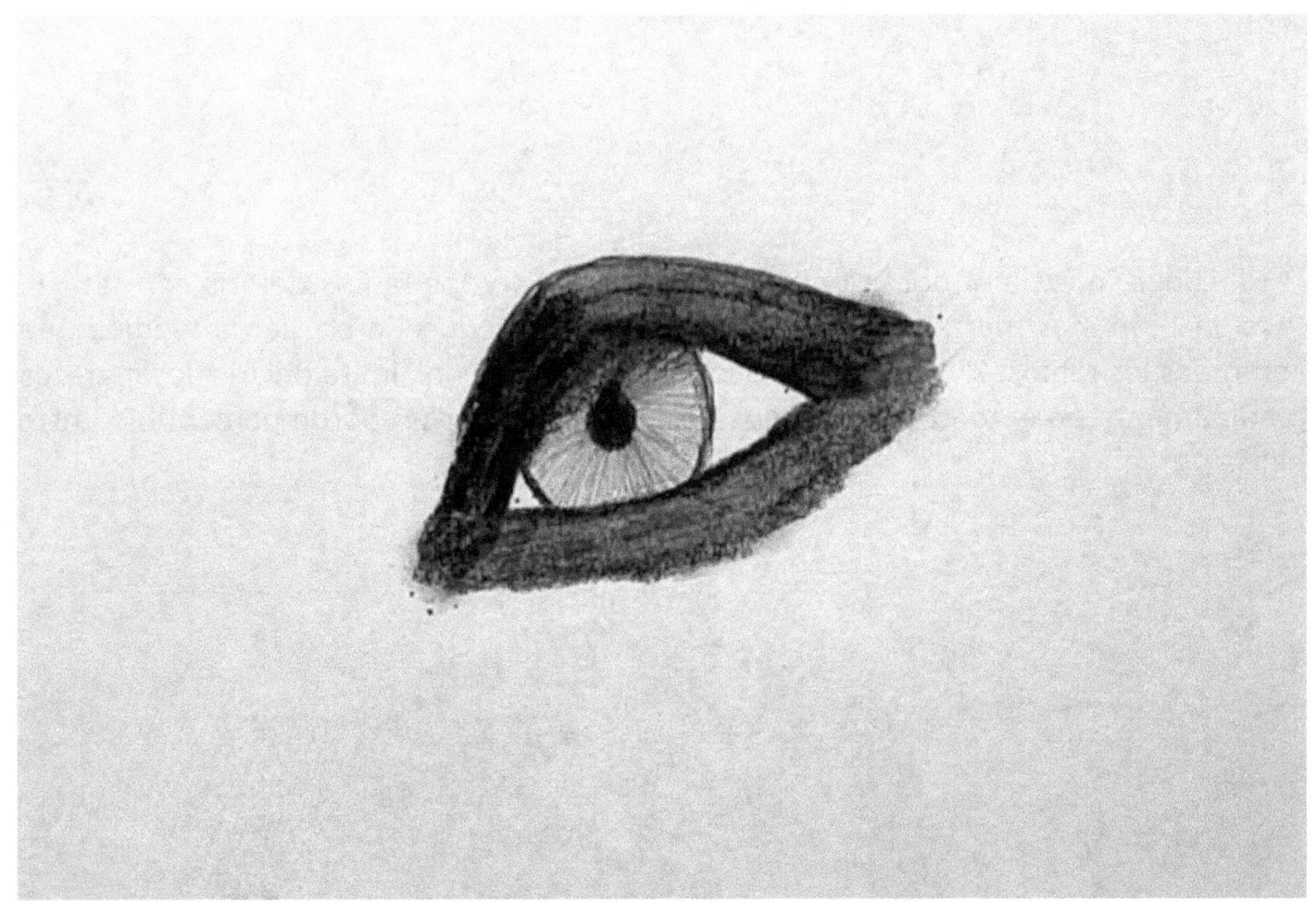

Mezcla cuidadosamente el iris con un hisopo. Intenta no pasar por encima de la esclerótica o de la pupila.

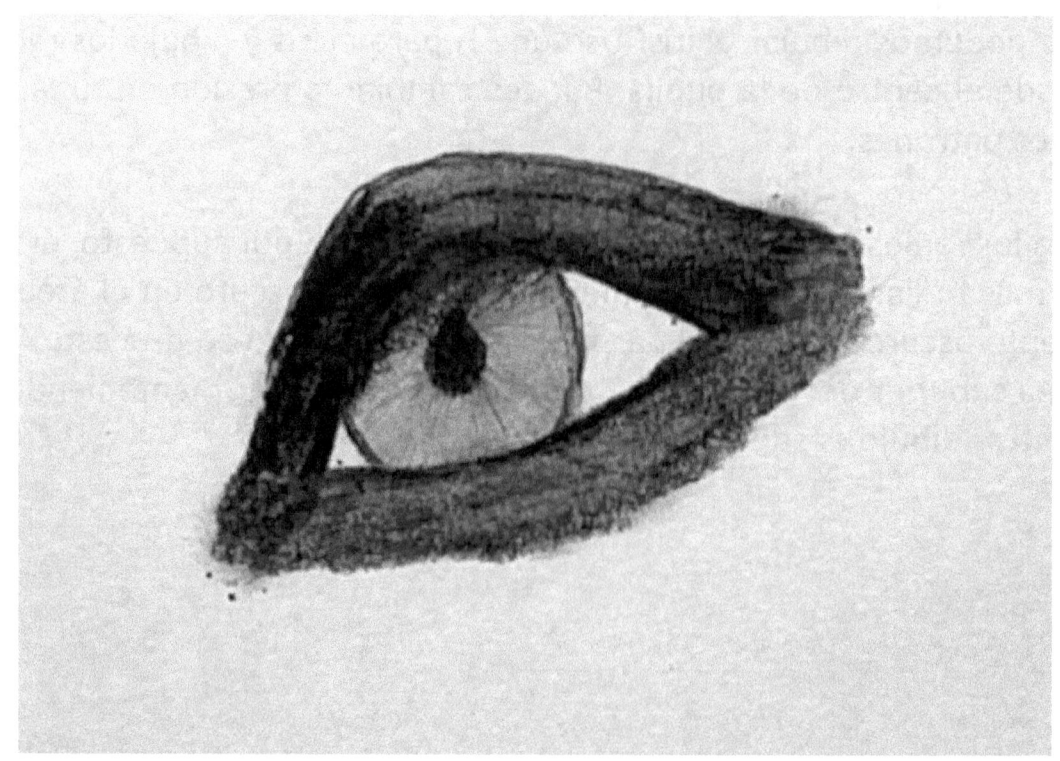

Luego, mezcla el borde entre el límite del iris y los radios del iris con un HB. Presiona con más fuerza al lado del límite del iris y reduce la presión a medida que sombreas los radios. El objetivo es hacer que la sombra del límite del iris desaparezca gradualmente en el tono de los radios. No debería haber un borde perceptible entre ellos.

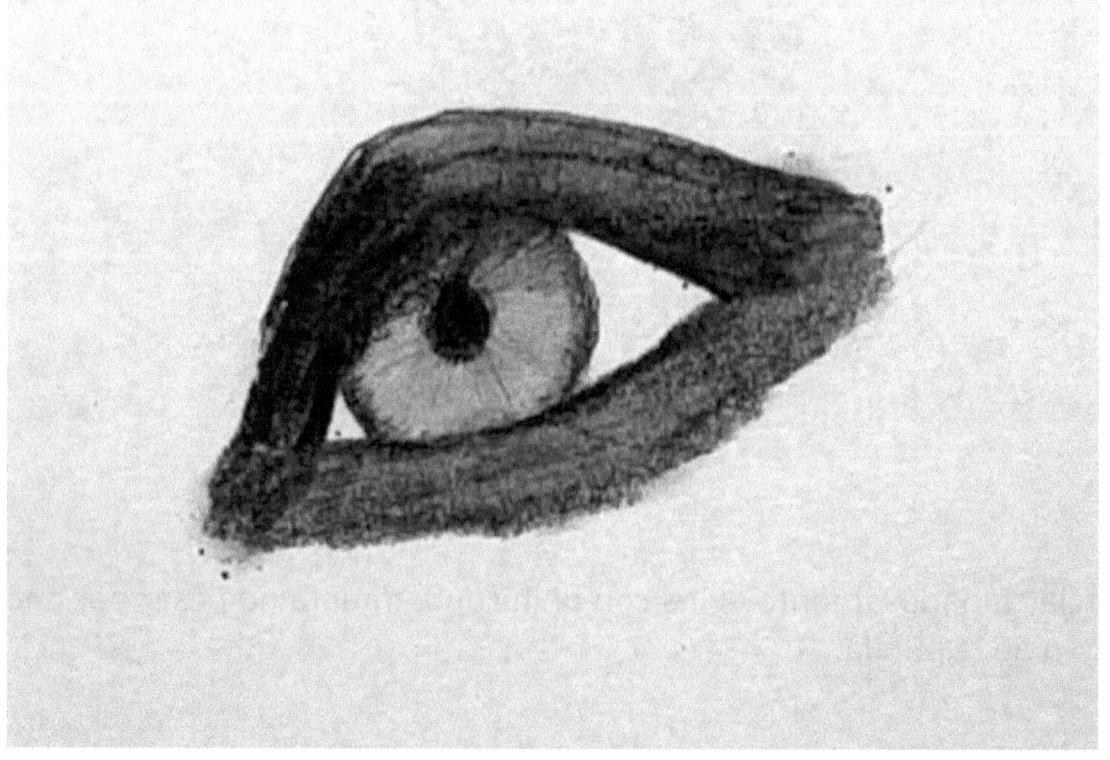

Comienza a sombrear la esclerótica (el blanco del ojo) en el lado derecho con un 3H. Tenemos que crear una sombra proyectada por el párpado superior sobre la esclerótica. La esclerótica no debe permanecer blanca, y aunque a veces puedes ser totalmente blanca al lado del límite del iris, el resto siempre debe estar sombreado.

Deberíamos sombrear la esclerótica de la misma manera que sombreamos la esfera, ya que el globo ocular tiene una forma redonda y debemos sugerirla sombreando la esclerótica. En la siguiente imagen, puedes ver el área que he sombreado con un 3H.

Además, agrega algunos detalles con un HB, como pequeñas pestañas que crecen hacia abajo y la sombra que proyectan sobre la esclerótica.

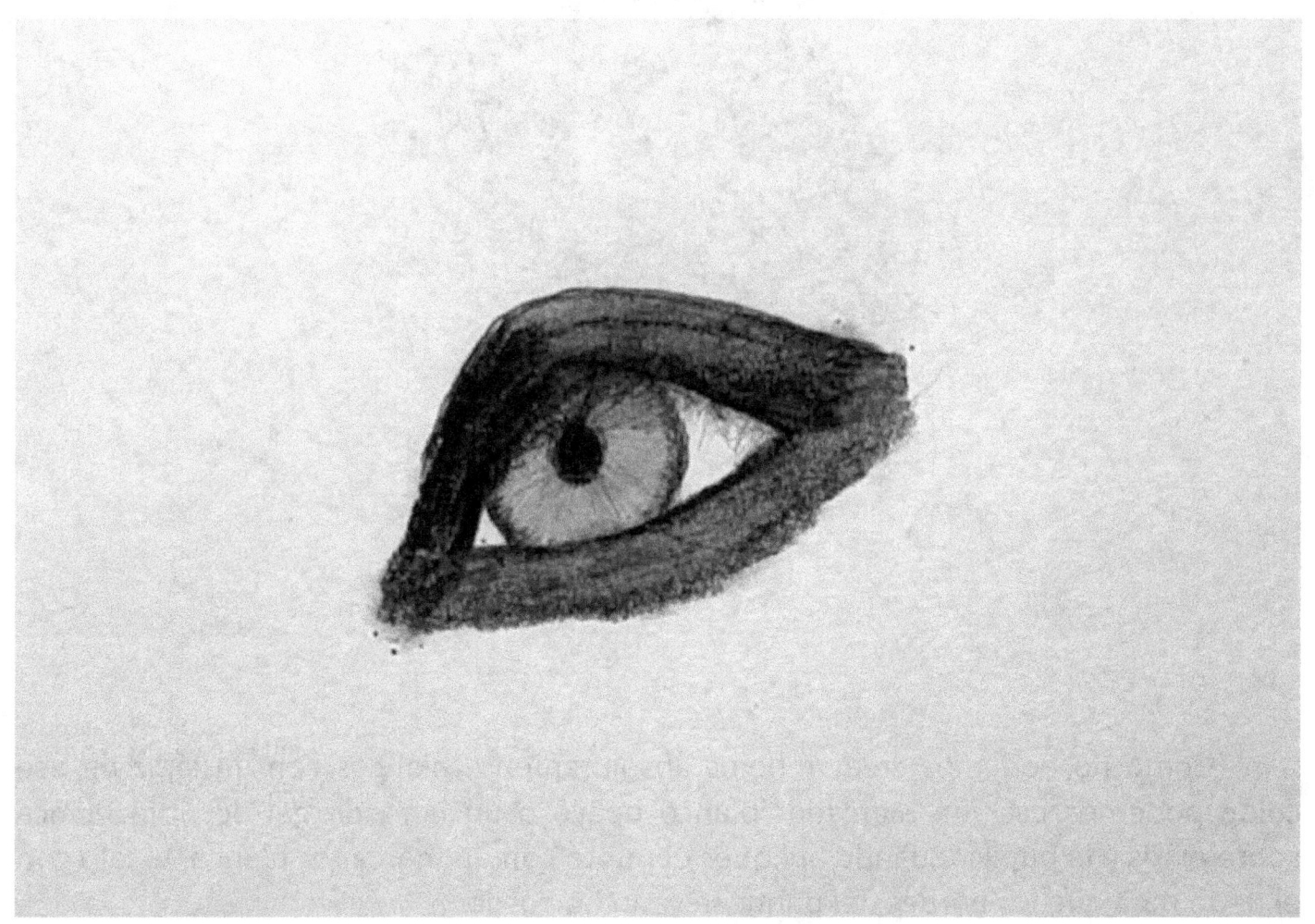

Ahora podemos colorear la esclerótica al lado del iris con un lápiz blanco, y también crear algunos reflejos sobre el iris e incluso sobre el límite del iris. El lápiz de color blanco se puede aplicar fácilmente sobre lápices de grafito oscuro. Intenta hacer que el lápiz de color blanco desaparezca gradualmente en el tono del papel, en algún lugar en el medio de la esclerótica en el lado derecho.

Después de haber sombreado la esclerótica, puedes dibujar más pestañas que crecen hacia abajo con un 8B. Analiza la siguiente imagen para comprender lo que quiero explicar.

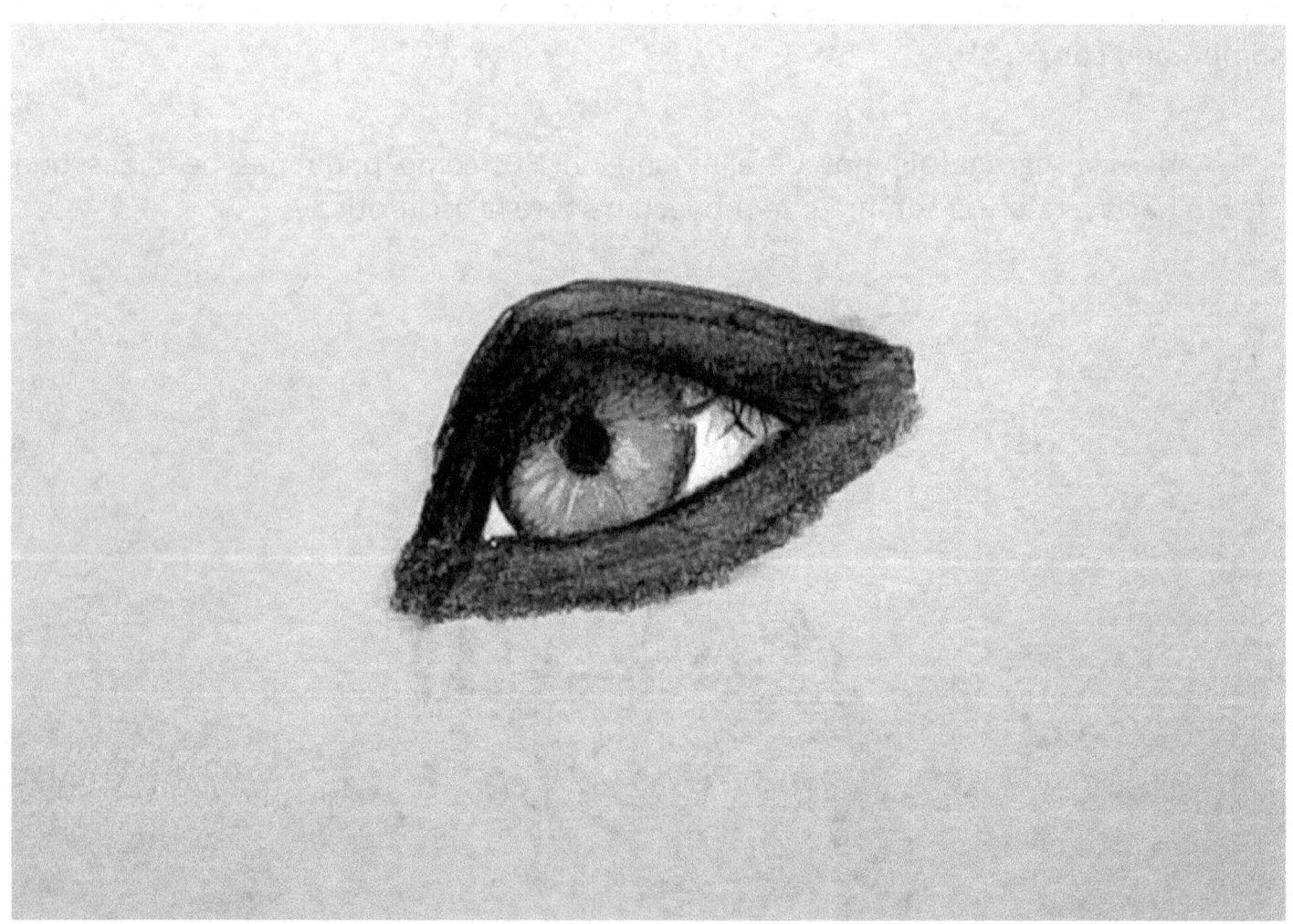

Como no podemos crear reflejos absolutamente blancos con un lápiz de ese color, podemos usar un marcador blanco opaco o un lápiz de gel de tinta blanca sobre el iris y la pupila. Cuando apliques el punto con un marcador blanco, tócalo con el dedo para que los bordes del punto se vean borrosos.

Crea los reflejos donde quieras sobre el iris y la pupila. Si usas el marcador blanco de Uni Posca, podrás eliminar los reflejos con la uña o con cualquier otro lápiz mientras esté húmedo e incluso cuando se seque.

Mezcla los bordes de los reflejos que has creado con un marcador blanco o con un lápiz de color blanco.

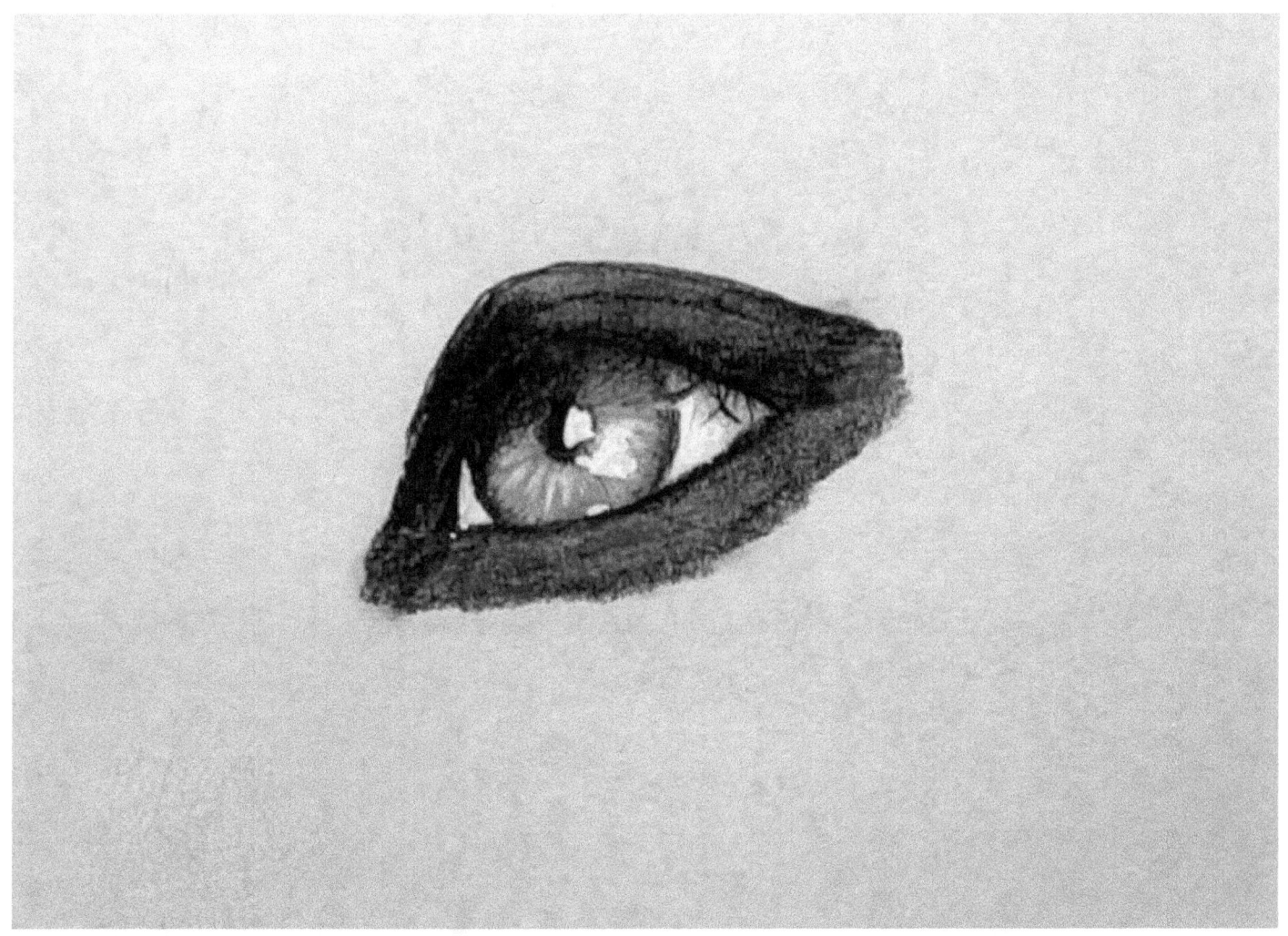

Antes de dibujar las pestañas, debemos sombrear la piel sobre el ojo. Sin embargo, antes de eso, dibujemos las cejas para que podamos sombrear la piel entre el ojo y la ceja. Además, el dibujo de un ojo se ve mejor con una ceja.

Utilicé un lápiz HB para dibujar la ceja para que siempre pueda oscurecerla si quiero. Puedes usar cualquier otro tono de grafito, no tienes que usar un HB. También puedes dibujar cualquier forma de la ceja. Quería dibujar una típica ceja arqueada femenina y, por supuesto, tenemos que dibujar los trazos en la dirección del crecimiento del cabello.

No olvides que la ceja debería ser algo más corta en un punto de vista de tres cuartos. Analiza la siguiente imagen para ver dónde he colocado la ceja y observa la dirección de los trazos que he dibujado. También puedes consultar algunas fotos de referencia o tus propias cejas en el espejo para ver en qué dirección debes dibujar los pelos.

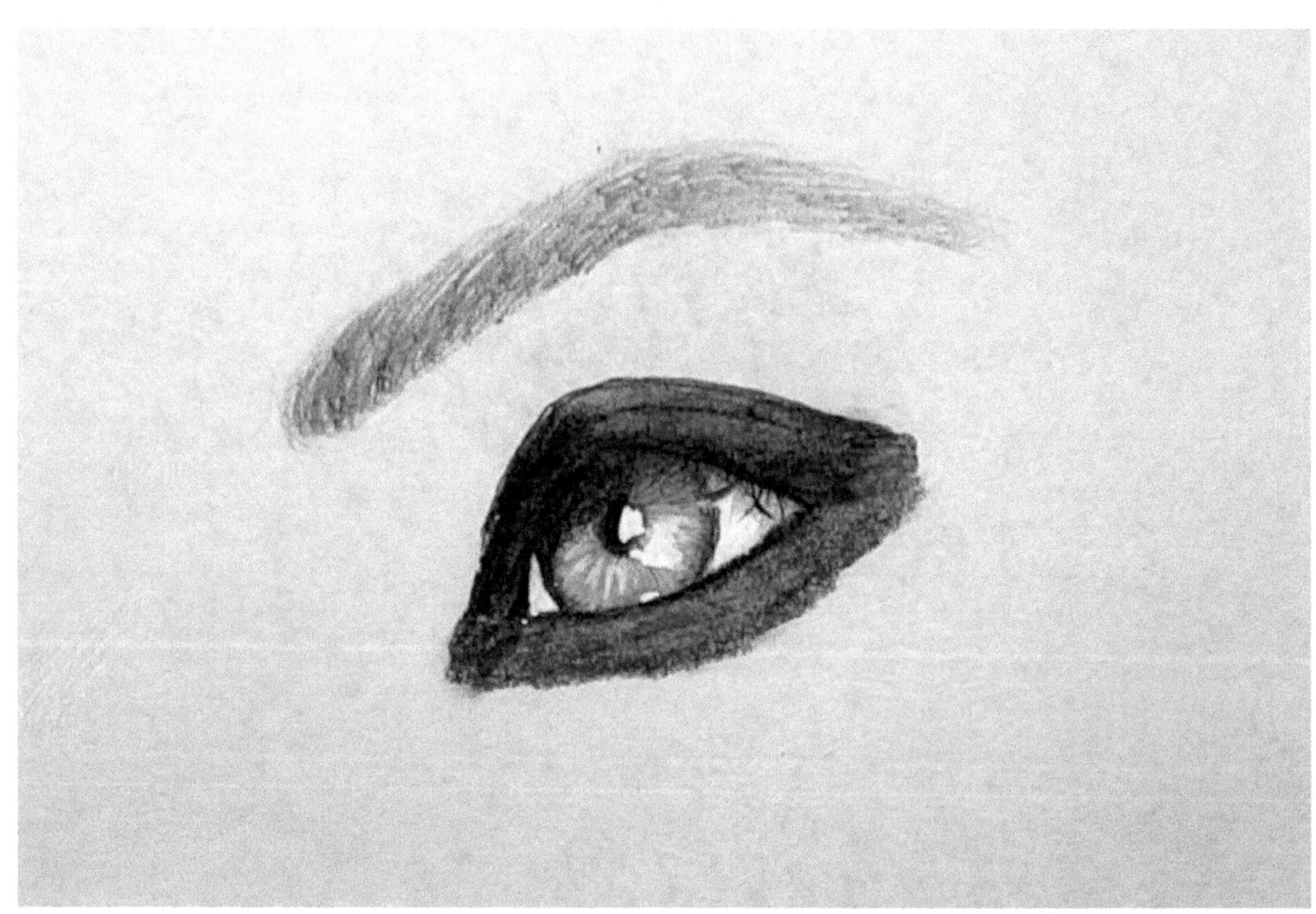

Mezcla la ceja con un hisopo para imprimir el grafito en el papel y hacer que los pelos parezcan suaves.

Compara la imagen anterior y la siguiente para ver la diferencia que hace la fusión.

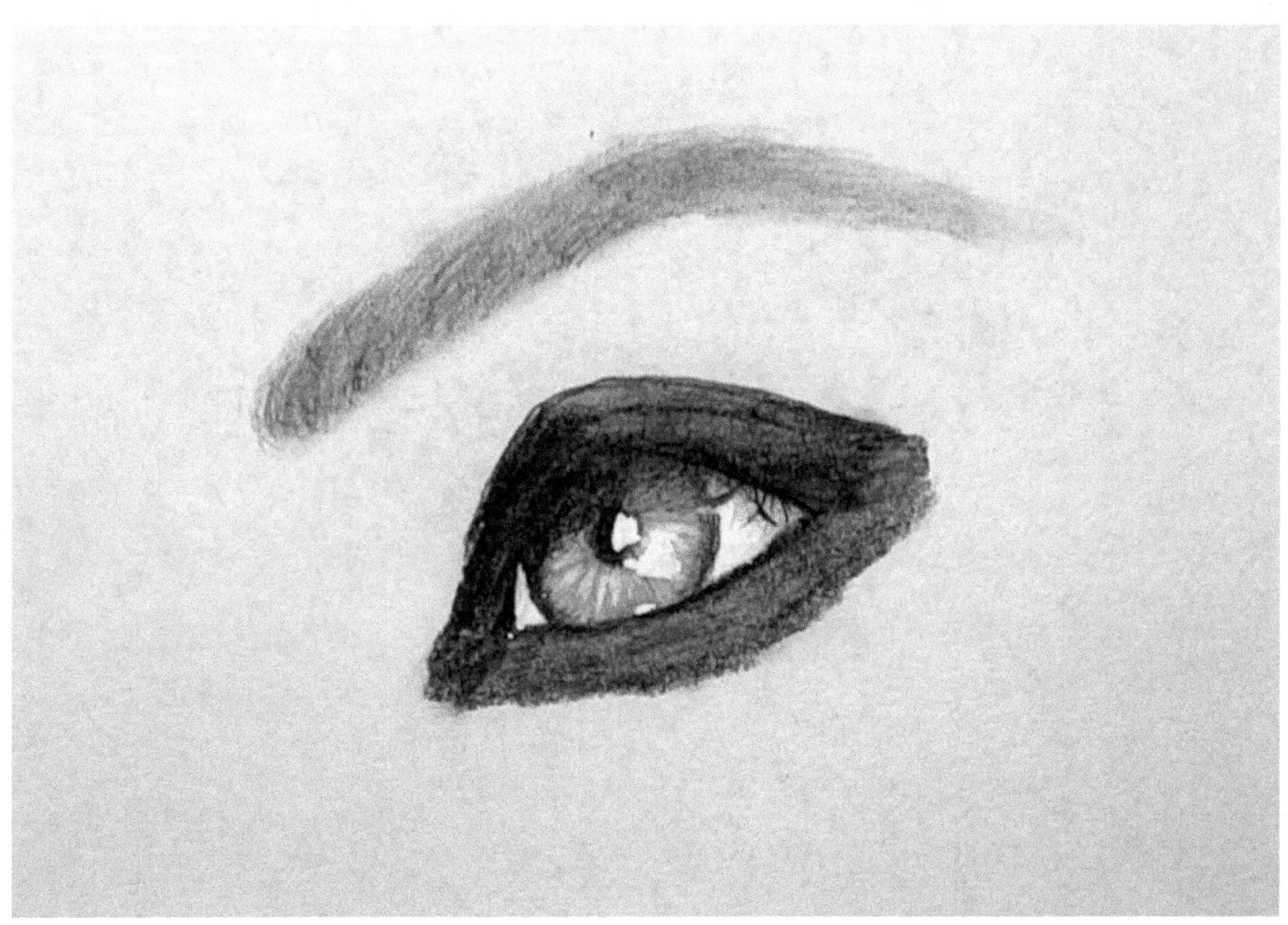

Luego, usa un 8B para dibujar los pelos que se encuentran debajo del borde de la ceja, ya que estos reciben menos luz y oscurecen las cejas en el lado derecho también, al lado de la sien. De esta manera, haremos que la sección en el medio sea más brillante, lo que sugerirá la redondez de la cabeza.

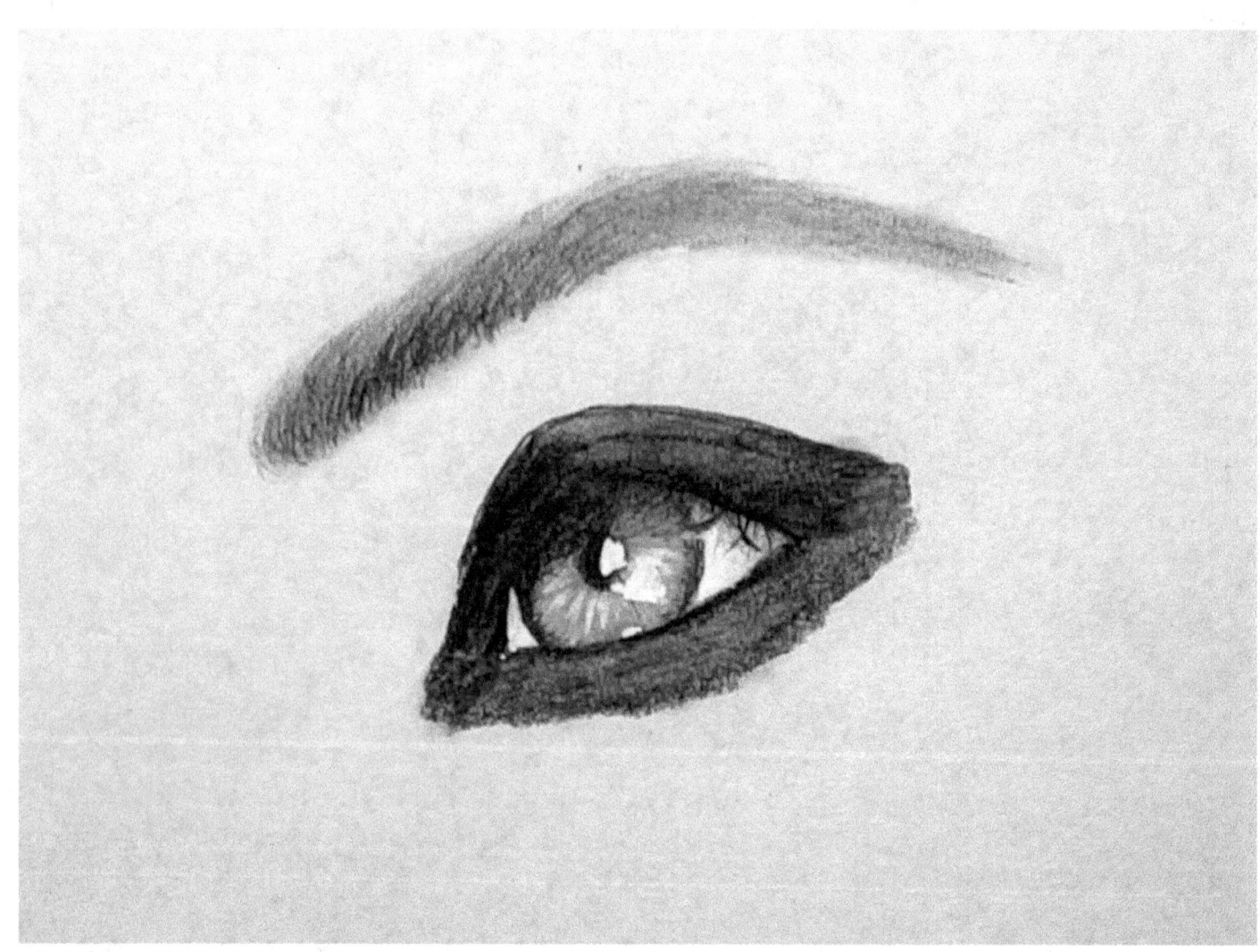

Ahora podemos comenzar a sombrear la piel utilizando un 2H y movimientos circulares, la llamada técnica de circulismo, lo que significa que debes aplicar círculos superpuestos para crear una textura suave.

Sombrea un poco el puente de la nariz, especialmente el lado derecho de la nariz para que se pueda resaltar el área hundida entre la nariz y el ojo. Echa un vistazo a la siguiente imagen para ver qué área he sombreado y cómo se ve un 2H cuando se aplica sobre el papel gris. Puedes elegir un tono más brillante u oscuro.

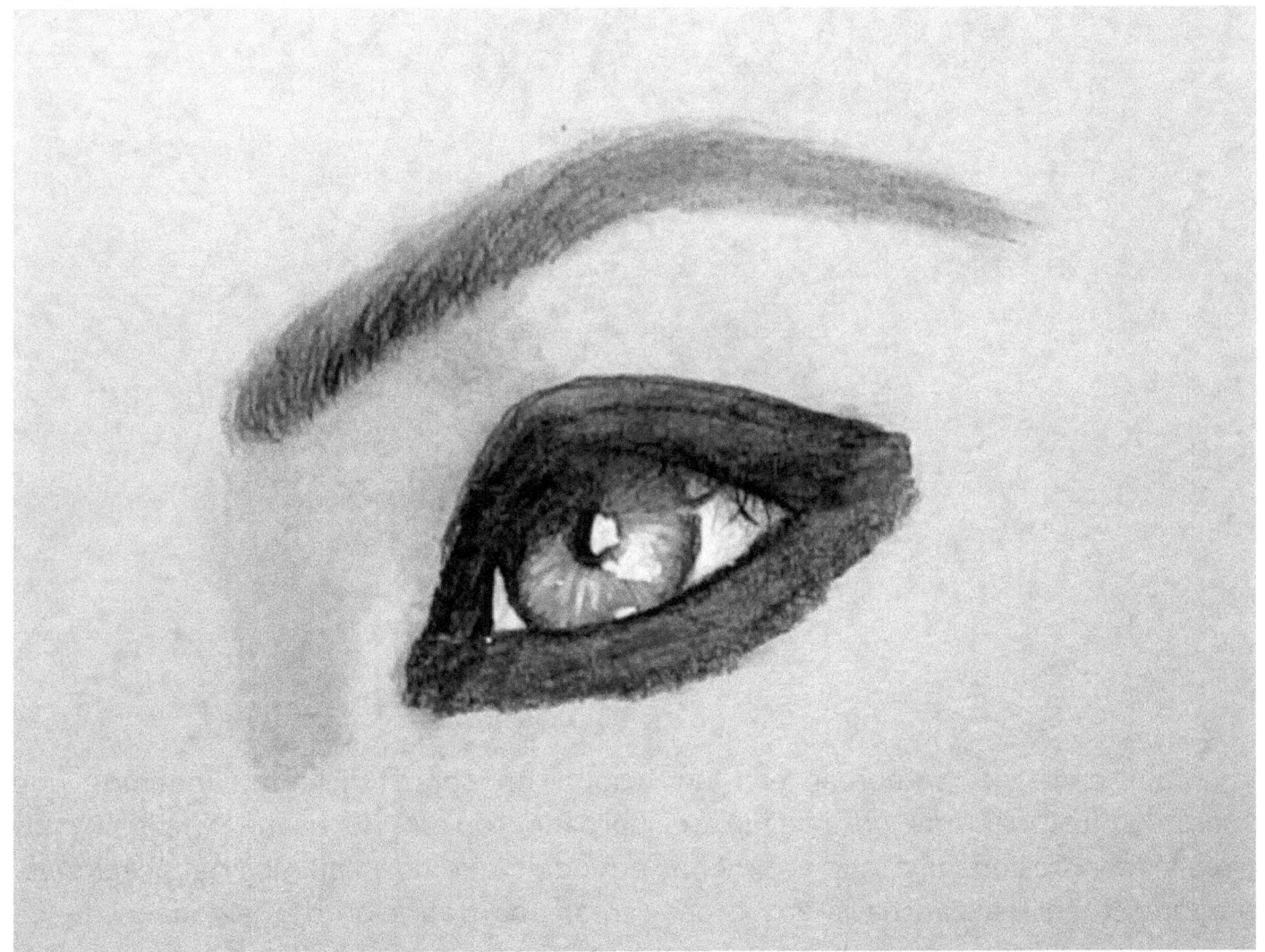

Mezcla esta área sombreada con cuidado con un hisopo, y verás cómo se vuelve más oscura después de la mezcla. Por lo tanto, cuenta con esta alteración al elegir lápices para la piel y otras texturas. Todavía usando un hisopo, sombrea la curva entre el pliegue del párpado y la ceja. Comienza mezclando el pliegue del párpado y mezcla hacia arriba, liberando la presión. Es importante crear una transición de degradado de sombra a resaltado. Además, sombrea la piel en el lado derecho del ojo, al lado de la sien, como se muestra en la siguiente imagen. Dale la vuelta y mezcla los bordes de las áreas con HB.

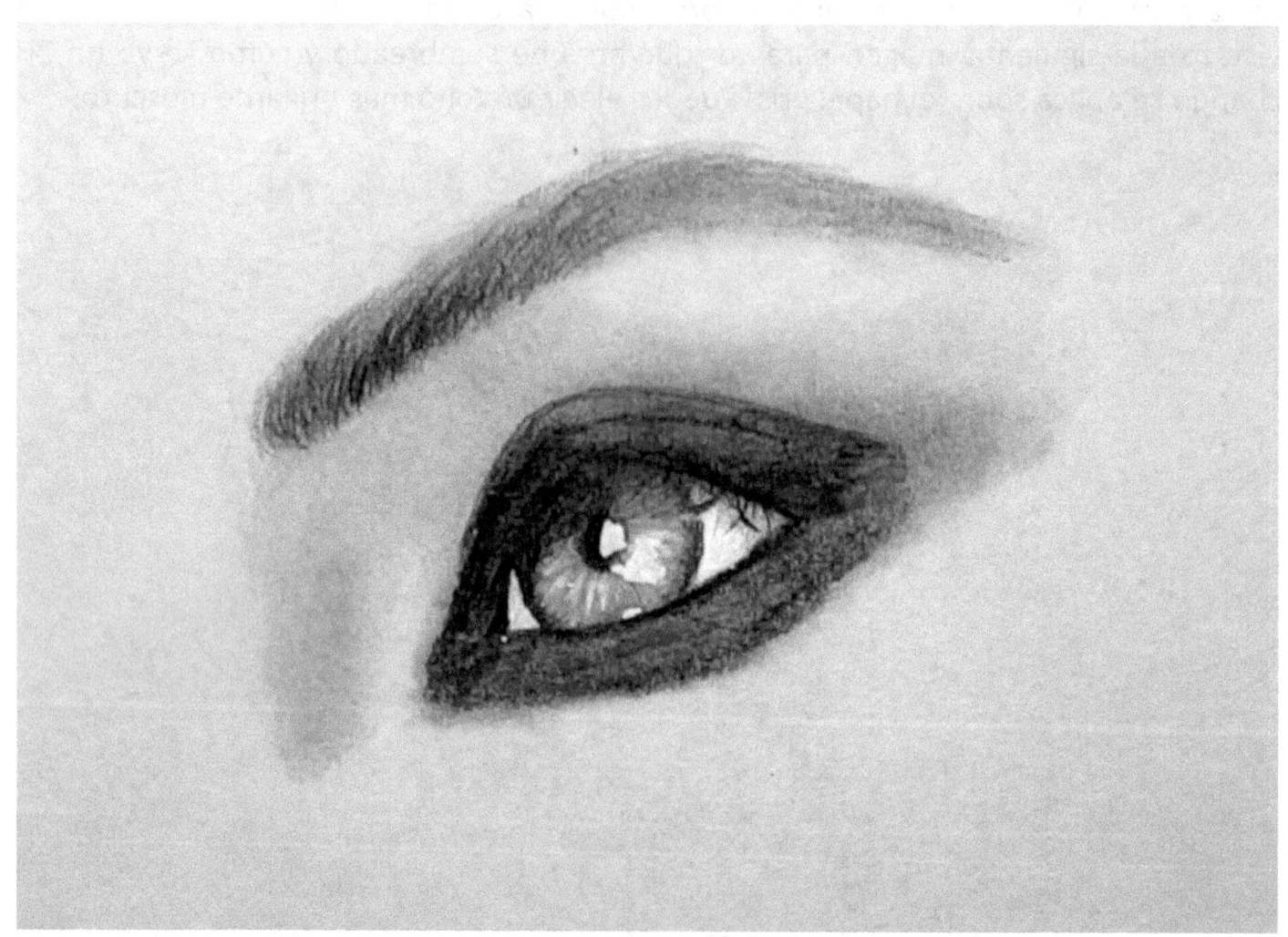

Sin embargo, sombrear con un hisopo no será suficiente. Tenemos que sombrear justo encima del pliegue del párpado con un HB usando movimientos circulares y presionando cada vez menos a medida que nos alejamos del pliegue del párpado, o en realidad hacia arriba para crear una transición de degradado de los tonos grises. El tono gris debería volverse gradualmente más brillante a medida que sombreamos hacia el resaltado. Por lo tanto, los diferentes tonos no deben tener un borde claro entre ellos, sino que deben fluir entre sí gradualmente.

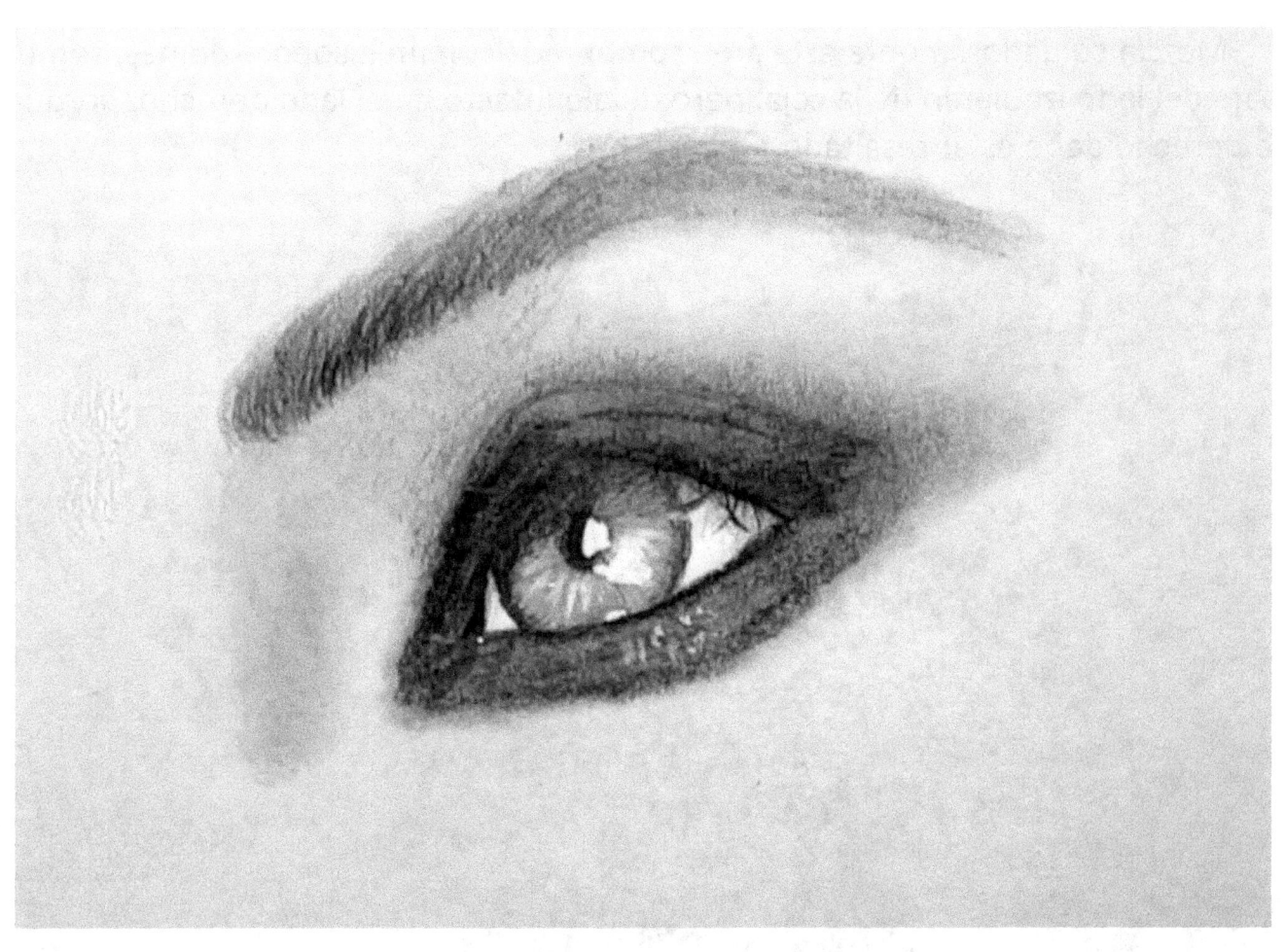

Consejo

Necesitas encontrar inspiración para dibujar. Así como los escritores experimentan el bloqueo creativo, otros artistas pueden tener el mismo bloque creativo, o el llamado bloque de arte. Para evitar que te suceda, haz una lista de las cosas que deseas dibujar y cuando estés atascado, revisa esa lista. Tengo una carpeta para dibujar en mi PC, que contiene fotos de referencia e ideas de dibujo. Cuando no sé qué dibujar, solo miro esas imágenes, me inspiro y estoy lista para comenzar a trabajar en mi próximo dibujo.

Mezcla cuidadosamente esta área sombreada con un hisopo. Además, sombrea debajo del lado izquierdo de la ceja, pero déjalo intacto en el lado derecho, porque el lado derecho debe estar resaltado.

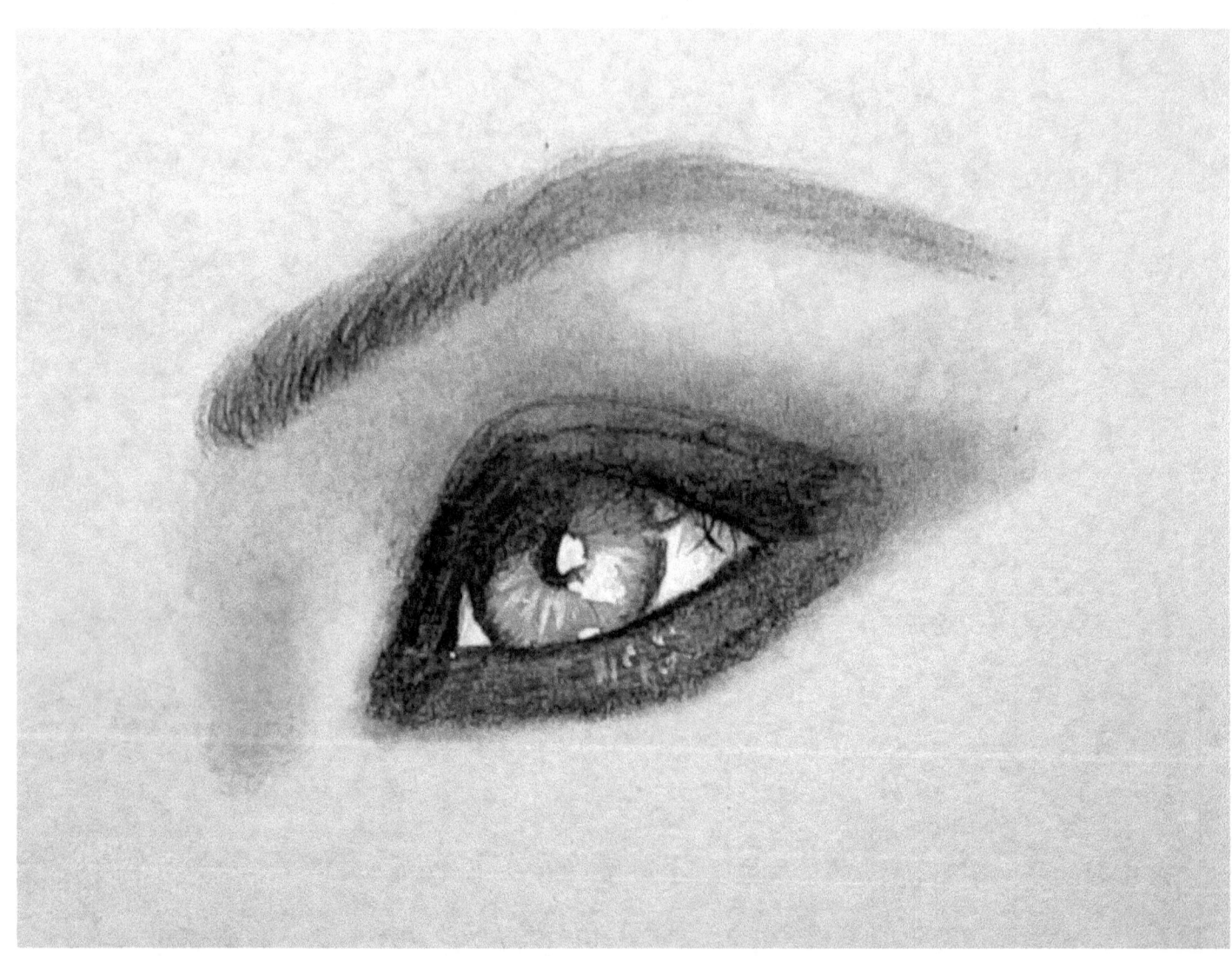

Ahora podemos crear el resaltado con un lápiz de color blanco. Sombrea la piel justo debajo de la parte superior de la ceja, sobre el hueso que sobresale, que es la "cresta" de la ceja. Presiona con más fuerza sobre el centro del resaltado y disminuye la presión sobre tu lápiz blanco al sombrear el resaltado.

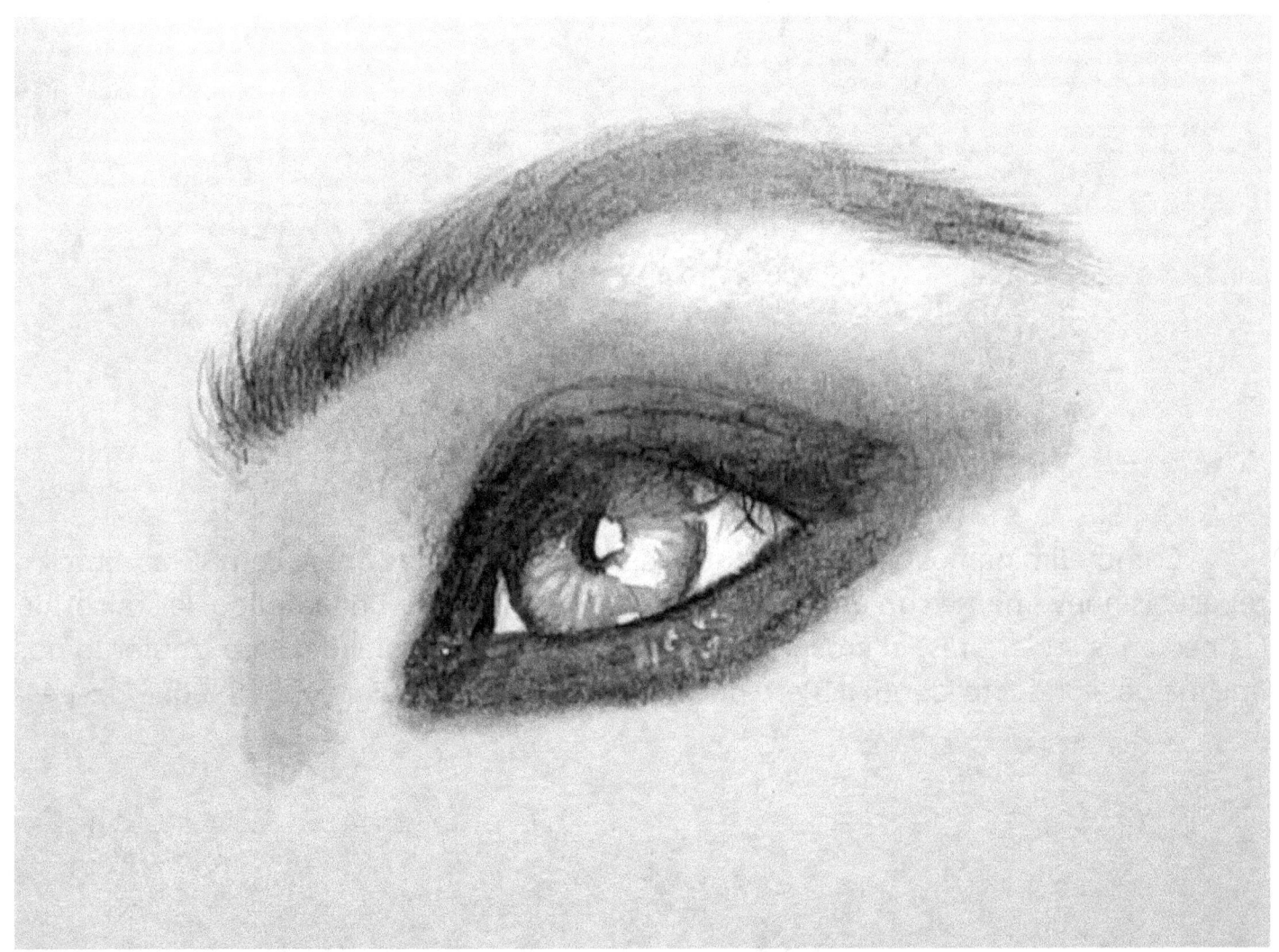

Ahora sombrea el área entre este punto culminante y la sien con un HB. Usa movimientos circulares todo el tiempo. De esta manera, harás que el área resaltada sea aún más prominente, y también porque esta sección obtiene menos luz.

En este paso volví a mi ceja, porque sentía que todavía estaba demasiado pálida y quería oscurecerla más con un HB. También quería oscurecer la ceja para que el lápiz de color blanco pudiera ser aún más vistoso. Ahora puedes ver los beneficios de dibujar en papel gris: las áreas blancas resaltan y el ojo es más llamativo.

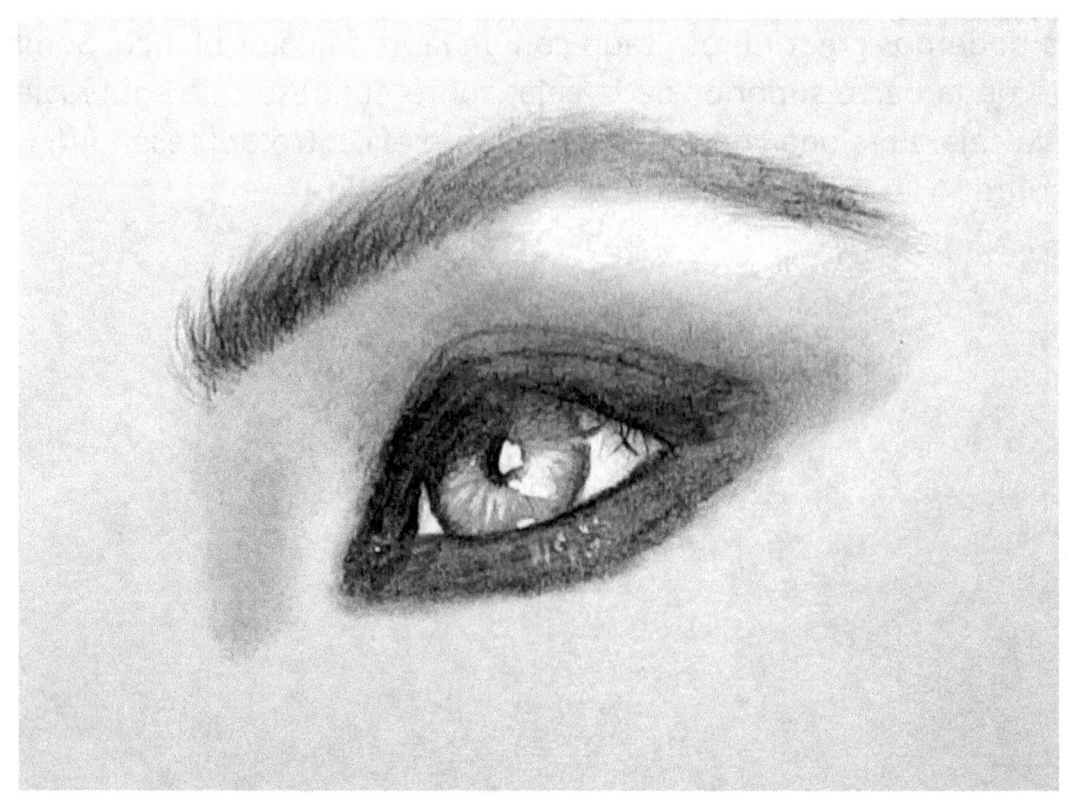

Como eliminamos una gran cantidad de grafito de las áreas con 8B al mezclar, repásalas nuevamente con un 8B. Estas áreas son el pliegue del párpado, las raíces de las pestañas superiores, el grosor del párpado inferior y la piel del lado izquierdo por encima del conducto lagrimal. Pero puedes oscurecer cualquier otra área que desees.

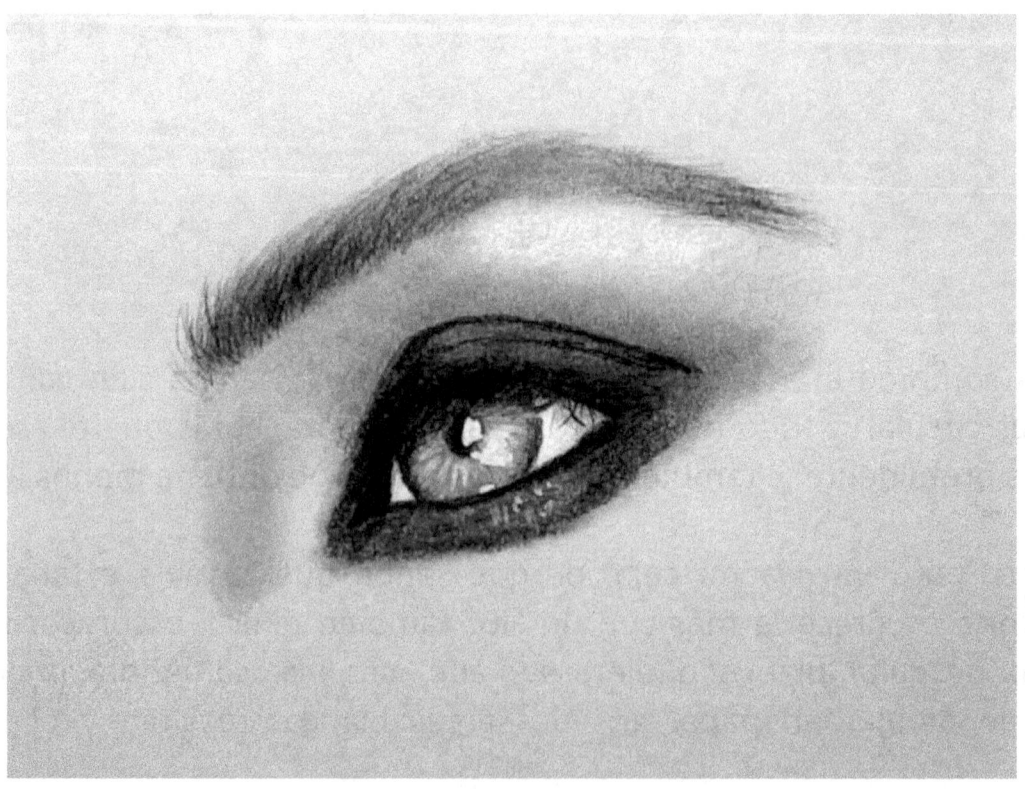

Luego, mezcla los bordes exteriores de la sombra de ojos oscura con el muñón de mezcla.

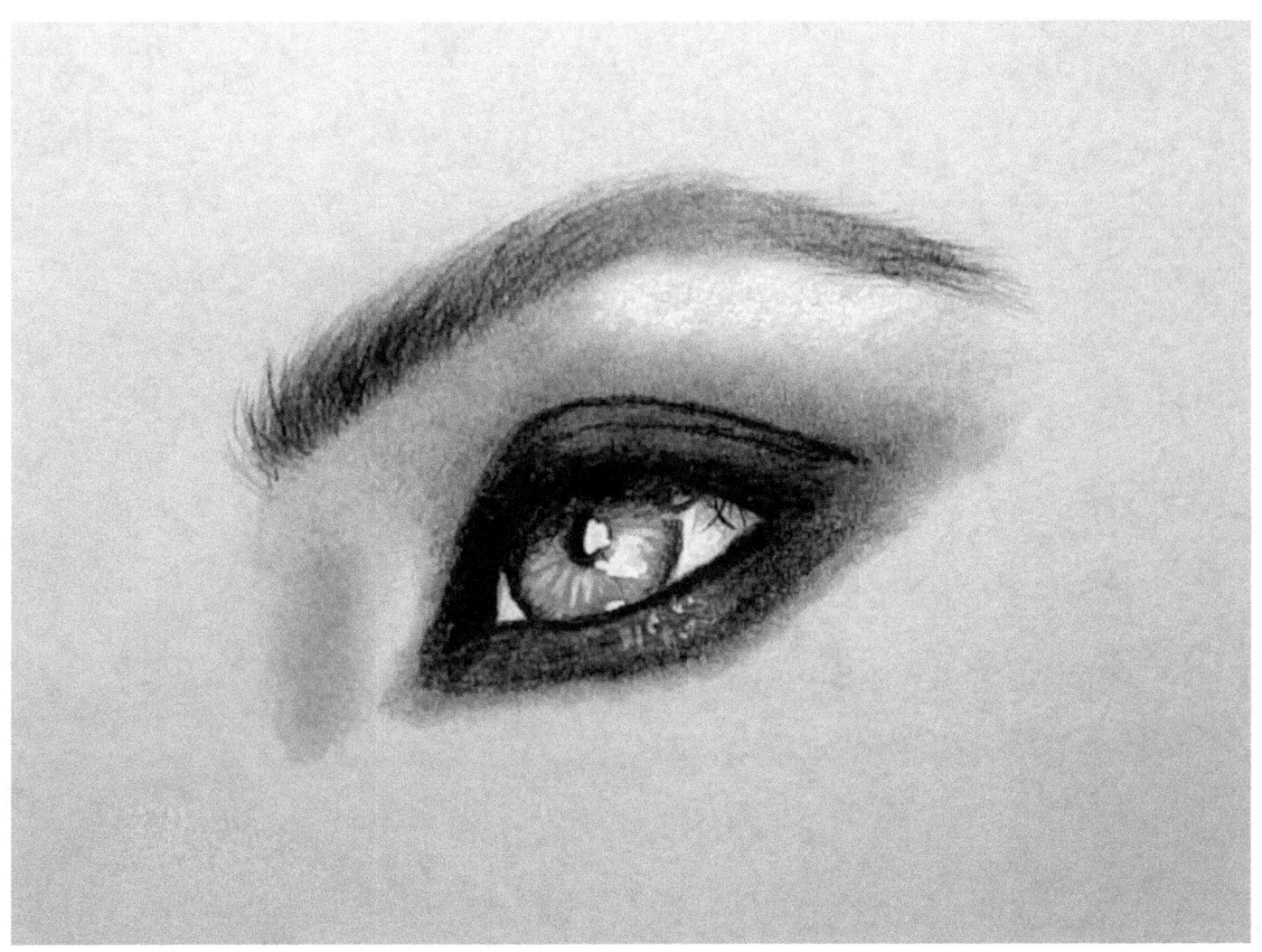

He mejorado la transición de gradiente por encima del pliegue del párpado, porque esta área parecía demasiado brillante y quería oscurecerla con un HB y, como siempre, la mezclé con un hisopo.

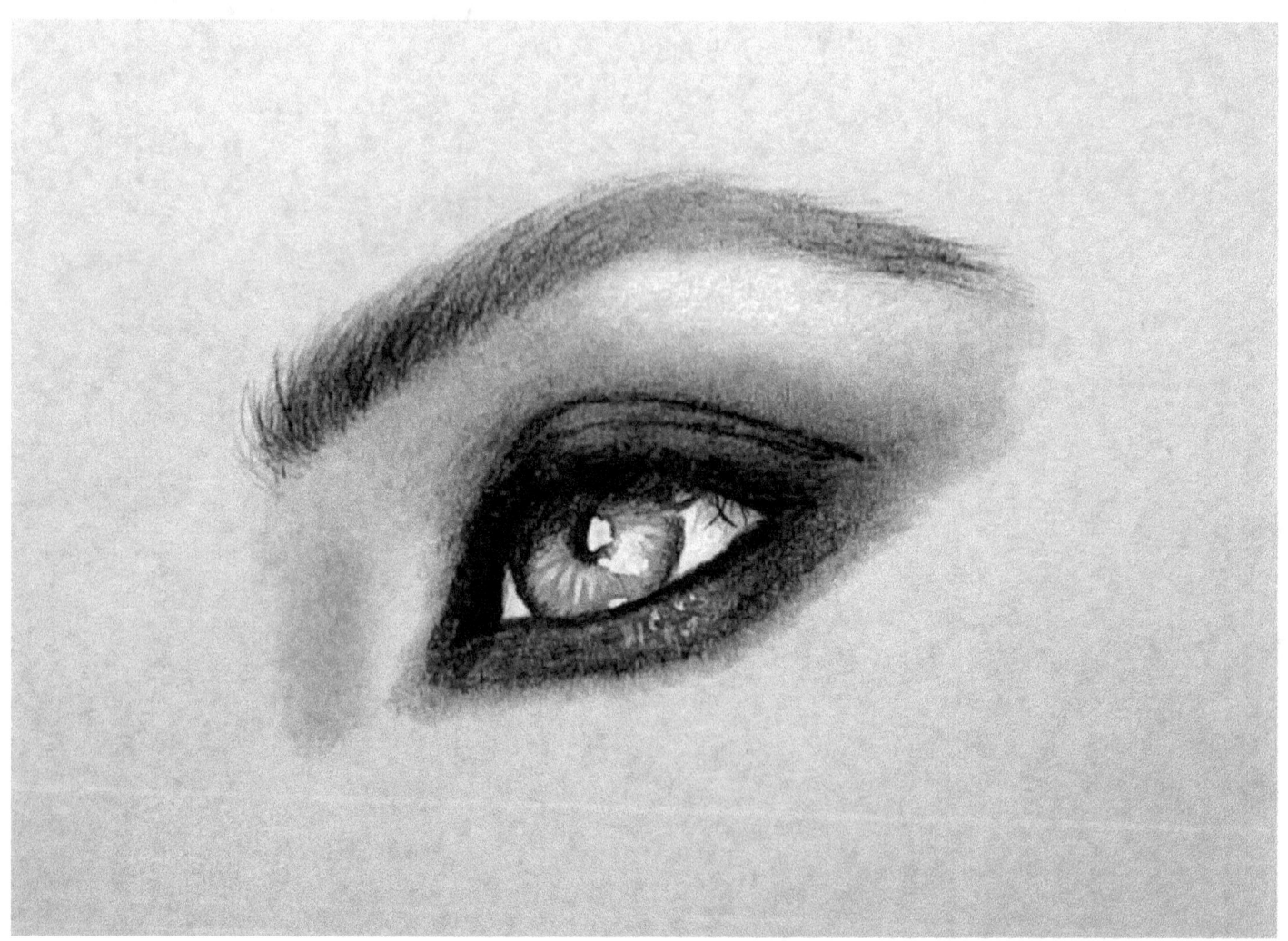

Finalmente, es hora de las pestañas. Yo uso un 8B para las pestañas. Tenemos que crearlas con golpes rápidos y seguros, en una sola pasada. He dibujado pestañas bastante largas porque quiero dibujar pestañas postizas, y estas son mucho más largas. En la siguiente imagen, puedes ver la dirección de las pestañas superiores e inferiores.

Usé un HB justo encima del conducto lagrimal porque las pestañas son bastante delgadas aquí.

Las pestañas inferiores suelen ser naturales, pero sus extremos se pueden pegar cuando se aplica el rímel, por lo que debemos dibujarlos de esta manera.

Mezcla la parte superior de las pestañas con un muñón de mezcla.

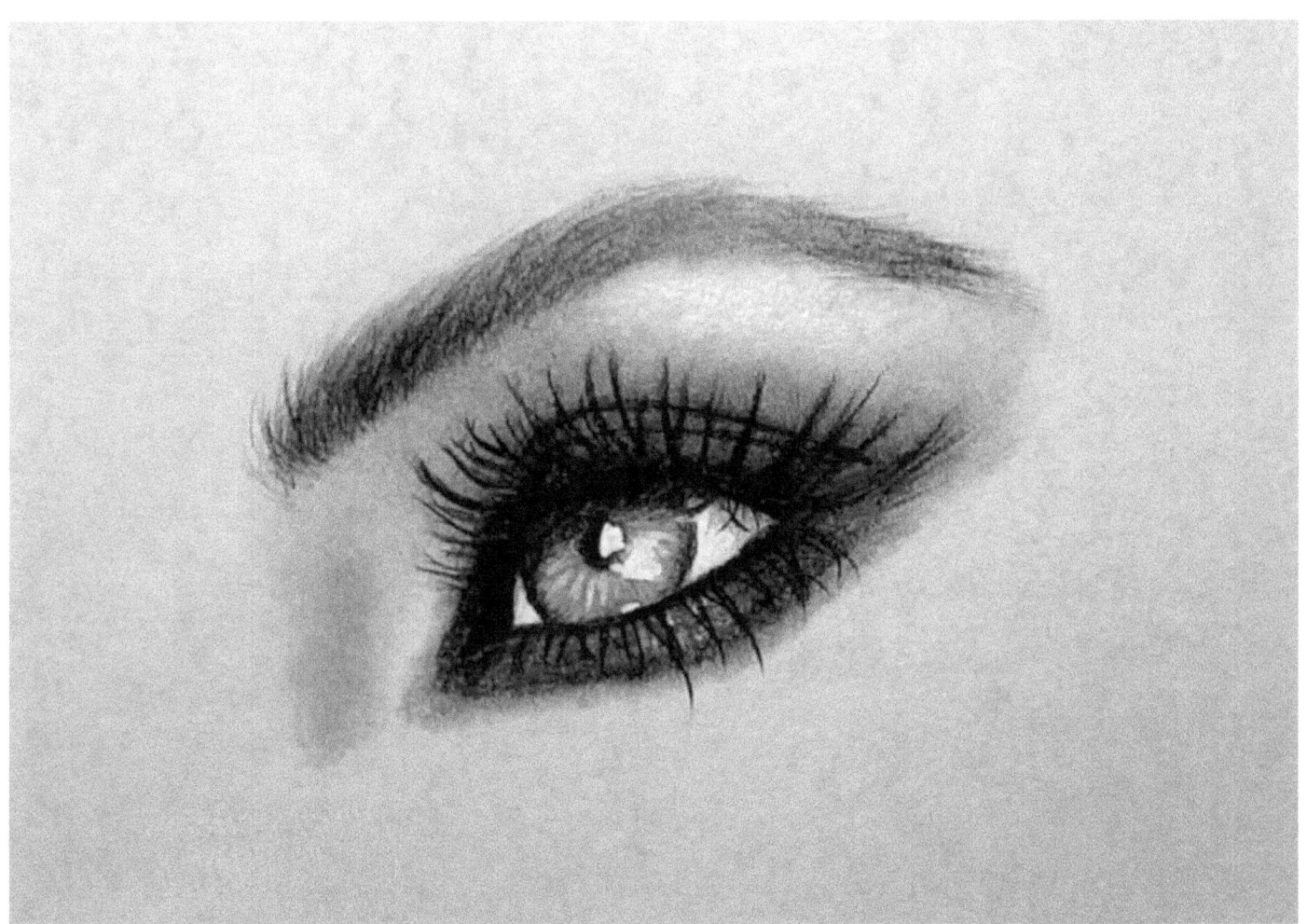

En este paso, sombreé aún más justo encima del pliegue del párpado con un HB, y usé un 2H sobre el HB para crear un gradiente suave, ya que el tono gris es más oscuro justo por encima del pliegue del párpado y se vuelve más y más brillante a medida que sombreamos hacia el resaltado o hacia arriba.

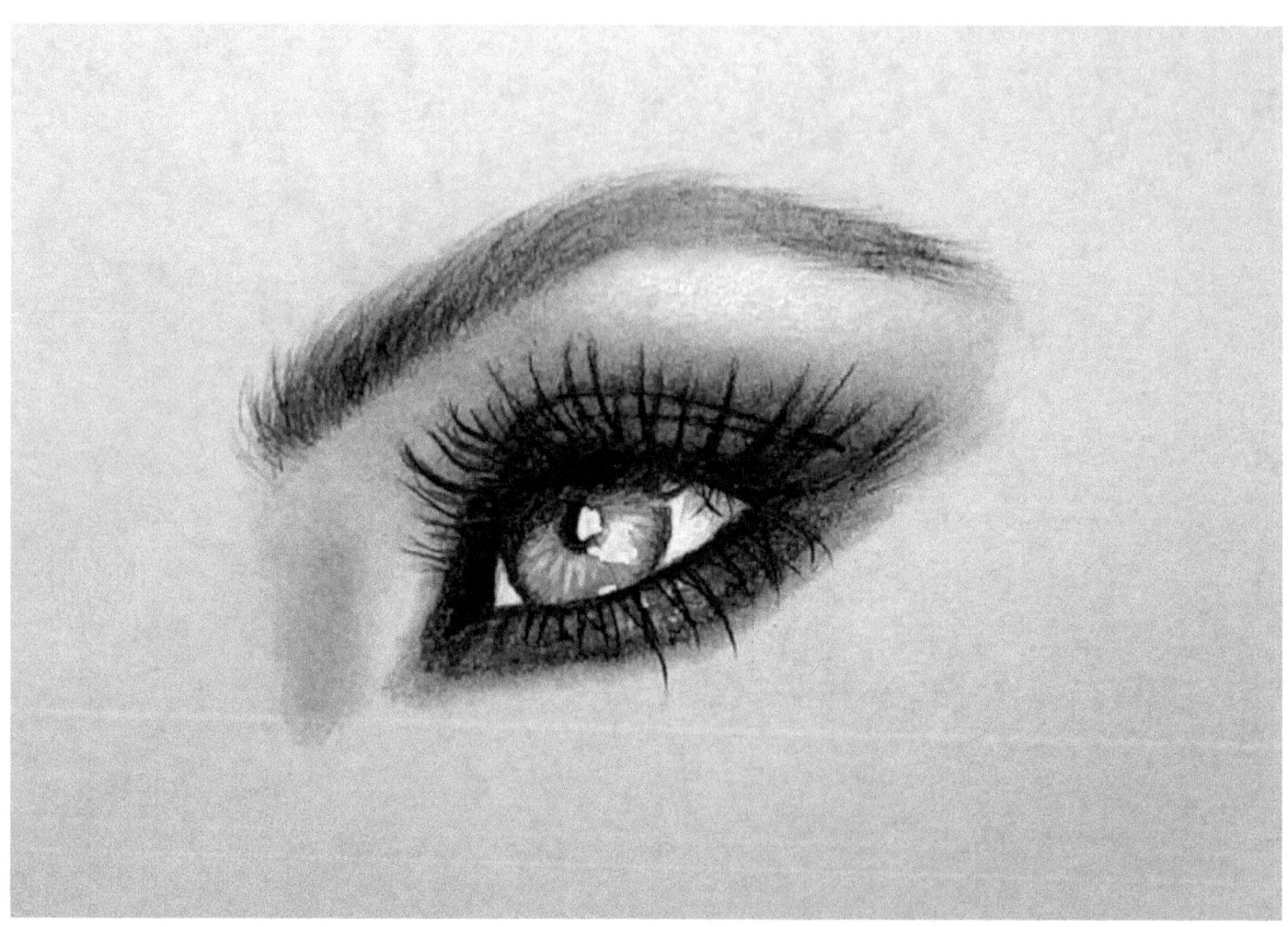

Para el último paso, podemos usar un gelly roll, una pluma de gel de tinta blanca o un marcador blanco. Crea pequeños puntos en algún lugar en el medio de los párpados inferior y superior, porque estas áreas sobresalen y resaltan.

También agrega algunos puntos blancos sobre la esclerótica que sombreaste, justo debajo del párpado superior, y entre las pestañas que crecen hacia abajo.

Si crees que algunos puntos son demasiado blancos, simplemente repásalos con un muñón de mezcla, algunos no deberían parecer demasiado brillantes. La variedad de los aspectos más destacados y la aleatoriedad de los puntos creados agregarán mucho realismo.

Dado que el polvo del maquillaje puede brillar incluso en áreas hundidas, agrega algunos puntos blancos allí también. Estudia la siguiente imagen, el dibujo final, para observar dónde he creado los puntos blancos.

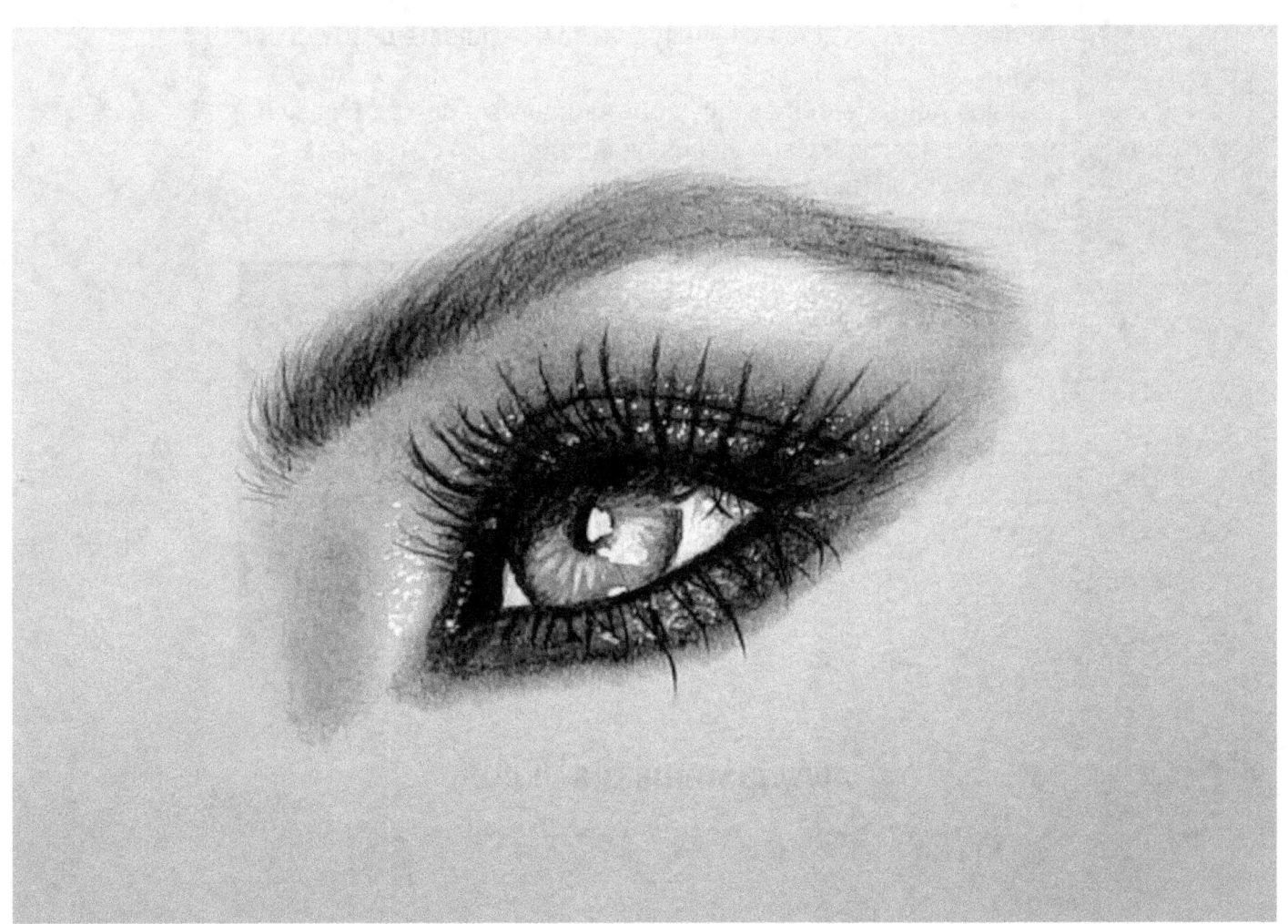

Sobre el Autor

Jasmina Susak es autodidacta, artista de lápices de grafito y de color, profesora de arte y autora de más de 17 libros acerca de cómo dibujar. Se especializa en crear dibujos fotorrealistas de animales, personas, superhéroes y objetos cotidianos.

Jasmina se graduó y trabajó como modista durante muchos años. Ahora, ella es una artista libre y autónoma. Es su trabajo a tiempo completo, y lo ha estado haciendo profesionalmente desde el año 2011.

Jasmina tiene cientos de miles de seguidores y suscriptores en las redes sociales, y sus videos de dibujo tienen decenas de millones de visitas en todo el mundo.

Jasmina ama los animales, la ciencia, la astronomía, la tecnología, el diseño web, la lectura y la música.

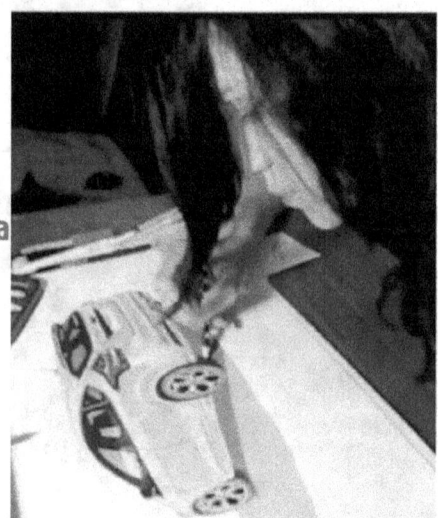

Visite su sitio web para obtener más tutoriales, para ver su galería de dibujo, impresiones artísticas y más.

www.jasminasusak.com

www.ingramcontent.com/pod-product-compliance
Lightning Source LLC
Chambersburg PA
CBHW080453220526
45465CB00006B/2256